Auf dem Wege!

Writing and Consulting Staff

WRITER
George Winkler

EDITOR
Margrit Meinel Diehl

CONSULTING EDITOR
Marina Liapunov

CULTURE CONSULTANT
Edeltraut Ehrlich,
Markgräfliches Gymnasium
Müllheim, Baden-Württemberg

TEACHER CONSULTANTS
Dorothea Bruschke,
Parkway School District
Chesterfield, MO

Gisela Schwab,
Ramapo High School
Franklin Lakes, NJ

Auf dem Wege!

Review Grammar

German: Advanced Level

HARCOURT BRACE JOVANOVICH, PUBLISHERS
Orlando   New York   Chicago   San Diego   Atlanta   Dallas

ACKNOWLEDGMENTS

For permission to reprint copyrighted material, grateful acknowledgment is made to Scala Magazin for Täglich Training, Sie wollen ihre Ruhe haben, and Die Teutonen kommen. For permission to reprint, we also thank the Bundeswirtschafts-Ministerium for Hier verschwinden 35 Milliarden Mark, and PEPO (People's Post), the student newspaper of the Gymnasium in Müllheim for a number of excerpts from various papers.

PHOTO CREDITS

All photos by George Winkler / HBJ Photo except: Pages 31, 36, 37, 38, and 44 #1 Courtesy of German Information Center; 47 #1 Robin Forbes / HBJ Photo; 48 #1 Gerhard Gscheidle / HBJ Photo; 49, 54, 59 #1 German Information Center; 60 #1 National Capital Region, National Park Service, Washington; 67 #1 Gerhard Gscheidle / HBJ Photo; 67 #3 Sport Scheck, München; 76, 77 Gerhard Gscheidle / HBJ Photo; 81 #1 Bookcraft Projects; 86 #2 Photo Researchers; 87 Bookcraft Projects; 96 Süddeutscher Verlag, München; 97 #2 Gerhard Gscheidle / HBJ Photo; 100 #3 Air France; 100 #4 NASA; 100 #7, 106 #1 German Information Center; 106 #2 Harold M. Lambert from Frederick Lewis; 106 #3 G. Ronald Austing / Photo Researchers; 106 #4 H. Armstrong Roberts; 107 #1 Air France; 107 #2, 3, 4 NASA; 115 #1-6; 116 #7-8, #10-13, #15-16 German Information Center; 117 #1 USDA; 117 #2 German Information Center; 117 #3 Westinghouse Electric Corporation; 140 (glider) The Granger Collection; 148, 158 German Information Center; 166 #4 Süddeutscher Verlag, München; 172, 173, 174, 175 #2, 185 #2, 186 #3, 190, 197, 198, 199, 200, 204 #6 German Information Center; 212 #2 Süddeutscher Verlag, München; 221 German Information Center; 222, 223 #1, #2 Sport Scheck, München; 237 Süddeutscher Verlag, München; 239 German Information Center; 240 #1 Süddeutscher Verlag, München; 266 #2 German Information Center

Cover photographs by George Winkler / HBJ Photo

ART CREDITS

All art by John Huehnergarth; Maps and mechanical art by HBJ Art.

Introduction

Auf dem Wege! is a review grammar intended for use in advanced level German courses. Certain sections of the textbook can also be used for review during intermediate German courses.

This textbook does not review the entire German grammar. Its purpose is to review and extend those grammar constructions introduced in *Unsere Freunde* and *Die Welt der Jugend*.

Auf dem Wege! is a random-access grammar. The teacher does not have to start with Chapter 1 and finish with Chapter 25, but can pick out points of grammar that students may not have had or may not know very well.

Each chapter opens with a brief introductory theme which provides examples of the grammar reviewed in the chapter. In addition to the grammar summaries and exercises, each chapter also contains one or two reading selections that involve social, economic, and political issues. The reading selections are also random-access. New vocabulary is treated independently in each chapter. The readings cover subjects that are of interest to our students. Many selections are original magazine articles, adapted stories, and realia. Topics include sports, ecology and environmental concerns, ambitions of young people, laws pertaining to young people, TV-viewing habits, spending money, famous German-Americans, women in professional life, popular music, advertising, humor. Students will be able to apply many of these topics to their own lives and will be stimulated to form opinions and express them. Each reading selection is followed by content and discussion questions. Often specific projects are suggested and can be prepared for oral and/or written presentation in class. This gives students the opportunity to get more deeply involved in the topic.

Inhalt

Definition, Gender, and Plural Forms of Nouns

1. A noun is a word that names a person **(Mutter)**, thing **(Bleistift)**, place **(München)**, action **(Hochsprung)**, quality **(Geduld)**, condition **(Krankheit)**, etc.

2. German nouns are divided into three classes and are usually listed with the definite article to identify which of the three classes each noun belongs to. The three classes (or genders) are:
   a. masculine: der Junge, der Schrank, der Vorteil
   b. feminine: die Frau, die Geige, die Möglichkeit
   c. neuter: das Kind, das Haus, das Motiv

Der WEG
Die WAHRHEIT
Das LEBEN

3. There is no gender distinction in the plural. The definite article used with plural nouns is always **die.** Most nouns, however, have a plural form that differs from the singular. The plural forms are:

   a. same as singular form: – (das Messer) die Messer
   (der Onkel) die Onkel

   b. same as singular but with **Umlaut:** ¨ (der Apfel) die Äpfel
   (der Vater) die Väter

   c. ending **–e**[1]: **–e** (der Freund) die Freunde
   (das Stück) die Stücke

   d. ending **–e** and **Umlaut:** ¨e (die Stadt) die Städte
   (der Sohn) die Söhne

   e. ending **–er:** **–er** (das Kind) die Kinder
   (das Bild) die Bilder

   f. ending **–er** and **Umlaut:** ¨er (das Dorf) die Dörfer
   (der Mann) die Männer

   g. ending **–n:** **–n** (die Tante) die Tanten
   (der Junge) die Jungen

   h. ending **–en**[2]: **–en** (die Frau) die Frauen
   (die Zeitung) die Zeitungen

   i. ending **–s:** **–s** (das Kino) die Kinos
   (die Oma) die Omas

4. In general, you cannot predict the gender and the plural form of nouns. It is best to learn the gender and the plural form of each noun as you encounter it. However, there are some rules that may help you identify gender and determine plural forms.

Gender

   a. Nouns with the following endings are always feminine:

–ei	die Bäckerei	**–keit**	die Öffentlichkeit
–in	die Freundin	**–schaft**	die Nachbarschaft
–heit	die Krankheit	**–ung**	die Richtung

   b. Almost all nouns ending in **–e** are feminine, with the exception of a few nouns such as **der Junge, der Löwe, das Ende,** etc.

[1] Nouns ending in **–nis** double the **s** before adding the plural ending: **das Zeugnis, die Zeugnisse.**
[2] Nouns ending in **–in** double the **n** before adding the plural ending: **die Lehrerin, die Lehrerinnen.**

c. Nouns with the following endings are always neuter:

–chen	das Mädchen	**–o**	das Radio
–lein	das Fräulein		

Plural

a. Almost all nouns ending in **–e** add **–n** in the plural, with the exception of a few nouns such as **das Gebäude** which do not change their form in the plural.

der Junge, die Jungen   das Gebäude, die Gebäude

die Tasse, die Tassen   das Gemälde, die Gemälde

b. Nouns ending in **–ei, –heit, –keit, –schaft,** and **–ung** always add **–en** in the plural.

die Bäckerei, die Bäckereien   die Freundschaft, die Freundschaften

c. Nouns ending in **–in** always add **–nen.**

die Lehrerin, die Lehrerinnen

d. Nouns ending in **–chen** and **–lein** add no plural ending.

das Mädchen, die Mädchen   das Fräulein, die Fräulein

e. Nouns ending in **–o** or **–a** always add the ending **–s.**

das Kino, die Kinos   die Oma, die Omas

Übungen

1   **Sagen Sie den Artikel und die Pluralform der folgenden Hauptwörter!**

Abend	Blatt	Frage	Hotel	Küche
Ampel	Brief	Frau	Hund	Kunde
Antwort	Brot	Freund	Hut	Kurs
Anzug	Bruder	Freundin	Industrie	**L**aden
Apparat	Buch	Frühstück	Interesse	Lampe
Arbeit	Büro	Fuss	**J**acke	Land
Art	**D**ach	**G**abel	Jahr	Lehrer
Arzt	Ding	Garten	Jahrhundert	Licht
Auge	Dorf	Gebäude	**K**amm	Lied
Auto	Draht	Geschichte	Karte	Lineal
Bad	**E**cke	Gesicht	Kartoffel	Loch
Bahn	Ei	Glas	Käse	Löffel
Ball	Einladung	Glocke	Katze	**M**ädchen
Bauer	Ende	Grund	Kellner	Mal
Baum	Ereignis	**H**aar	Kind	Mann
Bein	**F**ach	Hals	Kino	Mantel
Beispiel	Familie	Hand	Kirsche	Markt
Berg	Farbe	Haus	Klasse	Maschine
Beruf	Feder	Heft	Kleid	Material
Besen	Feld	Hemd	Knie	Mauer
Betrieb	Fenster	Herr	Konzert	Maus
Bett	Fest	Hof	Kopf	Mechaniker
Bild	Film	Hose	Krankheit	Meer

(continued)

Meinung	Pflanze	Schuh	Student	Vetter
Mensch	Pinsel	Schüler	Stuhl	Vogel
Messer	Plan	Schwamm	Stunde	Volk
Minute	Platz	Schwein	**T**ablette	Vorteil
Mode	Preis	Schwester	Tafel	**W**agen
Monat	Prüfung	See	Tag	Wald
Morgen	Pullover	Seife	Tante	Wand
Motor	**R**ad	Seite	Tasche	Ware
Mücke	Radiergummi	Sessel	Tasse	Wasser
Mund	Rechnung	Socke	Taxi	Weg
Mutter	Reihe	Sofa	Teil	Wein
Mütze	Reise	Sohn	Telefon	Welt
Nachbar	Rest	Soldat	Teller	Werk
Nacht	Richtung	Sonne	Theater	Wind
Name	Rock	Spiegel	Tier	Woche
Nase	Rücken	Spiel	Tisch	Wolke
Nelke	**S**ache	Sprache	Tochter	Wort
Nummer	Schaf	Staat	Tor	Wunsch
Ofen	Schalter	Stadt	Treppe	Wurst
Ohr	Schere	Stein	Tür	**Z**ahl
Onkel	Schiff	Stelle	**U**hr	Zahn
Ort	Schlange	Stern	Unterschied	Zeit
Pass	Schloss	Stock	**V**ater	Zeitung
Pause	Schlüssel	Strasse	Verbindung	Zelt
Person	Schmetterling	Strassenbahn	Verhältnis	Zimmer
Pfennig	Schnur	Strumpf	Verkäufer	Zug
Pferd	Schrank	Stück	Verkäuferin	Zweck

2 Bilden Sie Sätze mit den unter Nummer 1 aufgelisteten Hauptwörtern!

BEISPIELE   Hemd   *Das Hemd ist zu gross.*
            Film   *Der Film war gut.*

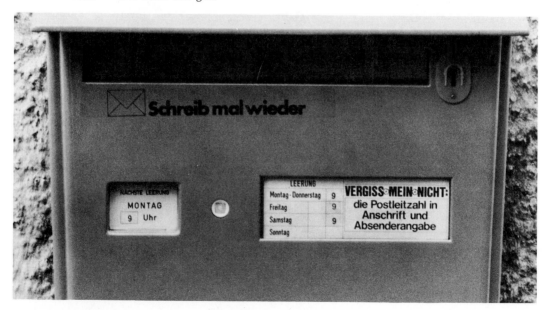

Was zerstreute° Leute so alles in den Briefkasten stecken ⊗

Gibt es wirklich den zerstreuten Professor, der einen Einkaufszettel in den Briefkasten wirft und mit dem Brief zum Supermarkt geht? Fragen Sie mal die Post! Die kennt Tausende solcher zerstreuter Menschen.

In den 1351 Münchner Briefkästen landen täglich zwischen rund 400 000 Postkarten und Briefen ein ganzes Sammelsurium° von „Blindgängern°".

Es wurden gefunden: Reisepässe und Totozettel[1], Fotos, Fahrkarten und Geschäftspapiere, Brieftaschen°, Schlüsselbunde, Personalausweise°, Arztrezepte — und Eheringe°!

Immer wieder finden die Postbeamten beim Leeren der Kästen unbeschriftete Umschläge mit Bargeld° (bis zu 6 000 Mark!) und gestohlene Brieftaschen — selbstverständlich geplündert. Und in einer Geldbörse°, die einer verloren hatte, fehlten dagegen nur fünf Mark. Dafür steckte ein Zettel zwischen den Scheinen: „Fünf Mark Finderlohn° entnommen!"

Papiere mit der Anschrift des Verlierers schickt die Post zurück, Ausweise und Pässe gehen an die Behörden°, die sie ausgestellt haben. Alle anderen Fundsachen werden im Bahnpostamt an der Hopfenstrasse aufbewahrt°. Telefon: 5588-2954 oder 5588-1.

---

zerstreut *absent-minded;* das Sammelsurium *hodgepodge;* der Blindgänger *stray article;* die Brieftasche *billfold;* der Personalausweis *identification (card);* der Ehering *wedding ring;* das Bargeld *cash;* die Geldbörse *wallet;* der Finderlohn *reward;* die Behörden *authorities;* aufbewahren *to keep*

[1] **Toto** is the name of the weekly betting on the outcome of soccer games.

3 Fragen zum Inhalt

1. Was hat der zerstreute Professor getan?
2. Was stecken die Leute alles in die Briefkästen?
3. Was finden die Postbeamten auch manchmal beim Leeren?
4. Was geschieht mit den Sachen?

4 Fragen zum Nachdenken und Diskutieren

1. Kennen Sie einen „zerstreuten Professor"? Können Sie ein Beispiel geben?
2. Ist es üblich, dass Finder einen Finderlohn bekommen?
3. Warum, glauben Sie, schickt die Post Ausweise und Pässe an die Behörden zurück, die sie ausgestellt haben?
4. Haben Sie schon einmal etwas in einen Briefkasten gesteckt, was nicht da hinein gehört? Was haben Sie getan?
5. Was kann man tun, wenn man etwas aus Versehen in den Briefkasten steckt?

5 Schriftliche Übung

Beanworten Sie Fragen 1 und 4 von Übung 4 schriftlich!

Freizeit: Langeweile oder Vergnügen ⊗

Eine Umfrage° hat ergeben, dass 38 Prozent aller Bundesbürger° unter Langeweile leiden°. Sie können mit ihrer Freizeit nichts anfangen.

Es hat sich auch gezeigt, dass die meisten Deutschen kein aktives Hobby haben, wie Wandern, Malen, Musizieren, Heimwerken°, Filmen, Fotografieren oder Theaterspielen. Die meisten Deutschen verbringen ihre Freizeit am liebsten vor dem Fernsehschirm, beim Lesen oder mit Ausflügen und kleinen Reisen. Die Liste an der Seite zeigt, womit sich viele Deutsche in ihrer Freizeit beschäftigen.

Die Deutschen, die ein Hobby haben, geben dafür viel Geld aus—im letzen Jahr über 100 Milliarden Mark, und in den kommenden Jahren wird sich diese Zahl noch erhöhen.

Die Freizeit-Industrie beschäftigt heute schon rund vier Millionen Menschen, und diese Zahl wird auch weiterhin steigen.

Zum Vergnügen

Wie viele Menschen beschäftigen sich womit? Beispiele aus einer langen Liste:

Fernsehen	36 000 000
Zeitungen/Zeitschriften	36 000 000
Urlaubsreisen	25 000 000
Im Garten werkeln	13 400 000
Bücher lesen	12 000 000
Handarbeiten	8 600 000
Fotografieren/Filmen	5 800 000
Basteln	4 300 000
Sammeln	2 400 000
Skifahren	1 700 000
Angeln/Fischen	850 000
Reiten	540 000
Tauchen	60 000
Wasserski	50 000
Windsurfing	12 000

die Umfrage *opinion poll;* der Bundesbürger *citizen of the Federal Republic;* leiden unter D *to suffer from;* Heimwerken *crafts, do-it-yourself projects*

6 Fragen zum Inhalt

1. Was ist eine Umfrage? Erklären Sie dieses Wort auf deutsch!
2. Was hat eine Umfrage in Deutschland ergeben?
3. Nennen Sie einige aktive Hobbys! Und einige passive Hobbys!
4. Was tun die meisten Deutschen in ihrer Freizeit?
5. Wieviel Geld haben die Deutschen für Freizeitbeschäftigungen ausgegeben?
6. Wie viele Leute werden heute in der Freizeit-Industrie beschäftigt?

7 Fragen zum Überlegen und Diskutieren

1. Leiden Sie unter Langeweile? Was tun Sie in Ihrer Freizeit?
2. Warum leiden so viele Leute unter Langeweile? Wie könnte man ihnen helfen?
3. Was für eine Freizeitbeschäftigung haben Sie lieber, eine aktive oder eine passive?
4. Gibt es ein Hobby oder eine Freizeitbeschäftigung, die Sie haben oder ausprobieren möchten? Was hält Sie davon ab?
5. Was halten Sie von Umfragen? Glauben Sie, dass die meisten Leute die Wahrheit sagen?
6. Haben Sie schon einmal einen Job in der Freizeit-Industrie gehabt? Würden Sie sich einen Job in der Freizeit-Industrie suchen? Diskutieren Sie darüber!

8 Schriftliche Übung

Beantworten Sie Fragen 1, 4 und 6 von Übung 7 schriftlich!

9 Anregungen für individuelle Arbeit oder gemeinsame Klassenarbeit

Machen Sie eine Liste mit Freizeitbeschäftigungen von a) Ihnen selbst, b) Ihren Freunden, c) den Bewohnern in Ihrem Staat oder in Ihrem Land! Suchen Sie sich das nötige statistische Material dafür in Ihrer Schulbücherei!

WORTSCHATZ

Was zerstreute Leute so alles in den Briefkasten stecken

das **Arztrezept, –e** doctor's prescription
das **Bahnpostamt, ⁼er** post office located in a railroad station
das **Bargeld** cash
die **Behörden** (pl) (public) authorities
der **Blindgänger, –** stray article
der **Briefkasten, ⁼** mailbox
die **Brieftasche, –n** billfold
der **Ehering, –e** wedding ring
der **Einkaufszettel, –** shopping list
der **Finderlohn, ⁼e** reward
die **Fundsache, –n** lost article

die **Geldbörse, –n** wallet
die **Geschäftspapiere** (pl) business papers
der **Personalausweis, –e** identification (card)
der **Postbeamte, –n** (den –n) postal worker
die **Postkarte, –n** postcard
der **Professor, –en** (den –en) professor
der **Reisepass, ⁼e** passport
das **Sammelsurium, –ien** hodgepodge
der **Schlüsselbund, –e** bunch of keys
der **Totozettel, –** coupon for soccer pool (weekly betting on outcome of soccer game)

aufbewahren (sep) to keep
ausstellen (sep) to issue

dagegen on the other hand
entnommen taken, removed
geplündert looted, emptied
gestohlen stolen
unbeschriftet unaddressed
zerstreut absent-minded

beim Leeren while emptying

Freizeit: Langeweile oder Vergnügen

der **Bundesbürger, –** citizen of the Federal Republic
der **Fernsehschirm, –e** television screen
das **Filmen** taking (home) movies
das **Fischen** fishing
die **Handarbeit, –en** needlework, handicrafts
das **Heimwerken** crafts, do-it-yourself projects

die **Langeweile** boredom
die **Liste, –n** list
das **Malen** drawing, painting
das **Musizieren** making music, playing (an instrument)
die **Umfrage, –n** opinion poll
die **Zeitschrift, –en** magazine

ergeben to show, reveal, result in
erhöhen to increase
leiden unter D (litt, gelitten) to suffer from

individuell individual

im Garten werkeln to garden
Sie können mit ihrer Freizeit nichts anfangen. They don't know what to do with their leisure time.
weiterhin steigen to continue to climb

2 Marktszenen
The Nominative Case

Dieser Gemüsestand ist mein Lieblingsstand.
Die Tomaten sind hier billig:
das halbe Kilo eine Mark fünfzig.

Meine Freundin arbeitet hier in den Ferien als Verkäuferin.

Die Artischoken sind ganz frisch!

Definition of Case

The word case refers to a particular form of a determiner, adjective, noun, or pronoun. This form signals the function of the word in the sentence. A noun phrase, for example, can have the following functions in a sentence:

a. Subject. The forms are in the nominative case.
   Der alte Mann geht einkaufen.

b. Direct object. The forms are in the accusative case.
   Kennst du **den alten Mann?**

c. Indirect object. The forms are in the dative case.
   Gib **dem alten Mann** eine Einkaufstasche!

d. If a relationship of two nouns is to be expressed, then genitive case forms are used.
   Das ist die Tasche **des alten Mannes.**

The different case forms of determiners, adjectives, nouns, and pronouns are listed in the Grammar Summary.

Use of Nominative Case Forms

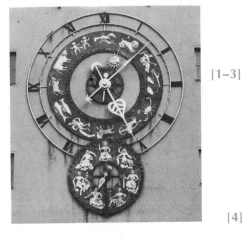

1. The grammatical subject of a sentence is in the nominative case.
   Er geht einkaufen.
   Sein Obst ist immer frisch.
   Der Käse ist heute billig.

[1–3]

2. The pronoun **es** often functions as grammatical subject in phrases about the weather and in other set expressions.
   Es regnet.
   Ihr geht **es** gut.
   Wieviel Uhr ist **es?**
   Uns gefällt **es** hier.
   Es gibt etwas Gutes zu essen.

[4]

3. A noun or noun phrase is in the nominative case when used after the verbs **sein, bleiben, werden, heissen,** and the passive forms **wird genannt, wird gerufen, wird geheissen.**
   Herr Frisch ist Verkäufer.
   Mein Vater heisst **Daniel.**
   Frau Hauptmann wird **meine Englischlehrerin.**
   Mein Lieblingsstar bleibt **(der) Udo Werner.**
   Marzi wird von seinen Freunden **(ein) Krachmacher** genannt.

[5]

4. A noun or noun phrase may be in the nominative case when used with **als.**
   Hans-Peter ist als **erster** mit dem Einkaufen fertig.
   Mein Bruder arbeitet als **Verkäufer** in Stuttgart.

5. A noun of address is also in the nominative case.
   Bitte, besuchen Sie uns wieder, **lieber Herr Schmitt!**

Übungen

1 Alle gehen einkaufen. Auf den Markt. ⊗

BEISPIEL   Geht ihr auch einkaufen? *Ja, wir gehen auch einkaufen.*

1. Gehst du auch einkaufen?
2. Geht Ursel auch einkaufen?
3. Gehen die Eltern auch einkaufen?
4. Geht Peter auch einkaufen?
5. Gehen die beiden auch einkaufen?

2 Wir kaufen dort ein, wo die Ware frisch ist! ⊗

BEISPIEL   Ich kauf' das Obst bei diesem Händler. *Ja, sein Obst ist immer frisch.*

1. den Salat
2. die Gurken
3. das Gemüse
4. die Wurst
5. den Fisch
6. die Butter
7. den Käse
8. die Eier

3 Wir kaufen mehr, wenn die Ware billig ist. ⊗

BEISPIEL   Warum kaufst du so viel Obst? *Das Obst ist heute billig!*

1. so viele Tomaten?
2. so viel Gemüse?
3. so viel Wein?
4. so viel Fleisch?
5. so viel Wurst?
6. so viele Beeren?

4 Überhört auf dem Markt.

BEISPIEL   Ist es schon 10 Uhr? *Ja, es ist schon 10.*

1. Geht es dir gut? Ja, . . .
2. Gefällt es euch hier?
3. Regnet es heute noch?
4. Wird es morgen wieder schön?

5 Zwei Schüler unterhalten sich auf dem Markt.

BEISPIEL   Wer ist der neue Klassensprecher? Kurt?
Ja, Kurt ist der neue Klassensprecher.

1. Wer ist dein Lieblingsstar? Udo Jürgens?
2. Wer wird ein Krachmacher genannt? Michael?
3. Wer heisst Peter? Der Junge da drüben?
4. Wer ist dein Deutschlehrer? Herr Merz?

6 Schriftliche Übung

Schreiben Sie diese Sätze ab, und füllen Sie dabei die richtigen Endungen ein!

1. Wie heisst d___ Gemüsehändler?   2. Kurt ist d___ Sohn unseres Bäckers.   3. Wer ist d___ Junge dort?   4. Der Markt hinter der Kirche ist und bleibt d___ grösste Markt in der Stadt.
5. Fritz wurde als erst___ mit dem Einkaufen fertig.   6. Aber Ursel war als erst___ wieder zu Hause.   7. Das ist Herr Weiss, uns___ best___ Bäcker!

Der Viktualienmarkt[1] ⊗

Jedes Jahr besuchen fast drei Millionen Fremde aus aller Welt die bayerische Landeshauptstadt München. Und keiner von ihnen verzichtet° auf einen Besuch des Viktualienmarktes. Er ist eine einmalige Sehenswürdigkeit°.

Der Viktualienmarkt liegt im Schatten vom Rathaus und dem Turm des „Alten Peter"[2]. Dieser Markt ist eine Mischung aus orientalischem Bazar, bayerischem Bauernmarkt und geselligem° Treffpunkt.

Auf diesem Markt kann man alles kaufen, was das Herz begehrt°: Wild° aus Kanada, Fische aus den sieben Weltmeeren, Käse jeder Art, Wein, Blumen, Obst und Gemüse aus Deutschland und aus anderen europäischen Ländern.

Für die Münchner ist der Viktualienmarkt ein Stück des alten Münchens. Hier können sie die Waren prüfen und probieren, sie können handeln° und kaufen, schnuppern° und schimpfen°. Aber am wichtigsten ist ihnen, dass es hier gemütlich[3] zugeht: dass sie hier Zeit zum Schwätzen° finden können.

Seit einigen Jahren besteht auch hier ein Biergarten, wo sich die müden Einkäufer unter den schattigen Kastanien erholen und eine Brotzeit[4] machen können.

Drei bekannte Münchner Volkskomiker°, der Weiss Ferdl, der Karl Valentin und die Liesl Karlstadt[5] „bewachen" das Leben auf dem Markt, und täglich liegt ein frischer Blumenstrauss an jedem Brunnenrand.

---

verzichten auf A *to do without;* die Sehenswürdigkeit *place of interest;* gesellig *social;* was das Herz begehrt *whatever your heart desires;* das Wild *game, venison;* handeln *to bargain, haggle;* schnuppern *to sniff;* schimpfen *to grumble, scold;* schwätzen *to chat;* der Volkskomiker *humorist, comedian*

[1] Viktualien, *victuals,* is an old term for **Lebensmittel,** *groceries, eatables.* Many German towns and cities have such markets, some open all year, some seasonal, and some open only one or two days a week.

[2] The **"Alte Peter"** is one of Munich's landmarks. The origin of this church goes back to 1050, the days when Munich was founded. The church was rebuilt many times. Today's appearance dates back to the years 1753–1756.

[3] **Gemütlich,** *cozy, comfortable,* expresses a positive personal attitude towards a place. **Es geht hier gemütlich zu** conveys the idea that the atmosphere at this particular place is warm and cozy, friendly and relaxed.

[4] **Brotzeit** is a Bavarian-Austrian expression for a light meal, usually consisting of things such as bread, butter, sausage, and cheese. It is eaten at mid-morning or mid-afternoon.

[5] **Der Weiss Ferdl (Ferdinand Weisheitinger), Karl Valentin,** and **Lisel Karlstadt** were popular Munich humorists in the 20's, 30's, and 40's.

(continued)

Dieser Markt besteht schon seit 1807. Der Bayern König Max I[6] rief diesen Markt ins Leben, und er ist heute für

Handwerker und Hausfrauen, Sekretärinnen und Studenten, Berufstätige und Rentner° der schönste Platz in München.

der Rentner   *pensioner*

[6] **Maximilian I** (1756–1825) was king of Bavaria from 1806–1825. His alliance with Napoleon resulted in vast territorial gains and the royal title. Maximilian carried out important social reforms and provided Bavaria with a liberal constitution.

7 Fragen zum Inhalt

1. Wie viele Fremde besuchen München jedes Jahr?
2. Was tun alle Besucher?
3. Wo liegt der Viktualienmarkt?
4. Wie kann man diesen Markt charakterisieren?
5. Was gibt es hier alles zu kaufen?
6. Warum gehen die Münchner gern auf diesen Markt zum Einkaufen?
7. Was besteht hier seit einigen Jahren?
8. Wer „bewacht" den Markt?
9. Was wissen Sie über die Geschichte dieses Marktes?

8 Fragen zum Überlegen und Diskutieren

1. Vergleichen Sie so einen offenen Markt mit einem SB-Laden oder einem grossen Kaufhaus! Welche soziale Funktion übt so ein Markt aus? Wo würden Sie lieber einkaufen? Warum?
2. Beschreiben Sie einen solchen oder einen ähnlichen Markt in Ihrer Gegend!

9 Schriftliche Übung

Wählen Sie eins der Themen in Übung 8 und schreiben Sie einen Aufsatz darüber!

Kennen Sie den? ⊗

Witze aus München

Frau zum Obstverkäufer am Viktualienmarkt:
„Ach, bittschön, sind diese Kirschen aus Deutschland oder aus Italien?"
„Ja, warum? Wollen S' die essen, oder wollen S' mit denen italienisch sprechen?"

Ein Münchner macht Brotzeit und schneidet genussvoll° in die Weisswurst[1]. Der Saft spritzt einer

genussvol   *full of pleasure*

[1] **Weisswurst** is a Munich sausage specialty. It is made of veal and delicately seasoned with herbs and spices. **Weisswurst** is usually boiled and served in a soup tureen.

Dame am Tisch ins Gesicht. Statt sich zu entschuldigen, meint der Münchner: „Gellns, dös² is a Wurscht!"

Ein Fremder bestellt im Hofbräuhaus: „Bring' Se mir man een jrosses Bier, zwei Paar weisse Würste, 'ne Menge Mostrich und eene Schrippe³!" Ein Mann am Tisch fragt freundlich: „Sie san a Preiss⁴, gell?" – „Jawoll!" erwidert der Fremde. Seufzt der Bayer: „Armer Mensch!"

Ein Berliner fährt seinen Münchner Geschäftsfreund durch Berlin. Dreimal schon fährt er noch bei Rot über die Kreuzung. Dem Münchner gefällt das nicht. „Muss dös sein?" fragt er.
„Mann, bei jeder Ampel hab' ich mindestens eine Minute jespart!"
„Dös scho", meint der Münchner, „aber was macha'S' nacha mit den drei Minuten?"

Karl Valentin trägt eine Brille auf der Nase.
„A geh", sagt die Liesl Karlstadt, „die hat ja net amal Gläser!"
Valentin: „Ja, mei, besser als gar nix is es."

Liesl Karlstadt zu Valentin:
„Weshalb bist denn heit so grantig°?"
„I hab' mei Brilln verlegt, und nun kann i sie net suchen, bis i sie g'funden hab'!"

grantig (Bavarian, Austrian) *in a bad mood*

² For the sake of authenticity, the Bavarian spelling is given for some of the words whose meaning can easily be made out from context.
³ This is **Berliner Deutsch.** They use the word **Mostrich** for **Senf,** and **Schrippe** for **Semmel.**
⁴ There is a good-natured rivalry going on between Bavarians and Prussians. To a Bavarian, everybody living north of the **„Weisswurst-Äquator",** north of the river Main, is a **„Preiss"** and circumspect because of a difference in mentality and life style.

WORTSCHATZ

Der Viktualienmarkt

die **Art, –en** *kind, type*
der **Bauernmarkt, ⸚e** *farmers' market*
der **Bazar, –e** *bazaar*
der **Biergarten, ⸚** *beer garden, informal outdoor restaurant*
der **Blumenstrauss, ⸚e** *bouquet of flowers*
die **Brotzeit, –en** (see fn p. 11)
der **Brunnenrand, ⸚er** *edge of a fountain*
der **Einkäufer, –** *shopper*
der **Handwerker, –** *skilled worker*
Kanada *Canada*
die **Kastanie, –n** *chestnut tree*

die **Landeshauptstadt, ⸚e** *state capital*
die **Mischung, –en** *mixture*
der **Rentner, –** *pensioner*
die **Sehenswürdigkeit, –en** *place of interest*
die **Sekretärin, –nen** *secretary*
der **Student, –en** (den –en) *student*
der **Treffpunkt, –e** *meeting place*
der **Viktualienmarkt** (see fn p. 11)
der **Volkskomiker, –** *humorist, comedian*
das **Weltmeer, –e** *ocean*
das **Wild** *game, venison*

begehren *to desire*
bewachen *to watch over*
handeln *to bargain*
schimpfen *to grumble*
schnuppern *to sniff*
verzichten auf A *to do without*

bayerisch *Bavarian (adj.)*
gesellig *social*
orientalisch *oriental*
schattig *shady*

es geht hier gemütlich zu *the atmosphere is very comfortable and relaxed around here*
ins Leben rufen *to establish, start*
Zeit zum Schwätzen *time for chatting*

Wir kämpfen weiter gegen den Großflughafen

WAS MEIN RAD
ALLES KANN:

- bringt mich zur Arbeit, zum Stadion, ins Grüne - kurz: überallhin (auch in den Urlaub)

- hilft mir beim Einkauf (zur Not mit Anhänger!)

- macht meine müden Muskeln munter

- macht mich unabhängig von den überhöhten Preisen, den unbefriedigenden Fahrplänen und dem komplizierten System des MVV

- läßt mich über Streß im Autostau nur staunen und über Parkplatzsorgen nur lachen

- macht mich unempfindlicher für die Preisschraube der ÖLmultis

- fährt sauber und leise

- braucht kaum Platz

- läßt sich billig, schnell und leicht reparieren

» deshalb sollten Sie sich so schnell wie möglich - so wie ich- in ein

FAHRRAD verlieben!

MIETER WEHRT EUCH GEGEN die MGS
- Schließt euch zusammen!
- Fordert Sanierung nach euren Bedürfnissen!
- Keine Luxus-Sanierung!
- Bezahlbare Mieten!
- ALLE MIETER SOLLEN IM HAUS WOHNEN BLEIBEN

Der Grossteil der Bevölkerung in unseren Städten und Dörfern hat heute ein gemeinsames° Ziel: eine gesunde Umwelt und gute Lebensbedingungen°. Wenn gewisse Interessengruppen dieses Ziel zu stören suchen, dann reagiert die Bevölkerung oft mit öffentlichen Protesten.

JUGEND- ORGANISATION BUND NATUR-SCHUTZ

Rettet die Teiamüller-Siedlung

Gegen Wohnraumnot und hohe Mieten

Zum Beispiel wehren° sich Mieter° gegen die allgemeine Wohnraumnot° und gegen hohe Mieten°. Es passiert heute oft, dass Hausbesitzer ihre Häuser umbauen° und verbessern. „Sanieren°" nennt man das. Und das hat meistens zur Folge, dass die Mieten zu hoch werden und viele Mieter die Koffer packen und ausziehen müssen. Aber wohin?

Diesen Sommer protestierten die Bürger° im Norden von München gegen den Bau eines Grossflughafens. Ein neuer Flughafen verursacht grossen Lärm und zerstört die Umwelt in einer schönen Gegend.

Neulich protestierten sogar Radfahrer. Sie wollen mehr Radwege und Rad-Parkplätze in der Stadt. Ihre Devise ist: Ein Rad macht keinen Lärm. Es braucht kein Benzin und verschmutzt die Umwelt nicht.

gemeinsam *common;* die Lebensbedingungen (pl) *necessities of life;* s. wehren gegen *to resist, put up a fight;* der Mieter *tenant;* die allgemeine Wohnraumnot *general shortage of apartments;* die Miete *rent;* umbauen *to renovate;* sanieren *to restore, reconstruct;* der Bürger *citizen*

Use of Accusative Case Forms

Accusative case forms are used in the following situations:

1. to signal the direct object of a verb.
Wir bauen **einen Flugplatz.**   Wir brauchen **ihn** nicht (den Flugplatz).
Sie verbieten **den Lärm.**   Ich hasse **ihn** (den Lärm).   [1–4]

2. always after the prepositions **durch, für, gegen, ohne,** and **um.**
Durch **den Bau** wird viel zerstört.
Wir sind gegen **den Flughafen.**   [5–9]

3. with most reflexive verbs when only one object is used in the sentence.
Ich habe **mich** gefreut.

4. with many impersonal verbs denoting mental or physical states.
Es ärgert mich.   *I'm annoyed.*
Es erstaunt mich.   *I'm amazed.*
Es wundert mich.   *I'm surprised.*
Es freut mich.   *I'm happy.*
Mich friert.   *I'm cold.*   [10]

5. with the phrase **es gibt.**
Es gibt heute **keinen Protestmarsch.**   [11]

6. to denote a particular time (**wann?**).
>> Wir waren **letzten Winter** in Süddeutschland.
>> **Diesen Sommer** fand ein Protestmarsch statt.   [12]

7. to denote duration of time (**wie lange?**).
>> Wir haben **den ganzen Tag** protestiert.

8. to denote repetition of time (**wie oft?**).
>> Er fliegt **jeden Samstag** nach Berlin.

9. to denote definite movement.
>> Sie sind **einen anderen Weg** zurückgefahren.

10. to denote extent, with such adjectives as **lang, hoch, tief, breit,** etc.
>> Peter ist **einen Kopf** grösser als du.
>> Der Schnee liegt **einen Meter** hoch.

11. to indicate speed.
>> Der Bus fährt **90 Kilometer** (in der Stunde).

12. in salutations (because a verb of wishing is implied).
>> (Ich wünsche Ihnen einen) **Guten Tag!**

13. with the words **gewohnt, wert,** and **entlang.**
>> Sie fahren immer **den Fluss** entlang.
>> Diese Schuhe sind **keinen Pfennig** wert.
>> Ich bin **grossen Lärm** gewohnt.

Note that these words are used after the direct object.

14. with prefixed verbs whose base forms are used with dative case forms.
>> Der Dieb verfolgt **mich.**   (Der Dieb folgt mir.)

15. with all verbs with the prefix **be–.**
>> Sie beantwortet **die Frage.**   (Sie antwortet der Lehrerin.)

16. with dates on letterheads.
>> Berlin, **den 7. Mai**

Use of Two Accusative Case Forms

1. Two accusative case forms are used after the verbs **lehren,** *to teach,* **nennen** and **heissen,** *to call,* **kosten,** *to cost.*
>> Mein Vater hat **mich das Autofahren** gelehrt.
>> Er nennt (heisst) **mich einen Dummkopf.**
>> Die Schier haben **mich keinen Pfennig** gekostet.

2. After **fragen** and **bitten** two accusative forms are used.
>> Sie haben **mich dumme Fragen** gefragt.
>> Ich bitte **dich eins:** Sei ruhig!

Übungen

1 Die Regierung tut hier viel. Wir lesen Schlagzeilen. ⊗

BEISPIEL   (Flughafen bauen) *Die Regierung baut hier einen Flughafen.*

1. (Park anlegen)
2. (Brücke bauen)
3. (Spielplatz anlegen)
4. (Kanal bauen)
5. (Autobahn bauen)
6. (Grünanlage anlegen)

2 Was tun wir, um die Umwelt zu verbessern? ⊗

BEISPIEL   (Wald säubern) *Wir säubern den Wald.*

1. (Fluss reinigen)
2. (Verkehr verringern)
3. (Landschaft verschönern)
4. (Abfall beseitigen)
5. (Lärm verbieten)
6. (Umwelt verbessern)

3 Viele Leute protestieren. Sie rufen: ⊗

BEISPIEL   Der Flughafen muss weg! *Wir brauchen keinen Flughafen.*

1. Die Autobahn muss weg!
2. Das Geschäftszentrum muss weg!
3. Der Parkplatz muss weg!
4. Die Sesselbahn muss weg!
5. Die Werbeplakate müssen weg!
6. Der Müllplatz muss weg!

4 Und sie rufen weiter: ⊗

BEISPIEL   Wir wollen keinen Flughafen. *Wir brauchen ihn nicht!*

1. Wir wollen keine Autobahn.
2. Wir wollen kein Geschäftszentrum.
3. Wir wollen keine Fabrik.
4. Wir wollen keinen Müllplatz.
5. Wir wollen keine Hochhäuser.
6. Wir wollen keinen Parkplatz.

5 Eine schlechte Umwelt macht viele Leute krank. ⊗

BEISPIEL   Der Schmutz ist furchtbar. *Sie werden krank durch den Schmutz.*

1. Das Wasser ist verseucht.
2. Die Luft ist nicht sauber.
3. Der Lärm ist zu gross.
4. Der Strassenverkehr ist zu laut.
5. Die Umgebung ist verschmutzt.

6 Wofür sind Sie? ⊗

BEISPIEL   Ein Park ist doch für alle da. *Klar! Ich bin für den Park.*

1. eine Grünanlage
2. ein Spielplatz
3. Sportplätze
4. ein Radweg
5. eine Fussgängerzone
6. ein Museum

7 Wogegen sind Sie? ⊗

BEISPIEL   Ein Flugplatz kostet viel Geld. *Deshalb bin ich gegen den Flugplatz!*

1. eine Autobahn
2. ein Tunnel
3. eine Sesselbahn
4. ein Rathaus
5. eine Schnellstrasse
6. ein Supermarkt

8 Warum gefällt es Ihnen nicht? Was stört Sie? ⊗

BEISPIEL   Stört Sie der Lärm?
Ja, ohne diesen Lärm würde es mir besser gefallen.

1. Stört Sie die Verschmutzung?
2. Stört Sie der Flugverkehr?
3. Stört Sie das Einkaufszentrum?
4. Stören Sie die Industriebetriebe?
5. Stört Sie der Müllplatz?
6. Stört Sie die Autobahn?

9 Sie treiben viel Sport. Wo laufen Sie? ⊗

BEISPIEL   Ich hab' Sie schon im Stadtpark gesehen.
Ja, ich laufe oft um den Stadtpark.

1. Ich hab' Sie schon bei der Schule gesehen.
2. Ich hab' Sie schon beim Museum gesehen.
3. Ich hab' Sie schon am See gesehen.
4. Ich hab' Sie schon bei der Grünanlage gesehen.
5. Ich hab' Sie schon am Flugplatz gesehen.
6. Ich hab' Sie schon im Dorf gesehen.

10 Freut es Sie, oder ärgert es Sie? ⊗

BEISPIELE   Unsere Luft ist so verschmutzt.
Es ärgert mich, dass unsere Luft so verschmutzt ist.
Das Wasser im See ist wieder sauber.
Es freut mich, dass das Wasser im See wieder sauber ist.

1. Die Menschen gefährden die Natur.
2. Die Leute sparen Wasser.
3. Die Fabriken verschmutzen die Flüsse.
4. Die Radfahrer verlangen Radwege.
5. Die Schüler sammeln Altpapier.
6. Die Urlauber lassen Abfälle liegen.

11 In manchen Orten ist das Leben wieder besser. Die Leute sagen: ⊗

BEISPIEL   Der Schmutz ist weg! *Bei uns gibt es keinen Schmutz!*

1. Die Abfälle sind weg!
2. Der Verkehr ist weg!
3. Der Lärm ist weg!
4. Die Industrie ist weg!
5. Der Müllplatz ist weg!

12 Wann findet die Bürgeraktion statt? ⊗

BEISPIEL   Am Montag? *Ja, sie findet diesen Montag statt.*

1. In dieser Woche?
2. In diesem Jahr?
3. An diesem Wochenende?
4. In diesem Sommer?
5. In diesem Frühjahr?

13 Schriftliche Übungen

Schreiben Sie diese Sätze ab! Achten Sie darauf, dass Sie die richtigen Endungen benutzen!

a. 1. Jed___ Jahr haben wir einen Tag der Umwelt. 2. In unserer Schule gibt es ein___ Umweltschutzverein. 3. Wir fahren ins Grüne, beobachten d___ Verkehr, gehen d___ Fluss entlang und sammeln Abfälle. 4. Der meiste Abfall ist kein___ Pfennig wert! 5. Am Abend fahren wir ein___ anderen Weg nach Hause.

b. 1. Ich bin gross___ Lärm gewohnt. 2. Der Bach ist ein___ Meter breit. 3. Gut___ Abend! 4. Gut___ Nacht! 5. Fritz lehrt sein___ Freund schwimmen. 6. Er nennt sein___ Freund ein___ Angsthasen. 7. Der Unterricht hat sein___ Freund kein___ Mark gekostet. 8. Hans bittet sein___ Freund eins: Frag mein___ Vater kein___ dumme Frage!

Bürger° protestieren gegen den Bau eines Grossflughafens im Erdinger Moos[1] ⊗

Vierzig Kilometer nordöstlich von München liegt das Erdinger Moos. Es ist ein Naturgebiet. Hier will die bayerische Landesregierung den neuen Grossflughafen München II bauen.

Diesen Sommer fand ein dreitägiges Anti-Flughafen-Festival statt. Die Bewohner von Erding und Freising protestierten mit Pop° und Blasmusik° gegen den geplanten Airport.

Naturschützer° malen die Folgen, die der Flughafen auf die Umwelt haben kann, in den schwärzesten Farben.

Durch den Flughafen gehen 2 300 Hektar° Agrarland° verloren. Dazu kommen weitere 700 Hektar für den Bau einer Zubringerstrasse° und einer S-Bahn[2]. Unersetzbare° Biotope[3] werden durch den Bau zerstört.

Der Grundwasserspiegel° muss um 2,50 Meter gesenkt werden, was zur Folge hat,

dass das ganze Erdinger Moos praktisch trockengelegt und die Landschaft in weitem Umkreis° verändert wird.

Ein Moos entwickelt immer Nebel°, und das Gebiet um Erding herum ist als ein „Nebelloch" bekannt. Zwei Autobahnen führen an dieser Gegend vorbei, und die Autofahrer werden durch häufige° Warnschilder: Vorsicht! Nebel! auf Gefahren aufmerksam gemacht. Trotzdem° ist es für viele zu spät, den Fuss vom Gaspedal zu nehmen, bevor es kracht°. Auf dieser Nebelstrecke passieren die meisten Unfälle, und ausgerechnet hier° will die Landesregierung einen Flugplatz bauen.

Grimme Transparente an den Seitenstrassen

der Bürger *citizen;* der Pop *music, dance, theater, etc., performed by amateurs;* die Blasmusik *brass band music;* der Naturschützer *conservationist;* der Hektar *2.471 acres of land;* das Agrarland *farmland;* die Zubringerstrasse *access road;* unersetzbar *irreplaceable;* der Grundwasserspiegel *water table;* der Umkreis *surrounding area;* der Nebel *fog;* häufig *frequent;* trotzdem *in spite of;* es kracht *there's a crash;* ausgerechnet hier *here of all places*

[1] **Das Erdinger Moos** is an agricultural and wet grassland area of great ecological value. The construction of an airport would not only endanger the ecology of this area, but also necessitate the evacuation of many farms and even entire villages.

[2] Munich already has an excellent **S-Bahn (Schnellbahn)** network, connecting outlying towns, such as Erding, with the center of the city.

[3] A biotope is a limited ecological region in which the environment is suitable for certain forms of life.

14 Fragen zum Inhalt

1. Wogegen protestieren die Bürger?
2. Wo liegt das Erdinger Moos?
3. Was fand diesen Sommer statt?
4. Was meinen die Naturschützer?
5. Was wird durch den Flughafen zerstört?
6. Was passiert mit dem Grundwasserspiegel?
7. Was hat das zur Folge?
8. Was müssen die Autofahrer tun, die durch diese Gegend fahren? Warum?

15 Fragen zum Überlegen und Diskutieren

1. Was halten Sie von dieser Bürgeraktion? Hätten Sie daran teilgenommen? Warum? Warum nicht?
2. Glauben Sie, dass diese Bürgeraktion Erfolg haben wird?
3. Können Sie über eine ähnliche Aktion berichten? (Was für eine Aktion war das? Wann und wo fand sie statt? Wer hat daran teilgenommen? Warum wurde diese Aktion veranstaltet?)

16 Schriftliche Übung

Wählen Sie eins von den Themen in Übung 15 und schreiben Sie einen Aufsatz darüber!

WORTSCHATZ

Bürger protestieren

das **Agrarland**   farm land
der **Airport, –s**   airport
der **Biotop, –e**   biotope (see fn p. 19)
die **Blasmusik**   brass band music
der **Bürger, –**   citizen
der **Flugplatz, ⁓e**   airport
das **Gaspedal, –e**   gas pedal
der **Grossflughafen, ⁓**   large airport
der **Grundwasserspiegel, –**   water table
der **Hektar, –**   2.471 acres of land
die **Landesregierung, –en**   state government
das **Moos**   marsh
das **Naturgebiet, –e**   nature preserve
der **Naturschützer, –**   conservationist
der **Nebel**   fog

das **Nebelloch, ⁓er**   foggy place
die **Nebelstrecke, –n**   stretch of highway that is often very foggy
die **S-Bahn, –en** (Schnellbahn)   commuter rail line
die **Seitenstrasse, –n**   side street
das **Transparent, –e**   billboard
der **Umkreis, –e**   surrounding area
das **Warnschild, –er**   warning sign
die **Zubringerstrasse, –n**   access road

protestieren gegen A   to protest against
senken   to sink
trockenlegen (sep)   to drain
verlorengehen (sep)   to get lost, vanish

dazu   in addition
dreitägig   three-day
grimm   grim
häufig   frequent
nordöstlich   northeast
trotzdem   in spite of
unersetzbar   irreplaceable

aufmerksam machen auf A   to call attention to, to make someone aware of something
ausgerechnet hier   here of all places
es kracht   there's a crash
um (etwas) herum   around, surrounding
zur Folge haben   to result in, to have as a consequence

Zeitungsausträger? – Der Verdienst ist gut, aber wer will schon so früh aufstehen?

Gabi steht vor den Jobangeboten, die an der Universität aushängen.

Das Arbeitsamt ist beim Arbeitsuchen sehr behilflich.

„He, Manfred! Ich gratuliere dir zu deinem Job. Wie gefällt er dir?"

„Ich bin zufrieden mit meinem Lohn, mit meiner Arbeitszeit, mit meinen Kollegen."

„Mir scheint, dass dir das Herumlaufen gut bekommt."

„Am Anfang haben mir die Füsse weh getan, aber jetzt fehlt mir nichts mehr." –

„Da ist ja die Waltraut! Wink ihr mal zu!"

„Es ist ihr bestimmt nicht recht, wenn wir sie stören. Sie spricht gerade mit einem Gast."

„Komm, setzen wir uns zu ihr! Dann muss sie uns bedienen."

Manfred jobbt als Briefträger.

Waltraut arbeitet als Bedienung.

Use of Dative Case Forms

Dative case forms are used in the following situations.

1. With verbs whose objects refer to persons. Some of the most common verbs are:

antworten	*to answer s.o.*	s. nähern	*to approach s.o.*
begegnen	*to meet s.o.*	nützen	*to be of use to s.o.*
danken	*to thank s.o.*	passen	*to fit s.o.*
folgen	*to follow s.o. or s.th.*	raten	*to advise s.o.*
gefallen	*to please s.o.*	schaden	*to harm s.o.*
gehorchen	*to obey s.o.*	trauen	*to trust s.o.*
gehören	*to belong to s.o.*	vergeben	*to forgive s.o.*
glauben	*to believe s.o.*	widersprechen	*to contradict s.o.*
gratulieren	*to congratulate s.o.*	winken	*to wave to s.o.* [1–3]
helfen	*to help s.o.*		

   Folgen Sie den
   Wegweisern Autobahn
   Salzburg auf 8 km
   und anschließend den
   Wegweisern Autobahn
   Nürnberg Regensburg

   Antworten Sie **mir**, bitte!
   Ich danke **dir.**
   Er gratuliert **seiner Freundin.**
   Das gehört **diesem Schüler.**
   Wem hilfst du?

   BETRIFFT : PREISFRAGE
   Welches Service gefällt Ihnen am besten?
   Die meisten Stimmen erhielt
   das Service NR.5
   Hutschenreuther ›Zwiebelmuster‹

2. With verbs whose prefixes make the personal involvement clearer. Some of these prefixes are **entgegen-,** *toward s.o.,* **nach-,** *after s.o.,* and **zu-,** *to s.o.*

   entgegengehen (-laufen, -rennen) *to go to meet s.o.*
   nachlaufen (-sprechen, -rufen) *to run after s.o.*
   zuhören (-schauen, -winken) *to listen to s.o.*

   Wir gehen **den Kindern** entgegen.
   Sie läuft **ihrem Hund** nach.
   Hör **mir** doch endlich zu! [4]

3. With verbs that involve concern for the other person. Some such verbs are:

   fehlen *to be the matter with s.o.*
   genügen *to suffice, satisfy s.o.*
   passieren *to happen to s.o.*

   Was fehlt **deiner Schwester?** *What's the matter with your sister?*
   Was ist **dir** passiert? *What happened to you?*
   Genügt **dir** das? *Is that enough for you?* [5]

4. With certain verbs that express personal opinion or concern and are used with the impersonal **es.**

   Es geht ihm gut. *He's fine.*
   Es gelingt mir. *I succeed.*
   Es kommt ihr vor . . . *She has the impression . . .*
   Es reicht mir. *I've had enough.*
   Es scheint mir . . . *It seems to me . . .*
   Es schmeckt ihm nicht. *He doesn't like (the taste of) it.*
   Es steht dir gut. *It looks good on you. It suits you well.*
   Es tut uns leid. *We're sorry.* [6]

5. With certain verbs that involve physical comfort or discomfort.

        Mir schmerzen die Füsse. *My feet hurt.*
        Ihr tut der Kopf weh. *Her head hurts. She has a headache.*
        Mir ist kalt. *I'm cold.*
        Der Marita ist schlecht. *Marita feels sick.*   [7]

6. With many adjectives that express personal feeling or judgment.

        ähnlich (sehen)   Er sieht dir ähnlich. *He looks like you.*
        bekannt (sein)   Das ist mir bekannt. *I'm familiar with that.*
        dankbar (sein)   Ich bin Ihnen dankbar. *I'm grateful to you.*
        gleich (sein)   Das ist ihr gleich. *It's all the same to her.*
        lieb (sein)   Das ist mir lieb. *I like that. That suits me.*
        recht (geschehen)   Das geschieht ihm recht. *That serves him right.*
        treu (bleiben, sein)   Er bleibt ihr treu. *He remains faithful to her.*   [8–9]

7. To indicate whether the quality expressed by the adjective is appropriate (adjective + **genug**) or inappropriate (**zu** + adjective).

        Die Arbeit ist meiner Schwester interessant genug.
        Aber die Arbeitszeit ist ihr zu lang.   [10]

8. Dative case forms are always used after the prepositions **aus, ausser, bei, mit, nach, von, zu, seit,** and **gegenüber.**

aus	Er trinkt aus der Flasche.	*He drinks out of the bottle.*
	Gerd kommt aus der Bäckerei.	*Gerd is coming out of the bakery.*
	Was ist aus Inge geworden?	*What became of Inge?*
	Die Schistiefel sind aus Plastik.	*The ski boots are (made) of plastic.*
	Diese Band kommt aus England.	*This band is from England.*
	Aus diesem Grund . . .	*For this reason . . .*
ausser	Ausser meinen Eltern war niemand da.	*Nobody was there except for my parents.*
bei	Gerd war schon beim Bäcker.	*Gerd has already been at the baker's.*
	Die Bäckerei ist bei der Post.	*The bakery is near the post office.*
	Peter wohnt bei seinen Eltern.	*Peter's living with his parents.*
	Bei diesem Wetter fahren wir nicht.	*In this weather we won't go.*
	Ich hab' bei der Helga bestellt.	*I ordered from Helga.*
	Stör mich nicht beim Essen!	*Don't disturb me while I'm eating.*
	Bei uns war das Wetter schön.	*Where we live the weather was nice.*
	Die Party ist bei Peter.	*The party is at Peter's house.*
mit	Eva spielt mit ihrem Hund.	*Eva is playing with her dog.*
	Die Jungen fahren mit dem Zug.	*The boys are going by train.*
nach	Wir fahren nach St. Jakob.	*We're going to St. Jakob.*
	Nach dem Frühstück . . .	*After breakfast . . .*
	Nach dem Gesetz . . .	*According to the law . . .*
	Meiner Meinung nach . . .	*In my opinion . . .*
von	200 g von dieser Wurst, bitte!	*200 g of this sausage, please.*
	Der Zug fährt von Hamburg nach Kiel.	*The train goes from Hamburg to Kiel.*
	Das ist ein Freund von mir.	*That's a friend of mine.*
	Die Kühe werden von Alois gefüttert.	*The cows are being fed by Alois.*

Vorsicht
bei Nässe
Rutschgefahr!

zu	Gerd geht zum Gemüsehändler.	*Gerd is going to the greengrocer's.*
	Was isst du zum Frühstück?	*What are you having for breakfast?*
	Sie sind nicht zu Hause.	*They're not at home.*
	Gehen wir zu dir!	*Let's go to your house.*
seit	Seit wann wohnst du hier?	*How long have you been living here?*
	Seit dem 1. Mai.	*Since May 1.*
	Sie fahren seit Wochen umher.	*They've been driving around for weeks.*
gegenüber	Wir hielten gegenüber der Post. ⎫ Wir hielten der Post gegenüber. ⎭	*We stopped across from the post office.*

[11–17]

Übungen

1 Wie gefällt den Leuten die Arbeit? ⊗

BEISPIEL   Seine Schwester hat Arbeit gefunden.
Wie gefällt seiner Schwester die Arbeit?

1. Sein Bruder hat Arbeit gefunden.
2. Seine Freundin hat Arbeit gefunden.
3. Sein Onkel hat Arbeit gefunden.
4. Seine Freunde haben Arbeit gefunden.
5. Sein Vater hat Arbeit gefunden.
6. Seine Kusine hat Arbeit gefunden.

2 Arbeiten macht Spass! ⊗

BEISPIEL   Diese Schüler arbeiten gern. *Ja, Arbeit schadet diesen Schülern nicht.*

1. Dieser Student arbeitet gern.
2. Diese Studentin arbeitet gern.
3. Diese Gymnasiasten arbeiten gern.
4. Dieses Mädchen arbeitet gern.
5. Dieser Junge arbeitet gern.
6. Diese Frau arbeitet gern.

3 Ich gratuliere. Was sage ich? ⊗

BEISPIEL   Mein Vater hat einen neuen Job. *Ich gratuliere dir.*

1. Meine Geschwister haben einen neuen Job.
2. Mein Lehrer hat einen neuen Job.
3. Meine Freunde haben einen neuen Job.
4. Mein Bruder hat einen neuen Job.
5. Meine Lehrerin hat einen neuen Job.
6. Mein Vetter hat einen neuen Job.

4 Du bist lieb; du gehst allen entgegen. ⊗

BEISPIEL   Holst du deine Schwester ab? *Ja, ich gehe meiner Schwester entgegen.*

1. Holst du deinen Vater ab?
2. Holst du deine Freundin ab?
3. Holst du deine Geschwister ab?
4. Holst du deine Lehrerin ab?
5. Holst du deine Eltern ab?
6. Holst du deinen Bruder ab?

5 Diese Leute haben keinen Job gefunden. Sie sind traurig. ⊗

BEISPIEL   Die Studenten sind traurig. *Was fehlt den Studenten?*

1. Der Junge ist traurig.
2. Die Schüler sind traurig.
3. Die Studentin ist traurig.
4. Das Mädchen ist traurig.
5. Die Schülerin ist traurig.
6. Die Kinder sind traurig.

6 Sie fragen einen Freund, wie es allen in der Familie geht. ⊗

BEISPIEL   Wie geht es deiner Mutter? *Danke, es geht ihr gut.*

1. Deinem Vater?   2. Dir?   3. Deinen Geschwistern?   4. Deiner Freundin?

7 Wir sind lange unterwegs gewesen, um einen Job zu finden. ⊗

BEISPIEL   Mein Bruder war den ganzen Tag unterwegs.
           Ihm tun jetzt die Füsse weh.

1. Meine Schwester war den ganzen Tag unterwegs.
2. Meine Geschwister waren den ganzen Tag unterwegs.
3. Mein Freund war den ganzen Tag unterwegs.
4. Meine Freundin war den ganzen Tag unterwegs.

8 Sie sehen allen so ähnlich! ⊗

BEISPIEL   Du siehst aus wie dein Bruder. *Du siehst ihm so ähnlich.*

1. Du siehst aus wie deine Schwester.
2. Du siehst aus wie deine Geschwister.
3. Du siehst aus wie dein Vater.
4. Du siehst aus wie deine Mutter.

9 Der Chef ist mit seinen Angestellten zufrieden. Er sagt: ⊗

BEISPIEL   Dieser Angestellte hilft gern. *Ich bin diesem Angestellten dankbar.*

1. Dieser Junge hilft gern.
2. Dieses Mädchen hilft gern.
3. Diese Kinder helfen gern.
4. Dieser Student hilft gern.
5. Diese Schüler helfen gern.
6. Diese Studentin hilft gern.

10 Alle klagen über ihren Job. ⊗

BEISPIEL   Der Student sagt: ,,Der Lohn ist zu niedrig.''
           Dem Studenten ist der Lohn zu niedrig.

1. Die Schüler sagen: ,,Die Arbeit ist zu schwer.''
2. Der Junge sagt: ,,Die Ferien sind zu kurz.''
3. Die Studenten sagen: ,,Die Arbeitszeit ist zu lang.''
4. Die Schülerin sagt: ,,Der Arbeitsplatz ist zu schmutzig.''
5. Der Arbeiter sagt: ,,Die Kollegen sind zu faul.''

11 Gehst du rein, oder kommst du raus? ⊗

BEISPIEL Gehst du ins Kaufhaus? *Nein, ich komme aus dem Kaufhaus.*

1. in die Bank?
2. ins Geschäft?
3. in den Supermarkt?

4. ins Büro?
5. in den Laden?
6. in die Arbeit?

12 Es gibt viele Jobs für Schüler und Studenten. ⊗

BEISPIEL Der Supermarkt sucht Leute. *Ich war schon beim Supermarkt.*

1. Die Stadt sucht Leute.
2. Das Arbeitsamt sucht Leute.
3. Die Bank sucht Leute.

4. Der Flughafen sucht Leute.
5. Das Museum sucht Leute.
6. Die Post sucht Leute.

13 Andrea ist mit allem zufrieden. ⊗

BEISPIEL Ist deine Arbeit gut? *Ja, ich bin mit meiner Arbeit zufrieden.*

1. Ist dein Lohn gut?
2. Ist dein Arbeitsklima gut?
3. Ist deine Arbeitszeit gut?

4. Ist dein Arbeitsvertrag gut?
5. Ist deine Ausbildung gut?
6. Ist dein Verdienst gut?

14 Wann holst du mich ab? ⊗

BEISPIEL Die Schule ist um 2 Uhr aus. *Nach der Schule.*

1. Der Unterricht ist um 6 Uhr aus.
2. Das Kino ist um 10 Uhr aus.
3. Die Vorstellung ist um 9 Uhr aus.

4. Das Theater ist um 11 Uhr aus.
5. Der Film ist um 12 Uhr aus.
6. Die Sendung ist um 8 Uhr aus.

15 Du hast Post. Von wem ist der Brief? ⊗

BEISPIEL Hat das Arbeitsamt geschrieben? *Ja, der Brief ist vom Arbeitsamt.*

1. Hat die Bundeswehr geschrieben?
2. Hat der Supermarkt geschrieben?
3. Hat das Gymnasium geschrieben?

4. Hat die Stadt geschrieben?
5. Hat der Betrieb geschrieben?
6. Hat die Polizei geschrieben?

16 Wir gratulieren unseren Freunden. ⊗

BEISPIEL Peter hat jetzt einen Job. *Ich gratuliere dir zu deinem Job.*

1. Er hat jetzt eine Arbeit.
2. Er hat jetzt einen Führerschein.
3. Er hat jetzt ein Auto.

4. Er hat jetzt eine Freundin.
5. Er hat jetzt ein Boot.
6. Er hat jetzt Geburtstag.

17 Wir haben uns lange nicht gesehen. ⊗

BEISPIEL Ja, wir sind zusammen in die Schule gegangen. *Ja, seit der Schule.*

1. in den Tanzkurs
2. in die Lehre

3. aufs Gymnasium
4. auf die Oberschule

18 Schriftliche Übung

Sagen Sie oder schreiben Sie die richtigen Wörter und Endungen!

1. Die kleine Schülerin antwortet ihr__ Lehrer und ihr__ Lehrerin.
2. Ich bin sein__ Eltern und sein__ Schwester begegnet.
3. Wir danken Ihr__ Schüler__ und gratulieren ____.
4. Die Geschenke gefallen mein__ Geschwister__.
5. Warum gehorchst du dein__ Grossvater nicht?
6. Dieser neue Wagen gehört sein__ Onkel und sein__ Tante.
7. Ich glaube mein__ Vetter und mein__ Kusine nicht.
8. Rauchen schadet sein__ Gesundheit.
9. Inge rennt ihr__ Hund und ihr__ Katze nach.
10. Was gefällt Ihr__ Kusine und Ihr__ Vetter?
11. Die Torte schmeckt sein__ Freunde__ nicht, aber sein__ Bruder.
12. Ihr__ Onkel tut der Hals weh und ihr__ Tante der Kopf.
13. Ich bin dein__ Eltern sehr dankbar.
14. Du siehst dein__ Bruder und auch dein__ Schwester sehr ähnlich.
15. Dieses Buch ist ____ und mein__ Schwester zu teuer.

Kennen Sie den? ⊗

Witze zum Weitererzählen

Der kleine Hansi muss zur Strafe° fünfzigmal schreiben: ,,Ich darf den Lehrer nicht duzen°.'' Er schreibt den Satz hundertmal. ,,Warum denn das?'' fragt der Lehrer. ,,Weil ich dir eine Freude machen wollte.''

,,Womit rührt der feine Herr den Kaffee um, mit der rechten Hand oder mit der linken?''
,,Mit keiner von beiden. Er sollte das lieber mit einem Kaffeelöffel tun.''

Ein Zoowärter ruft beim Fundbüro° an: ,,Uns ist ein Elefant entlaufen°. Ist bei Ihnen einer abgegeben worden?''
Der Mann im Fundbüro: ,,Welche Farbe hat er denn?''

Der Herr von der Post erklärt der alten Dame den Notruf°: ,,Im Falle eines Feuers rufen Sie bitte Einhundertundzwölf.'' —
,,Neumodischer Kram°: Zu meiner Zeit rief man einfach ,Feuer'!''

zur Strafe   *as a punishment;* duzen   *to address with the ''du''-form;* das Fundbüro *lost and found department;* entlaufen   *to run away, escape;* der Notruf   *emergency number;* neumodischer Kram!   *new-fangled nonsense!*

Heuer gibt es viele Ferienjobs ⊗
Das Angebot übersteigt die Nachfrage

Dieses Jahr beginnen in München am 1. August die Schul- und Semesterferien. Dann suchen wieder Tausende von Studenten und Hunderte von Schülern[1] einen Ferienjob. Wie auch im letzten Jahr übersteigt heuer das Angebot an offenen Stellen die Nachfrage. Zahlreiche Beschäftigungsmöglichkeiten gibt es für Studenten, die einen Führerschein besitzen oder maschineschreiben° können. Für Schüler sieht das Angebot weniger rosig aus: Schulpflichtige° Jugendliche vor Vollendung° des 14. Lebensjahrs dürfen überhaupt nicht gegen Bezahlung arbeiten, und bei Realschülern und Gymnasiasten[2] unter 18 Jahren macht das Jugendarbeitsschutzgesetz° strenge Beschränkungen°.

boten mit Stundenlöhnen zwischen sieben und zehn Mark. In Frage kommen Hilfstätigkeiten in Hotels und Gaststätten, in Brauereien, Fotolabors, grafischen Betrieben, in der Elektro– und Metallindustrie, Büroarbeiten oder Arbeiten als Kraftfahrer° für verschiedene Branchen°.

Nach den Jahren wirtschaftlicher° Rezession (1974–1976), in denen die Ferienjob-Möglichkeiten beschränkt waren, sind seit letztem Jahr offene Stellen wieder erfreulich° angestiegen. 1974 konnten nur 8 388 Stellen vergeben werden, im letzten Jahr waren es 13 456.

Bei der Jobsuche haben es Studenten weitaus leichter als Schüler. Schüler unter 18 müssen nach dem Jugendarbeitsschutzgesetz bei einer Arbeitszeit von mehr als sechs Stunden 60 Minuten Ruhepause haben. Sie dürfen auch nicht länger als acht Stunden täglich beschäftigt werden. Gefährliche Akkord-Arbeit° dürfen Jugendliche nicht verrichten. Aus diesen Gründen stellen viele Firmen lieber gleich volljährige° Jugendliche an.

Den erwachsenen Jugendlichen werden hauptsächlich° manuelle Tätigkeiten ange-

maschineschreiben *to type;* schulpflichtig *of school age;* die Vollendung *completion;* das Jugendarbeitsschutzgesetz *child labor law;* strenge Beschränkungen *strict restrictions;* wirtschaftlich *economic;* erfreulich *encouragingly;* die Akkord-Arbeit *piece-work;* volljährig *of age;* hauptsächlich *mainly;* der Kraftfahrer *driver;* die Branche *industry, business*

[1] **Studenten** refers to college and university students, **Schüler** refers to primary and secondary school students.
[2] **Realschüler** attend the **Realschule,** a type of secondary school. At 16 these students receive **die mittlere Reife,** which enables them to begin apprenticeships in certain white-collar fields, such as banking, retailing, etc. **Gymnasiasten** attend the **Gymnasium,** an academic secondary school. At 18 or 19 these students make **das Abitur,** which enables them to study at a university.

Schüler wollen im allgemeinen° nicht ihre ganzen Ferien dem Job opfern, sondern nur 3 bis 4 Wochen arbeiten. Die meisten Arbeitgeber suchen auch nur 4-bis 6wöchige Hilfe während der Ferienzeit ihrer festen° Angestellten.

Es gibt Arbeitgeber, die Beschäftigungszeiten von mindestens° sechs Wochen bis etwa drei Monate wünschen. Aber oft wollen und können nicht alle Studenten in den gesamten° Semesterferien Geld verdienen. Studenten, die Studienbeihilfe° bekommen, dürfen nicht mehr als 50 Tage arbeiten, sonst wird die Beihilfe gekürzt.

Angebote für Studenten kommen von Banken, Versicherungen°, Kaufhäusern und Supermärkten, und — bei guter körperlicher Kondition — auch von Baufirmen und Gartenbaubetrieben. Hotels und Gaststätten, die an chronischem Personalmangel° leiden°, sind sehr an Studenten

interessiert. Gut bezahlte Saisonarbeiten werden z.B. am Ammersee angeboten, in Lindau am Bodensee und auf Sylt.

Unter den angebotenen Stellen für Studenten sind Jobs als Kraftfahrer (Stunde 10 bis 15 Mark), Lager- und Transportarbeiter° (9 bis 11 Mark), einfache Büroarbeiten (9 bis 10 Mark), Stenotypistinnen (10 bis 15 Mark). Begehrt° ist der Job eines Reiseleiters mit 80 bis 90 Mark Verdienst täglich. Aber auch andere Jobs werden angeboten: Nachtportier, Babysitter, Dolmetscher°, Sekretärinnen oder Teppichklopfer[3] für Senioren°.

im allgemeinen *in general;* fest *permanent;* mindestens *at least;* gesamt- *entire;* die Studienbeihilfe *financial aid for students;* die Versicherung *insurance company;* der Mangel *shortage, lack;* leiden an D *to suffer from;* Lager- und Transportarbeiter *worker in a warehouse;* begehrt *desired;* der Dolmetscher *interpreter;* der Senior *senior citizen*

[3] In Germany people often hang their carpets outside on a line and beat them to get out dust and dirt.

19 Fragen zum Inhalt

1. Was beginnt am 1. August?
2. Was passiert immer um diese Zeit?
3. Wie war die Jobsituation zwischen 1974 und 1976? Wie sieht es heuer aus?
4. Warum sieht es für Studenten besser aus als für Schüler?
5. Was für Jobs bietet man den erwachsenen Jugendlichen an?
6. Was wollen Schüler im allgemeinen nicht tun?
7. Warum können nicht alle Studenten so lange arbeiten, wie sie wollen?
8. Von wem kommen Jobangebote für Studenten?
9. Wer ist an Studenten besonders interessiert?
10. Was für Jobs werden den Studenten angeboten? Wieviel können sie dabei verdienen?

20 Fragen zum Überlegen und Diskutieren

1. Aus welchen Gründen macht dieser Artikel einen grossen Unterschied zwischen Schülern und Studenten?
2. Was meinen Sie dazu, dass die meisten Schüler nicht ihre ganzen Ferien dem Job opfern wollen?
3. Was halten Sie davon, dass Studenten, die Studienbeihilfe bekommen, nicht mehr als 50 Tage arbeiten dürfen, ohne die Beihilfe zu verlieren?
4. Arbeiten Sie oder haben Sie in den Ferien gearbeitet? Wo? Als was? Ist der Job interessant? Wieviel verdienen Sie? Was müssen Sie tun? Ist der Job gut für Ihren späteren Beruf?

21 Schriftliche Übungen

1. Beantworten Sie die Fragen von Übung 19 schriftlich!
2. Beantworten Sie Frage 4 von Übung 20 schriftlich!

WORTSCHATZ

Heuer gibt es viele Ferienjobs

die **Akkord-Arbeit, –en** *piece-work*
das **Angebot, –e** *offer*
der **Arbeitgeber, –** *employer*
der **Babysitter, –** *babysitter*
die **Baufirma, –firmen** *construction company*
die **Beschäftigungsmöglichkeit, –en** *job opportunity*
die **Beschäftigungszeit, –en** *duration of a job*
die **Beschränkung, –en** *limitation, restriction*
die **Branche, –n** *industry, business*
der **Dolmetscher, –** *translator*
die **Elektroindustrie, –n** *electrical industry*
der **Ferienjob, –s** *vacation job*
die **Ferienzeit, –en** *vacation time*
das **Fotolabor, –s** *photo lab*
der **Gartenbetrieb, –e** *nursery*
die **Gaststätte, –n** *restaurant*
die **Hilfstätigkeit, –en** *temporary work*

die **Jobsuche** *search for a job*
das **Jugendarbeitsschutzgesetz, –e** *child labor law*
das **Kaufhaus, ¨er** *department store*
die **Kondition, –en** *condition*
der **Kraftfahrer, –** *driver*
der **Lagerarbeiter, –** *worker in a warehouse*
das **Lebensjahr, –e** *year of life*
die **Metallindustrie, –en** *metal industry*
die **Nachfrage, –n** *demand*
der **Nachtportier, –s** *night watchman; janitor*
der **Personalmangel, ¨** *shortage of personnel*
der **Realschüler, –** *student at a Realschule (see fn p. 28)*
der **Reiseleiter, –** *tour guide*
die **Rezession, –en** *recession*
die **Ruhepause, –n** *pause, break (from work)*

die **Saisonarbeit, –en** *seasonal work*
die **Sekretärin, –nen** *secretary*
die **Semesterferien** (pl) *vacation between semesters at a university*
der **Senior, –en** *senior citizen*
die **Stenotypistin, –nen** *typist and stenographer*
die **Studienbeihilfe** *financial aid for students*
der **Stundenlohn, ¨e** *hourly wage*
die **Tätigkeit, –en** *job*
der **Teppichklopfer, –** *see fn p. 29*
der **Transportarbeiter, –** *transport worker*
die **Versicherung, –en** *insurance company*
die **Vollendung, –en** *completion*

anbieten (sep) *to offer*
kürzen *to reduce*
leiden an D (litt, gelitten) *to suffer from*
maschineschreiben (sep) (schreibt Maschine, schrieb Maschine, hat maschinegeschrieben) *to type*

übersteigen *to exceed*
vergeben *to give out*

angeboten *offered, available*
begehrt *desired*
beschränkt *limited*
chronisch *chronic*
erfreulich *encouragingly*
erwachsen *grown-up*
fest *regular, permanent*
gesamt *whole, entire*
grafisch *graphic*
hauptsächlich *mainly*

manuell *manual*
mindestens *at least*
rosig *rosy*
schulpflichtig *of school age*
sechswöchig *six-week*
streng *strict*
volljährig *of age*
weitaus *by far*
wirtschaftlich *economic*
zahlreich *numerous*

gegen Bezahlung *for pay*
im allgemeinen *in general*
in Frage kommen *to come into question*
interessiert sein an D *to be interested in*

Marlies Koschinski
Hürdenläuferin

Maria Epple
Schiläuferin

Annegret Richter
Sprinterin

Bei fast jedem Wettkampf stellen die Sportlerinnen der Bundesrepublik neue Rekorde auf und machen damit in der Presse ständig Schlagzeilen.

Die grossen Erfolge dieser jungen Leistungssportlerinnen ist das Ergebnis eines langen und harten Trainings. Sportliches Talent wird oft schon frühzeitig in der Schule erkannt, und manch ein Sportlehrer riet den Eltern dieser Leistungssportlerinnen: ,,Schicken Sie Ihre Tochter in einen Sportverein. Sie hat Talent, und mit richtigem Training kann sie es zu etwas bringen!''

Das Training für den Leistungssport verlangt viele persönliche Opfer. Wenn sich die Klassenkameraden oder die

Ulrike Meyfarth
Hochspringerin

Arbeitskollegen nach der Schule oder nach der Arbeit oder am Wochenende vergnügen, müssen Leistungssportlerinnen gewöhnlich in ihrem Verein trainieren. Da gibt es kaum ein Wochenende, an dem nicht trainiert wird oder an dem nicht irgendwo ein Wettkampf stattfindet. Bei Wettkämpfen im Ausland kann es passieren, dass die Leistungssportlerinnen ein paar Tage lang nicht in die Schule gehen können, was dann wiederum bedeutet, dass sie nach ihrer Rückkehr für die Schule viel nachzuholen haben.

Man hört aber wenig, dass sich Leistungssportlerinnen über ihr Training beklagen. Der Sport bietet auch positive Aspekte: Sie lernen durch ihre Reisen mehr von der Welt kennen als ihre Mitschüler oder Kollegen. Sie machen unter den andern Sportlern viele neue Bekanntschaften, und ein Sieg macht sie berühmt und verschafft ihnen tausende von begeisterten Fans.

Use of Both Dative and Accusative Case Forms

1. In English and in German there are many verbs that can have two objects. In German, the indirect object (usually a person) is signalled by the dative case, the direct object (usually a thing) by the accusative case.

Brigitte erklärt **den Eltern den Wettkampf.**   *Brigitte explains the contest to her parents.*
Sie zeigt **ihm das Zimmer**   *She shows him the room.*

Some common verbs that can have two objects are:

berichten	erklären	leihen	schenken	verbieten
besorgen	erzählen	nehmen	schicken	versprechen
bringen	geben	reichen	schreiben	vorstellen
empfehlen	lassen	sagen	schulden	zeigen [1–3]

2. When a verb has two objects, the dative case is often used to signal a for-construction (doing something for somebody).
Sie putzt **ihrer Schwester die Schuhe.**   *She is cleaning the shoes for her sister.*

Some common verbs requiring two objects to signal a for-construction are:

| auflegen | aufräumen | kaufen | waschen |
| aufmachen | holen | spülen | [4] |

3. In sentences with two objects, parts of the body and articles of clothing are usually in the accusative case, and the person referred to is in the dative case.
Die Mutter wäscht **dem Kind die Hände.**
Sie zieht **dem Mädchen den Mantel** an.

In English, a possessive construction is usually used to express the idea of doing something for someone.
The mother is washing the child's hands (for her).
She puts the girl's coat on (for her).

The second English example would be ambiguous if the prepositional phrase were omitted. Note, however, that the German construction is never ambiguous.

4. The prepositions **an, auf, hinter, in, neben, über, unter, vor,** and **zwischen** may be followed by either a dative or an accusative form. Dative case forms are used to indicate location

(as in response to a question introduced by **wo?**), accusative case forms are used to indicate direction (as in response to a question introduced by **wohin?**).

Oliver hängt den Spiegel **an die Wand.**
(**Wohin** hängt er den Spiegel?)
Der Spiegel hängt **an der Wand.**
(**Wo** hängt der Spiegel?)

a. Two-way prepositions are often contracted with forms of the definite article.
Some of the common contractions are:

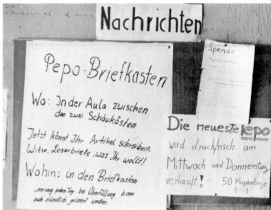

an das	→ ans	über das	→ übers
an dem	→ am	über dem	→ überm
auf das	→ aufs	unter das	→ unters
hinter das	→ hinters	unter dem	→ unterm
in das	→ ins	vor das	→ vors
in dem	→ im	vor dem	→ vorm

b. The following examples illustrate some common meanings two-way prepositions can have:

an	Kristin steht an der Tür.	*Kristin is standing at the door.*
	Geh ans Fenster, Inge!	*Go to the window, Inge!*
auf	Die Jacke liegt auf dem Bett.	*The jacket is (lying) on the bed.*
	Wann fahren Sie aufs Land?	*When are you going to the country?*
	Ich war schon auf dem Land.	*I've already been in the country.*
hinter	Hinter dem Haus ist die Garage.	*Behind the house is the garage.*
in	Hans ist im Esszimmer.	*Hans is in the dining room.*
	Er geht ins Wohnzimmer.	*He walks into the living room.*
neben	Neben der Schule ist die Post.	*Next to the school is the post office.*
über	Über der Wohnung ist der Boden.	*Above the apartment is the attic.*
	Er geht über die Strasse.	*He is walking across the street.*
unter	Die Schuhe stehen unter dem Bett.	*The shoes are under the bed.*
	Das lag unter meinen Briefmarken.	*That was among my stamps.*
vor	Vor dem Haus ist ein Zaun.	*In front of the house is a fence.*
	Vor einer Woche war ich in München.	*A week ago I was in Munich.*
	Das war vor der Wahl.	*That was before the election.*
zwischen	Das Bett steht zwischen der Wand und dem Schrank.	*The bed is between the wall and the wardrobe.* [5–12]

Spielplatzbenützung

nur für Jugendliche unter 15 Jahren gestattet.

Benützung auf eigene Gefahr!

Feuerwehr-Einfahrt

Vor dem Tor parkende Fahrzeuge werden kostenpflichtig entfernt

5. Word Order in two-object sentences

    a. In sentences containing both direct and indirect objects, the direct object noun phrase usually follows the indirect object noun phrase or pronoun.

Ulrike bringt	**den Gästen** **ihnen**	den Kaffee.
Frau Tauber gibt	**dem Apotheker** **ihm**	das Rezept.

    b. When both direct and indirect objects are noun phrases, this order may be reversed for emphasis.

Ulrike bringt	den Kaffee	**den Gästen.** (und nicht den Eltern)

    c. When the direct object is a pronoun, the usual order is direct object followed by indirect object (noun phrase or pronoun).

Ulrike bringt	ihn	**den Gästen.** **ihnen.**
Frau Tauber gibt	es	**dem Apotheker.** **ihm.**

Exception: The direct object pronoun **es** can follow the indirect object pronouns **dir** and **mir**. When this happens, the **e** in **es** is dropped and indicated in writing by an apostrophe.

Er gibt **es mir.** — Er gibt **mir's.**

Ich sag' **es dir nicht.** — Ich sag' **dir's** nicht.   [13–15]

Übungen

1 **Alle möchten von Brigitte etwas über den Wettkampf hören.** ☺

BEISPIEL   Zuerst Brigittes Eltern. *Brigitte erklärt ihren Eltern den Wettkampf.*

1. Dann ihr Freund.
2. Dann ihre Geschwister.
3. Dann ihre Freundin.
4. Dann ihr Lehrer.
5. Dann ihre Mitschüler.
6. Dann ihre Kusine.

2 **Brigitte reist mit ihrem Sportverein ins Ausland. Alle möchten wissen wohin.** ☺

BEISPIEL   Die Eltern möchten es wissen. *Sie sagt es den Eltern.*

1. Das Mädchen im Haus möchte es wissen.
2. Der Chef der Firma möchte es wissen.
3. Die Mitarbeiter möchten es wissen.
4. Die Läuferin aus Köln möchte es wissen.
5. Der Kollege im Verein möchte es wissen.
6. Die Kinder im Dorf möchten es wissen.

3   Von ihrer Reise verspricht Brigitte allen eine Karte. ⊗

BEISPIEL   Ihre Eltern möchten eine Karte. *Sie verspricht ihnen eine Karte.*

1. Ihr Freund möchte eine Karte.
2. Ihre Kollegen möchten eine Karte.
3. Ihre Sportlehrerin möchte eine Karte.
4. Ihr Onkel möchte eine Karte.
5. Ihre Mitarbeiter möchten eine Karte.
6. Ihre Schwester möchte eine Karte.

4   Brigitte hilft allen zu Hause. Für jeden tut sie etwas anderes. ⊗

BEISPIEL   Ihr Bruder soll die Schuhe putzen. *Sie putzt ihrem Bruder die Schuhe.*

1. Ihre Grossmutter soll das Geschirr spülen.
2. Ihre Geschwister sollen die Zimmer aufräumen.
3. Ihr Grossvater soll den Wagen waschen.
4. Ihre Schwester soll die Zeitung holen.

5   Die Stadt ist für unsere Sportlerinnen geschmückt. Wo kommen sie vorbei? ⊗

BEISPIEL   Die Schule ist geschmückt.
              Ja, sie kommen an der Schule vorbei!

1. das Rathaus
2. der Marktplatz
3. die Kirche
4. das Schloss
5. der Bahnhof
6. die Geschäfte sind
7. das Theater
8. die Bushaltestelle

6   Brigitte erwartet einen Anruf. Sie geht nervös im Zimmer umher. ⊗

BEISPIEL   das Fenster   *Sie geht ans Fenster.*

1. die Tür
2. der Schrank
3. die Lampe
4. der Ofen
5. das Telefon

7   Musst du noch dorthin gehen? ⊗

BEISPIEL   Musst du noch auf den Sportplatz gehen?
              Ich war schon auf dem Sportplatz.

1. auf die Bank?
2. aufs Arbeitsamt?
3. auf den Bahnhof?
4. auf die Post?
5. aufs Rathaus?
6. auf den Spielplatz?

8   Mach Platz! Ich bin müde vom Laufen. ⊗

BEISPIEL   Ist der Stuhl frei? *Ja, setz dich auf den Stuhl!*

1. Ist die Wiese trocken?
2. Ist das Sofa weich?
3. Ist der Boden sauber?
4. Ist die Couch bequem?

9   Wann fahrt ihr dorthin? ⊗

BEISPIEL   Wann fahrt ihr ins Ausland? *Wir waren schon im Ausland.*

1. in die Stadt?
2. ins Büro?
3. in den Tierpark?
4. ins Kino?
5. in den Biergarten?
6. in die Firma?

10 Wann musst du dort sein? ⊗

BEISPIEL   Wann musst du im Büro sein? Um 10?
           Ja, ich geh' erst um 10 ins Büro.

1. in der Stadt? Um 12?
2. im Laden? Um 8?
3. im Krankenhaus? Um 3?
4. in der Schule? Um 9?
5. im Geschäft? Um 2?
6. im Museum? Um 4?

11 Alle laufen uns nach. ⊗

BEISPIEL   Der Strand ist nass. *Aber alle laufen über den Strand.*

1. der Sportplatz
2. die Wiese
3. der Sand
4. das Feld
5. der Rasen

12 Wo treffen wir uns mit den Sportlern? ⊗

BEISPIEL   Sollen wir in die Schule gehen?
           Nein, treffen wir uns vor der Schule!

1. Sollen wir ins Rathaus gehen?
2. Sollen wir in die Sporthalle gehen?
3. Sollen wir in den Stadtpark gehen?
4. Sollen wir ins Kino gehen?
5. Sollen wir in den Bahnhof gehen?

13 Brigitte ist sehr stolz. Sie zeigt allen ihre Bilder vom Wettbewerb. ⊗

BEISPIEL   Wem zeigt sie die Bilder? Ihren Kollegen?
           Ja, sie zeigt ihnen die Bilder.

1. ihrem Freund?
2. ihren Eltern?
3. ihrer Sportlehrerin?
4. ihrem Chef?
5. ihrer Kollegin?
6. ihren Mitarbeitern?

14 Alle möchten ein Souvenir von ihr haben. ⊗

BEISPIEL   Hans möchte die Turnschuhe. *Gib sie ihm doch!*

1. Eva möchte den Brief.
2. Kurt möchte das Buch.
3. Die Kollegen möchten die Bilder.
4. Inge möchte die Posters.
5. Fritz möchte die Uhr.
6. Kristin möchte das Hemd.
7. Die Mädchen möchten den Zeitungsartikel.

15 Schriftliche Übung

Schreiben Sie die Sätze im Präsens! Gebrauchen Sie alle Wörter!

BEISPIEL   Arbeitsamt / geben / Schüler *(pl.)* / Information
           Das Arbeitsamt gibt den Schülern Information.

1. Lehrer / empfehlen / Schülerin / Lehrstelle
2. Renate / schicken / Firma / Bewerbungsschreiben
3. Berufsberater / beschreiben / Schüler / Ausbildung
4. Filialleiterin / besorgen / Junge / Lehrplan
5. Firma / versprechen / Lehrlinge / mehr Urlaub
6. Berufsberater / erklären / Mädchen *(sing.)* / Vertrag

Täglich Training ⊗

Sie ist erst 21 Jahre alt und hat schon 30 Meister-
schaften° gewonnen: Die Mittelstreckenläuferin
Brigitte Kraus aus Köln zählt ihre Rekorde nicht mehr.
Schon mit 14 Jahren war sie eine gute 600-Meter-
Läuferin. Ihr Sportlehrer meinte: Dieses Talent muss
man fördern. Er sagte Brigittes Eltern, sie sollten ihre
schnelle Tochter in einen Sportverein schicken.
Brigitte Kraus wurde mehrfach deutsche Meisterin
und Olympiateilnehmerin. Heute hat sie immer noch
denselben Trainer wie damals, als sie in den Kölner
„Athletic-Sport-Verein" eintrat°. Der ist natürlich
unheimlich stolz° auf „seine" Brigitte. Brigitte
beendete inzwischen ihre Schule, machte eine Lehre
als technische Zeichnerin° und arbeitet seit etwa
einem Jahr halbtags in einer grossen Firma. Sport und
Beruf — wie lassen sich die miteinander vereinbaren°?
Brigitte hat Glück: Ihre Firma hat viel Verständnis
für ihre sportliche Karriere und zeigt sich sehr grosszügig. Brigitte muss oft wegen eines Wettkampfes°
ein paar Tage freinehmen. Doch eine bekannte Sport-
lerin unter° den Mitarbeitern sorgt° auch für gute
Reklame°.

Annegret Richter

Brigitte zeichnet Teile von Atomreaktoren: eine
schwierige Arbeit. Aber sie ist froh: Sie muss sich bei
dieser Arbeit nicht körperlich anstrengen°. „Freunde
von mir, die Sportlehrer sind, klagen immer sehr über
Muskelkater° und Müdigkeit", sagt sie, „Sport im
Beruf und in der Freizeit — das ist einfach zuviel."

Jeden Tag zwischen 17 und 19 Uhr trainiert Brigitte.
Die Wettkämpfe sind am Wochenende. Kommt dabei
nicht das Privatleben zu kurz°? „Zum Glück hat mein
Vorlobter° volles Verständnis für die Lauferei", lacht
Brigitte, „er war nämlich früher selbst Leistungs-
sportler°." Jetzt studiert er an der Sporthochschule°
in Köln. Oft ist er beim Training dabei und fährt auch
zu Wettkämpfen mit. „Unser Hobby ist Reisen", sagt
Brigitte. Mit ihrem Verein reiste sie schon um die
halbe Welt. Vor zwei Jahren war sie in Südamerika:

Sabine Everts

die Meisterschaft *championship;* eintreten in A *to join;* umheim-
lich stolz *awfully proud;* technische Zeichnerin *draftswoman;* s.
vereinbaren lassen mit *to be compatible with;* der Wettkampf *contest, competition;* unter *among;* sorgen für *to provide for;* gute
Reklame *good publicity;* s. körperlich anstrengen *to exert o.s.
physically;* der Muskelkater *sore muscles;* zu kurzkommen *to get
the shorter end of the stick, to be cheated;* der Verlobte *fiancé;* der
Leistungssportler *competitive athlete;* die Sporthochschule *college
for training gym teachers*

Annegret Richter gewann den 100-Meter-Lauf bei der Olympiade in Montreal. Hier empfängt sie den Rudolf-Harbis-Gedenkpreis des Deutschen Leichtathletik-Verbandes.

Kolumbien, Peru, Bolivien. Überall wurden Freundschaftskämpfe mit einheimischen° Sportlern ausgetragen, Trainingspläne und Erfahrungen° ausgetauscht°. Im vorigen Jahr reiste sie mit einer Delegation der Sporthochschule nach Ägypten. „So etwas ist immer besonders interessant", meint Brigitte. „Man lernt die verschiedenen° Trainingsmethoden kennen, und unter Sportlern findet man immer schnell Kontakt."

Warum macht der Leistungssport Brigitte Spass? „Man kann sich immer wieder mit anderen messen und merkt dann oft, dass man gut ist. Das ist ein tolles Gefühl. Und dann der Nervenkitzel°, ob du gewinnst oder nicht. Das ist spannend, abenteuerlich°, oft natürlich auch für die Nerven sehr anstrengend°. Aber ich werde ja nicht ewig° den Leistungssport in dieser Form betreiben können." Bis zu den Olympischen Spielen will Brigitte — wenn ihr nicht eine Verletzung dazwischenkommt — auf jeden Fall° noch dabeibleiben. Vielleicht auch noch ein paar Jahre länger. Auch später, wenn sie eine eigene Familie hat, will sie noch laufen. Aber nicht mehr so wie jetzt. Mehr als „Trim-Trab, zum Fithalten und zum Spass." Später will sie vielleicht Trainerin werden.

Die nächsten Pläne? — Einige internationale Wettkämpfe stehen kurz bevor. Da wird Brigitte auf harte Konkurrenz° aus den osteuropäischen Ländern treffen. Bei der Europameisterschaft Ende August in Prag wird sie wahrscheinlich auch dabeisein. Hoffen wir, dass sie sich bis dahin nicht eines ihrer langen Beine bricht — toi, toi toi°, Brigitte!

aus SCALA Jugendmagazin

---

einheimisch *local;* die Erfahrung *experience;* austauschen *to exchange;* verschieden *various;* der Nervenkitzel *thrill;* abenteuerlich *adventurous;* anstrengend *strenuous;* ewig *forever;* auf jeden Fall *in any case;* die Konkurrenz *competition;* toi toi toi! *knock on wood!*

16 Fragen zum Inhalt

1. Beschreiben Sie Brigitte Kraus!
2. Wer hat ihr Talent zuerst erkannt?
3. Was für einen Beruf hat sie?
4. Wie lassen sich für Brigitte Sport und Beruf miteinander vereinbaren?
5. Warum hat Brigitte ihren Beruf so gern?
6. Wann trainiert sie, und wann sind die Wettkämpfe?
7. Warum kommt Brigittes Privatleben nicht zu kurz?
8. Was wissen Sie über Brigittes Verlobten?
9. Wo war Brigitte schon überall?
10. Warum reiste sie ins Ausland? Warum ist das interessant?
11. Was erzählt Brigitte über ihren Besuch in Ägypten?

12. Warum macht ihr der Leistungssport Spass?
13. Wie lange wird sie Leistungssport in dieser Form wahrscheinlich treiben können?
14. Was hat sie für später vor?
15. Was sind ihre nächsten Pläne?
16. Was halten Sie von Brigittes Plänen für die Zukunft?

17 Fragen zum Überlegen und Diskutieren
1. Welche Vor- und Nachteile hat das Leben eines Leistungssportlers?
2. Was ist Ihrer Meinung nach für einen Leistungssportler am schwierigsten?
3. Was halten Sie von Brigittes Firma?
4. Was für einen Partner braucht ein Leistungssportler?
5. Was können Leistungssportler später im Leben mit ihrem Talent machen?

18 Schriftliche Übungen
1. Beantworten Sie die Fragen von Übung 16 schriftlich!
2. Beantworten Sie die Fragen 1 und 5 von Übung 17 schriftlich!

WORTSCHATZ

Täglich Training

der **Atomreaktor, –en** *atomic reactor*
die **Delegation, –en** *delegation*
die **Erfahrung, –en** *experience*
die **Europameisterschaften** (pl) *European Championship Games*
die **Form, –en** *form, type, kind*
der **Freundschaftskampf, ¨e** *friendly game*
die **Karriere, –n** *career*
die **Konkurrenz** *competition*
die **Läuferin, –nen** *(female) runner*
der **Leistungssport** *competitive sport*
der **Leistungssportler, –** *competitive athlete*
die **Meisterin, –nen** *(female) champion*

die **Meisterschaft, –en** *championship*
die **Mittelstreckenläuferin, –nen** *middle-distance runner*
die **Müdigkeit** *tiredness, exhaustion*
der **Muskelkater, –** *sore muscles*
der **Nerv, –en** *nerve*
der **Nervenkitzel, –** *thrill*
die **Olympiateilnehmerin, –nen** *(female) participant in the Olympics*
die **Olympischen Spiele** *the Olympic Games*
das **Privatleben, –** *private life*
die **Reklame, –n** *advertisement, publicity*

die Sporthochschule, –n *college for training gym teachers*
der **Sportverein, –e** *sports club*
Südamerika *South America*
die technische Zeichnerin, –nen *draftswoman*
der **Trainer, –** *trainer, coach*
das **Training** *training*
die **Trainingsmethode, –n** *training method*
der **Trainingplan, ¨e** *training plan*
die **Verletzung, –en** *injury*
der **Verlobte, –n** (den –n) *fiancé*
das **Verständnis** *understanding*
der **Wettkampf, ¨e** *contest, competition*

s. **anstrengen** (sep) *to exert o.s.*
austauschen (sep) *to exchange*
beenden *to end, finish*
dabeibleiben (sep) *to stay with (it), continue*
dabeisein (sep) *to be present*
eintreten in A (sep) *to join*

freinehmen (sep) *to take off (from work, etc.)*
s. **messen mit** *to compare o.s. with*
sorgen für *to provide for*
studieren an D *to study at*
treffen auf A *to meet with, face*

s. **vereinbaren lassen mit** *to be compatible with*
s. **zeigen** *to prove o.s. to be*

abenteuerlich *adventurous*
anstrengend *strenuous*
einheimisch *local*
ewig *forever*
halbtags *part-time*
inzwischen *in the meantime*
mehrfach *multiple, many times*
osteuropäisch *East European*
unheimlich *terribly, very*
unter A or **D** *among*
verschieden *various*
wegen G or **D** *because of*
zuviel *too much*

auf jeden Fall *in any case*
bis dahin *until then*
bis zu *up until*
eine eigene Familie *a family of (her) own*
einen Freudschaftskampf austragen *to have a friendly game*
einen Sport betreiben *to go in for a sport*
im vorigen Jahr *last year*
Kontakt finden *to make friends*
toi toi toi! *knock on wood!*

um die halbe Welt reisen *to travel halfway around the world*
zu kurzkommen *to get the shorter end of the stick; to be cheated*
zum Fithalten *to keep fit*
zum Glück *luckily*
zum Spass *for fun*

6 Die heutige Jugend: Wünsche und Erwartungen
The Genitive Case

Berufswünsche der Jugend

Die drei am häufigsten genannten Berufe der Schulabgänger 1979

Jungen	mit diesem Abschluß: ↓	Mädchen
12% Ingenieur		**12%** Lehrerin
9 Lehrer		**5** Sozialpädagogin, Sozialarbeiterin
6 Volks- u. Betriebswirt	**Abitur**	**4** Bürofachkraft
12 Büro-fachkraft	**Mittlere Reife**	**Bürofachkraft 20**
7 Elektriker		**12** Sprech-stundenhilfe
5 Funk-u. Fernsehmechaniker		**4** Krankenschwester
12 Kfz-Mechaniker	**Haupt-schule**	**Verkäuferin 17**
8 Elektriker		**9** Bürofachkraft
6 Schlosser		**9** Friseuse

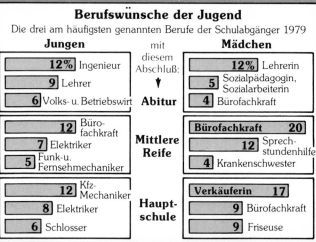

In der Freizeit

wollen 10- bis 19jährige Jugendliche am liebsten

Sport treiben	46%
Lesen	31%
Musik hören	20%
Tanzen	8%
Fernsehen	9%
Kino gehen	1%
Basteln	8%
Wandern, spazierengehen	10%
Handarbeiten	5%

Der Plan fürs Leben

So stellen sich die 15–19jährigen ihre Zukunft vor

	Jungen	Mädchen	
Verheiratet mit	26	24	Jahren
Eigene Wohnung mit	24	22	Jahren
Erstes Auto mit	20	21	Jahren
Erstes Kind mit	28	25	Jahren
Alles geschafft mit	37	33	Jahren

Use of Genitive Case Forms

Genitive case forms are used in the following situations:

1. to indicate an of-relationship between two nouns:

    Die Lage **der Filiale** ist günstig.   *The location of the branch store is good.*

    Das ist der Wunsch **eines Mädchens.**   *That's one girl's wish.*   [1, 2]

    When the second noun is not preceded by a determiner, and therefore does not show the genitive case form, **von** plus the dative case is used.

    Wir sprechen über die Ausbildung **von Lehrlingen.**   [3]

2. to indicate possession:

    Das ist das Mofa **eines Lehrlings.**   Er fährt das Mofa **seines Freundes.**   [4]

3. to indicate indefinite time: **eines Abends, eines Morgens,** etc.:

    Eines Tages machte sie die Prüfung.

4. with certain prepositions, such as:

während	*during*	oberhalb	*above*
wegen	*on account of*	unterhalb	*below*
trotz	*in spite of*	ausserhalb	*outside (of)*
(an)statt	*instead of*	innerhalb	*inside (of), within*
diesseits	*on this side of*	um . . . willen	*for the sake of*
jenseits	*on that side of*	zugunsten	*for the benefit of*

    Peter arbeitet **während der Ferien.**
    Ich fliege nach Berlin **anstatt meiner Schwester.**
    Wir mussten **ausserhalb der Stadt** parken.
    Oberhalb des Dorfes ist eine Alm.
    Um Himmels willen!

    Note: Some of these prepositions are now also being used with dative case forms.   [5–7]

    If the genitive plural form of a noun is not preceded by a determiner, and therefore does not show the genitive case form, then the dative plural form is used.

    Innerhalb zehn Monaten.   Trotz Gewittern.   Während Konzerten.

    With **diesseits, jenseits, oberhalb, unterhalb, ausserhalb, innerhalb,** and **zugunsten, von** plus the dative may be used when the second noun is not preceded by a determiner, and therefore does not show the genitive case form.

    Das Konzert findet **zugunsten von Kindern** statt.

5. sometimes with certain adjectives, such as **bewusst, froh, müde, sicher, wert,** and **würdig:**

    Er war sich **des Erfolges** sicher.   *He was sure of success.*

    Das ist nicht **der Mühe** wert.   *That's not worth the trouble.*

    Ich bin mir **der Gefahr** bewusst.   *I'm aware of the danger.*

6. in a number of idiomatic expressions:

    Meines Wissens fährt er mit dem Zug.   *As far as I know, he's going by train.*

    Peter ist **guter Laune.**   *Peter is in a good mood.*

    Ich bin **derselben Meinung.**   *I'm of the same opinion.*

    Wir fahren **erster Klasse.**   *We're traveling first class.*

7. Genitive case forms can sometimes be avoided by using noun compounds. Note that the gender of the compound noun is determined by the gender of the last word in the compound noun.

die Tür des Hauses → **die** Haus**tür**
der Lärm der Strasse → **der** Strassen**lärm**
das Glas des Fensters → **das** Fenster**glas**   [8]

8. in certain phrases. English requires the genitive where German does not.
   a. Names of cities and months are in the same case as the nouns preceding them.

die alte Stadt Trier	the old city *of Trier*
im Monat August	in the month *of August*
den 7. April	the 7th *of April*

   b. Nouns following nouns of weight, measurement, etc. are in the case required by the verb or the preposition.

zwei Kilo **Fleisch**	two kilos *of meat*
drei Glas **Bier**	three glasses *of beer*
eine Art **Kuchen**	a kind *of cake*
mit zwei Pfund **Kirschen**	with two pounds *of cherries*
nach fünf Glas **Wein**	after five glasses *of wine*
drei Tassen **Kaffee**	three cups *of coffee*

Note that masculine and neuter nouns of measurement are in the singular (**drei Glas Bier**), feminine nouns ending in **–e** are in the plural (*drei Tassen Kaffee*).

   c. That which is measured is in the same case as the preceding noun even if it is preceded by an adjective.

Ich möchte ein Glas **kalt**<u>es</u> **Wasser.**
Alois trinkt ein Glas **heiss**<u>en</u> **Tee.**

Übungen

1 **Was für Pläne haben die Jugendlichen fürs spätere Leben?** ⊗

BEISPIEL   Was meinen Kinder? *Hier ist die Meinung eines Kindes.*

1. Was meinen Jungen?
2. Was meinen Mädchen?
3. Was meinen Schüler?

4. Was meinen Schülerinnen?
5. Was meinen Studenten?
6. Was meinen Studentinnen?

2 **Die Berufswünsche der Jugend sind verschieden.** ⊗

BEISPIEL   Dieses Mädchen möchte Friseuse werden.
            Das ist der Wunsch dieses Mädchens.

1. Dieser Schüler möchte Mechaniker werden.
2. Diese Studentin möchte Lehrerin werden.
3. Diese Jungen möchten Ingenieur werden.
4. Diese Schülerin möchte Verkäuferin werden.
5. Dieser Abiturient möchte Arzt werden.
6. Dieses Kind möchte Schauspielerin werden.

3 Die Ausbildung von Lehrlingen kostet oft viel Geld. ⊗

BEISPIELE   Wir bilden einen Lehrling aus.
Wieviel kostet die Ausbildung eines Lehrlings?
Wir bilden Lehrlinge aus.
Wieviel kostet die Ausbildung von Lehrlingen?

1. Wir bilden eine Schülerin aus.
2. Wir bilden Studenten aus.
3. Wir bilden einen Arbeiter aus.
4. Wir bilden Jugendliche aus.
5. Wir bilden ein Mädchen aus.
6. Wir bilden Oberschüler aus.

4 Den Jugendlichen gehören schon viele Dinge. ⊗

BEISPIEL   Gehört das Mofa deinem Freund?
Ja, das ist das Mofa meines Freundes.

1. Gehört das Radio deiner Schwester?
2. Gehört die Platte deinem Bruder?
3. Gehören die Cassetten deinen Geschwistern?
4. Gehört der Fernseher deiner Freundin?
5. Gehört das Auto deinem Vetter?
6. Gehört die Schiausrüstung deiner Kusine?

5 Wann denkst du an deinen späteren Beruf? ⊗

BEISPIEL   Nach der Schule? *Nein, auch während der Schule.*

1. Nach dem Wettbewerb?
2. Nach den Ferien?
3. Nach der Arbeit?
4. Nach dem Urlaub?
5. Nach den Prüfungen?
6. Nach der Versammlung?
7. Nach dem Kino?
8. Nach dem Fest?
9. Nach der Reise?

6 Warum gehst du nicht in die Arbeit? ⊗

BEISPIEL   Sind es die Zahnschmerzen? *Ja, wegen meiner Zahnschmerzen.*

1. Ist es der Husten?
2. Ist es die Grippe?
3. Ist es das Fieber?
4. Sind es die Kopfschmerzen?
5. Ist es die Halsentzündung?
6. Sind es die Mandeln?
7. Ist es der Schnupfen?

7 Was schenken sich die Jugendlichen? Keiner ist zufrieden! ⊗

BEISPIEL   Schenk ihr einen Pullover statt eines Kleides!
Aber sie will ein Kleid statt eines Pullovers.

1. Schenk ihr eine Platte statt eines Blumenstrausses!
2. Schenk ihr ein Buch statt einer Uhr!
3. Schenk ihr einen Ring statt einer Bluse!
4. Schenk ihr ein Armband statt eines Kopftuches!
5. Schenk ihr einen Hut statt einer Mütze!

8 Wir können diese Wörter auch anders sagen. ⊗

BEISPIEL   der Ausbildungsplatz   *der Platz der Ausbildung*

1. das Arbeitsklima
2. der Lebensstandard
3. das Industriezeitalter
4. die Mitgliederzahl
5. der Schülerwettbewerb
6. der Stadtbewohner
7. der Dorfbewohner

9 Schriftliche Übungen

Setzen Sie die richtigen Endungen ein!

a. 1. Innerhalb ein__ Jahr__ machen wir drei Ausflüge. 2. Trotz d__ Regen__ sind wir ins Elsass gefahren. 3. Die Hoch-Königsburg liegt oberhalb d__ Dorf__. 4. Die Kasse befindet sich innerhalb d__ Burg, unterhalb d__ Turm__. 5. Der Affenwald liegt jenseits d__ Wald__, aber noch diesseits d__ Fluss__.

b. 1. Er ist sich d__ Gefahr__ bewusst. 2. Sie ist immer frohen Mut__. 3. Wir sind d__ Arbeit__ müde. 4. Er ist sich seine__ Erfolg__ sicher. 5. Das ist nicht d__ Rede__ wert. 6. Er ist mein__ Vertrauen__ nicht würdig.

Sie wollen ihre Ruhe haben ⊗

Auf die Frage, was er am liebsten sein möchte, erwiderte der 16jährige Berufsschüler Rainer M.: „Ich möchte ein Mensch sein, der seinen Beruf mit Freuden ausübt, eine kleine Familie hat, ein Häuschen und einen Mittelklassewagen. Ich möchte mit meiner Frau ein bis zwei Kinder haben. Ich möchte das sein, was man einen zufriedenen° Durchschnittsbürger° nennt."

Rainer M. geht seinen Weg zum Durchschnittsbürger nicht allein. Der Wunsch nach dem Glück in der Familie, nach Geborgenheit° und Zufriedenheit steht bei vielen Jugendlichen in der Bundesrepublik Deutschland zur Zeit stark im Vordergrund°. Zwischen 33 und 37 Jahren, so planen sie, soll alles erreicht sein, was man sich an Wohlstand° wünscht. Verständlich, dass man sich dafür ins Zeug legen° muss: 75 Prozent

sagen: „Man muss sich ranhalten°, sonst wird man von den anderen überholt." – Meinungen von Mädchen und Jungen der Generation zwischen 10 und 19 Jahren, geäussert bei einer Meinungsumfrage einer Werbeagentur°. Wächst hier ein Volk von Jung-Spiessbürgern° heran? Nur auf den ersten Blick scheinen die Zahlen dafür zu sprechen. Kennt man jedoch die gesellschaftlichen Umstände°, unter denen die Jugend in der Bundesrepublik Deutschland heute lebt, so wird der Hang° zur Be-

zufrieden *satisfied;* der Durchschnittsbürger *average citizen;* die Geborgenheit *security;* im Vordergrund stehen *to be in the foreground, to be foremost (of their concerns);* der Wohlstand *affluence, prosperity;* s. ins Zeug legen *to make a tremendous effort;* s. ranhalten *to get busy, to work hard;* die Werbeagentur *advertising agency;* der Spiessbürger *smug, conventional, often small-minded person;* gesellschaftliche Umstände *social conditions;* der Hang (zu) *inclination (toward)*

schaulichkeit° verständlich. Die Sicherung°
der Lebensbedingungen° ist plötzlich für
die Jugend zum Problem geworden, denn
noch nie gab es in der Bundesrepublik
Deutschland für junge Menschen so viel
Konkurrenz°: 5,75 Millionen Jugendliche
im Alter zwischen 15 und 20 Jahren be-
völkerten 1977 die Schulen, Universitäten
und Lehrstellen. Ausbildungsplätze werden
immer knapper°, denn die geburtenstarken
Jahrgänge° wachsen erst noch heran°. Jahr
für Jahr müssen fast 100 000 Lehrstellen
und Studienplätze mehr bereitgestellt
werden. Im Jahr 1982 wird es 6,25
Millionen Jugendliche zwischen 15 und
20 geben.

Danach erst ebbt der Strom wieder ab°;
bis 1990 schrumpft die Zahl der Jugendlichen auf 4,15 Millionen zusammen°,
was dann einen Nachwuchsmangel° auf
vielen Gebieten zur Folge haben° wird.
Für Bundeskanzler Helmut Schmidt ist
diese „tiefgreifende° Veränderung im
Altersaufbau° und in der Gesamtstruktur°
unserer Gesellschaft" das schwerwie-
gendste° Problem der Innenpolitik°.

Eine Folge dieses dauernden Kampfes
um° die bessere Ausgangsposition° vor
der immer enger werdenden Gasse des

Aufstiegs zur Hochschule° wird manchmal
in der Freizeit der Jugendlichen sichtbar°.
Sie nennen es „abschlaffen"° und meinen
das totale Abschalten° der Konzentration
und des gesellschaftlichen Rollenspiels
nach der Schule. Sie zeigen damit, wie
verhasst° ihnen diese Welt der Schule ist,
wo Lernprozesse wie industrielle Produk-
tionsvorgänge° beurteilt° werden. Begriffe°
wie „Leistung"°, „Aufbau"° oder „Aufstieg"° sind im Schüler-Vokabular nur
noch unter „Schimpfwörter"° zu finden.

die Beschaulichkeit *contemplativeness;* die Sicherung
securing; die Lebensbedingungen (pl.) *necessities of
life;* die Konkurrenz *competition;* knapp *scarce;* die
geburtenstarken Jahrgänge *years when there was a
high birth rate;* heranwachsen *to grow up;* abebben
to die down; zusammenschrumpfen *to shrink;* der
Nachwuchsmangel *shortage of (young) talent;* zur
Folge haben *to result in;* tiefgreifend *far-reaching;*
der Altersaufbau *age distribution (of the population);*
die Gesamtstruktur *total structure;* schwerwiegend
grave; die Innenpolitik *domestic policy;* der Kampf
(um) *struggle (for);* die Ausgangsposition *starting
position;* . . . vor der immer enger werdenden Gasse
des Aufstiegs zur Hochschule *before the constantly
narrowing path that leads upward to university;* sichtbar
werden *to become visible;* abschlaffen *(colloquial)
to go limp with extreme mental fatigue;* das Abschalten
turning off; ihnen ist . . . verhasst *they loathe . . .;*
der Produktionsvorgang *production process;* beurteilen (wie) *to judge, rate (like);* der Begriff *term;*
die Leistung *performance;* der Aufbau *structure;* der
Aufstieg *promotion;* das Schimpfwort *swearword*

noch vor zehn Jahren gingen 71 Prozent der 10-19jährigen „gern" zur Schule. Heute sind es nur noch 57 Prozent.

Die Jugend von heute hat vom Stress die Nase voll° und will in erster Linie ihre Ruhe haben: Nur noch 40 Prozent der Jungen würden einen Beruf wählen, in dem man zwar viel Geld verdient, aber keinen Fehler machen darf. Drei Viertel der Mädchen würden einem Ehemann° zuliebe° den eigenen Beruf ganz aufgeben und ein häusliches° Leben führen. Und die Meinung, „Geld ist das wichtigste im Leben", wird nur noch von knapp 30 Prozent akzeptiert.

Wohin mit der Jugend

Die Situation an den Bildungsstätten° erhärtet° diese Meinung, denn obwohl zum erstenmal in der deutschen Geschichte das Heer der Lehrer mit etwa 500 000 Köpfen grösser als das der Soldaten ist, zeigen sich Schulen und Universitäten

dem ständig steigenden Ansturm° nicht gewachsen°: Während besorgte° Politiker in den frühen 60er Jahren noch von einem „deutschen Bildungsnotstand"° sprachen, wollen heute nicht weniger als 10 Prozent der über 21jährigen Bundesbürger an einer Hochschule studieren. Dort behilft man sich mit Zulassungsbeschänkungen°1 für die am stärksten besuchten Studienfächer°. Nur noch die Besten der hochschulreifen Schulabgänger°2 können sofort mit einem Studienplatz ihrer Wahl rechnen°. Das zieht in den Schulen einen

die Nase voll haben (von) *to be fed up (with);* der Ehemann *husband;* jemandem zuliebe *for a person's sake;* häuslich *domestic;* die Bildungsstätte *institution of learning;* erhärten *to confirm;* der Ansturm *onslaught;* s. (der Lage) gewachsen zeigen *to cope with (the situation);* besorgt *worried;* der Bildungsnotstand *educational emergency;* die Zulassungsbeschränkung *admission restrictions;* das Studienfach *subject (taken at a university);* hochschulreifer Schulabgänger *graduate who is eligible for admission to university;* rechnen (mit) *to count (on)*

[1] Universities in Germany are state-run and tuition-free. Because of social changes and general prosperity in Germany, more students than ever want to study at a university. Rather than expand faculty and facilities, German universities have imposed a limit on the number of students accepted in certain fields such as medicine, pharmacy, dentistry, among others. This "numerus clausus" has caused a great deal of controversy.

[2] To be admitted to a German university, a German student must pass the **Abitur,** a comprehensive oral and written examination given at the completion of the **Gymnasium,** an academic secondary school. Having passed this examination, a student is **hochschulreif,** eligible for admission to university.

Konkurrenzkampf unter° den Schülern nach sich°, der, wie viele Lehrer behaupten°, schon bis in die untersten Klassen° reicht.

Schon suchen viele Abiturienten mit schlechtem Notendurchschnitt° – also schlechten Chancen auf einen guten Studienplatz[3] – ihr Heil° auf dem goldenen Boden des Handwerks[4]. Vor allem bei den Zahntechnikern° und Augenoptikern° wimmelt° es inzwischen von verhinderten Akademikern[5]. Aber: Lehrlinge mit Abitur, die den Hauptschul-Absolventen[6] überall vorgezogen° werden, nehmen Ausbildungsplätze weg, die eigentlich für andere bestimmt waren, denn auch bei den Lehrstellen herrscht drangvolle Enge°. Bei der Nürnberger Bundesanstalt für Arbeit° waren im Juni 1977 304 700 offene Ausbildungsplätze für Lehrlinge gemeldet°, denen 402 000 Bewerber gegenüberstanden.

– im Baugewerbe° zum Beispiel oder in der Textilindustrie – noch Möglichkeiten, einen Platz zu bekommen. Aber die meisten Jugendlichen wollen lieber als Kraftfahrzeug-Mechaniker oder als Elektriker in der Welt der Technik arbeiten. Die Mädchen arbeiten am liebsten als Verkäuferin oder als Bürokaufmann°.

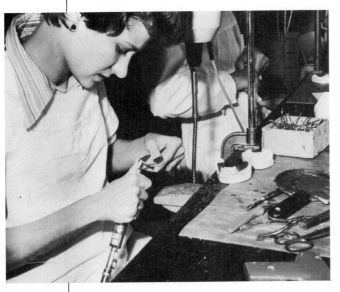

97 500 Jugendliche werden also keine Lehrstelle finden und arbeitslos sein. Dieses Übel° teilt° die Bundesrepublik Deutschland mit 23 westlichen Industriestaaten: Hier gibt es zur Zeit mehr als sieben Millionen arbeitslose Jugendliche. Schon raten° die Arbeitsämter den Arbeitslosen, spezielle Berufswünsche lieber noch einmal zu „überdenken", denn während bestimmte Branchen° von Lehrstellen überfüllt sind, gibt es bei den weniger modischen Berufen

nach sich ziehen *to bring on, have as a consequence;* unter *among;* behaupten *to maintain;* die untersten Klassen *the lowest grades, classes;* der Notendurchschnitt *grade average;* sein Heil (ver)suchen *to try one's luck;* der Zahntechniker *dental technician;* der Augenoptiker *optician;* es wimmelt von *it's crawling with;* vorziehen *to prefer;* es herrscht eine drangvolle Enge *there is a tremendous bottleneck;* die Bundesanstalt für Arbeit *federal employment office;* gemeldet sein *to be listed;* das Übel *malady, problem;* teilen mit *to share with;* raten *to advise;* die Branche *industry;* das Baugewerbe *construction industry;* der Bürokaufmann *person with a degree from a business school*

[3] Because of overcrowding, only those students with the highest grade averages are accepted by the universities.

[4] **Handwerk hat goldenen Boden** is a saying. It refers to the belief that, no matter how bad times get, a person can always make a good living if he knows how to produce something useful with his hands.

[5] The term **"verhinderte Akademiker"** refers to those individuals who have been prevented, **verhindert,** from studying at a university because of overcrowding.

[6] **Die Hauptschule** is one type of school available in Germany. It offers a general course of study. Students graduate after nine years, but are not eligible for university or for certain apprenticeships.

Ziel der Werbung°: Jugend

Der Verdienst der 1,34 Millionen Aus-
zubildenden°, die sogenannte „Ausbildungsvergütung"°, liegt im Durchschnitt°
zwischen 350 und 400 Mark im Monat. In
der Metallindustrie liegt der Durchschnitt
sogar bei 470 Mark, und Spitzenverdiener
unter den Lehrlingen, Dachdecker° im
dritten Lehrjahr beispielsweise, bringen
es auf 1050 Mark im Monat. Mit 45
Milliarden Mark Jahreseinkommen ist die
Jugend unter 25 Jahren zu rund 10 Prozent
am Bruttosozialprodukt° des Landes
beteiligt°.

Vor allem im Freizeit-Konsum wandert
dieses Geld wieder in den Kreislauf° der
Wirtschaft°. Für die Hersteller° von
Freizeit-und Konsumartikeln—man spricht
von der „Freizeitindustrie" wie von einer
regulären Branche—ist die Jugend die
grösste klar einzugrenzende Zielgruppe°.
Sie ist zudem durch eine gezielte Werbung
schnell anzusprechen°, denn das Bedürfnis°
„in" zu sein und mit der Mode zu gehen
bestimmt° bei einem grossen Teil der
Jugend die Kaufgewohnheiten°.

Während die Jüngeren das meiste Geld
für Süssigkeiten und Getränke ausgeben,
investieren die Älteren vor allem für
modische Kleidung und Unterhaltungselektronik (Radios, Plattenspieler, Casset-
tenrecorder): Über 54 Prozent der Jungen
und Mädchen zwischen 12 und 20 Jahren
besitzen ein eigenes Radiogerät. Durch die
Jugendlichen entstehen oft ganze Wellen°
des Konsums wie zum Beispiel die Moped-
Welle, die Jeans-Welle und die Reise-
Welle. Aber die Gefahr, durch eine zu
stark kommerzialisierte Freizeitgestaltung°
abzustumpfen°, wird von einem grossen
Teil der Jugendlichen erkannt. Immer
mehr verlangen nach Treffpunkten ohne
Konsumzwang° und Leistungsdruck°,

die Werbung *advertising*; der Auszubildende *apprentice (official term for* Lehrling*)*; die Ausbildungsvergütung *compensation for work done during vocational training*; im Durchschnitt *on the average*; der
Dachdecker *roofer*; das Bruttosozialprodukt *gross
national product*; beteiligt sein an D *to have a share
in*; der Kreislauf *cycle*; die Wirtschaft *economy*; der
Hersteller *producer*; die grösste klar einzugrenzende
Zielgruppe *the largest clearly-definable target group*;
gezielte Werbung *pointed, specifically directed advertising*; anzusprechen sein *to be reached*; das Bedürfnis
desire, need; bestimmen *to determine*; die Kaufgewohnheit *buying habit*; die Welle *wave*; die Freizeitgestaltung *manner in which leisure time is spent*;
abstumpfen *to become dull, insensitive*; der Konsumzwang *pressure to consume*; der Leistungsdruck
pressure to perform

nach Freizeitzentren, die nicht von Unternehmern°, sondern von den Jugendlichen selbst verwaltet° werden und wo keine zweckgebundenen° Programme angeboten werden. Die „Gruppenstunde" von einst weicht° mehr und mehr einem Stil der offenen Tür, wo jeder kommen und gehen kann, wann er will.

Die Übereinstimmung° im Programm solcher Freizeitzentren — das eigentlich darin besteht, kein Programm zu haben — ist inzwischen in der ganzen Bundesrepublik Deutschland zu beobachten: Eine zwanglose° Mischung aus Musik hören oder Musik machen (Musik heisst hier vor allem Pop, Rock und Blues), plaudern° und diskutieren, manchmal auch malen oder fotografieren.

Verständlicherweise° sind dabei Pfadfinder°, Turner, Schrebergärtner[7], Wandervögel[8] und organisierte Jugendliche ähnlicher Art° etwas aus der Mode gekommen. Der Deutsche Bundesjugendring, die Dachorganisation° von 17 Jugendverbänden in der Bundesrepublik Deutschland, zu denen zum Beispiel

Vereine der Jugend des Deutschen Alpenvereins, die Naturfreundejugend, die Pfadfinder und Pfadfinderinnen, die katholische, evangelische°, sozialistische oder die Beamten-Jugend° gehören, erfasst° nur noch ein knappes Drittel der Jugendlichen und meldet ständig sinkende

---

der Unternehmer *operator;* verwalten *to run, administer;* zweckgebunden *structured;* weichen D *to give way to;* die Übereinstimmung *conformity;* zwanglos *casual, free and easy;* plaudern *to chat;* verständlicherweise *it is understandable that;* die Pfadfinder *boy scouts;* ähnlicher Art *of a similar nature;* die Dachorganisation *parent organization;* evangelisch *Protestant;* die Beamten-Jugend *children of civil servants;* erfassen *to include*

[7] **Schrebergärtner** are people who have gardening as a hobby. **Schrebergärten,** found on the outskirts of towns and cities, are garden developments — tracts of land divided into plots, each owned by a different family. These **Schrebergärten** were instituted in the 19th century by Dr. Schreber, a physician from Leipzig, as a way to get city dwellers to enjoy fresh air and outdoor life in their own small garden. These gardens are still very popular today and are found all over Germany.

[8] **Wandervögel** are members of hiking clubs. The name comes from a hiking club founded by students in Berlin around 1900.

Mitgliederzahlen. Vereine, die sachlich klar abgegrenzt sind° und in denen die jungen Leute schnell Kontakt zur Erwachsenenwelt finden, wie zum Beispiel die Jugendabteilungen der grossen Rettungsorganisationen°, haben dagegen Hochkonjunktur°. Auch Sportvereine aller Art werden immer populärer. Rund 46 Prozent der Jugendlichen geben Sport als wichtigsten Teil ihrer Freizeitgestaltung an; vor 10 Jahren waren es erst 32 Prozent. Die Jugendlichen suchen in der Freizeit also keine Erholung durch Beschäftigung oder den Aufbau sozialer Elite-Gruppen, sondern entweder die organisationslose Geselligkeit° oder Gruppen ohne ideologische Basis.

Die Politik spielt in der Freizeit nur für etwa 10 Prozent der Jugend die Hauptrolle, obwohl die meisten meinen, dass die Politik auf ihr Leben einen gewissen Einfluss° hat. Die Sympathie° für die beiden grossen Parteien im deutschen Bundestag°, die SPD (Sozialdemokratische Partei Deutschlands) und die CDU (Christlich Demokratische Union) ist bei den Jugendlichen im Alter von 15 bis 19 Jahren heute ausgeglichen°. Vor 10 Jahren hatte die SPD noch einen Vorsprung° von sechs Prozent. Aber bei den sogenannten „Jungwählern" im Alter von 18 bis 24 Jahren, von denen die 18-21jährigen erst seit 1975 das Wahlrecht° haben, machte sich bei den letzten Wahlen zu den Landtagen° und zum Deutschen Bundestag eine konservative Tendenz bemerkbar°: Die CDU führte ihren Stimmenzuwachs° vor allem auf die jugendlichen Wähler zurück°, woran jeder sah, der es bis dahin noch nicht wusste, dass der Einfluss der Jugend auf die älteren Generationen nicht allein auf Mode und Musik beschränkt° ist: Inzwischen ist jeder achte Wähler in der Bundesrepublik Deutschland unter 25 Jahren alt.

aus SCALA

sachlich klar abgegrenzt sein   *to be clearly defined by function or purpose;* die Rettungsorganisation *lifesaving organization;* Hochkonjunktur haben   *to have a boom;* die organisationslose Geselligkeit   *unorganized social life;* der Einfluss *influence;* die Sympathie *liking;* der Bundestag *German governmental body, roughly equivalent to the U.S. House of Representatives;* ausgeglichen sein   *balanced;* einen Vorsprung haben   *to have a lead;* das Wahlrecht   *right to vote;* der Landtag *German governmental body, roughly equivalent to the U.S. House of Representatives at the state level;* s. bemerkbar machen   *to become noticeable;* der Stimmenzuwachs   *increase in votes;* zurückführen auf A   *to attribute to;* beschränkt sein auf A   *to be restricted to*

10 Fragen zum Inhalt

1. Was möchte der Berufsschüler Rainer M. am liebsten sein?
2. Was steht also bei vielen Jugendlichen in der BRD im Vordergrund?
3. Was wollen sie zwischen 33 und 37 Jahren erreicht haben?
4. Was ist für die heutige Jugend zu einem Problem geworden?
5. Welches sind die Gründe für dieses Problem?
6. Erst wann ebbt der Strom der arbeitslosen Jugendlichen wieder ab?
7. Was wird das aber zur Folge haben?

8. Was nennt die Jugend „abschlaffen"?
9. Was zeigen die Jugendlichen damit?
10. Was sind für sie Begriffe wie „Leistung" und „Aufstieg"?
11. Wie hat sich die Meinung der Jugend gegenüber einem Beruf geändert?

12. Wie verhalten sich die Bildungsstätten gegenüber dem Ansturm der Jugendlichen?
13. Wovon sprachen die Politiker in den 60er Jahren?
14. Wie behelfen sich die Hochschulen heute?
15. Wer kann heute nur mit einem Studienplatz seiner Wahl rechnen?
16. Was zieht diese Situation nach sich?
17. Wo suchen viele Abiturienten heute ihr Glück?
18. Wo wimmelt es von verhinderten Akademikern?
19. Was hat dieser Weg zur Folge?
20. Was berichtet die Nürnberger Bundesanstalt für Arbeit?
21. Wie viele Jugendliche werden arbeitslos sein?
22. Mit wem teilt die Bundesrepublik dieses Übel der Jugendarbeitslosigkeit?
23. Wo gibt es noch Lehrplätze?
24. Was wollen die meisten Jugendlichen aber werden?

25. In welchen Branchen verdienen die Auszubildenden am meisten?
26. Wie hoch ist der Anteil der Jugendlichen am Bruttosozialprodukt?
27. Wie wandert das verdiente Geld wieder in den Kreislauf der Wirtschaft?
28. Was bestimmt die Kaufgewohnheiten der Jugend?
29. Welche Kosumwellen entstanden durch die Jugend?
30. Was erkannte die Jugend aber auch?
31. Nach was für Treffpunkten verlangen sie?
32. Welche Programme in Freizeitzentren sind ihnen am liebsten?
33. Was für Jugendgruppen sind aus der Mode gekommen, und welche Organisationen haben Hochkonjunktur?
34. Spielt die Politik für Jugendliche eine Rolle? Welche Parteien ziehen die Jugendlichen vor?
35. Was für ein Trend hat sich bemerkbar gemacht?
36. Worauf führt die CDU ihren Stimmenzuwachs zurück?

11 Fragen zum Überlegen und Diskutieren

1. Erzählen Sie, was Sie in Ihrem Leben sein möchten!
2. Rainer M. geht den Weg zum Durchschnittsbürger. Was halten Sie davon? Diskutieren Sie!
3. Vergleichen Sie die Lebensbedingungen der Jugend in Deutschland mit Ihren eigenen! Diskutieren Sie dabei die Jugendarbeitslosigkeit in den USA!
4. Diskutieren Sie den Begriff „abschlaffen"! Was für Vor- oder Nachteile sehen Sie in der Tatsache, dass viele Jugendliche „abschlaffen"?
5. Was halten Sie von Zulassungsbeschränkungen an Hochschulen? Sollte jeder studieren können, der will? Warum glauben Sie, haben die Hochschulen in Deutschland lieber Zulassungsbeschränkungen eingeführt, als mehr Studienplätze geschaffen? Wie könnten die Hochschulen mehr Studienplätze schaffen? Was würde das bedeuten — jetzt und in der Zukunft?
6. Kennen Sie „verhinderte Akademiker"? Erzählen Sie von ihnen!
7. Diskutieren Sie das Problem der Jugendarbeitslosigkeit in den Industriestaaten im allgemeinen! Was kann gegen diese Arbeitslosigkeit getan werden?
8. Wie beeinflusst die amerikanische Freizeitindustrie die Jugend?

9. Besuchen oder kennen Sie Freizeitzentren, die keine zwanggebundene Programme anbieten? Beschreiben Sie diese!

10. Wie verbringen Sie Ihre Freizeit? Warum gehören Sie (nicht) einer bestimmten Organisation an? Sprechen Sie darüber!

11. Wie gross ist das Interesse der amerikanischen Jugend an politischen Fragen? Was meinen Sie? Sprechen Sie darüber!

12 Schriftliche Übung

Suchen Sie sich ein Thema von Übung 11 aus, und schreiben Sie darüber einen Aufsatz!

WORTSCHATZ

Sie wollen ihre Ruhe haben

der **Akademiker, –** *person with a university education*
der Alpenverein, –e *hiking club*
das **Alter, –** *age*
der Ansturm, ∸e *onslaught*
der **Arbeitslose, –n** (den –n) *unemployed person*
die **Art, –en** *kind, type*
der Aufbau, –ten *structure*
der **Aufstieg, –e** *ascent; promotion*
der Augenoptiker, – *optician*
das Baugewerbe *construction industry*
das **Bedürfnis, –se** *desire, need*
der Berufsschüler, – *vocational school student*
der Berufswunsch, ∸e *job wish, preference*
die **Beschäftigung, –en** *activity*
der **Blick, –e** *look, glance*
die Branche, –n *industry*
der **Bundeskanzler, –** *Chancellor of the Federal Republic*
der **Bundestag** *German House of Representatives*
der Bürokaufmann, ∸er *person with a degree from a business school*
die CDU (Christlich-Demokratische Union) *one of two major political parties in Germany*
der Dachdecker, – *roofer*
der **Durchschnitt, –e** *average*
der Durchschnittsbürger, – *average citizen*
der **Ehemann, ∸er** *husband*
der **Einfluss, ∸e** *influence*
der Elektriker, – *electrician*
die Freizeitgestaltung *manner in which leisure time is spent*
die Freizeitindustrie *leisure time industry*
der Freizeit-Konsum *recreational consumption*
das Freizeitzentrum, –zentren *recreation center*
die **Freude, –n** *joy, pleasure*

die Generation, –en *generation*
die Geselligkeit *social life*
die **Gesellschaft, –en** *society*
das Handwerk, –e *trade, craft*
die Hauptrolle, –n *main role*
der **Hersteller, –** *producer*
die Hochkonjunktur *(economic) boom*
die **Hochschule, –n** *college or university*
der Industriestaat, –en *industrial state*
die Innenpolitik *domestic policy*
das **Jahreseinkommen, –** *annual income*
der **Jahrgang, ∸e** *age group*
der Jugendverband, ∸e *youth group*
der Jungwähler, – *young voter*
der **Kampf, ∸e** *struggle*
die Kaufgewohnheit, –en *buying habit*
die **Konkurrenz** *competition*
der **Konsum** *consumption*
der Konsumzwang *pressure to consume*
die Konzentration *concentration*
der Kreislauf *circulation, cycle*
der **Landtag** *German State Senate*
die Lebensbedingung, –en *necessity of life*
das Lehrjahr, –e *year of apprenticeship*
die **Leistung, –en** *performance*
der **Leistungsdruck** *pressure to perform*
die **Meinungsumfrage, –n** *opinion poll*
die Mischung, –en *mixture*
der Mittelklassewagen, – *middle-of-the-line car*
der Nachwuchsmangel, ∸ *shortage of (young) talent*
der **Notendurchschnitt, –e** *grade average*
die **Partei, –en** *(political) party*

der Pfadfinder, – *boy scout*
die **Politik** *politics*
der **Politiker, –** *politician*
das **Problem, –e** *problem*
das Schimpfwort, ∸er *swearword*
der Schulabgänger, – *student leaving school*
die **Situation, –en** *situation*
die SPD (Sozialdemokratische Partei Deutschlands) *one of two major political parties in Germany*
der Spitzenverdiener, – *top wage earner*
der Stil, –e *style*
der Stimmenzuwachs *increase in votes*
der **Stress, –e** *stress*
das **Studienfach, ∸er** *subject of study at a university*
die Süssigkeiten (pl) *candy*
die Sympathie, –n *liking*
die Technik *technology*
die Tendenz, –en *tendency, trend*
der Treffpunkt, –e *meeting place*
der Turner, – *gymnast*
das Übel *malady, problem*
die Übereinstimmung *conformity*
der Umstand, ∸e *condition, circumstance*
die Universität, –en *university*
der Unternehmer, – *operator*
der Vorsprung, ∸e *lead*
die **Wahl, –en** *election*
der **Wähler, –** *voter*
das **Wahlrecht, –e** *right to vote*
die Welle, –n *wave*
die Werbeagentur, –en *advertising agency*
die **Werbung** *advertising*
die **Wirtschaft** *economy*
der Wohlstand *affluence, prosperity*
der Zahntechniker, – *dental technician*
die Zufriedenheit *satisfaction*

abebben (sep) *to die down*
abschlaffen (sep) *to go limp with extreme mental fatigue* (colloquial)
abstumpfen (sep) *to become dull, insensitive*
akzeptieren *to accept*
anbieten (sep) *to offer*
angeben (sep) *to list, give*
ansprechen (sep) *to reach, address*
aufgeben (sep) *to give up*
behaupten *to maintain*
s. **behelfen mit** *to make do with*
bereitstellen (sep) *to make available*
bestimmen *to determine*
beurteilen *to judge*

erfassen *to include*
erhärten *to confirm*
gegenüberstehen (sep) (ist gegenübergestanden) *to face*
heranwachsen (sep) *to grow up*
herrschen *to rule, reign*
investieren *to invest*
malen *to paint*
melden *to report*
plaudern *to chat*
s. ranhalten (sep) *to get busy, to work hard*
• **raten** *to advise*
rechnen (mit) *to count (on)*
studieren an D *to study at*
• **teilen mit** *to share with*
überdenken *to think over*

verlangen nach *to demand, ask for*
verwalten *to run, administer*
vorziehen (sep) *to prefer*
wegnehmen (sep) *to take away*
weichen D (wich, ist gewichen) *to give way to*
wimmeln von *to be crawling with*
s. **wünschen** *to wish for*
zurückführen auf A (sep) *to attribute to*
zusammenschrumpfen (sep) *to shrink*

• **ähnlich** *similar*
beispielsweise *for example*
besorgt *worried*
bestimmt *certain*
dagegen *on the other hand*
drangvoll *tremendous, urgent*
evangelisch *Protestant*
geäussert *stated*
geburtenstark *having a high birth rate*
gesellschaftlich *social*
gewiss *certain*
gezielt *pointed*
häuslich *domestic*
hochschulreif *eligible for admission to a university*
ideologisch *ideological*
industriell *industrial*

• **inzwischen** *in the meantime*
jedoch *however*
katholisch *Catholic*
knapp *scarce*
kommerzialisiert *commercialized*
konservativ *conservative*
• **modisch** *in style*
organisationslos *unorganized*
organisiert *organized*
regulär *regular*
schwerwiegend *grave*
sinkend *sinking*
sozial *social*
sozialistisch *Socialist*
speziell *special, specific*
sichtbar *visible*
stark *heavy*
steigend *increasing*

tiefgreifend *far-reaching*
total *total, complete*
überfüllt *overcrowded*
unter *among*
verhasst *hated*
verhindert *prevented*
verständlich *understandable*
verständlicherweise *understandably*
westlich *western*
zudem *in addition*
• **zufrieden** *satisfied*
zwanglos *casual, free and easy*
zwar *indeed, no doubt*
zweckgebunden *structured*

am stärksten besuchte Studienfächer *most heavily-enrolled subjects*
auf den ersten Blick *at first glance*
auf vielen Gebieten *in many areas*
aus der Mode kommen *to go out of style*
ausgeglichen sein *to be balanced*
s. **bemerkbar machen** *to become noticeable*
beschränkt sein auf A *to be restricted to*
bestimmt sein für *to be meant for*
beteiligt sein an D *to have a share in*
bis dahin *until then*
Chancen auf A *chances, opportunities for*

dabei sein *to be included, be along*
die Nase voll haben *to be fed up with*
die offene Tür *open house*
die Schulen bevölkern *to fill the schools*
die untersten Klassen *the lowest grades, classes*
einen Einfluss haben auf A *to have an influence on*
es wimmelt von *it's crawling with*
gewachsen sein D *to be able to cope (with s.th.)*
ihr Heil suchen *to try their luck*
im Alter *at the age of*
im Durchschnitt *on the average*

im Vordergrund stehen *to be in the foreground*
in erster Linie *above all*
s. **ins Zeug legen** *to make a tremendous effort*
jemandem zuliebe *for a person's sake*
mit Freuden *with pleasure*
nach sich ziehen *to have as a consequence*
von einst *of old, of former times*
vor allem *above all*
zum erstenmal *for the first time*
zum Problem werden *to become a problem*
zur Folge haben *to result in*

7 Deutschamerikaner
The Definite Article

John Jacob Astor
1763 – 1848

Friedrich Wilhelm von Steuben
1730 – 1794

Carl Schurz
1829 – 1906

Johann Augustus Roebling
1806 – 1869

In den vergangenen 300 Jahren wanderten Tausende von Männern, Frauen und Kindern aus den verschiedensten Gegenden Deutschlands nach Amerika aus, und heute können mehr als 25 Millionen Amerikaner sagen, dass sie deutscher Abstammung sind. Die meisten Auswanderer brachten ein kostbares Gut mit: eine gute Erziehung oder einen gelernten Beruf, mit denen sie in der neuen Heimat sofort etwas anfangen konnten. Eine ganze Anzahl dieser Auswanderer wurden noch zu ihren Lebzeiten bekannt, und wir können hier nur eine ganz kleine Auswahl vorstellen.

Levi Strauss
1829 – 1902

Paul Tillich
1868 – 1965

Wernher von Braun
1912 – 1977

Ludwig Mies van der Rohe
1886 – 1969

Von Steuben war Offizier in der preussischen Armee. Er kam nach Amerika und wurde 1778 Organisator des nordamerikanischen Heeres für George Washington.

Jakob Astor verdiente sein Geld zuerst als Pelzhändler, später als Finanzier.

Carl Schurz, in der Nähe von Köln geboren, lebte als Advokat in Wisconsin. Er wurde US Gesandter in Spanien, Senator von Missouri, und er hatte das Amt als Secretary of the Interior unter Präsident Hayes inne.

Johann Roebling wurde als Architekt der Brooklyn Bridge bekannt, und *Levi Strauss*, ,,Erfinder" der Jeans, ist erst wieder in den letzten 20 Jahren berühmt geworden.

Paul Tillich machte sich als protestantischer Theologe und Philosoph einen Namen.

Mies van der Rohe wurde als Architekt international bekannt, und *von Braun* wurde als Raketeningenieur und Pionier der amerikanischen Weltraumfahrt berühmt.

Use of the Definite Article

Contrary to English usage, the definite article is used in German in the following situations:

1. with parts of the body or articles of clothing when there is no doubt as to the owner. (English uses the possessive in such situations):

    Was hast du **in der Hand? (im Mund?)** [1]
    Sie zieht sich **den Mantel** an. [2]

2. when referring to the seasons, the months of the year, and the days of the week. (English often omits the article in these phrases):

    Im Sommer fahren wir weg.
    Der Winter ist gekommen.
    Im Juni feiern wir seinen Geburtstag.
    Am Dienstag findet der Umzug statt. [3]

3. In many expressions of price and time. (English uses the indefinite article in the sense of "per"):

    Die Butter kostet vier Mark **das Pfund.** [4]
    Sie proben ihr Spiel einmal **die Woche.** (*or* einmal **in der Woche**) [5]

4. with names of streets:

    Sie marschieren **die Hauptstrasse** hinauf.

5. with feminine names of countries; such as **die Schweiz, die Türkei, die Tschechoslowakei,** and with names of countries used in the plural, such as **die Niederlande, die Vereinigten Staaten:**

    Wir fahren **in die Schweiz.**
    Er kommt **aus den Vereinigten Staaten.**

The article is not used with the names of other countries, which are neuter. However, it must be used with all names of countries and cities modified by an adjective:

    Wir fahren **nach Italien.**
    Österreich ist herrlich.
    Das kleine Liechtenstein hat schöne Briefmarken.
    Wir besuchen **das schöne München.**

6. with names of lakes:

> Wir fahren an **den Bodensee.**

7. frequently before nouns in general statements:

> **Das Leben** ist kurz.   **Der Mensch** ist sterblich.

8. with nominalized infinitives (always neuter):

> In diesem Fluss ist **das Baden** verboten.   [6]

9. with names of meals. (English usually omits the article):

> Was gibt es heute **zum Mittagessen?**   Nach **dem Abendessen** spielen wir Karten.

10. before the superlative form **meist-:**

> **Die meisten Schüler** machen den Ausflug mit.

11. with certain phrases that refer to places, such as **in der Schule, in der Kirche.** (English omits the article):

> Die Kinder gehen gern **in die Schule.**   Wann gehen sie **in die Kirche?**

12. in conversational German when referring to names of people:

> Wie alt ist **der Peter?**   Wann hast du **die Uschi** getroffen?

It is also used when referring to family members. (English uses a possessive):

> Ich hab's **dem Vater** gesagt.

13. with verbs indicating election to something (**zu** + definite article):

> Die Schüler wählten ihn **zum Klassensprecher.**

14. in a number of set expressions, such as:

zum Abschied	zum Beispiel	zum Wohl
zur Begrüssung	auf den ersten Blick	zum Muttertag
bei der Arbeit	in den Ferien	zum Geburtstag
mit dem Auto	mit der Hand	einmal im Jahr
mit der Bahn	beim Namen nennen	im Fernsehen
im Leben	mit der Post schicken	im Ernst
vom letzten Jahr	in der Regel	in der Öffentlichkeit
am liebsten haben	in der Tat	im Urlaub
am meisten	zum Teil	[7]

An article is not used:

1. before an unmodified predicate noun that denotes origin, vocation, rank, or profession:

> Er ist **Deutscher;** sie ist **Berlinerin.**   Ihr Vater ist **Professor** geworden.
> Frau Hauptmann ist **Lehrerin.**   Er wurde als **Sohn** eines Offiziers geboren.
> Er ist **Soldat** in der Bundeswehr.

2. before nouns in many proverbs and sayings:

> **Lügen** haben kurze Beine. (Sprichwort)   Sie leben wie **Hund** und **Katze** zusammen.

3. in certain expressions, such as:

zu Fuss gehen	gegen Ende (Juli)	zu Beginn
bei Tag (Nacht)	zu (nach) Hause	mit Hilfe (des)
Angst bekommen	aus Furcht	in Zukunft
in Richtung (München)	Zeit haben	vor Freude

Übungen

1 **Viele Leute sehen sich die Parade an. Elke fragt:** ⊗ 📖

BEISPIEL   Der sieht lustig aus. Was hat er auf _dem_ Kopf?
1. Was hat er in _____ Hand?
2. Was hat er auf _____ Nase?
3. Was hat er über _____ Auge?
4. Was hat er auf _____ Rücken?
5. Was hat er an _____ Bein?
6. Was hat er in _____ Ohr?
7. Was hat er an _____ Arm?

2 **Es kann schon ziemlich kalt sein, wenn wir uns die Parade ansehen.** ⊗ 📖

BEISPIEL   Ich zieh' mir _die_ Jacke an.
1. _____ Pullover
2. _____ Kostüm
3. _____ Stiefel
4. _____ Mantel
5. _____ Weste
6. _____ Anorak

3 **Wann finden die Veranstaltungen statt?** ⊗ 📖

BEISPIEL   _Im_ September findet die Steubenparade statt.
1. (An) _____ Mittwoch ist sein Geburtstag.
2. Der Faschingszug findet (in) _____ Februar statt.
3. Zu Weihnachten fängt _____ Winter an.

4 **Auf dem Weg zur Parade gehen wir an einem Supermarkt vorbei.** ⊗ 📖

BEISPIEL   _Das_ Pfund Tomaten kostet jetzt DM 2,50!
1. _____ Liter Milch kostet jetzt DM 1,40!
2. _____ Kilo Kirschen kostet jetzt DM 4,00!
3. _____ Pfund Äpfel kostet jetzt DM 2,20!
4. _____ Becher Joghurt kostet jetzt DM 0,60!
5. _____ Stück Käse kostet jetzt DM 5,00!

5 **Wie oft übt ihr, wenn ihr im Umzug mitmachen wollt?** ⊗ 📖

BEISPIEL   Übt ihr jeden Tag? Ja, einmal (an) _am_ Tag.
1. Jede Woche? —Ja, einmal in _____ Woche.
2. Jedes Jahr? —Ja, einmal (in) _____ Jahr.
3. Jeden Monat? —Ja, zweimal (in) _____ Monat.

6 **Während der Parade ist vieles verboten.** ⊗

BEISPIEL   Dürfen wir hier halten? *Das Halten ist hier verboten!*
1. Dürfen wir hier parken?
2. Dürfen wir hier aussteigen?
3. Dürfen wir hier Radio spielen?
4. Dürfen wir hier protestieren?
5. Dürfen wir hier herumlaufen?
6. Dürfen wir hier tanzen?

7 **Schriftliche Übung**

Setzen Sie die richtigen Wörter ein!

1. Wir fahren mit _____ Bahn.   2. Fahrt ihr in _____ Nacht?   3. Was sagst du (zu) _____ Abschied?   4. Und (zu) _____ Begrüssung?   5. Ich schick' das Paket mit _____ Post.   6. Was spielt ihr (an) _____ liebsten?   7. Stör ihn nicht bei _____ Arbeit!   8. Ich seh' das auf _____ ersten Blick.   9. Was schenkst du ihr (zu) _____ Muttertag?   10. Was gibt es heute (in) _____ Fernsehen?   11. Was siehst du (an) _____ meisten?   **12.** Wann warst du (in) _____ Urlaub?

General von Steuben, Volksheld°
der Deutschamerikaner ⊗

Friedrich Wilhelm von Steuben (1730–1794), Preussischer Offizier, Generalmajor der nordamerik. Truppen

Einmal im Jahr feiern die Deutschamerikaner den Geburtstag ihres populärsten Repräsentanten, den Geburtstag des Barons Friedrich Wilhelm von Steuben.

Steuben wurde am 17. September 1730 in Magdeburg[1] als Sohn eines Offiziers der königlich-preussischen Armee geboren. Er selbst wurde auch Offizier in der preussischen Armee, und schon als junger Offizier zeichnete er sich im Siebenjährigen Krieg[2] aus°. Er wurde danach von Friedrich dem Grossen, dem Alten Fritz, für militärische Sonderdienste im Generalstab ausgewählt.

Nach dem Krieg° wurde von Steuben Kämmerer° am Hof° des Prinzen von Hohenzollern-Hechingen[3], und im Jahre 1769 wurde

---

der Volksheld *folk hero;* s. auszeichnen *to distinguish o.s.;* der Krieg *war;* der Kämmerer *chamberlain (former title of a high official at the royal court);* der Hof *court*

[1] Magdeburg, on the river Elbe, is an old, historic city of about 300,000 inhabitants. Today the city is located in the German Democratic Republic.

[2] The Seven Years War (1756–1763) was a world-wide conflict fought in Europe, North America, and India, with France, Austria, Russia, Saxony, Sweden, and Spain (after 1762) on the one side, and Prussia, England, and Hanover on the other. The two main issues were the French-English colonial rivalry in America and the struggle for supremacy in Germany between the Empress Maria Theresia of Austria and Frederick II (the Great), King of Prussia.

[3] The Hohenzollerns were former rulers of Prussia. One line of this family is the Hohenzollern-Hechingen line.

Steuben in den Adelsstand[4] erhoben°. Im Jahre 1777 wurde der amerikanische Botschafter° in Frankreich, Benjamin Franklin, auf den preussischen Offizier aufmerksam gemacht°. Von Steuben wurde nach Amerika eingeladen, und damit begann eine neue Laufbahn° für ihn im Unabhängigkeitskrieg° gegen England.

Im Jahre 1778 ernannte der amerikanische Kongress von Steuben als Organisator des nordamerikanischen Heeres°. Der Baron reformierte die Armee und bildete die Truppen für General Washington aus. Aus einem anfangs sehr lockeren° und kaum ausgebildeten Heer entwickelte von Steuben in kurzer Zeit eine systematisch ausgebildete Revolutionsarmee, einen gefährlichen Gegner° der besten Truppen aus England. In der entscheidenden Schlacht° bei Yorktown (1781) kommandierte von Steuben eine der drei Divisionen der Revolutionsarmee. Am 19.Oktober 1781 kapitulierte Lord Cornwallis, und damit ging der letzte britische

in den Adelsstand erheben *to confer nobility upon;* der Botschafter *ambassador;* jemanden aufmerksam machen auf A *to call somebody's attention to;* die Laufbahn *career;* der Unabhängigkeitskrieg *war of independence;* das Heer *army;* locker *loose, lax;* der Gegner *adversary;* die Schlacht *battle*

[4] Many European countries still have a nobility, that is, people of high birth, rank, or title. Some titles are awarded for the life of the particular individual, others are hereditary and are passed on from generation to generation. In German, the word **von** frequently precedes family names to indicate nobility or rank. (In the Middle Ages, **von** was used before the name of the place a person was from.) Some common titles of nobility are: **Freiherr** or **Baron,** *baron,* **Graf,** *count,* **Herzog,** *duke,* **Fürst,** *prince.*

Versuch zu Ende, die Revolution mit Waffen-
gewalt° niederzuschlagen°. In den darauffol-
genden Friedensverhandlungen° wurde Amerikas Unabhängigkeit anerkannt.

Nach dem Krieg lebte von Steuben eine
Zeitlang in New York. Der charmante Baron
war ein gern gesehener Gast in der New Yorker
Gesellschaft°. Von Steuben wurde Vorsitzender
der German Society, und im Jahre 1787 wurde
er „regent" der Staats-Universität von New
York.

Steubens grosszügiges Wesen° und sein
extravagantes Leben in der New Yorker Ge-
sellschaft führten zu Schulden°. Im Jahre 1790
gewährte° ihm der Kongress eine jährliche
Pension von $2,500 auf Lebenszeit. Von
Steuben zog sich auf seine Farm in Remsen bei
Utica, New York zurück°. Er starb am 28.
November 1794.

Steuben-Denkmal in Washington D.C.

In zahlreichen Städten Amerikas wird von
Steubens Geburtstag regelmässig gefeiert, und
viele Denkmäler° des Barons erinnern an die
schwere Zeit der Freiheitskämpfe.

Zu seinem 200. Geburtstag gab die amerikanische Post eine Sondermarke mit dem Porträt
von Steubens heraus°.

Im Jahre 1919 gründeten° Amerikaner und
Deutschamerikaner die Steuben-Gesellschaft.
Sie hat zur Aufgabe°, die Entwicklung und
Pflege° der deutsch-amerikanischen Bezie-
hungen° zu fördern.

---

die Waffengewalt *force of arms;* niederschlagen *to defeat, put down;* die Friedensverhandlung *peace negotiation;* die
Gesellschaft *society;* das Wesen *nature, character;* die Schulden *(pl.) debts;* gewähren *to grant;* s. zurückziehen *to
retire;* gründen *to found;* sie hat zur Aufgabe *its function is;* die Pflege *care, cultivation;* die Beziehung *relationship;*
das Denkmal *monument, statue;* eine Marke herausgeben *to issue a stamp*

Im Jahre 1965 proklamierte Präsident Johnson den 17. September, den Geburtstag Steubens, zum „Von-Steuben-Tag". Er forderte die amerikanische Bevölkerung auf, an diesem Tag an den Beitrag° zu denken, den dieser deutsche Patriot für die amerikanische Unabhängigkeit geleistet hat.

In New York, wo rund eine Million Deutschamerikaner leben, findet (wieder seit 1957) im September jedes Jahres die Steubenparade statt. Tausende von Teilnehmern marschieren dann die Fifth Avenue hinauf, von der 62. Strasse bis nach Yorkville und die 86. Strasse hinunter bis zur Second Avenue.

Deutschamerikanische „Kölsche Funke Rut–Wiess" konkurrieren° mit echt Kölner Karnevalsgruppen und ihrem Ruf: Kölle Alaaf[5]!

Sogar die Hamburger Feuerwehr° ist vertreten°.

---

einen Beitrag leisten   *to make a contribution;* konkurrieren   *to compete;* die Feuerwehr   *fire department;* vertreten sein *to be represented*

[5] The **Kölsche Funken** is a carnival organization in Cologne. **Rut-Wiess** is "Kölsch" dialect for **rot-weiss.** Their cheer **"Kölle Alaaf!"** means "Long live Cologne!"

Eine bayerische Trachtengruppe führt einen Schäfflertanz[6] auf.

Dieser Wagen der „Kölsche Funke Rut-Wiess" wurde von Karl Ehmer finanziert°, einer bekannten Fleisch- und Wurstwarengeschäftskette in New York und Umgebung.

Das New Jersey Steubenparade Komitee ist mit diesem Wagen vertreten.

Die Deutsche Sprachschule von Union, New Jersey

---

financieren   *to sponsor, finance*

[6] The **Schäfflertanz** is a traditional folk dance of the barrel makers.

62   **AUF DEM WEGE!**

8 Fragen zum Inhalt

1. Welchen Geburtstag feiern die Deutschamerikaner?
2. Wann und wo wurde von Steuben geboren?
3. Was war sein Vater?
4. Was für einen Beruf hatte von Steuben?
5. Was machte von Steuben nach dem Siebenjährigen Krieg?
6. Wann wurde er in den Adelsstand erhoben?
7. Wie kam der Baron nach Amerika?
8. Was wurde er im Jahre 1778, und was tat er in dieser Position?
9. Hatte der Baron Erfolg?
10. Was passierte in der Schlacht bei Yorktown?
11. Was machte von Steuben nach dem Unabhängigkeitskrieg?
12. Hatte der Baron viel Geld? Wovon lebte er?
13. Wohin zog sich von Steuben zurück, und wann starb er?
14. Wann wurde die Steuben-Gesellschaft gegründet?
15. Welche Aufgabe hat diese Gesellschaft?
16. Wann gab die amerikansiche Post eine Steuben-Marke heraus?
17. Was tat Präsident Johnson im Jahre 1965?
18. Was findet im September jedes Jahres in New York statt?
19. Erzählen Sie, wer in der Steubenparade mitmacht! Sehen Sie sich die Bilder an!

9 Fragen zum Überlegen und Diskutieren

1. In welchen Gegenden der Vereinigten Staaten leben viele Deutsche und Deutschamerikaner?
2. Wodurch merkt man, dass man sich in einer deutschamerikanischen Gegend befindet?
3. Wenn Sie in einer solchen deutschamerikanischen Gegend wohnen, so beschreiben Sie diese! Oder beschreiben Sie eine deutschamerikanische Gegend, die Sie kennen!
4. Viele ethnische Gruppen in den Vereinigten Staaten feiern einen Volkshelden. Was halten Sie von solchen Feiern? Welche Helden anderer ethnischer Gruppen kennen Sie?
5. Haben Sie selbst schon einmal an einer solchen Feier teilgenommen? Beschreiben Sie Ihre Erlebnisse!
6. Wissen Sie, woher Ihre Eltern, Grosseltern oder Urgrosseltern stammen? Warum sind sie in dieses Land gekommen? Warum haben sie ihre Heimat verlassen? Wo liessen sie sich nieder? Wie war der Anfang in den USA? Erzählen Sie Ihren Klassenkameraden darüber!

10 Anregungen für individuelle Arbeit oder gemeinsame Klassenarbeiten

Bereiten Sie allein oder mit einigen Klassenkameraden einen der folgenden Berichte vor! Tragen Sie dann Ihren Bericht der ganzen Klasse vor und sprechen Sie darüber!

1. Suchen Sie sich einen bekannten Deutschen oder Deutschamerikaner aus und schreiben Sie einen Bericht über ihn! (Helmut Schmidt, Konrad Adenauer, Carl Schurz, Wernher von Braun und viele andere)
2. Schreiben Sie einen kurzen Bericht über Ihre eigene Familie und Ihre Vorfahren (ancestors)!
3. Schreiben Sie einen kurzen Bericht über Friedrich den Grossen oder über den Siebenjährigen Krieg!

Partnerstädte zwischen Deutschland und den USA

Schauen Sie sich einmal eine Landkarte° von Ihrem Staat an, und suchen Sie Städtenamen, die auf deutsche Herkunft° hinweisen!

In den Vereinigten Staaten gibt es mehrere Städte mit dem Namen Berlin, Bremen und Hamburg. Es gibt ein Manheim in Pennsylvania, ein Minden in Louisiana, ein New Braunfels in Texas, ein Neu-Ulm in Minnesota, ein Dresden in Ohio. Die Hauptstadt von North Dakota heisst Bismarck, die von Kentucky Frankfort.

Diese Städte wurden einst° von deutschen Auswanderern° gegründet, und in vielen von ihnen spürt° man noch heute die deutsche Herkunft. In den letzten Jahren haben sich viele von diesen Städten einen Partner gesucht, oft eine Stadt mit dem gleichen Namen. Und heute gibt es schon über 60 deutsch-amerikanische Partnerstädte.

Im Rahmen° dieser Partnerschaft besuchen sich Sportler und Lehrer, Beamte und Arbeiter, Jugend- und Erwachsenengruppen. Zwischen manchen Städten besteht auch ein reger° Schüleraustausch.

Hier sind nur einige offizielle Partnerstädte:

Berlin (West) mit Los Angeles, California
Braunfels (Hessen) mit Braunfels, Texas
Breisach (Baden-Württemberg) mit Locust Valley, New York
Dortmund (Nordrhein-Westfalen) mit Buffalo, New York
Friedrichshafen (Baden-Württemberg) mit Peoria, Illinois
Garmisch-Partenkirchen (Bayern) mit Aspen, Colorado

die Landkarte *map;* die Herkunft *origin;* einst *at one time;* der Auswanderer *emigrant;* spüren *to sense, feel;* im Rahmen *in the framework;* rege *lively, active*

Mannheim (Baden-Württemberg) mit
  Manheim, Pennsylvania
Minden (Nordrhein-Westfalen) mit
  Minden, Louisiana
Passau (Bayern) mit Hackensack,
  New Jersey
Soest (Nordrhein-Westfalen) mit
  Mishawaka, Indiana
Stuttgart (Baden-Württemberg) mit
  St. Louis, Missouri
Wolfenbüttel (Niedersachsen) mit Kenosha,
  Wisconsin

Der Passauer Dom St. Stephan – erbaut im 15.–17.
Jahrhundert – hat die grösste Orgel Europas.

Passau, an der Grenze von Bayern mit Österreich
gelegen, wird die Dreiflüssestadt genannt, denn
hier fliessen der Inn und die Ilz in die Donau.

11 Fragen zum Überlegen und Diskutieren

1. Welche Vorteile sehen Sie in einer Städtepartnerschaft?
2. Suchen Sie sich eine Stadt deutscher Herkunft aus! Berichten Sie etwas über die Geschichte
   dieser Stadt, und wie sich die deutsche Herkunft noch heute zeigt!

General von Steuben, Volksheld der Deutschamerikaner

der Adelsstand *nobility*
der **Amerikaner, –** *American*
die **Armee, –n** *army*
der **Baron, –e** *baron*
der **Beitrag, ⸚e** *contribution*
die **Beziehung, –en** *relationship*
der **Botschafter, –** *ambassador*
das **Denkmal, ⸚er** *monument, statue*
der **Deutschamerikaner, –** *German-American*
die Division, –en *(military) division*
die **Entwicklung, –en** *development*
die **Farm, –en** *farm*
die **Feuerwehr, –en** *fire department*
die Fleisch- und Wurstwaren-geschäftskette, –n *chain of butcher shops*
der **Freiheitskampf, ⸚e** *struggle for freedom*
die **Friedensverhandlung, –en** *peace negotiation*
der **Gegner, –** *adversary*
der Generalmajor, –e *major-general*
die **Gesellschaft, –en** *society*
das **Heer, –e** *army*

der **Hof, ⸚e** *court*
der **Kämmerer, –** *chamberlain (former title of a high official at the royal court)*
die Karnevalsgruppe, –n *group participating in the Karneval festivities in Germany*
der **Kongress, –e** *congress*
der **Krieg, –e** *war*
die **Laufbahn, –en** *career*
der **Offizier, –e** *officer*
der **Organisator, –en** *organizer*
der **Patriot, –en** (den –en) *patriot*
die **Pension, –en** *pension*
die **Pflege** *care, cultivation*
das **Porträt, –s** *portrait*
der **Prinz, –en** (den –en) *prince*
der **Repräsentant, –en** (den –en) *representative*
die **Revolution, –en** *revolution*
die Revolutionsarmee, –n *revolutionary army*
der **Ruf, –e** *call, cry, slogan*
der Schäfflertanz *(see fn p. 62)*
die **Schlacht, –en** *battle*
die **Schulden** (pl) *debts*

der Siebenjährige Krieg *Seven Years' War*
die **Sprachschule, –n** *language school*
die **Staats-Universität, –en** *state university*
die Steubenparade *parade held anually in late September in New York City in honor of General von Steuben*
der **Teilnehmer, –** *participant*
die **Truppe, –n** *troop*
die **Unabhängigkeit** *independence*
der **Unabhängigkeitskrieg, –e** *war of independence*
der **Versuch, –e** *attempt*
der **Volksheld, –en** (den –en) *folk hero*
der **Vorsitzende, –n** (den -n) *chairperson*
die Waffengewalt *force of arms*
das **Wesen, –** *nature, character*

---

anerkennen (sep) *to recognize, acknowledge*
s. **auszeichnen** (sep) *to distinguish o.s.*
erheben *to raise*
erinnern an A *to remind of*
ernennen *to appoint*
finanzieren *to finance*
gewähren *to grant*
gründen *to found*
herausgeben (sep) *to issue*
kapitulieren *to surrender*
kommandieren *to command*
konkurrieren *to compete*
niederschlagen (sep) *to defeat, put down*
proklamieren *to proclaim*
reformieren *to reform*
s. **zurückziehen** (sep) *to retire*

anfangs *in the beginning, at first*
ausgebildet *trained*
britisch *British*
charmant *charming*
darauffolgend *subsequent*
entscheidend *decisive*
extravagant *extravagant*
königlich *royal*
locker *loose, lax*
nordamerikanisch *North American*
preussisch *Prussian*
systematisch *systematically*
zahlreich *numerous*

auf Lebenszeit *for life*
ein gern gesehener Gast *a welcome guest*
eine Zeitlang *for a while*
einen Beitrag leisten *to make a contribution*
in den Adelsstand erheben *to confer nobility upon*
in kurzer Zeit *in a short time*
jemanden auf etwas aufmerksam machen *to call s.o.'s attention to s.th.*
vertreten sein *to be represented*
zur Aufgabe haben *to have as a function*

Partnerstädte zwischen Deutschland und den USA

der **Auswanderer, –** *emigrant*
die **Herkunft, ⸚e** *origin*
die **Landkarte, –n** *map*
die **Partnerstadt, ⸚e** *sister city*
der **Städtename, –n** (den –n) *name of a city*

hinweisen auf A (ie, ie) (sep) *to indicate, point to*
spüren *to sense, feel*

einst *at one time*
offiziell *official*
rege *lively, active*

im Rahmen *in the framework*

Und jede Woche ein neues Exemplar!
Die braucht jeder Hobbyfreund!

Ob wir es merken oder nicht, die verschiedenen Reklame-Slogans in den Werbesendungen des Fernsehens beeinflussen uns beim Einkaufen. Hier sind einige Slogans, die etwas über bestimmte Produkte aussagen.

Ich kaufe immer gleich mehrere!

Probieren Sie mal den! Der schmeckt fantastisch.

Ja, so eine kauf' ich mir sofort!

Meine Frau benützt diese Marke schon zwanzig Jahre lang!

Und Sie haben eine solche Auswahl!

Solch weisse Zähne! Nur mit · · ·

Use of Determiners

Determiners are words such as **der, ein, dieser, jeder, mein, kein,** etc., that are used with nouns to give grammatical information: gender, case, and number (singular or plural). Determiners also help to make clear, or determine, which person or thing we mean, for example, whether we are talking about just any car or about this particular car, or my car, or every car, or perhaps no car at all: **dieses Auto, mein Auto, jedes Auto, kein Auto.**

An article or other determiner, plus a noun, make a noun phrase. In noun phrases, the determiner is usually unstressed, the noun stressed.

> **Dieser Lehŕling** ist erst 15 Jahre alt.
> **Meine Tanźstunde** beginnt um 7 Uhr.

Sometimes determiners are used as demonstratives, in which case they are stressed rather than the noun. A stressed determiner may accompany the noun as a demonstrative adjective, or it may stand alone as a demonstrative pronoun.

> **Diéser Lehrling** ist 15 Jahre alt. Und **diéser** ist schon 17.
> **Méine Tanzstunde** beginnt um 7. **Ihŕre** beginnt erst um 8.

For forms of determiners, see the Grammar Summary.

In German, there are many determiners, some used more frequently than others. You should be familiar with the following determiners and the various ways they are used.

1. der, die, das; die *(the)*
   a. The definite article is used to distinguish gender and to help make the function of the noun clear in the sentence. (Most nouns do not have case endings to signal their function.) In the sentence **Ich habe den Film schon gesehen,** for example, **den** shows that the noun **Film** is masculine singular and in the accusative case.

   b. In spoken German, the definite article is very often used as a demonstrative. It may be either a demonstrative adjective accompanying the noun, or a demonstrative pronoun standing alone. Demonstratives are stressed, and the demonstrative pronoun carries more emphasis than the personal pronoun.
      Kennst du **den Jungen?** Nein, ich kenne **ihn** nicht.
      Kennst du **dén Jungen?** Nein, **dén** kenne ich auch nicht.
      Spielst du mit **dén Schachfiguren?** Nein, mit **dénen** spiele ich nicht.

   c. The demonstrative pronoun can be further emphasized by using words such as **da, hier, dort,** etc.
      Der da schmeckt gut.
      Du kannst es **dem hier** geben.   [1]

2. dieser, diese, dieses; diese *(this; these)*
   a. As a determiner preceding the noun, **dieser** is unstressed:
      Dieses Hemd ist mir zu teuer.

   b. As a demonstrative adjective preceding the noun, it is stressed:
      Diése Bluse gefällt mir nicht.

   c. As a demonstrative pronoun, it is also stressed:
      Diése hier gefällt mir besser.   [2]

3. **jener, jene, jenes; jene** *(that; those)*
   a. **Jener** is unstressed before nouns. It is often used in opposition to **der** or **dieser:**
   Die Bluse gefällt mir, aber **jene Bluse** nicht.
   I like this blouse, but not that blouse.

   b. It is stressed as a demonstrative pronoun:
   Wie teuer ist **jener?**
   How expensive is that one?

   c. However, **jener** is not used very much, and the phrases **der da** and **dieser da** are preferred. Often a noun is included in these phrases:
   Die gefällt mir, aber **die da** gefällt mir gar nicht.
   Mir gefällt **der Mantel da.**

4. **derselbe, dieselbe, dasselbe; dieselben** *(the same)*
   a. before nouns:
   Er wird nach **demselben Lehrplan** ausgebildet wie Martina.   [3]

   b. as a pronoun:
   Ich hab' **denselben.** (Plattenspieler)

5. **derjenige, diejenige, dasjenige; diejenigen** *(that, the one; those)*
   Derjenige is frequently used for stylistic reasons.
   a. before nouns:
   Die Schüler, die morgen wegfahren, müssen . . .
   besser: **Diejenigen Schüler, die** morgen wegfahren, müssen . . .

   b. as a pronoun:
   Der, der das getan hat, soll sich melden!
   besser: **Derjenige, der** das getan hat, soll sich melden!

   Note that the words **dieser, jener, derselbe,** and **derjenige** are also referred to as demonstratives.

6. **jeder, jede, jedes; alle** *(every; all)*
   a. before nouns:
   Jeder Lehrling verdient 350 Mark monatlich.
   Christian kennt **jede Automarke.**
   Peter sammelt **alle Marken.**

   b. as a pronoun, meaning *everybody, everyone; all of them:*
   Jeder braucht eine Schwimmweste.
   Ich kenne hier **jeden.**
   Hast du **alle?** (Handtücher)   [4]

7. **mancher, manche, manches; manche** *(some)*
   When used in the singular, **mancher** means *many a;* in the plural it means *some.*
   a. before nouns:
   Mancher Lehrling bekommt schon 400 Mark.
   Manche Tanzkurse sind gut belegt.

   b. as a pronoun:
   Mancher kann das nicht tun.

8. solcher, solche, solches; solche *(such)*
   a. before nouns, most often plural nouns:
> Ich habe **solche Platten** nicht.
> **Solchen Hunger** hat nur der Hund! [5]

   b. as a pronoun, meaning *any*:
> Haben Sie **solche?** (Briefmarken)

9. solch ein, –e, –; solche *(such a, one like that; such)*
   a. Before nouns, only the word **ein** is inflected. **Solch** is not inflected:
> **Solch ein Wetter** ist schrecklich.
> Ich hab' **solch einen Hunger!** [6]

   b. In the phrase **ein solch-,** both determiners are inflected:
> **Ein solches Wetter** ist schrecklich.
> Ich hab' **einen solchen Hunger!** [7]

   Note: **ein solch** and **solch ein** can be used interchangeably.

   c. When the phrase **solch ein** is used as a pronoun, **solch** is not inflected, only **ein:**
> **Solch eins kauf'** ich mir nicht. (Auto)
> **Solch einen hab'** ich schon. (Pullover)

   d. When the phrase **ein solch** is used as a pronoun, both determiners are inflected:
> **Einen solchen** mag ich nicht. (Teppich)

   Note: **Solch ein** is often shortened to **so ein:**
> **So einen** (Wagen) möcht' ich gern. [8, 9]

10. mehrere *(several)*
   Mehrere is used only in the plural.
   a. before nouns:
> Peter hat **mehrere Briefmarkenkataloge.**

   b. as a pronoun:
> **Mehrere** haben die Prüfung nicht bestanden.

11. einige *(a few, some)*
   Einige is used only in the plural, meaning *a few, two, three, not many.*
   a. before nouns:
> **Einige Schüler** holen Bücher.

   b. as a pronoun:
> Ich habe das **einigen** gesagt.

   c. before numerals:
> Das ist **einige zwanzig** Jahre her!

12. ein paar *(a few)*
   Ein paar is used as a plural determiner and never inflected.
   a. before nouns or as a pronoun:
> Gib mir bitte **ein paar Trauben!**
> Hier, nimm dir **ein paar!**

b. in connection with numerals:
> **Ein paar hundert Schüler** fahren zum Schilaufen.

c. in the phrase **die (diese) paar,** meaning *few* in a derogatory sense.
> Was kann ich schon mit **diesen paar Mark** kaufen?

d. The capitalized word **das Paar** is a noun, meaning two things that belong together as a pair. Determiners used with the noun **Paar** are inflected to show gender, number, and case.
> Ich kauf' mir **ein Paar** Socken.

13. etliche *(some)*
Etliche refers to an unknown, yet not very large number. It is used only in the plural, before nouns or as a pronoun:
> **Mit etlichen Schülern** bestieg er den Gipfel.
> Ich hab' heute **etliche** gefunden. (Pilze)

14. sämtliche *(all)*
Sämtliche is more emphatic than **alle.**
a. before nouns or as a pronoun:
> Ich hab' es **sämtlichen Schülern** gesagt.
> Ich hab' **sämtliche** hier. (Bücher)
> **Meine sämtlichen Platten** sind weg.

b. In the singular the word **ganz,** *entire,* must be used:
> Mich stört **der ganze Krach.**

c. When used as a plural determiner, the words **ganz** or **gesamte** are often preferred to **sämtliche:**
> **Meine ganzen Bücher** sind nass.
> Ich kenne **seine gesamten Cassetten.**

[10]

15. viel *(much, a lot)*
Viel refers to a rather large quantity; it usually is not inflected, except in certain set phrases.
a. before nouns or as a pronoun:
> **Vielen Dank!**
> Ich beschäftige mich **mit vielem.**

b. In modern usage, **viel** is most often not inflected when used before singular nouns:
> Ich hatte damit **viel Ärger.** (exception: Vielen Dank!)
> Mit **viel Energie** geht er an die Arbeit.

16. wenig *(little)*
Wenig refers to a small quantity; it is usually not inflected.
a. before nouns or as a pronoun:
> Ich hab' **wenig Geld.**
> Es gibt **wenig,** was sie nicht weiss.

b. In the plural the words **alle, mehrere, einige, ein paar, etliche, sämtliche, viele,** and **wenige** are called determiners of quantity and take plural endings:
> Er hat nur **wenige Fragen** gestellt.
> **In vielen Schulen** darf man das nicht tun.

17. **kein, keine, kein; keine** *(no; no one; none; not any)*
    Kein is used as the negative indefinite article.
    a. before nouns:

    > Ich kaufe jetzt **keine Schallplatte.** [11]

    b. as a pronoun:

    > Liegt dort ein Bleistift? Hier liegt **keiner.** [12]

18. **ein, eine, ein** *(a, one);* **welche** *(some, used only as a pronoun)*
    a. **Ein** is the indefinite article meaning *a, an.* As in English, there is no plural form of the indefinite article:

    > Wir haben **ein Segelboot.** Sie isst **einen Apfel.**
    > Peter isst **eine Semmel.** Hans isst auch **Semmeln.**

    b. **Ein** is also a numeral; its plural is **zwei, drei,** etc.

    > Ich esse nur **eín Schnitzel.** Er isst **zwei Schnitzel.**
    > Peter hat nur **eínen Katalog.**

    c. **Ein** can be used as a pronoun. The plural pronoun is **welche,** *some:*

    > Sind alle Schüler da? Nein, **einer** fehlt.
    > Ich möchte Tomaten. Haben Sie **welche?** [13]

19. **ein bisschen** *(a little)*
    Ein bisschen is not inflected in the accusative but is inflected in the dative.
    a. before nouns:

    > Möchtest du **ein bisschen Saft?**
    > Mit **einem bisschen Mut** geht alles!

    b. as a pronoun:

    > Sprechen Sie Deutsch? Ja, **ein bisschen.**

20. **ein wenig** *(a little)*
    Ein wenig has the same meaning and usage as **ein bisschen.**

21. **eine solche** *(such a)*
    See **solch ein.**

22. the possessives **mein, dein, sein, unser, euer, ihr, Ihr**
    a. The possessives can be used as adjectives preceding nouns. They are inflected and are usually not stressed.

    > Wo ist **mein Cassetten-Recorder?**
    > Ich habe **deinen Cassetten-Recorder** nicht gesehen. [14]

    b. The possessives can also be stressed for emphasis.

    > Das ist **méin Radio.**
    > Fährst du mit **únserem Wagen?**

    c. The possessives can be used as pronouns. When used as such, they have **dieser-**word endings and they are stressed. Often they are used to answer a preceding stressed possessive adjective:

    > Das ist **mein Buch,** nicht **deins.**
    > Sie schreibt mit **ihrem Kuli,** nicht mit **seinem.**
    > Wem gehört **dieser Anorak?** Es ist **meiner.** [15]

Note that in case of an inanimate object, German uses **sein** to refer to a masculine or neuter noun, ihr to a feminine noun.

Jeder Wagen hat **seine** Nummer. *Every car has its number.*
Jedes Alter hat **seinen** Vorteil. *Every age has its advantage.*
Jede Stadt hat **ihr** Museum. *Every city has its museum.*

Übungen

1 **Werbesendung im Fernsehen. Man wirbt für Lebensmittel.** ⊗

BEISPIELE Probieren Sie mal den Käse! *Hm! Er schmeckt fantastisch!*
Probieren Sie mal den Käse! *Hm! Der schmeckt fantastisch!*

1. die Butter!	5. das Bier!	9. den Schinken!
2. die Butter!	6. das Bier!	10. den Schinken!
3. den Joghurt!	7. die Erdbeeren!	11. die Wurst!
4. den Joghurt!	8. die Erdbeeren!	12. die Wurst!

2 **Verschiedene Hausfrauen werden nach Kostmetikartikeln befragt.** ⊗

BEISPIEL Kennen Sie schon diesen Artikel?
Ja, und von diesem bin ich ganz begeistert!

1. diese Seife?	5. dieses Parfüm?	9. dieses Make-up?
2. dieses Rouge?	6. diese Deodorants?	10. diesen Frisierstab?
3. diese Zahnbürste?	7. dieses Haarspray?	11. diese Lockenwickler?
4. diesen Lippenstift?	8. diese Handcreme?	12. dieses Shampoo?

3 **Viele Leute haben diese Artikel schon gekauft.** ⊗

BEISPIEL Gefällt Ihnen der Plattenspieler?
Ja. Ich habe denselben Plattenspieler.

1. das Radio?	4. das Tonbandgerät?	7. das Album?
2. die Stereoanlage?	5. der Recorder?	8. der Fernseher?
3. die Lautsprecher?	6. die Cassetten?	9. die Kamera?

4 **Werbung für Restaurants. Wann gehen diese Leute zum Essen?** ⊗

BEISPIEL So eine Vorstellung macht mich hungrig.
Nach jeder Vorstellung geh' ich etwas essen.

1. so ein Konzert	4. so ein Spiel	7. so eine Prüfung
2. so ein Wettkampf	5. so ein Film	8. so ein Ausflug
3. so eine Aufführung	6. so eine Probe	9. so eine Reise

5 **Szenen im Fernsehen, und dabei hören wir:** ⊗

BEISPIEL Wir sehen, wie jemand viel isst. *Er hat solchen Hunger!*

1. Wir sehen, wie jemand sehr durstig ist.
2. Wir sehen, wie jemand sich für alles interessiert.
3. Wir sehen, wie jemand grosse Schmerzen hat.
4. Wir sehen, wie jemand grosse Angst hat.

6 Ein Reporter vom Fernsehen interviewt einige Fussgänger. ⊗

BEISPIEL   Sagen Sie mal! Wie gefällt Ihnen das Wetter?
Solch ein Wetter ist schrecklich!

1. der Regen?   4. der Lärm?   7. der Schmutz?
2. das Klima?   5. das Gewitter?   8. die Luft?
3. die Hitze?   6. die Kälte?   9. das Regenwetter?

7 ein solches . . . oder solch ein . . .? ⊗

BEISPIEL   Sie haben eine solche Auswahl! *Sie haben solch eine Auswahl!*

1. Sie haben einen solchen Schnupfen!   4. Sie haben einen solchen Vorteil!
2. Sie haben ein solches Fieber!   5. Sie haben eine solche Fantasie!
3. Sie haben eine solche Energie!   6. Sie haben ein solches Interesse!

8 Wir hören, dass die Kunden so etwas sofort kaufen würden. ⊗

BEISPIEL   Würden Sie sich diese Bluse kaufen?
So eine kauf' ich mir sofort!

1. diesen Hut?   5. diese Schier?   9. dieses Halstuch?
2. diese Schuhe?   6. diesen Anorak?   10. diese Socken?
3. dieses Kleid?   7. dieses T-Shirt?   11. diesen Sturzhelm?
4. diese Jacke?   8. diese Ausrüstung?   12. dieses Armband?

9 Aus einer Werbesendung für Möbel. Ein Verkäufer sagt: ⊗

BEISPIEL   Dieses Sofa ist modern und preiswert.
Ein solches bekommen Sie nur bei uns!

1. dieser Tisch   4. dieser Schrank   7. dieser Teppich
2. diese Couch   5. dieses Bett   8. diese Möbel
3. diese Stühle   6. diese Lampe   9. dieses Bücherregal

10 Kaufen Sie genügend ein! Am Wochenende sind die Geschäfte zu! ⊗

BEISPIELE   Haben Sie noch Kirschen?
Sämtliche Kirschen sind weg.
Haben Sie noch Brot?
Das ganze Brot ist weg.

1. Milch?   4. Gurken?
2. Semmeln?   5. Butter?
3. Salat?   6. Radieschen?

11 Und kaufen Sie früh ein! Sonst sagt Ihnen die Verkäuferin: ⊗

BEISPIEL   Haben Sie noch Tomaten?
Nein, ich habe keine Tomaten mehr.

1. Schinken?   5. Trauben?   9. Käse?
2. Hackfleisch?   6. Salat?   10. Milch?
3. Leberwurst?   7. Joghurt?   11. Salz?
4. Aufschnitt?   8. Eier?   12. Butter?

12 **Haben Sie gleich mehrere Dinge im Haus! Dann brauchen Sie nicht zu suchen.** ⊗

BEISPIEL Liegt dort ein Bleistift? *Nein, hier liegt keiner.*

1. ein Heft?
2. Papier?
3. ein Spitzer?
4. Bücher?

5. ein Radiergummi?
6. eine Zange?
7. Reisszwecken?
8. ein Kuli?

9. ein Etui?
10. ein Hammer?
11. eine Schere?
12. ein Buch?

13 **Beim Einkaufen im Supermarkt. Die Kunden kaufen von jedem eins.** ⊗

BEISPIELE Möchten Sie ein Brot?
Ja, geben Sie mir eins!
Möchten Sie Erdbeeren?
Ja, geben Sie mir welche!

1. einen Käse?
2. eine Gurke?
3. Pflaumen?
4. ein Brötchen?

5. Eier?
6. ein Stück Fleisch?
7. einen Kuchen?
8. Kirschen?

9. ein Shampoo?
10. eine Zahnbürste?
11. ein Haarwasser?
12. Rasierklingen?

14 **Gute Ware hält lange. Das sagen viele Kunden.** ⊗

BEISPIEL Wie lange haben Sie schon das Radio?
Mein Radio hab' ich schon über 10 Jahre!

1. den Plattenspieler?
2. die Maschine?
3. das Auto?

4. die Reifen?
5. das Fahrrad?
6. den Wagen?

7. das Tonbandgerät?
8. die Lautsprecher?
9. den Recorder?

15 **Ein Reporter fragt einige Kunden in der Kosmetikabteilung.** ⊗

BEISPIEL Ist das Ihr Shampoo? *Ja, das ist meins.*

1. Ihr Lippenstift?
2. Ihre Wimperntusche?
3. Ihre Lockenwickler?
4. Ihr Nagellack?

5. Ihr Deodorant?
6. Ihre Seife?
7. Ihr Augenbrauenstift?
8. Ihre Compact-Kassette?

9. Ihr Parfüm?
10. Ihre Zahnbürste?
11. Ihr Frisierstab?
12. Ihr Haarwasser?

16 **Schriftliche Übung**

Setzen Sie die richtigen Endungen ein!

1. Dies___ Wagen hat kein___ Rücksitz. 2. Was ist das Kennzeichen dieses Wagens?
3. Das Auto kommt aus den Niederlanden. 4. Mein___ Bruder hat einen Unfall gehabt.
5. Jener Unfall passierte auf der Hinfahrt. 6. Möchtest du diesen Prospekt oder jenen?
7. Peter hat dasselbe Hobby wie seine Schwester. 8. Seine Tante kommt aus
derselben Stadt. 9. Solch eine Ausstellung hilft manchem Lehrling. 10. Dieses
Lehrvertrag ist gut. 11. Solch einen hab' ich noch nie gesehen. 12. Wie gefällt dir
mein___ Wagen? 13. Solch eines kauf' ich mir auch. 14. Der Berufsberater hat dieses
Inserat einigen Schülern gezeigt. 15. Etliche Schüler haben eine Lehrstelle gefunden.
16. Diese Firma hat sämtlichen Lehrlingen eine gute Ausbildung gegeben. 17. Ich kenne
keinen, der sich über die Ausbildung in dieser Firma beklagt. 18. Kennen Sie einen?

Wer sitzt am meisten vor der Röhre°? ⊗

Überlegen Sie sich einmal, wie alt Sie waren, als Sie die meiste Zeit vor dem Fernseher verbrachten?

In der Bundesrepublik, behauptet die Statistik, wird der Höhepunkt des Fernsehkonsums bei den 13jährigen erreicht. In diesem Alter, zwischen 12 und 14, zeigen die Kinder eine grosse Identifikationsbereitschaft°. Sie identifizieren sich mit der Rolle des Helden°, und deshalb suchen sie sich Sendungen aus, die ganz bestimmte Charaktere haben, und deren Rolle sie selbst annehmen° können. Bis zu 4½ Stunden täglich sitzt manch ein „Held" vor seiner Glotze°. Das ist zu lange. Solch eine Fernseh-Überdosis führt zur Fernsehsucht°.

Nach diesem Alter geht aber der Fernsehkonsum zurück. Die Jugendlichen entwickeln jetzt andere Interessen: Musik, Kino, Sport und andere Aktivitäten. Manche haben auch einen kleinen Job, andere bummeln mit Freunden in der Stadt umher—es bleibt also weniger Zeit fürs Fernsehen.

Und wie sieht es bei den jüngeren Kindern aus? Die Sechs- bis Zwölfjährigen verbringen täglich 1-2 Stunden vor der Flimmerkiste°. In einigen Fällen° ersetzt° der Guckkasten° den Babysitter für ein kurzes Stündchen am Nachmittag[1], damit Mutti schnell mal einkaufen gehen kann. In

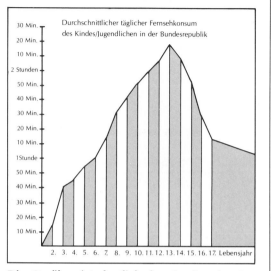

Die Grafik zeigt deutlich den Anstieg des TV-Konsums bei 13jährigen

manchen Fällen schreiben aber die Eltern ihren kleineren Kindern vor°, welche Sendungen sie sich ansehen dürfen und welche nicht. Dabei kommt es oft zu Streitereien, denn die Meinung der Eltern und die der Kinder stimmen bei der Programmauswahl oft nicht überein°. Manche Leute behaupten, Kinder sollten im allgemeinen° nur solche Sendungen sehen, die einen erzieherischen° Wert° haben. Am besten ist es, wenn Eltern und Kinder zusammen die Sendungen auswählen, sie, wenn möglich, gemeinsam ansehen und hinterher darüber sprechen. Aber wie viele Eltern haben dazu schon die Zeit und die Geduld?

die Röhre *tube;* die Identifikationsbereitschaft *tendency, eagerness to identify with s.th.;* der Held *hero;* annehmen *to assume;* die Glotze *TV set (colloquial; from* glotzen *to gape, stare);* die Fernsehsucht *TV addiction;* die Flimmerkiste *TV set (colloquial; from* flimmern *to flicker);* der Fall *case;* ersetzen *to replace;* der Guckkasten *TV set (colloquial; from* gucken *to watch, look)* vorschreiben *to prescribe, tell;* übereinstimmen *to agree (with);* im allgemeinen *in general;* erzieherisch *educational;* der Wert *value*

[1] In Germany, daytime TV only begins around 3 PM. The afternoon programs are usually directed at children, for example, nature programs, adventure films, etc.

Umfragen° haben gezeigt, dass sich Kinder im allgemeinen solche Sendungen ansehen, die für sie bestimmt° sind. Am beliebtesten sind Kinder- und Jugendsendungen, gefolgt von Abenteuern°, Western, Tiersendungen, Krimis und Fernsehspielen°.

Umfragen haben auch ergeben, dass in 60% der Familien der Vater entscheidet, was angeschaut wird. Wenn eben der Vater die Sportschau oder das Fussballspiel sehen will, dann hilft auch keine sonst demokratische Abstimmung° in der Familie. Da hat schon manch ein Schüler darüber geklagt, dass er eine bestimmte Sendung nicht sehen konnte, weil der Vater seine Sendung sehen wollte.

Die beiden grossen Fernsehkanäle, ARD und ZDF, und die einzelnen Regionalprogramme, bieten heute ein reichhaltiges° Programm für junge Leute aller Altersgruppen an. Man muss eben nur die einzelnen Sendungen geschickt auswählen und vielleicht einen Mittelweg zwischen rein erzieherischen Sendungen und reinen Unterhaltungssendungen finden. Bei einer guten Auswahl hat sich gezeigt, dass der Bildschirmkonsum durchaus° positive Seiten haben kann und die Lernfähigkeit° des Kindes verbessern kann. Andererseits steht auch fest°, dass Kinder, die fast nie fernsehen, oft schulisch benachteiligt° sind. Ihnen fehlt einfach die aktuelle° Information und das Hintergrundswissen.

Eines sollten Kinder nicht tun: während einer Fernsehsendung etwas für die Schule lernen. Ein Test hat zum Beispiel folgendes gezeigt: acht Schülergruppen lernten ein

Gedicht° auswendig°, bis sie es einwandfrei° konnten. Vier Gruppen sahen sich danach noch zwei Fernsehsendungen an, die anderen vier Gruppen beschäftigten sich mit Spiel und Sport. Am nächsten Morgen zeigten sich bei den Fernsehgruppen Lücken° im Behalten° des Gedichtes, während die Spielgruppen das Gedicht fehlerfrei beherrschten°. Nun, der Mensch vergisst einmal Gelerntes schneller, wenn neue Inhalte° hinzukommen.

Wenn Schüler also morgen eine Klassenarbeit schreiben, so sollten sie ihre Vorbereitungen darauf nicht durch inhaltreiche° Fernsehsendungen zunichte machen°.

die Umfrage *inquiry, poll;* bestimmt sein für *to be meant for;* das Abenteuer *adventure;* das Fernsehspiel *quiz or game show;* die Abstimmung *vote;* reichhaltig *rich, abundant;* durchaus *by all means;* die Lernfähigkeit *ability to learn;* feststehen *to be a fact;* benachteiligt sein *to be at a disadvantage;* aktuell *current, up-to-date;* das Gedicht *poem;* auswendig *(lernen) (to learn) by heart;* einwandfrei *completely accurate;* die Lücke *gap;* das Behalten *retention;* beherrschen *to master;* der Inhalt *subject matter;* inhaltreich *meaty, having interesting, stimulating content;* zunichte machen *to destroy*

17 Fragen zum Inhalt

1. In welchem Alter wird der Höhepunkt des Fernsehkonsums erreicht?
2. Warum verbringen gerade die 13jährigen die meiste Zeit vor der Röhre?
3. Wozu kann zuviel Fernsehen führen?
4. In welcher Altersgruppe geht der Fernsehkonsum zurück? Was sind einige Gründe dafür?
5. Wie lange sitzen die 6-12jährigen vor der Flimmerkiste?
6. Was schreiben manche Eltern ihren Kindern vor?
7. Wozu führt das oft? Warum?
8. Was behaupten manche Leute?
9. Wie sollte man am besten die Sendungen auswählen?
10. Wozu haben viele Eltern keine Zeit und keine Geduld?
11. Was für Sendungen sehen sich Kinder am liebsten an?
12. Wer entscheidet sehr oft darüber, welche Sendungen sich die Kinder ansehen können?
13. Bietet das Fernsehen genügend Sendungen für Kinder und Jugendliche an?
14. Was sollte man vielleicht tun, da die Auswahl an guten Sendungen so gross ist?
15. Was hat sich gezeigt, wenn Eltern und Schüler eine gute Auswahl von Fernsehsendungen treffen?
16. Was hat sich bei Kindern gezeigt, die fast nie fernsehen?
17. Erzählen Sie das Beispiel, das Ihnen gezeigt hat, dass man beim Lernen oder nach dem Lernen nicht noch fernsehen soll!

18 Fragen zum Überlegen und Diskutieren

1. Glauben Sie, dass Sie oder Ihre Freunde im Alter von 13 Jahren auch am meisten ferngesehen haben? Diskutieren Sie darüber!
2. Mit welchen Fernsehrollen haben Sie sich identifiziert? Sprechen Sie darüber!
3. Sehen Sie jetzt weniger fern als im Alter von 13 Jahren? Was sind Ihre Gründe dafür?
4. Was halten Sie davon, dass die Eltern bestimmen, welche Sendungen jüngere Kinder sehen dürfen?
5. Haben Sie immer alle Sendungen sehen dürfen, oder haben Ihre Eltern die Sendungen für Sie ausgesucht?
6. Was halten Sie von der Idee des Fernsehens als Babysitter?
7. Sollten Kinder nur Sendungen sehen, die erzieherischen Wert haben? Diskutieren Sie diese Frage!
8. Sprechen Sie über die Vor- und Nachteile des Fernsehens!
9. Machen Sie Ihre Hausaufgaben während einer Fernsehsendung? Warum oder warum nicht? Sprechen Sie darüber!
10. Diskutieren Sie die verschiedenen Namen für „Fernsehgerät" und vergleichen Sie diese mit den Namen, die Sie Ihrem Fernsehgerät geben!

19 Anregungen für individuelle Arbeit oder gemeinsame Klassenarbeiten

1. Zeichnen Sie eine Grafik, die Ihren eigenen, durchschnittlichen täglichen Fernsehkonsum in den einzelnen Lebensjahren zeigt! Dann erklären Sie diese Grafik Ihren Klassenkameraden!
2. Zeichnen Sie eine zweite Grafik, die Ihren jetzigen, wöchentlichen Fernsehkonsum zeigt, und sprechen Sie darüber!
3. Machen Sie eine Liste von Sendungen, die Sie ihren Mitschülern empfehlen würden! Erklären Sie, warum Sie gerade diese Sendungen gewählt haben! Was würden Sie einem deutschen Schüler empfehlen, der zum ersten Mal in Amerika ist? Warum?

Übers Fernsehen

Grösste TV-Dichte in Monaco
Das Fürstentum Monaco und die USA
sind am besten mit Fernsehgeräten
versorgt. In Monaco entfallen auf je
1000 Einwohner 667 Apparate, in den
USA sind es 571. Ihnen folgen
Kanada (366), Schweden (348),
Grossbritannien (315), Dänemark
(308) und die Bundesrepublik (305).
In allen anderen Staaten liegt die
Fernseh-Empfangsdichte unter 300
Geräten je 1000 Einwohner.

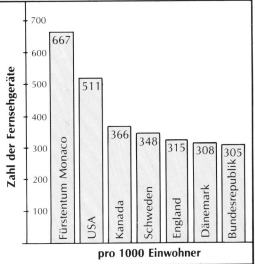

„Schwarzseher" und Gebühren
Viele Bundesbürger sind „Schwarzseher", ohne dass sie es wissen und
obwohl sie vierteljährlich die Gebühr
von 40, 50 Mark ordungsgemäss
bezahlen[1]. Der Grund: Wer in seiner
Ferienwohnung oder in einer Zweit-
Wohnung einen Fernseher einschaltet,
muss dafür extra bezahlen.

Grundsätzlich ist jedes Rundfunkempfangsgerät gebührenpflichtig. Über die
Höhe der Rundfunkgebühren pro Monat unterrichtet Sie folgende Tabelle:

Geräteart	Grundgebühr	Fernsehgebühr	Gebühren insgesamt
Hörfunk Lautsprecher	3,80 DM	—	3,80 DM
Fernsehgerät	3,80 DM	9,20 DM	13,— DM
Hörfunk- und Fernsehgerät	3,80 DM	9,20 DM	13,— DM

[1] In Germany owners of TV sets and radios are required to register them and pay an annual fee, payable four times
a year. This money is used for developing and producing programs and for running TV and radio stations.

Wer sitzt am meisten vor der Röhre?

das **Abenteuer, –** adventure
die Abstimmung, –en vote
die **Aktivität, –en** activity
das Alter, – age
die **Altersgruppe, –n** age group
der Anstieg, –e rise, ascent
der **Babysitter, –** babysitter
das Behalten retention
der Bildschirmkonsum TV consumption
die **Bundesrepublik** Federal Republic (of Germany)
der Charakter, –e character
der **Fall, ⸚e** case
der **Fernseher, –** TV set
der Fernsehkanal, –kanäle TV network
der Fernsehkonsum TV consumption
die **Fernsehsendung, –en** TV program
das Fernsehspiel, –e TV quiz or game show
die Fernsehsucht TV addiction

die Fernseh-Überdosis TV overdose
die Flimmerkiste, –n TV set (colloquial)
das **Gedicht, –e** poem
das Gelernte learned material
die Glotze, –n TV set (colloquial)
die Grafik, –en chart
die **Gruppe, –n** group
der Guckkasten, – TV set (colloquial)
der **Held, –en** (den –en) hero
das Hintergrundswissen background knowledge
der **Höhepunkt, –e** peak
die Identifikationsbereitschaft tendency, eagerness to identify with s.th. or s.o.
die **Information, –en** information
der Inhalt, –e subject matter

die **Lernfähigkeit, –en** learning ability
die **Lücke, –n** gap
der Mittelweg, –e compromise
das Regionalprogramm, –e local TV station
die **Röhre, –n** tube, TV set (colloquial)
die Schülergruppe, –n group of pupils
die Spielgruppe, –n play group
die **Statistik, –en** statistic
die **Streiterei, –en** fight, argument
das Stündchen, – little hour
der **Test, –s** test
die **Umfrage, –n** inquiry, poll
die Unterhaltungssendung, –en entertainment program
der **Wert, –e** value

anbieten (sep) to offer
annehmen (sep) to take on, assume
behaupten to maintain
beherrschen to master
ergeben to show, indicate
ersetzen to replace
feststehen (sep) to be a fact
s. **identifizieren mit** to identify with
übereinstimmen (sep) (er stimmt überein) to agree
vorschreiben (sep) to prescribe

aktuell current, up-to-date
anderseits on the other hand
bestimmt definite
dazu for that
demokratisch democratic
durchaus by all means
einwandfrei completely accurate
erzieherisch educational
fehlerfrei without any mistakes
folgendes the following
hinterher afterward
inhaltsreich meaty, having interesting, stimulating content

positiv positive
reichhaltig rich, abundant
rein purely, exclusively
schulisch scholastically

auswendig lernen to memorize
benachteiligt sein to be at a disadvantage
bestimmt sein für to be meant for
im allgemeinen in general
manch ein many a
zunichte machen to destroy

Übers Fernsehen

der **Bundesbürger, –** citizen of the Federal Republic
der **Einwohner, –** inhabitant
die Ferienwohnung, –en vacation home or apartment
die Fernseh-Empfangsdichte concentration of TV sets
das **Fernsehgerät, –e** TV set
das Fürstentum, ⸚er principality

der Schwarzseher, – person watching TV without paying required fee (see fn p. 79)
die TV-Dichte concentration of TV sets
die Zweit-Wohnung, –en second home or apartment

extra extra
ordnungsgemäss as required
vierteljährlich quarterly

auf je 1000 Einwohner entfallen 667 Apparate for every 1000 inhabitants there are 667 TV sets
versorgt sein mit to be supplied with

Über das Gleichgewicht in der Natur

9

The Interrogatives

wer?   was?   wo-compounds?   welcher?
was für ein?   and Some Others

Einige Fragen zum Nachdenken:

Wer stört das ökologische Gleichgewicht in der Natur?

Was braucht der Mensch zum Leben?

Wodurch bringt er die Pflanzen- und Tierwelt in Gefahr?

Welche Tierarten sind besonders gefährdet?

Was für Beispiele der Umweltverschmutzung kennen Sie?

Wie können wir helfen, um unsere Umwelt zu verbessern?

The Interrogatives
wer? was? wo-compounds, welcher? was für ein?

1. The interrogatives **wer? wen? wem? wessen?** and **was?** are used in questions. **Wer** and its forms are used to refer to persons, **was** is used to refer to things. **Wer** and **was** are used whether the person or thing referred to is masculine, feminine, or neuter, whether singular or plural.

	Persons	*Things*
Nominative	**wer?**	**was?**
Accusative	**wen?**	**was?**
Dative	**wem?**	**was?** *or* **wo**-compounds
Genitive	**wessen?**	

a. Interrogative pronouns can be followed by singular or plural verb forms.

Wer verschmutzt die Umwelt?	*Who is polluting the environment?*
Wen gefährden wir?	*Whom do we endanger?*
Wem zeigst du die Umgebung?	*Who are you showing the area to?*
Wer sind diese Leute?	*Who are these people?*
Wessen Abfall ist das?	*Whose trash is that?*

b. **Was** is used in the nominative and accusative.

Was ist dein Vater?	*What does your father do?*
Was hast du in der Hand?	*What do you have in your hand?*

c. In casual German **was** is often used after prepositions; in more formal German the **wo**-compound is preferred.

Aus was sind diese Flaschen?	**Woraus** sind diese Flaschen?
Mit was vergiften wir die Luft?	**Womit** vergiften wir die Luft?
Auf was warten wir?	**Worauf** warten wir?
Für was sind diese Geräte?	**Wofür** sind diese Geräte?
Über was freuen wir uns?	**Worüber** freuen wir uns?

d. **Wessen?** *Whose?* inquires about personal relationships or possession.

Wessen Kinder sind das?	*Whose children are those?*
(Das sind die Kinder meines Bruders.)	
Wessen Auto ist das?	*Whose car is that?*
(Das ist das Auto meiner Tante.)	

Note: In casual German it is more common to say **Wem gehört das Auto?** instead of **Wessen Auto ist das?**

e. **Was** cannot be used before nouns, **welcher** must be used instead.

Welche Zeitung liest du?	*Which newspaper do you read?*	[1]

2. The interrogative **welcher?** and its forms—which have the same endings as **dieser**—can be used preceding a noun, or alone as a pronoun. For forms, see the Grammar Summary.

Welcher Park gefällt dir?	*What park do you like?*	
Ich weiss nicht, **welchen** ich am liebsten habe.	*I don't know which one I like best.*	[2,3]

3. **Was für ein?** and its forms — which have the same endings as **ein, mein, kein** — can be used preceding a noun, or alone as a pronoun. **Was für ein** is used in questions asking about categories of persons or things. For forms, see the Grammar Summary.

Was für einen Lehrer hat er?	Er hat einen jungen Lehrer.
Was für einen hast du?	Auch einen jungen.
Was für ein Beispiel kennt er?	Er kennt ein gutes Beispiel.
Was für eins kennst du?	Auch ein gutes.

a. In the plural, **was für** . . . plus the plural noun is used.
Was für Beispiele kennen Sie?

b. If used as a pronoun, **was für welche** must be used.
Und was für welche kennst du?   [4, 5]

4. The following are some other interrogatives that are frequently used.

wann? *when? at what time?*
wie? *how?*
wo? *where?*
woher? *where from?*
wohin? *where (to)?*
warum? *why?*
weshalb? *for what reason?*
wieviel? *how much? how many?*
wie viele? *how many?*

[6]

Übungen

1 Welches Interrogativpronomen passt? ⊗ ◫

BEISPIELE _____ hat Ihnen das gesagt? *Wer hat Ihnen das gesagt?*
            _____ haben Sie das gezeigt? *Wem haben Sie das gezeigt?*

1. _____ braucht der Mensch zum Leben?
2. _____ verschmutzt die Umwelt?
3. _____ schenkt die Natur das klare Wasser?
4. _____ stört der viele Abfall?
5. _____ tut etwas dagegen?
6. _____ Auto macht den grossen Krach?
7. Mit _____ sprechen Sie darüber?
8. Für _____ ist der Lärm schädlich?
9. Aus _____ besteht das Wasser?
10. _____ befasst sich mit der Umwelt?
11. _____ Lebensstandard ist das?
12. _____ können wir helfen?
13. _____ hilft uns?

2 Welche Form von „welcher" ist richtig? ⊗ ◫

BEISPIELE _____ Park gefällt Ihnen? *Welcher Park gefällt Ihnen?*
            In _____ Park gehen Sie gern? *In welchen Park gehen Sie gern?*

1. _____ Beruf ist ungesund?
2. _____ Gegend ist verschmutzt?
3. In _____ Gegend wohnen Sie?
4. _____ Gas ist giftig?
5. _____ Flüsse sind schmutzig?
6. Aus _____ Fluss ist das Wasser?
7. _____ Lärm stört Sie?
8. _____ Stadt gefällt Ihnen?
9. _____ See ist verseucht?
10. In _____ See baden Sie nicht mehr?
11. _____ Tiere sterben aus?
12. _____ Gesetz sollten wir beachten?

3 „Welcher" als Pronomen. ⊗

BEISPIEL   Dieses Wasser ist nicht sauber. *Welches meinst du?*

1. Dieser See ist verschmutzt.
2. Diese Flüsse sind unsauber.
3. Dieses Tier ist krank.
4. Diese Tierart ist gefährdet.
5. Dieser Müllplatz stinkt.
6. Diese Geräte sind zu laut.
7. Dieser Abfall ist enorm.
8. Dieses Gesetz wird nicht beachtet.

4 Was für ein? Welche Form von „ein" ist richtig? ⊗ ▢

BEISPIEL   Was für _____ Auto kaufen Sie sich? *Was für ein Auto kaufen Sie sich?*

1. In was für _____ Welt leben wir?
2. Mit was für _____ Wagen fahren Sie?
3. Was für _____ Umwelt wünschen wir uns?
4. Was für _____ Leben ist das?
5. Was für _____ Lärm macht der Verkehr!
6. Was für _____ Luft atmen wir?
7. Was für _____ Abfälle haben wir?
8. Was für _____ Gesetz brauchen wir?

5 „Was für ein" als Pronomen. ⊗ ▢

BEISPIELE   Ich fahre einen kleinen Wagen. Und was für _____ fährst du?
Und was für einen fährst du?
Ich liebe sparsame Leute. Und was für _____ liebst du?
Und was für welche liebst du?

1. Ich wünsche mir eine gesunde Umwelt. Und was für _____ wünschst du dir?
2. Ich wohne in einer ländlichen Gegend. Und in was für _____ wohnst du?
3. Ich wohne in einem kleinen Dorf. Und in was für _____ wohnst du?
4. Ich ziehe bald in ein kleineres Haus. Und in was für _____ ziehst du?
5. Ich habe einen kleinen Garten. Und was für _____ hast du?
6. Ich habe einen leisen Rasenmäher. Und was für _____ hast du?
7. Ich fahre an einen ganz kleinen See. Und an was für _____ fährst du?
8. Ich arbeite in einer öffentlichen Firma. Und in was für _____ arbeitest du?
9. Ich helfe vielen alten Leuten. Und was für _____ hilfst du?

6 Schriftliche Übung

Fragen Sie! Achten Sie dabei auf die Wörter, die unterstrichen sind!

BEISPIELE   <u>Der Mensch</u> verschmutzt seine Umwelt.
Wer verschmutzt seine Umwelt?
Der Schmutz kommt <u>aus den Industriegebieten</u>.
Woher kommt der Schmutz?

1. Die Luft besteht <u>aus Stickstoff und Sauerstoff</u>.
2. <u>Der Mensch</u> verändert dieses Gasgemisch mit Dreck und Giften.
3. <u>Die Gase der Autos</u> sind besonders gefährlich.
4. Das Wasser ist <u>für Mensch und Tier</u> unentbehrlich.
5. Der Mensch braucht täglich <u>3-4 Liter</u> Wasser.
6. <u>In der Bundesrepublik</u> verbraucht jeder Einwohner 125 Liter!
7. Wir verbrauchen so viel Wasser, <u>weil unser Lebensstandard so gestiegen ist</u>.
8. Um einen Liter Bier herzustellen, werden <u>20 Liter</u> Wasser verbraucht.
9. Der Mensch kann sich <u>an Lärm</u> nicht gewöhnen.
10. Wir können <u>viel</u> tun, um unsere Umwelt zu verbessern.
11. Aber <u>vielen Leuten</u> gefallen die Vorschriften nicht.

Über das Gleichgewicht° in der Natur ⊗

Was der Mensch zum Leben braucht, schuf ihm die Natur. Sie schenkt ihm das klare Wasser und das Sonnenlicht. Sie lässt die grünen Pflanzen wachsen, die ihm den Sauerstoff zum Atmen liefern°.

Die Sonne liefert Energie für die Grünpflanzen und Bäume. Diese wiederum° liefern Nahrung für Insekten und Kleintiere, von denen sich dann Vögel und andere Tiere ernähren°. Es besteht also in der Natur eine ganze Nahrungskette°. Wenn auch nur ein Glied° in dieser Kette zerstört wird, wird die Nahrungskette zerrissen und Tier und Mensch können darunter leiden°.

Es ist aber nicht die Natur, sondern der Mensch, der durch sein unbedachtes Eingreifen° das Gleichgewicht in der Natur stört. Menschen haben jahrhundertelang Schaden° verursacht, indem sie Pflanzen, Vögel und andere Tiere vernichteten°.

Der Mensch tötet° Tiere, weil er Fleisch, Häute, Öl oder Knochen° haben will. Und er tötet auch zum Sport. Das war schon immer so und fiel weniger ins Gewicht°, als der Mensch in der Minderheit° war. Mit der enormen Zunahme der menschlichen

Bevölkerung sind die Tiere aber besonders stark bedroht°. Ganze Tierarten sind schon ausgestorben. Andere Arten sind so stark verringert, dass sie sich kaum erholen° können. 1930 gab es in Indien noch über 40 000 Tiger, 1970 waren es kaum 2 000. Leoparden wurden wegen° ihres Pelzes° verfolgt, und es gibt heute nur noch wenige. Die Küste Kaliforniens hatte einmal riesige Rotholzwälder. Heute können die Rotholztannen, die ein Alter bis zu 2 000 Jahren haben können, nur noch in einigen Naturschutzgebieten° überleben°.

Oft bringt der Mensch ohne direkte Absicht° die Tierwelt in Gefahr. Er holzt Wälder ab° oder rodet die Wildnis° und

das Gleichgewicht *balance;* liefern *to provide;* wiederum *in return;* ernähren *to nourish;* die Nahrungskette *food chain;* das Glied *member, link;* leiden unter *to suffer from;* unbedachtes Eingreifen *thoughtless interference;* der Schaden *damage;* vernichten *to destroy;* töten *to kill;* der Knochen *bone;* ins Gewicht fallen *to be important;* die Minderheit *minority;* bedroht *threatened;* s. erholen *to recover;* wegen *because of;* der Pelz *fur;* das Naturschutzgebiet *wildlife preserve;* überleben *to survive;* die Absicht *intention;* die Wälder abholzen *to cut down trees;* die Wildnis roden *to clear the wilderness*

zerstört dabei den Lebensraum vieler Tiere. Das Tier kann anderswo vielleicht nicht überleben. In einigen Tälern in Österreich, zum Beispiel, stellten die Bauern die Milchwirtschaft ein°, weil sie nicht mehr rentabel° war. Dies hatte verherende° Folgen für den lokalen Wildbestand°. Da waren plötzlich keine Kühe mehr, die bis hoch in die Berge hinauf das Gras abfrassen und kurzhielten. Jetzt wurde das Gras länger, und der Schnee konnte sich im Winter nicht mehr an den Hängen festhalten. Ganze Grasflächen wurden von den Schneemassen herausge-

rissen und ins Tal befördert, und die kostbare° Erde verschwand in Bächen° und Flüssen. Die Hänge waren jetzt kahl° und lieferten keine Nahrung mehr für das einheimische° Wild. Heute unterstützt° die Regierung die Milchbauern finanziell — eine kleine Summe im Vergleich zu den enormen ökologischen Schäden, die sonst verursacht würden.

Wie soll es weitergehen? Was können wir tun, um die Nahrungskette nicht weiter zu zerstören? In der Bundesrepublik, zum Beispiel, ist heute schon fast ein Drittel des Landes als Naturschutzgebiet erklärt worden. Für solche Gebiete bestehen strenge Gesetze, die der Erhaltung der Tier- und Pflanzenwelt dienen.

Das ökologische Gleichgewicht einiger Gebiete — so berichtet eine deutsche Zeitung — wird zur Zeit von einer Überzahl° an Waschbären° gefährdet. Die ersten dieser Waschbären kamen vor über 40 Jahren aus den USA nach Deutschland.

---

einstellen *to stop;* rentabel *profitable;* verherend *terrible;* der Wildbestand *wildlife;* kostbar *valuable;* der Bach *stream;* kahl *bare;* einheimisch *local;* unterstützen *to support;* die Überzahl *excessive number;* der Waschbär *raccoon*

Aber sie entkamen° ihrer Gefangenschaft° und vermehrten sich schnell. Waschbären sind Allesfresser: sie können von Abfall leben, aber sie fressen Rebhühner°, Hasen und Fische lieber. „Es muss bald etwas getan werden", so heisst es, „um die Zahl der Waschbären zu beschränken°." Ja, leider sind ihre natürlichen Feinde° – Eulen° und Adler – heute nur noch selten zu finden!

In den Vereinigten Staaten hat sich ein Teil der einst sehr bedrohten Tierwelt wieder erholt. Berichte der *National Wildlife Association* zeigen, dass sich einige Tierarten schon wieder so stark vermehrt haben, dass sie gewisse Gegenden sogar „überbevölkern". Um die Jahrhundertwende gab es nur mehr circa 40 000 Elche°, heute sind es schon wieder über eine Million. Die Zahl der Rehe (*white-tailed deer*) ist auf 12,5 Millionen gestiegen; um 1900 lag sie bei einer halben Million.

entkommen *to escape;* die Gefangenschaft *confinement;* das Rebhuhn *partridge;* beschränken *to limit;* der Feind *enemy;* die Eule *owl;* der Elch *elk*

7 Fragen zum Inhalt

1. Was braucht der Mensch zum Leben?
2. Was braucht die Pflanzenwelt zum Wachsen?
3. Warum ist die Pflanzenwelt für Insekten und Kleintiere wichtig?
4. Was tut der Mensch durch sein unbedachtes Eingreifen in die Natur?
5. Aus welchen Gründen tötet der Mensch Tiere?
6. Was hatte die enorme Zunahme der menschlichen Bevölkerung zur Folge?
7. Welche Beispiele können Sie dafür anführen, dass einige Tierarten am Aussterben sind?
8. Was hören Sie über die kalifornischen Rotholzwälder?
9. Wodurch auch bringt der Mensch die Tierwelt in Gefahr?
10. Was machten einige österreichische Bauern, als die Milchwirtschaft nicht mehr rentabel war?
11. Warum hatte dies verherende Folgen für den Wildbestand?
12. Was tut die österreichische Regierung heute?
13. Wodurch wird ein Teil der Tier- und Pflanzenwelt in der Bundesrepublik erhalten?
14. Welche Beispiele können Sie dafür angeben, dass sich der Wildbestand in den Vereinigten Staaten erholt hat?
15. Wer stört zur Zeit das ökologische Gleichgewicht in Gegenden der Bundesrepublik?
16. Was fressen die Waschbären?
17. Warum werden die Waschbären nicht von ihren natürlichen Feinden vernichtet?

8 Fragen zum Überlegen und Diskutieren

1. Beschreiben Sie eine Nahrungskette! Können Sie ein eigenes Beispiel einer Nahrungskette anführen?
2. Denken Sie an einige Beispiele, die zeigen, wie der Mensch das Gleichgewicht in der Natur gestört hat! Diskutieren Sie darüber!
3. Wie werden heute bestimmte Tierarten vor dem Aussterben geschützt?
4. Wie wird heute unser Waldbestand geschützt?
5. Sprechen Sie über einige Gesetze, die der Erhaltung der Tier- und Pflanzenwelt dienen!
6. Unter welchen Umständen sollte man die Zahl bestimmter Tiere beschränken? Führen Sie Beispiele an und diskutieren Sie dieses Thema!

9 Schriftliche Übung

Suchen Sie sich eins der Themen in Übung 8 aus, und schreiben Sie einen Aufsatz darüber!

WORTSCHATZ

Über das Gleichgewicht in der Natur

die **Absicht, –en** intention
der **Allesfresser, –** omnivore
das **Alter, –** age
die **Art, –en** type, kind; species
der **Bach, ⸚e** stream
der **Bauer, –n** farmer
das **Eingreifen** interference
der **Elch, –e** elk
die **Erhaltung, –en** preservation
die **Eule, –n** owl
der **Feind, –e** enemy
die **Gefangenschaft** confinement
das **Gleichgewicht** balance
das **Glied, –er** member, link
die **Grasfläche, –n** patch of grass
die **Grünpflanze, –n** green plant
Indien India
die **Jahrhundertwende** turn of the
 century

Kalifornien California
die **Kette, –n** chain
der **Knochen, –** bone
der **Lebensraum** living space, environment
der **Leopard, –en** (den –en) leopard
der **Milchbauer, –n** dairy farmer
die **Milchwirtschaft** dairy business
die **Minderheit, –en** minority
die **Nahrung** nourishment
die **Nahrungskette, –n** food chain
das **Naturschutzgebiet, –e** wildlife
 preserve
der **Pelz, –e** fur
die **Pflanzenwelt** plant world
das **Rebhuhn, ⸚er** partridge
die **Rotholztanne, –n** redwood tree
der **Rotholzwald, ⸚er** redwood
 forest

der **Schaden, ⸚** damage
die **Schneemasse, –n** mass of snow
die **Summe, –n** sum
die **Tierart, –en** species of animal
die **Tierwelt** animal world
der **Tiger, –** tiger
der **Überzahl** excessive number
der **Vergleich, –e** comparison
der **Waschbär, –en** (den –en)
 raccoon
das **Wild** game; deer
der **Wildbestand, ⸚e** wildlife
die **Wildnis, –se** wilderness
die **Zunahme** increase

abfressen (sep) to eat (of
 animals)
aussterben (sep) (ist ausgestorben)
 to become extinct, to die out
befördern to carry, transport
beschränken to limit
einstellen (sep) to halt, stop
entkommen (ist entkommen) to
 escape
s. **erholen** to recover

erklären als to declare as
ernähren to nourish
her**aus**reissen (sep) to tear out
leiden unter D to suffer from
liefern to provide
roden to clear
töten to kill
überbevölkern to overpopulate

unterstützen to support
überleben to survive
verfolgen to pursue
vernichten to destroy

anderswo elsewhere
bedroht threatened
bestimmt certain
circa approximately
einheimisch local
einst once, at one time
enorm enormous
indem in that
jahrhundertelang for hundreds of
 years
kahl bare

kostbar valuable
lokal local
menschlich human
ökologisch ecological
rentabel profitable
streng strict
unbedacht thoughtless
verh**e**rend terrible
wegen G or D because of
wiederum in return

bedroht sein to be threatened
einen Wald abholzen to cut down
 trees
im Vergleich zu in comparison
 with
in Gefahr bringen to endanger
ins Gewicht fallen to be important
um die Jahrhundertwende at the
 turn of the century
zum Atmen for breathing
zum Sport as a sport, for the sport
 of s.th.

Adjectives

Wie lange kann das kleine Geschäft an der Ecke noch existieren?

Die grossen Geschäfte haben ihre eigene Reklame—im Geschäft, in der Zeitung.

Die grösseren Geschäfte haben meistens auch eine grössere Auswahl und oft auch billigere Preise.

Eine gute Reklame regt den Verkauf an.

Der kleine Tante-Emma-Laden übt eine soziale, eine geradezu therapeutische Funktion aus.

In einem kleinen Laden wird man individuell bedient.

Adjective Endings

1. Adjectives that follow the definite article (**der, die, das**) or **dieser**-words (**dieser, jeder, jener, mancher, welcher**) end in either **–e** or **–en**.
   - **–e:** nominative singular, all genders
     accusative singular, feminine and neuter
   - **–en:** all other cases and genders

	masculine	feminine	neuter	plural
Nominative	der -e	die -e	das -e	die -en
Accusative	den -en	die -e	das -e	die -en
Dative	dem -en	der -en	dem -en	den -en
Genitive	des -en	der -en	des -en	der -en

Dies**er** gut**e** Käse kommt gar nicht aus Frankreich.
Fährst du noch mit dies**em** alt**en** Fahrrad?
Welch**es** rot**e** Kleid gefällt dir am besten?   [1–3]

   a. After the determiners **alle,** *all,* and **beide,** *both,* the adjectives have the plural ending **-en.**

      Alle gut**en** Kameras sind teuer.
      Beide klein**en** Kinder spielen im Garten.

   b. The word **beide** itself can be used as an adjective with the plural ending **-en.**
      Die beid**en** **Mädchen** und **die** beid**en** klein**en** **Jungen**
      spielen im Garten.

2. Adjectives that follow **ein**-words (including the possessives and **kein**) have the following endings:

	masculine	feminine	neuter	plural
Nominative	ein -er	eine -e	ein -es	meine -en
Accusative	einen -en	eine -e	ein -es	meine -en
Dative	einem -en	einer -en	einem -en	meinen -en
Genitive	eines -en	einer -en	eines -en	meiner -en

Unser neu**es** Boot ist schon wieder kaputt.
Ist das das Auto dein**er** neu**en** Lehrerin?
Wo ist **eure** klein**e** Katze?
Er hat **kein** gut**es** Zeugnis bekommen.

Note that the adjective endings in the two preceding charts are the same with the exception of the nominative masculine forms and the nominative and accusative neuter forms. The **ein**-words in these three instances do not show gender; therefore the adjective must show it.

ein gut**er** Wagen; **unser** klein**es** Mädchen   [4–6]

3. Adjectives that are not preceded by any determiners have the endings shown in the following chart. The endings are the same as those of **dieser**-words, with the exception of the masculine and neuter genitive form, which is **–en.**

	masculine	feminine	neuter	plural
Nominative	**-er**	**-e**	**-es**	**-e**
Accusative	**-en**	**-e**	**-es**	**-e**
Dative	**-em**	**-er**	**-em**	**-en**
Genitive	**-en**	**-er**	**-en**	**-er**

Kalt**es** Wasser erfrischt.
Sie gebraucht rot**en** Lippenstift.
Sie lackiert die Finger mit rot**em** Nagellack.
Die Qualität amerikanisch**en** Weines ist sehr gut.
Trotz schlecht**er** Noten ist er durchs Abitur gekommen.   [7–9]

a. Adjectives following the determiners of quantity **viele, wenige, andere, einige, mehrere,** have the same ending as the determiner (plural endings **-e, -en,** or **-er**).

Mehrer**e** deutsch**e** Briefmarken sind weg!
Ich fahre mit einig**en** gut**en** Freunden weg.
Lang**er** Urlaub ist der Wunsch viel**er** jung**er** Lehrlinge.

b. When used as relative pronouns, the genitive forms **dessen** and **deren** have no influence on the case form of the noun phrase that follows. Adjectives in such noun phrases have the endings shown in the chart for unpreceded adjectives.

Der Lehrer, dessen toll**er** Wagen vor der Tür steht, unterrichtet Latein.
Die Frau, deren klein**es** Kind immer schreit, arbeitet in dieser Filiale.

Pay particular attention to the dative forms in the following sentences:

Beckenbauer, von dessen fair**em** Spiel alle begeistert sind, ist Deutscher.
Das ist Frau Wagner, mit deren gross**er** Tochter ich zur Schule gehe.

4. Adjectives in a series describing the same noun have the same ending.

Ich zeig' dir meine neu**en** deutsch**en** Marken.
Bei schön**em**, warm**em** Wetter fahren wir an den Strand.

Note that a comma separates adjectives in cases of enumeration, as in **Bei schönem, warmem Wetter fahren wir. (Das Wetter ist schön und warm.)** However, in the first example above, the stamps are not new and German, they are new German stamps.

5. Some adjectives, for example, **rosa** and **lila** and the words **extra, prima,** and **klasse** do not have adjective endings.

Peter hat sich eine **rosa** Hose gekauft.
Kaufst du diesen **lila** Rock?
Das war doch ein **prima** Erlebnis.

6. Adjectives derived from names of cities have the ending **-er**. Such adjectives are always capitalized and never change the ending. Names of a few countries and regions also follow this rule.

> Das grösste Volksfest ist das Münchn**er** Oktoberfest.
> Ich esse gern Schweiz**er** Käse and Schwarzwäld**er** Kirschtorte.
> Allgäu**er** Milch schmeckt herrlich. [10]

7. Many present participles, the **-end** form of the verb, are used as adjectives. They have regular adjective endings.

> Am kommend**en** Montag machen wir den Ausflug.
> Er liess den Wagen mit laufend**em** Motor stehen. [11]

8. Many past participles are also used as adjectives with regular adjective endings.

> Frisch gebacken**es** Brot schmeckt herrlich.
> Die eingetroffen**en** Waren werden in Regale gestellt.

Note that in the first example, **frisch** is an adverb and therefore does not have an adjective ending.

9. Adjectives can, of course, be used without a noun. In such instances, they have the same ending as they would have if used with a noun.

> Ich kauf' mir den blau**en** (Pullover).
> Möchtest du nicht eine schwarz**e** (Jacke)? [12]

10. Adjectives used as nouns are capitalized and have regular adjective endings.

> Ein Angestellt**er** führte uns durch die Firma.
> Wir stellten dem Angestellt**en** viele Fragen.

Übungen

1 **In der Sportabteilung. Unser Kunde möchte alles in rot.** ☉

BEISPIEL Gefällt Ihnen die Luftmatratze?
Ja, aber ich möchte lieber die rote Luftmatratze.

1. der Liegestuhl?
2. die Schwimmflossen?
3. der Sonnenschirm?
4. die Schibrille?
5. die Schier?
6. der Anorak?
7. das Zelt?
8. der Schlafsack?
9. das Schlauchboot?
10. die Paddel?
11. der Sturzhelm?
12. das Taschenmesser?

2 Eine Kundin fragt den Verkäufer in der Geräteabteilung. ⊗

BEISPIEL Ist dieser Haartrockner gut?
Diesen einmaligen Haartrockner bekommen Sie nur bei uns!

1. diese Spülmaschine?
2. dieses Werkzeug?
3. dieser Rasenmäher?
4. diese Heckenschere?
5. diese Gartengeräte?
6. dieses Messer?
7. dieser Rasierapparat?
8. diese Lampen?
9. dieser Kühlschrank?
10. dieses Gerät?
11. diese Artikel?
12. dieses Modell?

3 Alle neuen Artikel verkaufen sich gut. ⊗

BEISPIEL Verkaufen Sie auch dieses Stück?
Wir verkaufen jedes neue Stück!

1. dieses Gerät?
2. diese Instrumente?
3. dieses Paar?
4. diesen Artikel?
5. dieses Modell?
6. diese Maschine?
7. diese Platten?
8. diesen Apparat?
9. dieses Werkzeug?

4 Der Verkäufer versucht, den Kunden immer etwas Besseres zu zeigen. ⊗

BEISPIEL Die Kamera ist teuer.
Was? Ich zeig' Ihnen mal eine teurere Kamera.

1. Der Film ist gut.
2. Das Album ist dick.
3. Die Fotos sind toll.
4. Das Motiv ist herrlich.
5. Der Katalog ist neu.
6. Das Modell ist beliebt.

5 In der Reiseabteilung hat eine Kundin viele Wünsche. ⊗

BEISPIEL Der Ferienort muss klein sein.
Hier haben wir einen kleinen Ferienort für Sie!

1. Das Klima muss warm sein.
2. Die Landschaft muss schön sein.
3. Der Gasthof muss preiswert sein.
4. Die Lage muss ruhig sein.
5. Das Zimmer muss sonnig sein.
6. Die Aussicht muss gut sein.
7. Der See muss warm sein.
8. Der Strand muss sauber sein.

6 In der grossen Lebensmittelabteilung. Eine Kundin fragt: ⊗

BEISPIEL Ist das Brot frisch?
Nein. Wir haben kein frisches Brot mehr.

1. Ist der Käse weich?
2. Sind die Kirschen süss?
3. Ist das Bier kalt?
4. Ist die Milch entrahmt?
5. Ist der Leberkäs heiss?
6. Sind die Semmeln warm?
7. Ist die Butter weich?
8. Ist der Salat billig?
9. Sind die Eier frisch?
10. Ist der Senf süss?
11. Ist der Fisch frisch?
12. Ist die Wurst hart?

7 Zwei Kunden unterhalten sich im Restaurant des Warenhauses. ⊗

BEISPIEL Der Lärm ist gross.
Ich mag grossen Lärm nicht.

1. Die Suppe ist kalt.
2. Die Kartoffeln sind hart.
3. Das Bier ist kalt.
4. Der Salat ist alt.
5. Die Eier sind weich.
6. Der Tee ist süss.

7. Das Brot ist frisch.
8. Der Kuchen ist warm.
9. Die Milch ist sauer.
10. Das Obst ist grün.
11. Der Kaffee ist schwarz.
12. Das Eis ist hart.

8 Die Kunden sind von der Auswahl begeistert. Die Kellnerin sagt: ⊗

BEISPIEL Auf dem Kuchen sind süsse Erdbeeren.
Hm! Kuchen mit süssen Erdbeeren!

1. Im Salat ist griechischer Käse.
2. Zum Kuchen gibt es italienisches Eis.
3. Auf dem Steak sind frische Pilze.
4. Auf der Torte ist frisches Obst.
5. Zum Fisch gibt es junge Kartoffeln.
6. Zum Schnitzel gibt es grünen Salat.
7. Auf dem Eis sind grosse Nüsse.

9 In der Lebensmittelabteilung gibt es Waren aus vielen Ländern. ⊗

BEISPIEL Die Butter kommt aus Holland. *Das ist holländische Butter.*

1. Der Wein aus Spanien.
2. Das Obst aus Italien.
3. Die Kirschen aus Ungarn.
4. Das Gemüse aus Frankreich.
5. Die Milch aus Bayern.
6. Die Kartoffeln aus Polen.
7. Das Bier aus Dänemark.
8. Der Salat aus Rumänien.
9. Der Käse aus der Schweiz.

10 In anderen Abteilungen kommt die Ware aus verschiedenen Städten. ⊗

BEISPIEL Dieses Papier kommt aus Aschaffenburg.
Das ist Aschaffenburger Papier.

1. Dieses Bier kommt aus Dortmund.
2. Dieser Käse kommt aus Frankfurt.
3. Dieses Porzellan kommt aus Dresden.
4. Diese Weisswürste kommen aus München.
5. Diese Textilien kommen aus Krefeld.
6. Dieses Spielzeug kommt aus Nürnberg.
7. Dieses Leder kommt aus Offenbach.
8. Diese Weine kommen aus Freiburg.

11 In der Tierabteilung ist immer was los! ⊗

BEISPIEL Da schläft eine Katze. *Eine schlafende Katze!*

1. Da bellt ein Hund.
2. Da schreit ein Kind.
3. Da spielen Tiere.
4. Da singt ein Vogel.

5. Da lacht ein Mädchen.
6. Da turnt ein Affe.
7. Da kriecht eine Schnecke.

12 In der Bekleidungsabteilung. Zwei Kunden kaufen sich dasselbe. ⊗

BEISPIEL Der blaue Hut gefällt mir.
Du, ich kauf' mir auch den blauen.

1. Das grüne Kostüm gefällt mir.
2. die braune Jacke
3. der graue Mantel
4. die schwarzen Schuhe
5. die weisse Bluse
6. das blaue T-Shirt

7. der dunkle Anorak
8. die rote Mütze
9. das blaue Kleid
10. der gelbe Pulli
11. die braunen Stiefel
12. der graue Rock

13 Schriftliche Übungen

Lesen Sie die folgenden Abschnitte, und setzen Sie dabei die richtigen Adjektivendungen ein!

a. Annegret hatte letzt__ Woche eine schwer__ Erkältung. Sie hatte hoh__ Fieber und musste im warm__ Bett bleiben und eine bitter__ Medizin schlucken: jedes Mal einen gross__ Esslöffel. Nach einig__ Tagen ging es ihr wieder besser.

b. In der letzt__ Tanzstunde haben die Schüler mehrere alt__ Tänze wiederholt und dann einen neu__ Tanz gelernt, den Cha-Cha. Das ist ein südamerikanisch__ Tanz; recht__ Fuss vorwärts, link__ Fuss seitwärts, recht__ Fuss schliessen, usw.

c. Das klein__ Westendorf liegt in den österreichisch__ Alpen. Die Starnberg__ Oberschüler sind mit einem gross__ Bus hierhergekommen. Sie wollen eine ganz__ Woche in dieser herrlich__ Gegend verbringen und Schi laufen.

d. Die Kiel__ Schüler haben es gut. Sie haben ihr eigen__ Bootshaus. Verschieden__ Klassen kommen während der ganz__ Woche hierher, um Rudern zu lernen. Herr Wüstenberg trifft sich mit seiner ganz__ Klasse vor dem neu__ Bootshaus. Herr Wüstenberg ist ein gut__ Lehrer, und Rudern macht den meist__ Mädchen gross__ Spass. Leider ist das Wetter heute nicht so gut. Schwarz__ Regenwolken ziehen über den dunkel__ Hafen, und die Mädchen müssen zurückkehren.

e. Gabi ist mit ihren beid__ Freundinnen auf den gross__ Rummelplatz in Geretsried gegangen. Die Mädchen essen süss__ Zuckerwatte und geräuchert__ Fisch. Dann fahren sie mit mehreren verrückt__ Bergbahnen. Die fesch__ Monika hat an der klein__ Schiessbude gross__ Erfolg. Sie bekommt einen toll__ Preis: ein süss__ Häschen.

f. 1. Mein Vater trinkt deutsch__ Bier gern. Am liebsten trinkt er Münchn__ Bier. 2. Meine Tante kauft nur französisch__ Käse. Aber manchmal isst sie auch Allgäu__ Käse. 3. Kaufst du italienisch__ Schinken? Nein, ich kaufe Schwarzwäld__ Schinken. 4. Ist das ein deutsch__ Fest? Ja, das ist ein typisch__ Köln__ Fest. 5. Sind das badisch__ Weine? Ja, das sind Müllheim__ Weine. 6. Ist das auch eine friesisch__ Zeitung? Ja, das ist unsere Aurich__ Zeitung. 7. Ist das eine österreichisch__ Sitte? Ja, eigentlich eine Wien__ Sitte. 8. Ich hab' meinen alt__ Stuttgart__ Lehrer getroffen.

... oder werden kleine Läden doch wieder beliebt? ⊗

Tante Emma-Laden

...besiegeln wir's mit KINDL PILS

SIE SPAREN GELD täglich frische lose Vollmilch Lh 1.- für 1.10 kg

EIGENE HERSTELLUNG: Vollmilch-Weißkäse

In der Zeit des grossen wirtschaftlichen Aufschwungs° in den 60er und 70er Jahren haben sich in Deutschland — und in vielen anderen europäischen Ländern — die Kaufgewohnheiten° der meisten Bürger° sehr geändert.

Früher ist die typische Hausfrau fast täglich in der Nachbarschaft von Geschäft zu Geschäft gegangen und hat das gekauft, was sie gerade zum Mittagessen oder zum Abendessen brauchte. Da ist man vielleicht schon ganz früh zum Bäcker gegangen und hat sich frische Brötchen zum Frühstück geholt. Beim Metzger hat man sich dann das Fleisch fürs Mittagessen gekauft und die Wurst fürs Abendbrot. Beim Gemüsehändler hat man beim Einkaufen erfahren, was vergangene Nacht in der Nachbarschaft passiert ist, und in der Drogerie, wo man sich nur ein Stück Seife kaufen wollte, hat man den Nachbarn getroffen und von ihm alles haargenau über den Unfall gehört, den sein Schwiegersohn° mit dem Auto letzte Woche hatte. Und im

Textilgeschäft nebenan ist sich die Frau Sperl sicher, dass der Tomas jetzt schon Hemdgrösse 36 braucht.

Die Brötchen, das Fleisch und die Wurst, das Gemüse, die Seife und sogar auch das Hemd kann man alles heute in einem Geschäft kaufen, und viele dieser kleinen Einzelhandelsgeschäfte° sind heute schon gar nicht mehr in unserer Nachbarschaft zu finden. Warum? — Dafür gibt es viele Gründe.

Heute arbeiten schon mal viel mehr Frauen als früher. Das Leben ist teurer geworden, und man braucht ein zweites Einkommen. Das heisst also, dass die Hausfrau jetzt nach der Arbeit schnell noch einkaufen gehen muss. Da die Geschäfte aber schon um 6 Uhr 30 schliessen, bleibt wenig Zeit, in mehrere Geschäfte zu gehen.

---

ein wirtschaftlicher Aufschwung *an economic rise, boom;* die Kaufgewohnheiten *buying habits;* der Bürger *citizen;* der Schwiegersohn *son-in-law;* das Einzelhandelsgeschäft *small retail store*

Man geht also dorthin, wo man so ziemlich alles auf einmal kaufen kann. Man spart Zeit.

Die grösseren Geschäfte bieten meistens auch eine grössere Auswahl an und oft auch billigere Preise. Man spart Geld.

Und bei den grösseren Läden weiss man gewöhnlich auch, was in einer bestimmten Woche im Angebot° ist, denn die grösseren Geschäfte machen Reklame°: im Schaufenster, in der Zeitung, in eigenen Postwurfsendungen. Man kann also schon

vorher planen, was man am kommenden Tag einkaufen möchte. Ein kleines Geschäft kann sich solche Reklame gar nicht leisten. Reklame kostet Geld.

So sind allmählich° immer mehr Kunden in die grösseren Shopping-Centers zum Einkaufen gegangen, und in die kleinen Geschäfte, in die Tante-Emma-Läden, ging man eigentlich nur noch dann, wenn man in dem weiter entfernteren Kaufhaus° oder Supermarkt etwas vergessen hatte. Aber man schämte sich dann schon ein bisschen,

wenn man auf das „Was darf es noch sein?" nur noch „Nein, danke. Das ist alles für heute." sagen musste. Dann ging man schon lieber gar nicht mehr hin.

Für den kleinen Geschäftsmann lohnte es sich kaum mehr, das Geschäft weiterzuführen. Er bekam kein Personal° mehr, weil der Verdienst und die Sozialleistungen° in grossen Geschäften besser waren. Die eigenen Kinder wollten auch nicht mehr im Geschäft mithelfen, weil sie woanders besser verdienten. Die Miete° wurde auch immer teurer; die kleinen Geschäfte konnten sich nicht mehr modernisieren, weil einfach kein Geld dafür da war. Viele Geschäftsleute sahen sich gezwungen°, ihre Türen für immer zu schliessen.

Und jetzt? Es werden heute schon wieder Stimmen laut, die sich über diesen Zentralismus beim Einkaufen beschweren° und die sich die Zeit der kleinen Läden wieder zurückwünschen. Diese Leute meinen, dass der kleine Laden eine soziale, ja geradezu° therapeutische Funktion ausübte,

im Angebot *on sale;* Reklame machen *to advertise;* allmählich *gradually;* das Kaufhaus *department store;* das Personal *employees;* die Sozialleistungen *benefits;* die Miete *rent;* gezwungen *forced;* s. beschweren über *to complain about;* geradezu *down-*

weil man sich beim Einkaufen über alle möglichen Dinge und Probleme unterhalten konnte. Der kleine Laden war ein Kommunikationszentrum, das ein grosses menschliches Bedürfnis erfüllte°: mit andern Leuten zu reden. In den grossen Warenhäusern° und Supermärkten ist das unmöglich. Da ist keiner da, der den Kunden bei der Auswahl berät. Da ist auch keiner, mit dem man ein bisschen schwätzen° kann. Man ist beim Einkaufen auf sich selbst angewiesen, man lädt seinen Einkaufswagen voll und sieht zu, so schnell wie möglich durch die Kasse° zu kommen.

Dieses unpersönliche Einkaufen hat in den letzten Jahren zu einem neuen Trend geführt: die Boutique. Eine Boutique ist eigentlich ein kleiner Laden für—meist exklusive—modische Neuigkeiten°. Aber unter dem Namen „Boutique" suchen heute schon wieder viele kleine Geschäftsleute einen neuen Anfang. Da gibt es eine Schlüssel-Boutique, wo man sich Schlüssel machen lassen kann oder eine Torten-Boutique, wo man die beste Torte kaufen

kann. Im Bereich der Mode ist es schon so weit gegangen, dass die grossen Kaufhäuser eigene Boutique-Abteilungen einrichten° mussten, um mit den kleinen Boutiquen in der Nachbarschaft konkurrieren° zu können.

Heute sieht man den Butter- und Eierwagen an der Strassenecke, der frische Ware direkt vom Lande anbietet, und den Gemüse- und Obststand, der frisches Obst und Gemüse aus eigenem Garten verkauft. Die Ware ist teurer als im Supermarkt, aber die Leute kaufen sie, weil sie fühlen, dass sie damit wieder eine Beziehung zum Erzeuger herstellen°, die in den grossen Geschäften verlorengegangen war.

Wie diese neue Dezentralisation weitergehen wird, müssen wir abwarten. Vielleicht können beide Geschäftsformen nebeneinander gut existieren.

right; ein menschliches Bedürfnis erfüllen *to fill a human need;* das Warenhaus *department store;* schwätzen *to chat;* die Kasse *checkout counter;* modische Neuigkeiten *new fashions;* einrichten *to install, put in;* konkurrieren *to compete;* eine Beziehung zum Erzeuger herstellen *to establish a connection to the producer*

14   Fragen zum Inhalt

1. Was hat sich in Deutschland in den 60er und 70er Jahren geändert?
2. Wie hat früher die typische Hausfrau eingekauft?
3. Warum braucht man heute nicht mehr in so viele einzelne Läden zu gehen?
4. Warum gibt es heute auch schon weniger kleine Geschäfte in der Nachbarschaft?
5. Aus welchen Gründen gehen heute viele Leute lieber in grössere Geschäfte zum Einkaufen?

6. Warum gingen viele Leute schon nicht mehr gerne in kleinere Läden?
7. Warum wurde es für den kleinen Geschäftsmann immer schwieriger, das Geschäft weiter-zuführen?
8. Was für Stimmen werden aber heute schon wieder laut?
9. Welche Gründe geben diese Leute an?
10. Welches ist heute der neue Trend, und wie zeigt er sich?

15 Fragen zum Überlegen und Diskutieren

1. Beschreiben Sie einen SB-Laden und einen Tante-Emma-Laden in Ihrer Gegend! Wo kaufen Sie und Ihre Eltern ein? Warum?
2. Vergleichen Sie Trends im Einkaufen in Deutschland und in den USA!

16 Schriftliche Übung

Beantworten Sie die Fragen von Übung 15 schriftlich!

_____WORTSCHATZ_____

. . . oder werden kleine Läden doch wieder beliebt?

der **Aufschwung, ⸚e** rise, boom
das **Bedürfnis, –se** need
die **Bekleidung** clothing
der **Bereich, –e** area
die **Beziehung, –en** relationship, connection
der **Bürger, –** citizen
der **Butter- und Eierwagen, –** truck or wagon selling butter and eggs from the farm
die **Dezentralisation** decentralization
der **Einkaufswagen, –** shopping cart
das **Einkommen, –** income
das **Einzelhandelsgeschäft, –e** small retail store

der **Erzeuger, –** producer
die **Funktion, –en** function
der **Gemüsestand, ⸚e** vegetable stand
die **Geschäftsform, –en** form, type of business
der **Geschäftsmann, ⸚er** business man
die **Kasse, –n** check-out counter
die **Kaufgewohnheit, –en** buying habit
das **Kaufhaus, ⸚er** department store
das **Kommunikationszentrum, –zentren** communication center
die **Miete, –n** rent
die **Neuigkeit, –en** something new
das **Personal** employees
die **Postwurfsendung, –en** mail circular

die **Reklame, –n** advertisement
das **Schaufenster, –** show window
der **Schwiegersohn, ⸚e** son-in-law
die **Sozialleistungen** (pl) benefits
die **Strassenecke, –n** street corner
der **Tante-Emma-Laden, ⸚** small neighborhood store
das **Textilgeschäft, –e** dry goods store
der **Trend, –s** trend
der **Verkauf** sales
das **Warenhaus, ⸚er** department store
der **Zentralismus** centralization

abwarten (sep) to wait (and see)
anbieten (sep) to offer, present
s. **ändern** to change
anregen (sep) to stimulate
beraten to advise
s. **beschweren über** A to complain about
einrichten (sep) to install, put in
erfüllen to fill
existieren to exist
konkurrieren to compete
modernisieren to modernize
s. **schämen** to be ashamed
schliessen to close
schwätzen to chat
s. **sicher sein** to be sure
volladen (sep) to load up
weiterführen (sep) to continue, carry on
zurückwünschen (sep) to wish for a return of s.th.
zusehen (sep) to see to s.th.

allmählich gradually
bestimmt certain, specific
exklusiv exclusive
geradezu downright
gezwungen forced
haargenau exactly
individuell individual(ly)
keiner no one
menschlich human
modisch fashionable, pertaining to fashion, style
nebenan next to
sauer sour
sozial social
therapeutisch therapeutic
unmöglich impossible
unpersönlich impersonal
wirtschaftlich economic
woanders somewhere else

auf einmal all at once
eine Beziehung herstellen (sep) to establish a connection
eine Funktion ausüben (sep) to have a function
im Angebot on sale
in den 60er und 70er Jahren in the 60's and 70's
Reklame machen to advertise
vergangene Nacht last night
vom Lande from the country

11 Unsere Zeit: eine Zeit der Komparative und Superlative
Comparison of Adjectives and Adverbs

Schlagen Sie mal eine Zeitung oder Zeitschrift auf, und lesen Sie die Schlagzeilen und die Reklameseiten°! Oder gehen Sie mal eine Geschäftsstrasse entlang, und achten Sie auf die Reklameschilder mit den verschiedensten Angeboten°! Sie werden erstaunt° sein, wie viele Komparativ- und Superlativformen Sie bemerken werden.

Da lesen Sie, zum Beispiel, dass ein bestimmtes Auto weniger Benzin verbraucht als ein anderes; dass ein zweites Auto schneller auf 100 km/st kommt als ein anderes; dass ein drittes

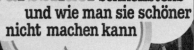

Auto komfortabler ist als ein Auto der Konkurrenz°.

Sind die vielen Dinge, die dem Verbraucher° versprochen werden wirklich billiger oder besser? Hat der Verbraucher immer die Möglichkeit, Preise oder Qualität zu vergleichen?

Auch im Sport verbessern sich die Leistungen dauernd. Immer wieder werden neue Rekorde aufgestellt. Aber gehen nicht viele Rekorde auf Kosten der Gesundheit vieler Sportler?

Und die Ferienangebote sehen immer verlockender° aus. Keiner fragt aber danach, ob wir uns wirklich diese Ferien leisten können.

In einer freien Wirtschaft° bleibt es den Verbrauchern überlassen, wie und wofür sie ihr Geld ausgeben. Aber treffen die meisten Verbraucher wirklich die für sie richtigen Entscheidungen°, oder lassen sie sich zu sehr von den am besten klingenden Werbeslogans beeinflussen? Was meinen Sie dazu?

die Reklameseiten (pl) *pages of advertising;* das Angebot *offer;* erstaunt *amazed;* bemerken *to notice;* die Konkurrenz *competition;* der Verbraucher *consumer;* verlockend *inviting, tempting;* die Wirtschaft *economy;* eine Entscheidung treffen *to make a decision*

Comparisons of Adjectives and Adverbs

In English, adjective forms like smaller, more expensive, and adverbial forms like more easily, more cheaply, are called comparative forms. Adjectives and adverbs like cheapest, smallest are called superlative forms. The forms without ending like small, cheap, easy are called positive forms.

1. To make an equal comparison, that it, to compare two things that are equal, you use the words **so . . . wie** and the uninflected adjective, the positive form: **so schnell wie,** *as fast as.* An equal comparison can also be negated without changing the form of the adjective.

    Hanni läuft **so schnell wie** Andrea.
    Ursel springt **nicht so hoch wie** Annegret. [1]

2. To make unequal comparisons, that is, to compare two things that are not equal, you use the comparative form of the adjective, the form with the ending **–er,** and the word **als: schneller als,** *faster than.*

    Andrea läuft **schneller als** Hanni. [2]

    a. The comparison can be made stronger by using words such as **viel, bedeutend, wesentlich, noch,** etc.

    Hans springt **viel weiter als** Fritz. *(much farther than)*

    b. The comparative can be used, of course, without **als.**

    Es ist **kälter** geworden. (kälter als es vorher war) [3]

    c. Comparisons can be made using the positive form with words such as **ebenso, genauso, doppelt so, dreimal so,** etc.

    Sie läuft **ebenso schnell wie** Andrea. *(as fast as)*
    Er spricht **doppelt so schnell wie** Peter. *(twice as fast as)*
    Wir kochen **dreimal so viel wie** sie. *(three times as much as)*

    d. When used before nouns, the comparative form adds regular adjective endings.

    Das ist eine **schönere** Kamera. [4, 5]
    Ich kaufe mir den **billigeren** Wagen. [6, 7]

3. There are also superlative forms in German, similar to the English superlative forms "fastest," "smallest," "most expensive," "best." The superlative form in German is made by adding **-st** to the positive form. In addition, when used before nouns, superlative forms have regular adjective endings.

Andrea ist die **schnellste** Läuferin.
Wer von euch hat die **beste** Zeit?
Das war mein **schönster** Tag.

Positive	Comparative	Superlative
schnell	schnell**er**	schnell**st**-
klein	klein**er**	klein**st**-
langweilig	langweilig**er**	langweilig**st**-

a. Adjectives and adverbs of one syllable, and some others that end in **-d, -s, -ss, -sch, -st, -t, -tz, -x,** and **-z** add **-est** in the superlative form.

Positive	Comparative	Superlative
süss	süss**er**	süss**est**-
hübsch	hübsch**er**	hübsch**est**-
bunt	bunt**er**	bunt**est**-

Note that sometimes, the superlative form of adjectives ending in **-d, -t,** and **-sch** have the ending **-st** only; **das hübschste Mädchen**

b. Most adjectives of one syllable take an umlaut in the comparative and the superlative. The following is a summary of adjectives in this group:

Positive	Comparative	Superlative	Positive	Comparative	Superlative
alt	älter	**ältest-**	oft	öfter	**öftest-**
arm	ärmer	**ärmst-**	scharf	schärfer	**schärfst-**
hart	härter	**härtest-**	schwach	schwächer	**schwächst-**
jung	jünger	**jüngst-**	schwarz	schwärzer	**schwärzest-**
kalt	kälter	**kältest-**	stärk	stärker	**stärkst-**
kurz	kürzer	**kürzest-**	warm	wärmer	**wärmst-**
lang	länger	**längst-**			

NOTE: **a.** The comparative and superlative forms of some adjectives and adverbs can be used either with or without the umlaut: blass, blasser, blassest- (blässer, blässest-); gesund, gesunder, gesundest- (gesünder, gesündest-); glatt, glatter, glattest- (glätter, glättest-); nass, nasser, nassest- (nässer, nässest-); rot, roter, rotest- (röter, rötest-).

b. There are some one-syllable adjectives that never take an umlaut in the comparative or superlative: **blond, braun, froh, klar, laut, stolz, toll, voll, wahr.**

c. Several adjectives have irregular comparative and superlative forms:

Positive	Comparative	Superlative	Positive	Comparative	Superlative
gern	lieber	**liebst-**	hoch	höher	**höchst-**
gross	grösser	**grösst-**	nah	näher	**nächst-**
gut	besser	**best-**	viel	mehr	**meist-**

[8, 9]

Peter verdient das **meiste** Geld.
Wer hat die **besten** Noten?

d. Superlative forms are often used in the following phrase:

am   superlative form + **en**

Ulrike läuft **am schnellsten.**
Ulrike runs fastest.

Übungen

1 **Wir vergleichen verschiedene Dinge miteinander. Gebrauchen Sie „so . . . wie", wie im Beispiel!** ⊗

BEISPIEL   Peter läuft 13,6 Sek. und Robert auch.
Robert läuft so schnell wie Peter.

1. Ursula springt 3,10 m und Annegret auch.
2. Hans isst drei Wurstsemmeln und Fritz auch.
3. Der Kirchturm ist 60 m hoch und der Rathausturm auch.
4. Die Isar ist 30 m breit und die Iller auch.
5. In Hamburg zeigt das Thermometer 30 Grad und in Berlin auch.
6. In München zeigt es —3 Grad und in Stuttgart auch.
7. Ursel geht schon um neun Uhr schlafen und Inge auch.
8. Der D-Zug hat 15 Wagen und der Express auch.
9. Kurt kann alles ohne Brille lesen und Helmut auch.
10. Der Porsche fährt jetzt 160 und der Mercedes auch.

2 **Der Jochen macht alles besser als ich. Gebrauchen Sie den Komparativ!** ⊗

BEISPIEL   Ich fahre gut. *Aber der Jochen fährt besser als ich!*

1. Ich laufe schnell.
2. Ich springe hoch.
3. Ich esse viel.
4. Ich spreche laut.
5. Ich singe gern.
6. Ich schreibe gut.
7. Ich spiele oft.
8. Ich wohne nah.

3 **Gebrauchen Sie den Komparativ ohne „als".** ⊗

BEISPIEL   Wie kalt ist es? *Es ist kälter geworden.*

1. Wie schwach ist er?
2. Wie gross ist sie?
3. Wie warm ist es?
4. Wie dick ist er?
5. Wie arm ist er?
6. Wie stark ist sie?
7. Wie gut ist es?
8. Wie alt ist er?

4 Gebrauchen Sie den Komparativ wie im Beispiel! ⊗

BEISPIEL   Schau mal, wie klein dieser Wagen ist!
Aber ich möchte einen kleineren Wagen.

1. Schau mal, wie lang dieser Mantel ist!
2. Schau mal, wie billig dieses Kleid ist!
3. Schau mal, wie gross diese Tasche ist!
4. Schau mal, wie gut dieser Plattenspieler ist!
5. Schau mal, wie schön dieses Album ist!
6. Schau mal, wie einfach diese Kamera ist!

5 Gebrauchen Sie den Komparativ wie im Beispiel! ⊗

BEISPIEL   Ist diese Münze neu? *Nein, das ist eine ältere Münze.*

1. dieses Buch?
2. diese Bilder?
3. dieses Album?
4. dieser Film?
5. diese Sammlung?
6. dieser Katalog?
7. diese Briefmarken?
8. diese Kamera?
9. dieses Teleobjektiv?
10. dieses Modell?

6 Der kleinere ist hier immer besser! ⊗

BEISPIEL   Ist dieser Haartrockner gut?
Der kleinere Haartrockner ist besser!

1. diese Bürste?
2. dieses Manikür-Etui?
3. dieser Rasierapparat?
4. diese Lockenwickler?
5. diese Nagelschere?
6. dieser Pinsel?
7. dieses Deodorant?
8. diese Nagelfeile?

7 Alles muss länger sein! ⊗

BEISPIEL   Ist dieser Mantel lang genug?   *Ich möchte den längeren.*

1. diese Hose?
2. diese Schier?
3. dieses T-Shirt?
4. dieser Anorak?
5. diese Socken?
6. dieses Kleid?
7. dieses Hemd?
8. diese Jacke?
9. dieser Rock?
10. dieser Pulli?

8 Martina hat das beste von allem. Gebrauchen Sie den Superlativ! ⊗

BEISPIEL   Ist Martinas Arbeitszeit gut?
Martina hat die beste Arbeitszeit.

1. Ist Martinas Berufsberater gut?
2. Ist Martinas Schulzeugnis gut?
3. Sind Martinas Mitarbeiter gut?
4. Ist Martinas Zukunft gut?
5. Ist Martinas Bewerbungsschreiben gut?
6. Ist Martinas Lehrvertrag gut?
7. Ist Martinas Ausbildung gut?

9 Immer nur Superlative! ⊗

BEISPIEL   Ist der Apfel süss? *Das ist der süsseste Apfel.*

1. Ist der Wein gut?
2. Ist das Brot hart?
3. Sind die Semmeln frisch?
4. Ist die Gurke billig?
5. Ist der Käse alt?
6. Ist die Milch kalt?
7. Ist der Senf scharf?
8. Sind die Kirschen gross?
9. Ist das Obst teuer?

10 Schriftliche Übungen

a. Schreiben Sie die folgenden Sätze mit den korrekten Komparativformen der in Klammern gegebenen Adjektive!

1. (schnell, alt) Ich laufe _____ als meine _____ Schwester.   2. (jung, stark) Mein Bruder ist _____, aber er ist _____ als ich.   3. (jung, alt) Ich habe eine _____ Schwester und einen _____ Bruder.   4. (gross, süss) Diese Kirschen sind _____ und _____.   5. (gross, hoch) Diese Kirche ist _____, und der Kirchturm ist _____.   6. (kalt, gut) Das _____ Klima gefällt mir _____.   7. (gern, warm) Ich fahre _____ nach Italien; dort ist es _____.   8. (lang, viel) Sie arbeitet hier schon _____, und deshalb verdient sie _____.

b. Schreiben Sie die folgenden Sätze mit den korrekten Superlativformen der in Klammern gegebenen Adjektive!

1. (alt, jung) Hans ist der _____ Schüler und Ulrike die _____.   2. (hoch, gross) Kennen Sie den _____ Berg und den _____ See in Deutschland?   3. (kurz, lang) Welches ist der _____ Weg? Und der _____?   4. (gut, viel) Sie hat die _____ Ideen und auch das _____ Geld!   5. (warm, lang) Heute hatten wir den _____ Tag und auch den _____.   6. (bunt, schön) Die _____ Bilder sind nicht immer die _____.   7. (schnell, weit) Doris läuft am _____ und springt am _____.

c. Welches Wort ist richtig, als oder wie?

1. Ich laufe nicht so schnell _____ Hans, aber schneller _____ Peter.   2. Bist du älter _____ Inge, oder bist du genauso alt _____ sie?   3. Dieses Gerät ist nicht so gut _____ dieses hier, aber es ist billiger _____ das da.   4. Verdienst du so viel _____ Inge, oder verdienst du mehr _____ sie?   5. Ist der Starnbergersee grösser _____ der Ammersee oder genauso gross _____ der Ammersee?

Haben Sie das gewusst? ⊗

Die höchste Kirchturmspitze hat das Ulmer Münster. Der Turm hat eine Höhe von 161 Metern.

Die älteste Universität in Mitteleuropa wurde im Jahre 1348 in Prag gegründet. Die Universität in Wien folgte im Jahre 1365, Heidelberg im Jahre 1386. Die älteste Universität Europas wurde im Jahre 1119 in Bologna gegründet.

Die grösste Bronzestatue Deutschlands ist das Standbild der Bavaria am Rande der Theresienwiese in München. Es hat eine Höhe von 20,50 Metern.

Das erste Raketenauto der Welt wurde von Fritz Opel gesteuert. Er erreichte mit diesem Auto auf der Avus in Berlin eine Geschwindigkeit von 280 km/st.

Das erfolgreichste Lied aller Zeiten ist „der Traum von der weissen Weihnacht" *(I'm dreaming of a white Christmas)*. Über 50 Millionen Platten wurden davon verkauft.

Wie schnell ist schnell? ⊗

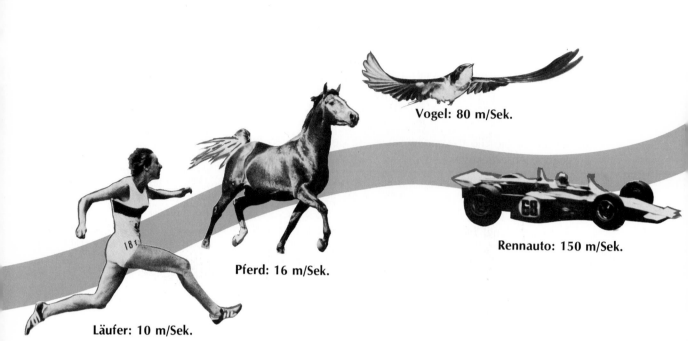

Vogel: 80 m/Sek.

Rennauto: 150 m/Sek.

Pferd: 16 m/Sek.

Läufer: 10 m/Sek.

Der schnellste menschliche Läufer kann in einer Sekunde 10 Meter laufen. Pferde sind schneller. Ein schnelles Pferd kann in einer Sekunde ungefähr 16 Meter laufen. Die schnellsten Vögel würden jedes Rennpferd besiegen. Die Schwalbe kann 80 Meter in der Sekunde fliegen.

Autos sind noch schneller. Das schnellste Rennauto kann 150 Meter in der Sekunde fahren. Aber auch das schnellste Rennauto ist neben dem Flugzeug langsam. Lange Zeit versuchten Flugzeugkonstrukteure ein Flugzeug zu bauen, das so schnell ist wie der Schall°. Die Schallgeschwindigkeit° ist 331 Meter pro Sekunde. Schliesslich hatten die Flugzeugbauer Erfolg. Es gibt jetzt Flugzeuge, die sogar ein Rennen mit dem Schall gewinnen, die Concorde, zum Beispiel. Sie fliegt ungefähr 700 Meter in der Sekunde—das sind über 2 Mach[1].

Raketen sind noch schneller. Um die Anziehungskraft° der Erde zu überwinden°, muss eine Rakete schneller als 8 400 Kilometer / Stunde fliegen, das sind 2 333 Meter in der Sekunde!

Verglichen mit der Erde sind Raketen langsam. Unsere Erde dreht sich jedes Jahr einmal in einem grossen Kreis um die Sonne. Um diesen langen Weg zurück-zulegen°, muss sie sich 30 000 Meter in der Sekunde fortbewegen! Das sind in der Minute 1 800 Kilometer und 108 000 Kilometer in der Stunde!

Kann irgendetwas noch schneller sein? Ja, das Licht, zum Beispiel, ist noch schneller. Es legt in einer einzigen Sekunde ca. 300 000 Kilometer zurück. Schnell, was?

---

der Schall *sound;* die Geschwindigkeit *speed;* die Anziehungskraft *gravity;* überwinden *to overcome;* zurücklegen *to cover (distance)*

[1] One Mach, named after the Austrian physicist Ernst Mach (1838–1916), is a number representing the ratio of the speed of an object to the speed of sound in the surrounding air through which the object is moving. The Concord has flown at over 2 Mach, or about 1500 miles an hour. Some military aircraft fly at even greater speeds.

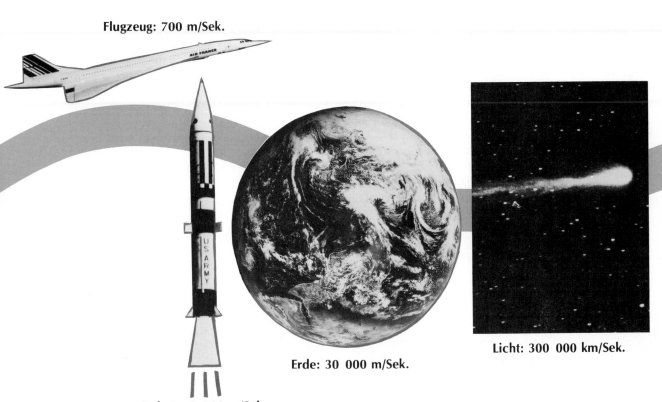

Flugzeug: 700 m/Sek.

Rakete: 2 333 m/Sek.

Erde: 30 000 m/Sek.

Licht: 300 000 km/Sek.

11 Fragen zum Inhalt

1. Wie schnell läuft der Mensch? Ein Pferd? Wie schnell fliegt eine Schwalbe?
2. Wie schnell ist das schnellste Rennauto?
3. Wie schnell fliegt die Concorde?
4. Wie schnell müssen Raketen fliegen? Warum?
5. Wie schnell bewegt sich unsere Erde?
6. Wie schnell ist das Licht?

12 Anregungen für Klassenspiele, individuelle Arbeit oder gemeinsame Klassenarbeiten

1. Vergleichen Sie die verschiedenen Geschwindigkeiten von Tieren, Verkehrsmitteln, Athleten, usw.! Z.B., Schüler A: Flugzeug und Zug; Schüler B: Ein Flugzeug ist schneller als ein Zug oder Ein Zug ist nicht so schnell wie ein Flugzeug.
2. Vergleichen Sie die verschiedenen Höhen, Gewichte, usw. von Bergen, Gebäuden, Objekten, usw.! Zum Beispiel; Schüler A: Fahrrad und Wagen; Schüler B: Ein Wagen ist schwerer als ein Fahrrad oder Ein Fahrrad ist nicht so schwer wie ein Wagen.
3. Vergleichen Sie sich mit anderen Klassenkameraden in Grösse, Gewicht, Schulleistungen, Sport, usw.! Machen Sie positive und negative Vergleiche!
4. Suchen Sie sich im *Guinness Book of World Records* einige Rekorde aus und berichten Sie darüber in Ihrer Deutschklasse!

Wieviel geben die Deutschen fürs Vergnügen aus? ⊗

Die Arbeitszeit wird immer kürzer, der Urlaub immer länger, und die Verdienste steigen. So ist es kein Wunder, wenn die bundesdeutschen Familien immer mehr Geld für Reisen, Unterhaltung und Hobbys ausgeben. Der Freizeit-Etat° eines vierköpfigen Arbeitnehmerhaushalts mit mittlerem Einkommen beispielsweise hat sich nach Angaben° des Statistischen Bundesamtes innerhalb der letzten zehn Jahre mehr als verdreifacht. 1968 standen für Freizeit und Ferien 1234 DM zur Verfügung°. Dies waren 11% der gesamten° Haushaltsausgaben. 1978 waren es 4173 DM oder 16% des Jahresbudgets. Mit anderen Worten: Während 1968 nur jede neunte Mark für das Freizeitvergnügen zur Verfügung stand, ist es heute schon jede sechste Mark.

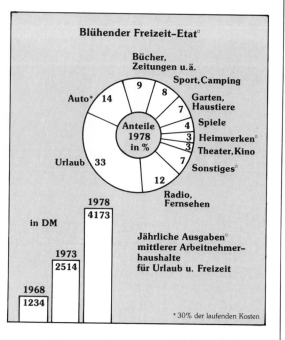

Blühender Freizeit-Etat°

Bücher, Zeitungen u.ä. 9
Auto* 14
Anteile 1978 in %
Sport, Camping 8
Garten, Haustiere 7
Spiele 4
Heimwerken° 3
Theater, Kino 3
Urlaub 33
Sonstiges° 7
12
Radio, Fernsehen

1978 4173
1973 2514
1968 1234
in DM

Jährliche Ausgaben° mittlerer Arbeitnehmerhaushalte für Urlaub u. Freizeit

* 30% der laufenden Kosten

blühender Freizeit-Etat *blossoming leisure-time budget;* die Ausgabe *expenditure;* Heimwerken *do-it-yourself projects;* Sonstiges *miscellaneous;* nach Angaben *according to information;* zur Verfügung stehen *to be at one's disposal;* gesamt *total*

[1] In Germany you have to pay a quarterly fee of about DM 35 if you have a radio or TV. This helps to pay the cost of programming, since the networks are neither privately owned, as in the U.S., nor publicly owned, as in France. Programs on German television are not interrupted by commercials. Twice a day for 15 minutes commercials are shown.

13 Fragen zum Inhalt

1. Wieviel Geld hat eine deutsche Durchschnittsfamilie 1978 für Freizeit und Vergnügen ausgegeben?
2. Wie war das vor zehn Jahren?
3. Warum können die deutschen Familien immer mehr Geld für Reisen, Unterhaltung und Hobbys ausgeben?

14 Fragen zum Überlegen und Diskutieren

Sehen Sie sich die Aufteilung des deutschen Freizeit-Etats an, und diskutieren Sie darüber, ob diese Zahlen auch für den Freizeit-Etat in Ihrer Familie stimmen!

15 Anregungen für individuelle Arbeit oder gemeinsame Klassenarbeiten

Machen Sie eine ähnliche Aufteilung wie die auf dieser Seite! Zeigen Sie, wie Sie Ihr eigenes Geld ausgeben! Wie würde so eine Aufteilung aussehen? Welche Kategorien würden Sie angeben? Wieviel Prozent Ihres Taschengeldes oder Ihres Verdienstes aus Freizeit- oder Ferienbeschäftigungen würden Sie für die einzelnen Kategorien ausgeben?

Haben Sie das gewusst? ⊗

Wie gross ist . . .?

Die Bundesrepublik Deutschland ist nicht ganz so gross wie der Bundesstaat Oregon. In der Bundesrepublik wohnen aber ca. 62 Millionen Menschen und in Oregon nur gute zwei Millionen! Was sagen Ihnen diese Zahlen?

Die Republik Österreich ist fast so gross wie der Staat Maine, aber Österreich hat eine Bevölkerung von 7,5 Millionen, und Maine hat ca. eine Million.

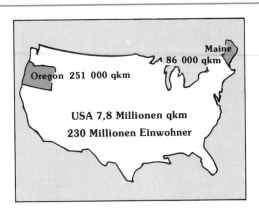

Maine
86 000 qkm
Oregon 251 000 qkm

USA 7,8 Millionen qkm
230 Millionen Einwohner

Bundesrepublik Deutschland

Land	Hauptstadt	Fläche in km²	Bevölkerung 1980	Einwohner auf 1 km²
Baden-Württemberg	Stuttgart	35 749,60	9 055 100	253
Bayern	München	70 546,92	10 691 000	152
Bremen	Bremen	403,77	739 100	1830
Hamburg	Hamburg	753,15	1 781 600	2366
Hessen	Wiesbaden	21 110,66	5 489 700	260
Niedersachsen	Hannover	47 407,59	7 180 500	151
Nordrhein-Westfalen	Düsseldorf	34 044,14	17 137 800	503
Rheinland-Pfalz	Mainz	19 837,68	3 678 500	185
Saarland	Saarbrücken	2 567,52	1 122 000	437
Schleswig-Holstein	Kiel	15 675,84	2 543 200	162
		248 096,87	59 418 500	239
Berlin (West)		480,08	2 084 000	4341
BRD	Bonn	248 576,95	61 502 500	247

Republik Österreich

Land	Hauptstadt	Fläche in km²	Bevölkerung 1980	Einwohner auf 1 km²
Burgenland	Eisenstadt	3 965	272 119	69
Kärnten	Klagenfurt	9 533	525 728	55
Niederösterreich	Wien	19 170	1 414 161	74
Oberösterreich	Linz	11 979	1 223 444	102
Salzburg	Salzburg	7 154	401 766	56
Steiermark	Graz	16 386	1 192 100	73
Tirol	Innsbruck	12 647	540 771	43
Vorarlberg	Bregenz	2 601	271 473	104
Wien	Wien	415	1 614 341	3891
Österreich	Wien	83 850	7 456 403	89

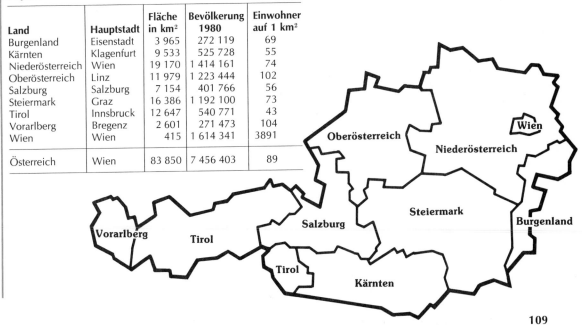

Oberösterreich · Niederösterreich · Wien · Salzburg · Steiermark · Burgenland · Vorarlberg · Tirol · Tirol · Kärnten

16 Fragen zum Überlegen und Diskutieren

1. Vergleichen Sie einige der Länder und Hauptstädte miteinander. Zum Beispiel: Welches Land, welche Stadt ist grösser? Welches Land ist dichter besiedelt?
2. Vergleichen Sie die Grösse der BRD und von Österreich mit der Grösse der USA!
3. Vergleichen Sie die Bevölkerungszahlen dieser drei Staaten! Was sagen Ihnen diese Zahlen? Diskutieren Sie darüber!

WORTSCHATZ

Wie schnell ist schnell?

die Anziehungskraft *gravity*
der Flugzeugbauer, – *airplane builder*
der Flugzeugkonstrukteur, –e *airplane designer*
der **Kreis**, –e *circle*
der Läufer, – *runner*
das **Licht**, –er *light*
Mach (see fn p. 106)
die **Rakete**, –n *rocket*
das Rennauto, –s *racing car*
das Rennen, – *race*
das Rennpferd, –e *race horse*
der **Schall** *sound*
die **Schallgeschwindigkeit** *speed of sound*
die **Schwalbe**, –n *swallow*

besiegen *to beat, defeat*
fortbewegen (sep) *to move along*
überwinden (a, u) *to overcome*
zurücklegen (sep) *to cover (distance)*

menschlich *human*
pro *per*

lange Zeit *for a long time*

Wieviel geben die Deutschen fürs Vergnügen aus?

der **Anteil**, –e *share, portion*
der **Arbeitnehmer**, – *employee*
die **Ausgabe**, –n *expenditure*
das **Einkommen**, – *income*
der **Etat**, –s *budget*
die **Haushaltsausgabe**, –n *household expense*
das Heimwerken *do-it-yourself projects*
der Jahresbudget, –s *yearly budget*
Sonstiges *miscellaneous*
das Statistische Bundesamt *Federal Bureau of Statistics*
die **Unterhaltung** *entertainment*

s. verdreifachen *to triple*

beispielsweise *for example*
blühend *blossoming*
bundesdeutsch *West German*
gesamt *total*
innerhalb G *within, during*
mittler- *middle*
u. ä. (und ähnliche[s]) *and similar things*
vierköpfig *with four people*

es ist kein Wunder *it's no wonder*
laufende Kosten *running expenses*
mit anderen Worten *in other words*
mit mittlerem Einkommen *middle-income*
nach Angaben *according to information*
zur Verfügung stehen *to be at one's disposal*

Strasse frei für Münchens Radler....

Der BDKJ-München lädt alle Jugendlichen ein zur

Polit - Party

über PROBLEME DES RADVERKEHRS IN UNSERER STADT

am **Mi 29.7.81** um **18²²**

in **St. Bonifaz** , Karlstr. 34

Die Diskussionsrunden beginnen mit einem kurzen
Podiumsgespräch. Anschliessend können Jugendliche
ihre Fragen und Forderungen mit Experten diskutieren.
Zwischendrin gibts MUSIK und einen IMBISS !!!

Auf dem PODIUM sitzen:
   - Stadträte der Parteien im Rathaus
   - Radverkehr-Planer
   - das Münchner Forum

Moderator: Uli Hohoff (BDKJ)

Verbs

1. The form of the verb that you would look up in a dictionary is called the infinitive. The infinitive of most German verbs has the ending **-en,** as in **spielen, wohnen.** Some infinitives end in **-eln,** as in **mogeln,** some in **-ern,** as in **verbessern.** The verb **tun** ends in **-n,** as does **sein.**

2. Verbs have personal endings depending upon the person they are used with. We distinguish three persons:
   a. *first person* — the person or people speaking: *I* or *we*
   b. *second person* — the person or people directly spoken to: *you*
   c. *third person* — the person(s) or thing(s) spoken about: *he, she, it, they*

   In German:
   a. **die erste Person** — die redende Person: **ich** oder **wir**
   b. **die zweite Person** — die angeredete Person: **du, ihr, Sie**
   c. **die dritte Person** — die Person(en) oder Sache(n) über die gesprochen wird: **er, sie, es; sie**

3. The pronouns **ich, du, er, sie, es, wir, ihr, sie,** and **Sie** are called personal pronouns:

		Singular		Plural	
1st Person		**ich**	*I*	**wir**	*we*
2nd Person	*familiar*	**du**	*you*	**ihr**	*you*
	formal	**Sie**	*you*	**Sie**	*you*
3rd Person	*masculine*	**er**	*he, it*		
	feminine	**sie**	*she, it*	**sie**	*they*
	neuter	**es**	*it (he, she)*		

   a. German has three words for *you:* **du, ihr,** and **Sie.**
   b. When referring to a person, **er** means *he*. When referring to a thing, **er** means *it.* (**der Mann** ← **er,** *he;* **der Hut** ← **er,** *it*)
   c. When referring to a person, **sie** means *she*. When referring to a thing, **sie** means *it.* (**die Oma** ← **sie,** *she;* **die Maschine** ← **sie,** *it*)
   d. In the plural, there is no gender distinction, and **sie** means *they.*

Impersonal Verbs

Impersonal verbs are used with the grammatical subject **es** and are therefore always in the third person singular. Impersonal verbs have no command forms and cannot be used in the passive.

Some common verbs that are often used impersonally include:
1. Verbs describing the weather:

   Es regnet. Es donnert und blitzt.

2. Verbs describing physical state:

> Es ist mir kalt. Es wird mir schlecht.

This type of verb is often used without **es.** Such verbs usually take the dative case, though some take the accusative.

> Mir ist kalt. Der Marita wird schwindlig. Ihn friert.

3. Verbs describing sounds:

> Es klopft. Es klingelt. Es kracht.

4. The phrase **es gibt:**
Es gibt, *there is, there are,* is always used in the singular and is followed by accusative case forms.

> Es gibt hier einen schönen Strand.
> Es gibt Milch und Semmeln.

Note the meaning of **es gibt** in the following phrases:

> Was gibt's? *What's up?*
> Was gibt's Neues? *What's new?*
> Heute gibt's Regen. *It's going to rain today.*
> Farbfernsehen gibt es noch nicht sehr lange. *Color television*
> *hasn't been around very long.*

5. The phrase **es ist, es sind:**
Es ist, es sind, *there is, there are,* is more specific than **es gibt. Es ist** und **es sind** are always followed by a noun complement in the nominative case.

> Es ist ein schrecklicher Lärm auf dieser Strasse.
> Es sind zwei Schüler in dieser Klasse, die immer stören.

Note again that **es** functions only as a grammatical subject and can be omitted.

> Ein schrecklicher Lärm ist auf dieser Strasse.
> Zwei Schüler sind in dieser Klasse, die immer stören.

6. There are some verbs that can be used only impersonally, such as **geschehen** and **passieren,** *to happen, to come about.* They can be used with or without **es** as grammatical subject, and they can be used with dative forms.

> Es ist nichts geschehen (passiert).
> Was ist geschehen (passiert)?
> Dem Kind ist beim Unfall nichts geschehen.
> Mir (Meinem Bruder) ist etwas Lustiges passiert.

Tenses

In talking about English verbs, you are accustomed to using terms like present tense, past tense, and future tense. Perhaps you are also accustomed to thinking about tenses as meaning the same thing as time. This is not true. In *John works at the gas station,* works is in the form of the present tense but certainly includes more than present time, since John has been working at the gas station a while and probably expects to continue working there. In *It's time we went home,* went is in the form of the past tense but certainly indicates present time.

The Present Tense of Weak and Strong Verbs

For present tense verb forms, see the Grammar Summary.

Use of the Present Tense

Present tense verb forms are used in the following situations:

1. to describe an action or condition that is going on at the present time; it does not matter whether it began in the present or in the past:

   Ich **lese** (jetzt) die Zeitung.
   Es **regnet.**   [1–4]

2. to indicate repeated or habitual action:

   Ich **mache** jeden Tag 20 Liegestütze.
   Wir **spielen** immer am Nachmittag.   [5, 6]

3. to describe something that is generally true and not limited to any particular time:

   Kinder **fahren** gern mit der Achterbahn.
   Mücken **sind** kleine Insekten.

4. to narrate past events in a vivid manner. When used in this way it is often referred to as the historical present:

   Wir **laufen** den Weg hinunter, und bald **verschwinden** wir
   auf einem kleinen Pfad im Wald. Als wir aus dem Wald
   kommen, sehen wir Ursel und . . .   [7]

5. to express something begun in the past and continuing into the present. In such sentences, the words **seit** or **schon** are often used:

   Er **wohnt** zwei Jahre in dieser Stadt.
   Ich **lerne** schon drei Jahre Deutsch.
   Sie **arbeitet** schon seit drei Monaten in dieser Firma.   [8, 9]

6. to express future time when the future is either clearly implied or specifically indicated by a word such as **nachher, später, danach, morgen:**

   Wir **fahren** um sieben Uhr in die Stadt.
   Ich **rufe** nachher Dr. Meier **an.**
   Er **fährt** morgen in die Stadt.   [10]

7. to express a command or a request:

   Du **stehst** jetzt sofort **auf!**
   Hans, du **bestellst** dir lieber ein Spezi!
   Dass du ja deine Hausaufgaben **machst!**   [11]

8. to express a surmise or a hunch:

   Ihr **gewinnt** bestimmt wieder den Wettbewerb.
   Sie **kommen** wohl nicht.   [12]

Contrary to English, German does not have a progressive tense, as in the sentence "I am reading." Nor does it have an emphatic construction corresponding to the English "I do read."

Therefore, to understand exactly what a German sentence means in English, you must rely on the context it is in. Look at the following examples:

Was **machst** du in deiner Freizeit?	Ich **lese.** *I read.*
Du, Peter, was **machst** du jetzt?	Ich **lese.** *I'm reading.*
Du **liest** nicht viel.	Doch, ich **lese** viel. *Oh yes, I do!*

1. In German, the notion of progressiveness is often expressed by using one or more adverbs, such as **gerade** or **eben,** *just now,* or by using a preposition together with a nominalized infinitive.

Elke ruft gerade an.	*Elke's calling.*	
Peter ist beim Rasieren.	*Hans is shaving.*	[13, 14]

2. An emphatic statement can be expressed by using adverbs such as **sehr** or **sehr gern.**

Ich liebe Musik (sehr).	*I do like music very much.*	
Ich habe Musik sehr gern.		[15]

Übungen

1 **Sport hält fit! Was tun diese Leute?** ⊗ 📖

7

8

9

10

11

12

13

14

15

16

AUF DEM WEGE!

② Was können Sie hier sagen? ⊗ 🕮

1   2   3

③ Zwei Schüler unterhalten sich beim Radfahren. Hans sagt und fragt: ⊗

BEISPIEL   Ich fahre gern Rad. *Fährst du auch gern Rad?*

1. Ich benutze nur Radwege.
2. Ich hab' die Radwege gern.
3. Ich hasse den Autoverkehr.
4. Ich nehme das Rad in der U-Bahn mit.
5. Ich suche einen Parkplatz fürs Rad.
6. Ich lasse das Rad vorm Geschäft stehen.
7. Ich schliesse es gut ab.
8. Ich putze das Rad jede Woche.
9. Ich repariere alles selbst.
10. Ich kaufe ein neues Rad.
11. Ich spare Geld dafür.

4   Im Sport kommt Ulrike immer zuerst dran. ⊗

BEISPIEL   Wann fahren die Mädchen?   *Ulrike fährt als erste. Wann fährst du?*

1. Wann springen die Mädchen?
2. laufen?
3. schwimmen?
4. reiten?
5. turnen?
6. spielen?
7. fahren?
8. segeln?
9. rudern?
10. paddeln?

5   Was für einen Sport treiben diese Leute jeden Tag? Sehen Sie sich die Bilder von Übung 1 an!

BEISPIEL   *Sie reitet jeden Tag.*

6   Wir tun auch alles am Nachmittag. ⊗

BEISPIEL   Wir spielen immer am Nachmittag.
                  Wann spielst du? Ich spiele auch am Nachmittag.

1. Wir segeln immer am Nachmittag.
2. rudern
3. paddeln
4. üben
5. laufen
6. lesen
7. schlafen
8. sprechen
9. schreiben
10. helfen
11. backen
12. essen

7   Lesen Sie die folgenden Abschnitte! Gebrauchen Sie dabei die Gegenwart!

a. Heute fand das Sportfest statt. Die Schüler kamen schon um 8 Uhr morgens auf den Sport-platz, und Herr Schaaff schickte sie auf ihre Plätze. Zuerst fand der 75-Meter-Lauf statt. Vier Mädchen standen am Start. Auf die Plätze! — Fertig! — Los! Und schon liefen sie die

Aschenbahn hinunter. Nach 50 Metern begann der Endspurt. Ulrike war bis jetzt die letzte. Aber plötzlich lief sie immer schneller. Sie überholte ihre Klassenkameradinnen und gewann den Lauf.

b. Der Zug fuhr in Richtung Wörgl. Alois hatte einen Fensterplatz, schaute aus dem Fenster und sah sich die Gegend an. Der Schaffner kam, Alois gab ihm die Fahrkarte, der Schaffner sah sie sich genau an und ging weiter. In Kitzbühel hielt der Zug, und ein älterer Herr stieg ins Abteil. Er zog seinen Mantel aus, setzte sich in die Ecke, las die Zeitung und sprach kein Wort mit Alois.

c. Jetzt begann eigentlich unsere Wanderung. Der Weg war steil, und wir kamen an einer Geröllhalde vorbei. Marcel fand ein paar tolle Steine und nahm sie mit. Dann kamen wir an eine Stelle, wo der Weg in vier Richtungen ging. Vati verglich die Wege mit seiner Wanderkarte, und wir marschierten weiter. Gegen Mittag machten wir eine Pause. Wir packten den Rucksack aus, assen Brot und Wurst und tranken Saft. Alles schmeckte herrlich. Dann machte Marcel noch ein paar Fotos von uns, und es ging wieder weiter.

8 Radwegebauen dauert sehr lange. ⊗

BEISPIEL   Wie lange bauen sie schon? Eine Woche?
Ja, sie bauen schon eine Woche.

1. Einen Monat?
2. Ein Jahr?
3. Mehrere Wochen?
4. Ein paar Tage?
5. Vier Wochen?
6. Einige Monate?

9 Sag mal, wie lange fährst du schon mit dem Rad? ⊗

BEISPIEL   Fährst du schon eine Woche?
Ja, ich fahr schon seit einer Woche.

1. einen Monat?
2. ein Jahr?
3. mehrere Wochen?
4. ein paar Tage?
5. vier Wochen?
6. einige Monate?

10 Was hast du heute noch alles vor? ⊗

BEISPIEL   Du, was hast du heute noch alles vor? zuerst / zu Mittag essen
Zuerst esse ich zu Mittag.

1. dann / das Fahrrad reparieren
2. später / einen Freund besuchen
3. danach / meine Hausaufgaben machen
4. am Abend / meine Freundin anrufen
5. dann / sie zu Hause abholen
6. später / mit ihr ins Kino gehen
7. danach / sie nach Hause bringen
8. dann / nach Hause fahren

11 Hans nimmt an einem Radfahr-Wettbewerb teil. Sein Vater sagt: ⊗

BEISPIEL   Hans soll jetzt sofort aufstehen.
Hans, du stehst jetzt sofort auf!

1. Er soll jetzt sofort ins Bad gehen.
2. Er soll jetzt sofort das Radio anstellen.
3. Er soll jetzt sofort den Haartrockner abstellen.
4. Er soll jetzt sofort den Ulli anrufen.
5. Er soll jetzt sofort seine Sachen zusammenpacken.
6. Er soll jetzt sofort noch ein Glas Saft trinken.
7. Er soll jetzt sofort noch einen Apfel essen.
8. Er soll jetzt sofort noch die Klingel richten.

12 **Der Vater glaubt, dass Hans den Wettbewerb gewinnen wird. Was sagt er?** ⊗

BEISPIEL   Er glaubt, dass Hans den Wettbewerb gewinnen wird.
Du gewinnst bestimmt wieder den Wettbewerb!

1. Er glaubt, dass Hans den andern davonfahren wird.
2. Er glaubt, dass er als erster durchs Ziel fahren wird.
3. Er glaubt, dass er eine gute Zeit haben wird.
4. Er glaubt, dass er sein Bild in der Zeitung sehen wird.
5. Er glaubt, dass er den ersten Preis bekommen wird.
6. Er glaubt, dass er ein neues Fahrrad gewinnen wird.

13 **Hans macht sich für den Wettbewerb fertig.** ⊗

BEISPIEL   Was macht er gerade? Sich duschen?
Ja, er duscht sich gerade.

1. s. abtrocknen?
2. s. anziehen?
3. s. die Zähne putzen?
4. s. frisieren?
5. s. die Haare kämmen?
6. s. den Wetterbericht anhören?

14 **Hans sagt, dass er gerade dabei ist, das zu tun.** ⊗

BEISPIEL   Stehst du auf? *Ja, ich bin gerade beim Aufstehen.*

1. Badest du?
2. Wäschst du dir die Haare?
3. Rasierst du dich?
4. Ziehst du dich an?
5. Räumst du auf?
6. Putzt du das Rad?

15 **Nach dem Wettbewerb ist Hans hungrig. Er mag alles sehr gern.** ⊗

BEISPIEL   Magst du keinen Leberkäs? *Doch, ich mag Leberkäs sehr gern.*

1. Magst du keine Milch?
2. Magst du keine Semmeln?
3. Magst du keinen Kartoffelsalat?
4. Magst du keine Wurst?
5. Magst du keinen Senf?
6. Magst du keine Nüsse?

16 **Beantworten Sie die folgenden Fragen!**

1. Wie lange lernen Sie schon Deutsch?
2. Wie lange wohnen Sie schon in Ihrem Apartment oder Haus?
3. Wie lange kennen Sie schon Ihren Englischlehrer oder Ihre Mathematiklehrerin?
4. Wie lange tragen Sie schon eine Brille?
5. Wie lange besuchen Sie schon diese Schule?

17 **Schriftliche Übung**

Lesen und schreiben Sie die Sätze wie im Beispiel!

BEISPIEL   dieser Berg / 3 000 m hoch sein   *Dieser Berg ist 3 000 Meter hoch.*

1. der Starnberger See / liegen / in Bayern
2. diese Äpfel / kosten / eine Mark
3. die Sonne / scheinen / den ganzen Tag
4. Hans / fahren / mit der U-Bahn
5. diese Jungen / gern trinken / deutsches Bier
6. mein Vater / essen / keine Pilze

Programm des Radltags BDKJ ⊗

14.00 - 14.30
- Begrüßung

14.30 - 15.00

- Bewirtung   - es gibt Milch und Semmeln **!!**

15.00 - 17.00
- Postenläufe[1]   - Bremsen ohne Radieren
- Dosenfahren   - Schaukelbrett
- Ball-Zielwurf   - Fähnchenzupfen
- Enge Gasse   - usw.

17.00 - 18.00

- „Ein Radler in München"
- Preisverteilung
- Abschluß: allgemeines Klingelkonzert
                    Rundfahrt durch's Olympiagelände

Sonstiges:

von 14.00 - 18.00 laufen noch folgende Aktionen!
- Informationsstandl   - Hochradfahrer
- Radlflickstandl   - Standl der Polizei
- Ausstellung   - Zelt der Malteser
- Sketch

[1] This is an obstacle course for bicycles, giving riders the opportunity to show skill and control on a bicycle. Try to guess the English equivalents for the various activities.

Nehmt Rücksicht auf die Radler! ⊗

München ist nicht nur die „heimliche° Hauptstadt" der Bundesrepublik, sie ist auch die Hauptstadt der Radfahrer, der Radler, wie man sie hier nennt. In keiner anderen Stadt gibt es so viele Pedalritter° wie hier. Nach Schätzungen° der Polizei benutzen 220 000 Münchner regelmässig ihr Stahlross°. Steigende Benzinpreise und sommerliches Wetter veranlassen° immer mehr Autofahrer dazu, den PKW ab und zu zu Hause stehen zu lassen und das Fahrrad aus dem Keller zu holen.

Diese Entwicklung hat aber auch eine Kehrseite°: Die Radfahrer blockieren immer mehr den Verkehrsfluss auf den

Hauptstrassen und verursachen durch leichtfertiges° Fahren oft schwere Unfälle. Im vergangenen Jahr waren nicht weniger als 973 Radfahrer an Verkehrsunfällen beteiligt°. Für 14 von ihnen waren die Verletzungen so schwer, dass sie ihr Leben verloren.

Leichtfertiges Fahren ist vor allem auf Strassen mit mehrspurigen Fahrbahnen° sehr gefährlich. Lebensgefährliche Situationen entstehen meistens dadurch, dass viele Radfahrer versuchen, sich durch die Autokolonnen hindurchzuschlängeln, um

rascher voranzukommen. Das macht die Autofahrer unsicher. Aus Angst vor einem Unfall verlieren sie oft die Nerven und reagieren falsch.

Was tut nun die Stadt München dagegen, um das drohende Radler-Chaos abzuwenden°? Die Stadt versucht, noch mehr Radwege zu bauen. Doch das kostet eine Menge Geld. Das Radwegnetz° in München umfasst° zur Zeit 433 Kilometer; in den nächsten fünf Jahren sollen noch weitere 180 Kilometer gebaut werden.

Baumaßnahme
Radweg an der Jsar
mit Hilfe des Freistaates Bayern

Neubau eines Radweges entlang dem Jsarostufer zw. Braunauer Eisenbahnbrücke und Thalkirchner Brücke

Baubeginn:	März	1979
Bauende:	Sommer	1979
Bauherr:	Landeshauptstadt München	

---

heimlich *secret;* der Ritter *knight;* die Schätzung *estimate;* das Ross *horse, steed;* jemand zu etwas veranlassen *to get somebody to do s.th.;* die Kehrseite *the other side;* leichtfertig *irresponsible;* beteiligt sein an D *to be involved in;* mehrspurige Fahrbahnen *multiple-lane roads;* abwenden *to avert;* das Radwegnetz *network of bicycle paths;* umfassen *to contain, include*

Die Stadt hat auch vor, grössere Sicherheit° für Radfahrer und Autofahrer auf Münchens Strassen zu erreichen. Radwege sollen künftig farbig markiert werden.

Dieses „farbige Band" soll den Pedalritter darauf hinweisen, wo „seine" Fahrbahn ist.

Die Polizei appelliert an° alle Stahlrossbesitzer: Wo Radwege vorhanden sind, sollten sie unbedingt benutzt werden. Radfahrer dürfen auf keinen Fall nebeneinander fahren oder sich auf der Mitte einer Strasse fortbewegen. Grundsätzlich° gelten° alle Verkehrsregeln auch für Radfahrer.

An die Autofahrer hat die Polizei die Bitte: Beim Abbiegen Rücksicht auf die Radler nehmen und beim Überholen unbedingt einen Meter Abstand halten°. Und: Fahrradwege dürfen von Autofahrern nicht als Parkplätze benutzt werden!

die Sicherheit *safety;* appiellieren an A *to appeal to;* grundsätzlich *basically;* gelten *to apply, be intended for;* Abstand halten *to keep a distance*

Zwei Bundestagsabgeordnete° der SPD° hatten die Münchner Radler zu einer Sternfahrt° für den Umwelt-Sonntag am 8. Juni eingeladen.

der Bundestagsabgeordnete *German equivalent of an American congressman;* die SPD (Sozialdemokratische Partei Deutschlands) ´*one of the major political parties in Germany;* die Sternfahrt *rally*

Am Freitag zuvor veranstaltete der Bürger-Service[1] der Abendzeitung eine Aussprache° zwischen Radlern und der Stadtverwaltung. Was die Radler wollen, finden Sie auf dem Plakat.

Die Stadt informiert

zur Ausstellung

Fahrradausstellung
9.00–17.00 Uhr

20 NEUE RÄDER
VERSTEIGERUNG
11¹⁵ IM PRUNKHOF
– NUR BARZAHLUNG –

Am Samstag fand dann im Hof des Rathauses eine Fahrradversteigerung° statt, die der Vizebürgermeister° Gittel auf lustige Weise durchführte.

die Aussprache *discussion, exchange of views;* die Versteigerung *auction;* der Vizebürgermeister *deputy mayor*

[1]**Der Bürger–Service,** sponsored by the **Abendzeitung** in Munich, provides citizens with the opportunity to air their views to prominent people in the city government.

Am Umwelt-Sonntag versammelten sich Hunderte von Radlern in drei verschiedenen Stadtteilen und radelten ins Stadtinnere zum Odeonsplatz. Hier traf sich jung und alt zu einer Radl-Sternfahrt ins Grüne.

wer radelt, sündigt nicht

- kein Lärm
- keine Abgase
- keine hohen Kosten
- kein Energieverbrauch
- gesund und erholsam
- schnell und beweglich

29% aller Bundesdeutschen besitzen ein Auto –

60% aber ein Fahrrad – doch wie sieht es im Verkehr aus?!

JEDER TAG IST TAG DER UMWELT

8. Juni Autofrei

Spaß dabei

Stop dem Lärm

Lärm macht krank

WAS MEIN RAD ALLES KANN:

- bringt mich zur Arbeit, zum Stadion, ins Grüne - kurz: überallhin (auch in den Urlaub)

- hilft mir beim Einkauf (zur Not mit Anhänger!)

- macht meine müden Muskeln munter

- macht mich unabhängig von den überhöhten Preisen, den unbefriedigenden Fahrplänen und dem komplizierten System des MVV

- läßt mich über Streß im Autostau nur staunen und über Parkplatzsorgen nur lachen

- macht mich unempindlicher für die Preisschraube der Ölmultis

- fährt sauber und leise

- braucht kaum Platz

- läßt sich billig, schnell und leicht reparieren

- deshalb sollten Sie sich so schnell wie möglich - so wie ich- in ein

FAHRRAD verlieben!

WER NICHT RADELT, ROSTET!

8. Juni
Autofrei

Spaß dabei

JUGEND-
ORGANISATION
BUND
NATUR-
SCHUTZ

MÜNCHENS RADLER BRAUCHEN:

- mehr Radwege

- sicherere Radwege

- mehr Rücksicht und Vorsicht der Autofahrer

- bessere Abstellmöglichkeiten für Räder an allen U- und S-Bahnhöfen

- Radwegerschließung des Zentrums; Nord-Süd- und Ost-West- Verbindungen

- beschleunigte Fortführung des "Markierungs-programms" an Kreuzungen und Einmündungen

" also: eine neue fortschrittliche, auf
RADFAHRER (und Fußgänger!)
abgestimmte Verkehrskonzeption!

18 Fragen zum Inhalt

1. Wie nennt man die Stadt München?
2. Warum nennt man München auch die Hauptstadt der Radfahrer?
3. Warum benutzen so viele Münchner ihr Fahrrad?
4. Was für eine Kehrseite hat diese Entwicklung?
5. Wie viele Radfahrer waren an Unfällen beteiligt?
6. Was ist auf mehrspurigen Fahrbahnen gefährlich?
7. Wodurch entstehen lebensgefährliche Situationen?
8. Was tut die Stadt München, um ein Chaos abzuwenden?
9. Was hat die Stadt auch vor?
10. Was sagt die Polizei zu den Radfahrern?
11. Welche Bitte richtet die Polizei an die Autofahrer?
12. Erzählen Sie, welche Veranstaltungen am Umwelts-Wochenende stattfanden!

19 Fragen zum Überlegen und Diskutieren

1. Diskutieren Sie folgende Ausdrücke: heimliche Hauptstadt, Pedalritter, Stahlross!
2. Was halten Sie davon, dass immer mehr Münchner wieder radfahren? — Diskutieren Sie die Vor- und Nachteile, die das Radfahren mit sich bringt!
3. Was halten Sie von den Plänen der Stadt München? Diskutieren Sie diese Pläne!
4. Sehen Sie sich das Programm des Radlertags an! — Jemand möchte wissen, was alles zwischen 15.00 und 17.00 geschieht. Sie geben Auskunft!
5. Diskutieren Sie, was Sie bei den einzelnen Ständen zwischen 14.00 und 18.00 beobachten können!
6. Gibt es in Ihrer Stadt Fahrradwege? Gibt es auch viele Radfahrer?
7. Haben Sie ein Rad? Wie oft und wann benutzen Sie es?
8. Wird es in den USA in fünf Jahren mehr oder weniger Fahrräder geben? Was glauben Sie?

20 Schriftliche Übungen

1. Beantworten Sie die Fragen von Übung 18 schriftlich!
2. Beantworten Sie die Fragen 2, 6, 7 und 8 von Übung 19 schriftlich!

WORTSCHATZ

Nehmt Rücksicht auf die Radler!

die **Aussprache, –n** *discussion, exchange of views*
der **Autofahrer, –** *automobile driver*
die **Autokolonne, –n** *line of cars*
das **Band, ⸚er** *band, strip*
der **Benzinpreis, –e** *price of gas*
die **Bitte, –n** *request*
der **Bundestagsabgeordnete, –n** (den –n) *German equivalent of an American congressman*
der **Bürger-Service** (see fn p 123)
das **Chaos** *chaos*
die **Entwicklung, –en** *development*
die **Fahrbahn, –en** *traffic lane*
das **Fahren** *driving*

die Fahrradversteigerung, –en *bicycle auction*
die **Hauptstrasse, –n** *main street*
der **Pedalritter, –** *"pedaling knight"* (bicycle rider)
der **Radler, –** *bicycle rider*
das **Radwegnetz, –e** *network of bicycle paths*
die **Schätzung, –en** *estimate*
die **Sicherheit** *safety*
die **SPD** (Sozialdemokratische Partei Deutschlands) *one of the major political parties in the Federal Republic*
das **Stadtinnere** *middle of the city*
der **Stadtteil, –e** *section of a city*

die **Stadtverwaltung, –en** *municipality, city government*
das **Stahlross, –e** *"steel horse"* (bicycle)
der **Stahlrossbesitzer, –** *bicycle owner*
die **Sternfahrt, –en** *rally*
der **Verkehrsfluss** *flow of traffic*
die **Verkehrsregel, –n** *traffic rule*
der **Verkehrsunfall, ⸚e** *traffic accident*
die **Verletzung, –en** *injury*
die **Versteigerung, –en** *auction*
der **Vizebürgermeister, –** *deputy mayor*

abwenden (sep) *to avert*
appellieren an A *to appeal to*
blockieren *to block*
durchführen (sep) *to carry out*
s. **fortbewegen** *to drive, move along*
gelten (gilt, galt, hat gegolten) *to apply, be intended for*
hindurchschlängeln (sep) *to wind one's way through*
hinweisen auf A (sep) (ie, ie) *to indicate, point to*
radeln *to bicycle*
reagieren *to react*
umfassen (sep) *to contain, include*
veranlassen *to cause*
veranstalten *to organize*

drohend *threatened*
grundsätzlich *basically*
heimlich *secret*
mehrspurig *multiple-lane*
meistens *mostly, most of the time*
leichtfertig *irresponsible*
rasch *quick(ly)*
sommerlich *summery*
steigend *rising*
unsicher *unsure*

Abstand halten *to keep a distance*
auf keinen Fall *under no circumstances*
auf lustige Weise *in a humorous way*
aus Angst vor D *out of fear of*
beim Abbiegen *when turning*
beim Überholen *when passing*
beteiligt sein an D *to be involved in*
die Nerven verlieren *to lose one's nerve*
ins Grüne *out into the country*
jemand zu etwas veranlassen *to get somebody to do s.th.*
vor allem *above all*

The Future and the Future Perfect

Diesen Sommer wird sich die Bundeswehr wieder den Bewohnern der Stadt München zeigen. Ein Tag der offenen Tür wird stattfinden, und Tausende von Münchnern, jung und alt, werden die Möglichkeit haben, die hier stationierten Soldaten besser kennenzulernen.

Die Besucher werden sich auch die Waffen und Geräte der Bundeswehr ansehen können, und eine Militärkapelle wird zur Unterhaltung spielen.

Unser Freund Peter Niebisch wird auch dabei sein. Peter ist jetzt Unteroffizier. Seine Ausbildung ist fast beendet. Dann wird er an der Bundeswehr-Universität Medizin studieren. Peter möchte Militärarzt werden.

Peter trägt seine Uniform nur im Dienst; privat sieht man ihn nur in Zivil. Peter wohnt zu Hause bei den Eltern. Sein Dienst beginnt um 7 Uhr, und um 18.30 Uhr ist er schon wieder zu Hause.

Nach diesem Ereignis wird sich Peter mit seinen Kollegen zum Abendbrot treffen, und anschliessend werden sie wohl ins Kino gehen.

TAG DER MÜNCHNER BATAILLONE

Use of the Future Tense and the Future Perfect

Future tense verb forms are used in the following situations:
1. To express future time when the present tense does not clearly express it. This is most often the case when the sentence expresses an intention to be realized in the future.

> Ein Tag der offenen Tür **wird stattfinden.**
> *There is going to be an open house.* [1]

2. To express a surmise or a hunch. The words **wohl** and **schon** are often used in this context.

> Die Soldaten **werden wohl** ins Kino **gehen.** [2]
> Sie **werden schon** ihre Freundinnen **einladen.** [3]

3. To make a command or request more emphatic.

> Du **wirst** jetzt (endlich mal) **aufstehen!** [4]

The future perfect is used to express a surmise or a hunch about something that happened in the past:

> Sie **werden** das Ereignis schon **gesehen haben.**
> *I think they probably have seen the event.*
> Seine Kollegen **werden** schon wieder nach Hause **gegangen sein.**
> *I guess his colleagues went home again.* [5]

Übungen

1 Was wird die Bundeswehr den Leuten bieten? ⊗

BEISPIEL   Findet ein Tag der offenen Tür statt?
Ein Tag der offenen Tür wird bestimmt stattfinden.

1. Lernen die Leute einige Soldaten kennen?
2. Kommen alle Soldaten in Uniform?
3. Führen die Soldaten ihre Waffen vor?
4. Spielt wieder eine Marschkapelle?
5. Fahren wieder Sonderbusse zum Übungsplatz?
6. Ist unser Freund Peter auch dabei?

2 Was wird Peter wohl nach dem Dienst tun? ⊗

BEISPIEL   Geht er nach dem Dienst nach Hause?
Ja, er wird wohl nach dem Dienst nach Hause gehen.

1. Zieht er die Uniform aus?
2. Trägt er nach dem Dienst Zivil?
3. Ruft er später seine Kollegen an?
4. Trifft er sich mit ihnen zum Abendessen?
5. Verabredet er sich auch mit seiner Freundin?
6. Lädt er sie auch ins Kino ein?

3 **Die Freundinnen der Soldaten sollen zum Tag der offenen Tür kommen.** ⊗

BEISPIEL   Glaubst du, dass die Mädchen kommen? *Ja, die werden schon kommen.*

1. Glaubst du, dass sie uns erkennen?
2. Denkst du, dass sie uns finden?
3. Glaubst du, dass sie auf uns warten?
4. Denkst du, dass sie mit uns ausgehen?
5. Glaubst du, dass sie eine gute Ausrede haben?
6. Denkst du, dass sie mit der Bahn nach Hause fahren?

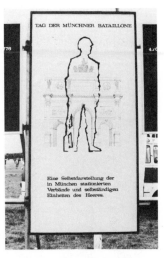

4 **Was sagt Peter zu einem Kollegen?** ⊗

BEISPIEL   Er soll jetzt aufstehen. *Du wirst jetzt aufstehen!*

1. Er soll jetzt in den Dienst gehen.
2. Er soll jetzt die Uniform anziehen.
3. Er soll jetzt den Unteroffizier anrufen.
4. Er soll jetzt zum Tag der offenen Tür gehen.
5. Er soll jetzt mit den Kollegen nach Hause fahren.

5 **Was werden Peter und seine Kollegen wohl alles getan haben? Was glauben Sie?** ⊗

BEISPIEL   Wohin ist Peter gegangen? in den Dienst?
   Ja, er wird wohl in den Dienst gegangen sein.

1. Wen hat er getroffen? seine Kollegen?
2. Wohin sind sie gegangen? zum Essen?
3. Auf wen haben sie gewartet? auf ihre Freundinnen?
4. Wohin sind sie gefahren? in die Stadt?
5. Was haben sie gesehen? einen Film?
6. Wann ist er nach Hause gekommen? Um ll?

6 **Schriftliche Übung**

Schreiben Sie die folgenden Sätze im Futur!

BEISPIEL   Ein Tag der offenen Tür findet morgen statt.
   Ein Tag der offenen Tür wird morgen stattfinden.

1. Die Münchner lernen morgen ihre Soldaten kennen.
2. Die Besucher sehen sich morgen die Waffen und Geräte an.
3. Eine Militärkapelle spielt morgen zur Unterhaltung.
4. Peter trägt morgen seine Uniform.
5. Er trifft sich morgen mit seinen Kollegen nach dem Dienst.

ERLEHRBATAILLON 210

Bataillon unterstützt
pftruppen des II. Korps im
reinsatz
einsatz
atz von Kriegsbrückengerät,
zlich im Frieden die
dung an der Pionierschule.

FLUGABWEHRBATAILLON 210

Das Bataillon ist ein mit
radargesteuerten 40 mm-
Kanonen ausgestatteter
Verband der Heeresflug-
abwehrtruppe.
Es stellt den Kern der
Tieffliegerabwehr der
Korpstruppen des II. Korps
dar.

PANZERGRENADIERBATAILLON 243

Das Bataillon ist ein mit
SCHÜTZENPANZERN und
PANZERMÖRSERN
ausgerüsteter Verband der
Infanterie (Kern der
Kampftruppen des Heeres)
und gehört zur
1. Gebirgsdivision.

GEMISCHTES
SANITÄTSLEHRBATAILLON 865

Das Bataillon versorgt
und transportiert
Kranke und Verwundete
im Katastrophen-und
Verteidigungsfall.

FELDJÄGERBATAILLON 760

Das Bataillon gehört zu
den Führungstruppen des
Heeres und untersteht dem
Wehrbereichskommando VI.
Es ist im militärischen
Verkehrs-und Ordnungs-
dienst eingesetzt und nimmt
Sicherheitsaufgaben wahr.

JÄGERBATAILLON 531

Das Bataillon ist ein mit
Räderfahrzeugen
ausgerüsteter Verband
der Infanterie, kämpft vor-
nehmlich mit Handwaffen
Panzerabwehrwaffen und
Raketen.
Es untersteht dem
Heimatschutzkommando l

Tag der offenen Tür bei der Bundeswehr ⊗

Seit 20 Jahren sind Einheiten° der Bundeswehr in der Landeshauptstadt München stationiert. Alle zwei Jahre veranstaltet° die Bundeswehr einen „Tag der Münchner Bataillone".

Dieser Tag der offenen Tür soll den Münchnern die Gelegenheit° geben, die hier stationierten Bataillone kennenzulernen.

„Wir wollen den Leuten unsere neuen Waffen vorstellen und ihnen erklären, warum wir sie ab und zu mit grösserem

Lärm belästigen° müssen", erklärte ein Sprecher der Bundeswehr.

Die Waffen- und Geräteschau° soll zusammen mit Gefechtsvorführungen° das Vertrauen° in die Bundeswehr stärken. Gleichzeitig° soll die Notwendigkeit° des Staatsbürgers° in Uniform dargestellt und die Integration der Soldaten in die Gesellschaft° vertieft° werden.

die Einheit *unit;* veranstalten *to organize, give;* die Gelegenheit *opportunity;* belästigen *to bother, annoy;* die Geräteschau *showing of military equipment;* die Gefechtsvorführung *combat demonstration;* das Vertrauen *confidence;* gleichzeitig *at the same time;* die Notwendigkeit *necessity;* der Staatsbürger *citizen;* die Gesellschaft *society;* vertiefen *to deepen*

Die Veranstaltung soll von 10 bis 17 Uhr auf dem Übungsplatz° an der Schleissheimerstrasse stattfinden. Zu den besonderen Attraktionen gehört die Verlosung von 350 Hubschrauberfreiflügen.° Es besteht auch die Möglichkeit, Panzerrundfahrten zu unternehmen. Für 11 und 15 Uhr sind je eine einstündige Gefechtsübung° vorgesehen.

Um den Autofahrern das Parken zu erleichtern, hat die Bundeswehr einen Teil des Übungsgeländes als Parkplatz freigegeben. Mit öffentlichen Verkehrsmitteln ist das Übungsgelände mit den Buslinien 84 und 184 sowie der Trambahnlinie 13 zu erreichen.

Flugabwehrbataillon°
Es hat die Aufgabe, wichtige Anlagen gegen feindliche Luftangriffe° zu schützen.

Panzergrenadierbataillon°
Ein Spähpanzer mit technischen Daten.

der Übungsplatz *training ground;* der Hubschrauber   *helicopter;* die Gefechtsübung   *combat practice;* Flugabwehr- *anti-aircraft;* feindliche Luftangriffe   *enemy air attacks;* Panzergrenadier- *armored infantry*

Jägerbataillon°

*Für den Kampf im Gelände, in Waldgebieten und Ortschaften.
Die Angehörigen tragen das grüne Barett.*

Sanitätsbataillon°

*Es verfügt° über
modernste medizi-
nische Einrichtungen°.*

Ausrüstung des einzelnen
Soldaten

Kl. Dienstanzug	172,90 DM
Gr. Dienstanzug	287,25 "
Ausgehanzug	237,30 "
Kampfanzug	1211,60 "
Arbeitsanzug	130,90 "

Gesamtwert 2039,95 DM

die Ausrüstung

Jäger-   ranger; Sanitäts-   medical; verfügen über A   to have at one's disposal; die Einrichtung   installation

7 Fragen zum Inhalt

1. Was ist in München stationiert und wie lange schon?
2. Was veranstaltet die Bundeswehr?
3. Was für ein Ziel hat dieser Tag?
4. Was meint ein Sprecher der Bundeswehr?
5. Was soll das Vertrauen in die Bundeswehr stärken?
6. Welche Idee soll besonders dargestellt werden?
7. Wo soll die Veranstaltung stattfinden?
8. Was gehört zu den besonderen Attraktionen?
9. Was für eine Möglichkeit besteht auch?
10. Was ist noch vorgesehen?
11. Wo können die Autofahrer parken?
12. Wie kann man sonst das Gelände erreichen?
13. Welche Aufgaben haben die einzelnen Bataillone?

8 Fragen zum Überlegen und Diskutieren

1. Diskutieren Sie über die Vorteile, die so ein Tag der offenen Tür bei der Bundeswehr haben kann!
2. Warum ist die Idee des Soldaten als Bürger in Uniform für die Deutschen von besonders grosser Bedeutung?
3. Haben Sie schon einmal so einen Tag der offenen Tür in Ihrer Gegend mitgemacht? Erzählen Sie davon!

9 Schriftliche Übung

Beantworten Sie Fragen 1 und 2 von Übung 8 schriftlich!

Wortschatz

Tag der offenen Tür bei der Bundeswehr

der **Angehörige, –n** (den –n) *member*
die **Anlage, –n** *installation*
die **Attraktion, –en** *attraction*
der **Autofahrer, –** *automobile driver*
das **Barett, –e** *beret*
das **Bataillon, –e** *battalion*
die **Buslinie, –n** *bus line*
die **Daten** (pl) *data*
die **Einheit, –en** *unit*
die **Einrichtung, –en** *installation*
das **Flugabwehrbataillon, –e** *anti-aircraft battalion*
die **Gefechtsübung, –en** *combat practice*
die **Gefechtsvorführung, –en** *combat demonstration*

das **Gelände** *grounds*
die **Gelegenheit, –en** *opportunity*
die **Geräteschau, –en** *showing of military equipment*
die **Gesellschaft, –en** *society*
der **Hubschrauberfreiflug, –̈e** *free helicopter ride*
die **Integration** *integration*
das **Jägerbataillon, –e** *ranger battalion*
der **Luftangriff, –e** *air attack*
die **Notwendigkeit, –en** *necessity*
die **Ortschaft, –en** *village*
das **Panzergrenadierbataillon, –e** *armored infantry battalion*
die **Panzerrundfahrt, –en** *ride on a tank*

das **Sanitätsbataillon, –e** *medical battalion*
der **Spähpanzer, –** *reconnaissance tank*
der **Sprecher, –** *spokesperson*
der **Staatsbürger, –** *citizen*
die **Trambahnlinie, –n** *streetcar line*
das **Übungsgelände** *training ground*
der **Übungsplatz, –̈e** *training ground*
die **Veranstaltung, –en** *event*
das **Vertrauen** *confidence*
das **Waldgebiet, –e** *wooded area*

belästigen *to bother, annoy*
darstellen (sep) *to present*
freigeben (sep) *to open, make available*
schützen *to protect*
stärken *to strengthen*
unternehmen *to do, undertake*
veranstalten *to organize, give*

verfügen über A *to have at one's disposal*
vertiefen *to deepen*

einstündig *one-hour*
feindlich *enemy*
gleichzeitig *at the same time*

medizinisch *medical*
stationiert *stationed*
vorgesehen *planned*

eine Fahrt unternehmen *to take a ride*
je eine *for each*

14 Wettbewerbe
The Present Perfect and the Past Perfect

Wettbewerbe hat es wohl schon in den frühesten Zeiten der Menschheit gegeben; denken wir nur mal an die Olympischen Spiele im antiken Griechenland.

Wettbewerbe gibt es aber nicht nur im Sport, sondern auf vielen anderen Gebieten: in der Musik, im Theater, in der Fotografie usw. Haben Sie schon einmal darüber nachgedacht, wie viele verschiedene Wettbewerbe Sie kennen? Bei welchen haben Sie vielleicht selbst mitgemacht?

Bei diesem Musikwettbewerb hat die Kapelle aus Schottland gewonnen.

Beim Wettbewerb im Schilaufen hat die Nummer 186 gewonnen. Das ist die Erika Poppel. Sie ist am schnellsten gefahren und hat die beste Zeit gehabt.

Der Wettbewerb im Drachenfliegen hat letzten Sonntag stattgefunden. Einige Hundert Fans haben gesehen, wie der Georg Hinterlechner die beste Zeit geflogen hat und die schönste Landung gemacht hat.

Für diesen Theaterwettbewerb, „Der Rattenfänger von Hameln", haben die Schüler viel Zeit verbraucht. Sie haben die Kostüme selbst genäht, die Kulissen hergestellt, und sie haben lange geübt und geprobt.

The Present Perfect and the Past Perfect

1. The perfect is a compound tense, which means that it consists of more than one verb form: an auxiliary (**haben** or **sein**) and a past participle. The past participle is usually at the end of the sentence.

    Ich **habe** Fussball **gespielt.**   *I played soccer.*
    Wir **sind** in Urlaub **gefahren.**   *We went on vacation.*

2. German verbs are divided into two groups: weak and strong. Weak verbs form their past participles in a very regular manner, strong verbs form theirs in a less predictable way.

    a. The past participles of most weak verbs are formed with **ge-** plus the present tense **er**-form which ends in **-t.**
    (er) spielt: **gespielt**   (sie) lacht: **gelacht**

    b. The past participles of many strong verbs are formed with **ge-** plus the infinitive which ends in **-n** or **-en.** The past participles of most strong verbs, however, have a stem vowel different from the stem vowel of the infinitive. There may also be consonant changes. It is therefore necessary to learn the past participle of each new verb (and whether it is used with **haben** or **sein**) when you learn the infinitive.
    kommen: **gekommen**   tun: **getan**   sein: **gewesen**

    For a review of past participles of strong verbs, turn to the section "Principal Parts of Verbs" in the Grammar Summary.

3. Verbs with a separable prefix form their past participles by inserting **-ge-** between the verb prefix and the verb.
    weak verbs: abholen, er holt ab: **abgeholt**   Er **hat** uns **abgeholt.**
    strong verbs: ankommen, er kommt an: **angekommen**   Wir **sind angekommen.**

4. Verbs with inseparable prefixes do not add **ge-** in the past participle.
    weak verbs: besuchen, er besucht   Er **hat** uns **besucht.**
    strong verbs: bekommen   Wir **haben** es **bekommen.**
                 verlieren   Wir **haben** es **verloren.**

5. Verbs ending in **-ieren** are always weak. They do not add **ge-** in the past participle. The past participle is identical with the present tense **er**-form.
    fotografieren, er fotografiert: Harry **hat** uns **fotografiert.**
    passieren, es passiert: Was **ist passiert?**

6. The past perfect is formed the same way as the perfect, except that **haben** or **sein** are used in their past tense forms.
    Ich **hatte** die Zeitung schon **gelesen.**
    Wir **waren** in Österreich **gewesen.**

Uses of the Perfect

1. The perfect is used in conversation, when talking about events that occurred in the past. It is often referred to as the conversational past.
    Wo **bist** du **gewesen?**   —Ich **hab'** ein schönes Theaterstück **gesehen.**

2. It is regularly used when events began in the past and end in the present.

  Die Kinder **sind** aus dem Theater **zurückgekehrt.** (Sie sind jetzt wieder da.)

  Es **hat** heute nacht **geregnet.** (Die Strassen sind noch nass.)

3. It is usually used in statements with adverbs, such as **ein paarmal, mehrmals, oft,** or in negative statements together with words such as **nie, kaum.**

  Wir **haben** schon oft (mehrmals) Theater **gespielt.**

  Ich **habe** mit ihnen nie (kaum) darüber **gesprochen.**   [1–7]

Some Special Uses of the Perfect:

1. In **"ob"** questions about the past. Such questions suggest conjecture or possibility, like English questions that begin with "I wonder if . . ." or "Do you think . . .?":

  Ob die Kinder schon **zurückgekehrt** sind?   [8]

2. To predict a near future event as a certainty:

  Wir **haben** bestimmt bis Freitag ein Spiel **gefunden.**

  I will have repaired the bike in half an hour.   [9]

3. As an imperative, when something is expected to be finished at a certain time in the near future:

  Kurt! Bis Mittag **hast** du dein Zimmer **aufgeräumt!**   [10]

Use of the Past Perfect

The past perfect is used to report events that were completed before something else happened. The "something else" is usually stated in the imperfect, often introduced with the conjunctions **als** or **bevor.** Clauses introduced with **nachdem** are often in the past perfect.

  Als wir **ankamen, hatte** das Spiel schon **begonnen.**

  Sie **hatten** die Schwimmwesten **angezogen, bevor** sie **segelten.**

  Nachdem sie das Stück **aufgeführt hatten, gingen** sie nach Hause.   [11]

Übungen

1 Üben Sie das Perfekt!

Practice the forms of the past participles, especially of the strong verbs. Refer to the "Principal Parts of Verbs" section on page 297 at the end of this textbook. Practice both orally and in writing, using the following examples as a guide.

BEISPIELE laufen ⟶ ist gelaufen

     essen ⟶ Ich habe schon gegessen

     nehmen / Zug → Er hat den Zug genommen.

2 Hier beantwortet jemand eine Reihe von Fragen über eine Theatervorstellung. ⊗ ▥

BEISPIEL (sein) Ich bin gestern im Theater __gewesen__.

1. (ansehen) Ich hab' mir ein Lustspiel _____.
2. (stattfinden) Die Vorführung hat im Schauspielhaus _____.

3. (anfangen) Die Aufführung hat um 20 Uhr _____.
4. (gefallen) Das Stück hat mir gut _____.
5. (lachen) Die Leute haben viel _____.
6. (klatschen) Und am Ende haben sie laut und lange _____.

3 Diese Schüler sind mit ihrem Wettbewerb schon fertig. Jemand fragt sie: ⊗

BEISPIEL   Wann spielt ihr? *Wir haben schon gespielt.*

1. Wann singt ihr?
2. Wann übt ihr?
3. Wann probt ihr?
4. Wann springt ihr?

5. Wann turnt ihr?
6. Wann lauft ihr?
7. Wann werft ihr?

4 Für den Theaterwettbewerb ist auch schon alles fertig. ⊗

BEISPIEL   Müsst ihr das Stück noch schreiben?
Wir haben es schon geschrieben.

1. Müsst ihr die Rollen noch verteilen?
2. Müsst ihr die Bühnenbilder noch entwerfen?
3. Müsst ihr die Kulissen noch bauen?
4. Müsst ihr die Kostüme noch nähen?
5. Müsst ihr die Musik noch einstudieren?

5 Was hast du schon alles getan? Jemand fragt: ⊗

BEISPIEL   Gewinnst du manchmal? *Ich hab' schon oft gewonnen.*

1. Verlierst du manchmal?
2. Schreibst du manchmal?
3. Machst du manchmal mit?
4. Fliegst du manchmal?

5. Probst du manchmal?
6. Läufst du manchmal Schi?
7. Fotografierst du manchmal?
8. Denkst du manchmal darüber nach?

6 Du siehst etwas auf dem Tisch. Was fragst du? ⊗

BEISPIEL   Da steht ein schöner Kuchen auf dem Tisch.
Hast du den Kuchen gebacken?

1. Da steht eine leere Saftflasche.
2. Der Salat ist auch weg.
3. Da liegen zwei Teile von einer Gabel.

4. Da liegt nur noch eine Mark, nicht zwei.
5. Da liegt ein offener Brief. Er war vorher zu.
6. Da liegen zwei schöne Farbbilder.

7 Schriftliche Übungen

a. Schreiben Sie Sätze im Perfekt, wie im Beispiel!

BEISPIEL   Inge / ihr Freund / anrufen / mehrmals
Inge hat ihren Freund mehrmals angerufen.

1. die Kinder / Theater spielen / ein paarmal
2. sie *(pl)* / für andere Dinge / kaum / Zeit haben
3. sie *(pl)* / proben / oft / am Nachmittag
4. Hans-Jörg / steckenbleiben / mehrmals
5. die Zuschauer / das / merken / kaum

b. Schreiben Sie Sätze im Perfekt, wie im Beispiel!

BEISPIEL Galileo / 1593 / Thermometer / erfinden
Galileo hat 1593 das Thermometer erfunden.

1. Kolumbus / 1492 / Amerika / entdecken
2. München / 1966 / die erste Fussgängerzone / anlegen
3. Matthias Klotz / bis 1743 / in Mittenwald / Geigen bauen
4. Rosi Mittermeier / 1976 / zwei Goldmedaillen / im Schilaufen / gewinnen
5. Martina Lankow / bis 1978 / die Hauptschule in Karlsruhe / besuchen
6. sie *(sing)* / von 1978–1980 / ihre Lehrzeit / machen

8 Erika hatte viel vor. Ob sie alles getan hat? ⊗

BEISPIEL Sie wollte am Wettbewerb teilnehmen.
Ob sie am Wettbewerb teilgenommen hat?

1. Sie wollte zuerst einen Kurs mitmachen.
2. Sie wollte sich neue Schier kaufen.
3. Sie wollte mit dem Zug nach Österreich fahren.
4. Sie wollte die ganze Woche Schi laufen.
5. Sie wollte die ganze Woche trainieren.
6. Sie wollte die beste Zeit haben.
7. Sie wollte gewinnen.

9 Alles wird bis zu einer bestimmten Zeit getan sein. ⊗

BEISPIEL Werdet ihr bis Freitag ein Spiel finden?
Wir haben bestimmt bis Freitag ein Spiel gefunden!

1. Werdet ihr bis zu Weihnachten das Stück schreiben?
2. Werdet ihr euch bis November auf einen Titel einigen?
3. Werdet ihr bis nächste Woche die einzelnen Rollen aussuchen?
4. Werdet ihr bis Mitte Februar das Lustspiel einstudieren?
5. Werdet ihr bis Anfang März alle Kulissen entwerfen und bauen?
6. Werdet ihr bis Mitte März alle Kostüme nähen?

10 Ein Lehrer ermahnt seine Schüler. Was sagt er? ⊗

BEISPIEL Er möchte, dass Hans bis zu Mittag den Saal aufräumt.
Hans! Bis zu Mittag hast du den Saal aufgeräumt!

1. Er möchte, dass Ursel bis 4 Uhr die Kostüme näht.
2. Er möchte, dass Fritz bis morgen die Einladungen schreibt.
3. Er möchte, dass Inge bis Freitag alles für die Party vorbereitet.
4. Er möchte, dass Hans bis Samstag die Kulissen baut.
5. Er möchte, dass Monika bis übermorgen den Text lernt.
6. Er möchte, dass Klaus bis zum Wochenende die Musik einstudiert.

11 Schriftliche Übungen

a. Vor dem Schiwettbewerb. Bilden Sie Sätze im Plusquamperfekt, wie im Beispiel!

BEISPIEL Wir kommen in die Schule. Der Lehrer bespricht schon den Wettbewerb.
Als wir in die Schule kamen, hatte der Lehrer schon den Wettbewerb besprochen.

1. Wir kommen an den Bahnhof. Die Schüler versammeln sich dort schon.
2. Wir steigen aus dem Bus. Einige Schüler gehen schon in den Fotoladen.

3. Ich komme in die Bank. Zwei Mitschüler wechseln schon ihre D-Mark.
4. Der Lehrer sieht aus dem Bus. Viele Schüler schnallten sich schon die Schier an.
5. Er tritt an die Kasse. Zwei Schüler kaufen sich schon eine Liftkarte.
6. Er kommt zur Liftstation. Einige Schüler fahren schon zum Gipfel.

b. Vor dem Segelwettbewerb. Gebrauchen Sie die folgenden Sätze im Plusquamperfekt!

BEISPIEL   Die Mädchen ziehen sich die Schwimmwesten an, bevor sie segeln.
Die Mädchen hatten sich die Schwimmesten angezogen, bevor sie segelten.

1. Sie setzen den Mast ein, bevor sie das Segel befestigen.
2. Sie ziehen das Boot den Steg entlang, bevor sie das Ruder einsetzen.
3. Sie holen die Segelboote, bevor der Lehrer ankommt.
4. Sie ziehen sich die Turnschuhe an, bevor der Lehrer sie sieht.
5. Sie steigen in die Boote, bevor der Lehrer etwas sagt.

c. Bilden Sie Sätze im Plusquamperfekt, wie im Beispiel!

BEISPIEL   Zuerst wählten die Schüler ein Thema aus, dann schrieben sie den Text.
Nachdem die Schüler ein Thema ausgewählt hatten, schrieben sie den Text.

1. Zuerst diskutierten sie das Thema, dann machten sie Pläne.
2. Zuerst verteilten sie die Rollen, dann studierten sie sie ein.
3. Zuerst entwarfen sie die Bühnenbilder, dann bauten sie sie.
4. Zuerst lernten sie die Rollen, dann probten sie sie.
5. Zuerst schrieben sie die Musik, dann studierten sie sie ein.

Kennen Sie die? ⊗

Stilblüten aus Schüleraufsätzen

Thema: Unsere Familie
Mein Vater hat nicht weniger als sieben Geschwister. Nur meine Mutter kommt aus einer kinderlosen Familie.

Seine Mutter ist eine Dame von der Ferse bis zur Zehe.

Thema: Besuch im Tierpark
Dann fuhren wir nach Berlin, gingen in den zoologischen Garten und besuchten unsere Verwandten.

In Hellabrunn kann man viele Tiere sehen, die ganz selten sind. Ja einige sind da, die es gar nicht gibt.

Thema: Unsere Gesundheit
Vor dem Frühstück soll man nie arbeiten. Wenn man aber doch vor dem Frühstück arbeiten muss, soll man wenigstens vorher etwas essen.

Wir müssen unsere Augen schonen, denn sie sind der einzige Körperteil, mit dem wir sehen können.

Stilblüten schoolboy boners; die Ferse heel

Drachenfliegen°, ein neuer Sport ⊗

Der Traum des Menschen, wie ein Vogel fliegen zu können, besteht schon lange. Wir denken an die griechische Sage°, an die Tragödie von Dädalus und seinem Sohn Ikarus[1], der auf der Flucht von Kreta nach Sizilien mit einem Drachen aus Federn und Wachs der Sonne zu nahe kam und ins Meer stürzte.

Diesem Traum kam die Menschheit näher mit der Erfindung des Hängegleiters der Brüder Otto (1848–96) und Gustav Lilienthal (1849–1933)[2]. Der moderne Drachenflug basiert auf der Grundlage° amerikanischer Konstruktionsversuche, die um 1948 begannen. Heute ist Drachenfliegen ein auf der ganzen Welt beliebter Sport und ein Sport mit einer grossen Zukunft.

In Europa, wie auch in Amerika, gibt es heute schon eine Reihe von Drachenflug-Schulen und offiziell genehmigte° Flugrouten für Drachenflieger. Eine dieser Schulen ist die Delta-Flugschule Inzell/Ruhpolding, in Südostbayern. Die Hauptflugroute dieser Schule ist die Gegend von Samerberg bei Törwang, südlich vom Chiemsee.

---

das Drachenfliegen   *hang gliding;* die Sage   *legend;* die Grundlage   *foundation, groundwork;* genehmigt   *approved*

[1] In Greek mythology, Daedalus was an Athenian architect and inventor. He designed and built for King Minos of Crete the Cretan Labyrinth, a maze to confine the Minotaur, a monster with the body of a man and the head of a bull. Later, Daedalus and his son Ikarus were imprisoned in this labyrinth. They escaped by means of wings built with feathers and wax. Ikarus flew too close to the sun, the wax melted, and he plunged into the sea.

[2] The Lilienthal brothers, Otto (1848–1896) and Gustav (1849–1933) were aviation pioneers. Otto's glider flights and observations about bird flights were instrumental in subsequent construction of planes.

Auf der Flugstrecke vom Hochries (1569 m) finden heute die Europameisterschaften im Drachenfliegen statt. Drachenflieger aus verschiedenen europäischen Ländern nehmen an diesem Wettbewerb teil, der leider schon zweimal wegen schlechten Wetters verschoben werden musste.

Aber heute scheint die Sonne, und die Thermik° ist ideal für einen langen Flug vom Hochries zur Landefläche, wo sich heute einige hundert Fans eingefunden haben, um sich diesen Wettbewerb anzusehen.

Der Hängegleiter-Sportshop München hat Hängegleiter und Zubehör° ausgestellt°,

und die bunten Drachen, die Sturzhelme und Fallschirme° rufen besonders bei den jüngeren Besuchern grosse Bewunderung hervor°.

Für die Drachenflieger selbst ist dieser Tag der Wettbewerb, für den sie schon lange trainiert haben. Die Ausbildung, die in den einzelnen Ländern verschieden ist, richtet° sich in der Bundesrepublik nach den Richtlinien° der Sektion Hängegleiter im Deutschen Aero Club e.V.[3] und den Regeln des Verbandes° Deutscher Drachenfluglehrer e.V. Diese Bestimmungen° regeln° die Ausbildung eines Drachenflugschülers in drei Etappen°:

Zuerst erwirbt° der Schüler einen „Lernausweis" mit einer praktischen Prüfung. Der Schüler muss einen Höhenunterschied° von mindestens 50 Metern fliegen, eine S-Kurve machen und sturzfrei° in einem Zielkreis° mit einem Radius von 50 Metern landen. Der Schüler muss auch eine schriftliche theoretische Prüfung bestehen, in Aerodynamik, Gerätekunde°, Luftrecht°, Erste Hilfe.

In den zweiten und dritten Etappen erwirbt der Schüler die Luftfahrerscheine A und B für Drachenflieger, Die Anforderungen° für diese Scheine sind sehr hoch.

die Thermik *warm up-current of air;* das Zubehör *accessories;* ausstellen *to exhibit, show;* der Fallschirm *parachute;* hervorrufen *to evoke, give rise to;* s. richten nach *to conform to;* die Richtlinien (pl.) *guidelines;* der Verband *association;* die Bestimmung *stipulation;* regeln *to regulate;* in Etappen *in stages;* erwerben *to acquire;* der Höhenunterschied *difference in altitude;* sturzfrei *without falling;* der Zielkreis *landing circle;* die Gerätekunde *knowledge of the equipment;* das Luftrecht *air traffic rules;* die Anforderung *requirement*

[3] **e. V.** stands for **eingetragener Verein,** *registered club.*

Für den B-Schein beispielsweise muss der Schüler einen Mindesthöhenunterschied von 400 Metern fliegen, einen Achterflug° machen und sturzfrei in einem Zielkreis mit einem Radius von nur 25 Metern landen.

Wettbewerbe im Drachenfliegen gibt es erst seit Mitte der siebziger Jahre. Die erste, noch inoffizielle, Weltmeisterschaft fand 1975 in Kössen (Tirol) statt und die erste Deutsche Meisterschaft 1976 in Ruhpolding.

Wie schon gesagt ist die Thermik heute ausgezeichnet, und es ist für die einzelnen Drachenflieger einfach, die vorgeschriebene Route zu fliegen und im Landekreis auf der Wiese zu landen. Die Zuschauer verfolgen mit ihren Ferngläsern die einzelnen Flüge, und bei jeder Landung gibt es einen grossen Applaus, auch wenn mal eine Landung etwas schiefgeht°. Der Wettbewerb verläuft reibungslos°. Jeder Pilot hat drei Flüge. Die Ergebnisse (Zeit, Flugstil, Landung) werden genau notiert und der Sieger ermittelt°.

Unser Hinterlechner Schorsch[4] hat nicht schlecht abgeschnitten°. Er ist auf den 5. Platz gekommen. Nicht schlecht für einen Anfänger.

Manche Drachenflieger fahren gleich nach dem Wettbewerb weiter; manche eilen zu einem anderen Ereignis, andere sind mit ihrem Ergebnis enttäuscht und reisen ab. Die meisten aber bleiben, denn heute am Abend findet auf dem Gipfelhaus auf dem Hochries ein Hüttenfest statt. Das will sich keiner entgehen lassen°!

---

der Achterflug *prescribed flight figure in the form of the numeral 8;* schiefgehen *to go wrong, turn out badly;* reibungslos *smoothly;* ermitteln *to determine;* schlecht (gut) abschneiden *to do badly (well);* s. etwas entgehen lassen *to miss*

[4] **Schorsch** is a southern German nickname for **Georg.**

ZETKA-aa78
Hochleistungsdrachen
Zettelmeier u. Hallenbach
Metallwarenfabrik-Drachenbau-
u. Zubehörhandel
8958 Füssen, Tel. 08362-7348
Technische Daten:

Spannweite 9,74 mtr. Sinkgeschwindigkeit 1 m/s
Segelfläche 18 qm Fluggeschwindigkeit 17-60 km
Nasenwinkel 102° Gleitzahl 8
Tunnel 1,7° Gewicht 22,5 kg

Die Mehrzahl der Drachentypen haben eine dreieckige Form, wie der vierte griechische Grossbuchstabe Delta (Δ). Die Segelfläche beträgt 16,5 bis 21,5 qm[5], die Spannweite liegt zwischen 8 und 10,5 m. Das Gewicht eines kompletten Drachen liegt zwischen 11 kg und 24 kg.

Deutsche
Meisterschaft
im Drachenfliegen

Hochries/Grainbach
Münchner
Alpine Drachenflieger

Der Drachenflieger verwendet gewöhnlich einen Liegegurt°, der durch einen Kniehänger° ergänzt° wird. Der Pilot fliegt also in horizontaler Lage.

---

der Liegegurt *harness (to lie in);* der Kniehänger *device for knee support;* ergänzen *to supplement*

[5] **qm** stands for **Quadratmeter,** *square meter.*

Die Seilbahn geht nur bis zum Sattel, und von hier aus muss der Schorsch seinen Drachen zum Gipfel tragen. Das dauert eine ganze halbe Stunde!

Der Hinterlechner Schorsch hat schon lange für diesen Tag trainiert. Der Schorsch ist aus Rottach, und sein Trainingsberg ist der Rottacher Hausberg, der Wallberg (1722 m).

Am Gipfelkreuz[6] breitet er seine Ausrüstung aus. Einige Bergwanderer schauen ihm zu. Ein Mann hilft dem Schorsch beim Zusammenbauen. Jedes Teil übt eine bestimmte Funktion aus.

---

[6] **Das Gipfelkreuz** is a cross erected on a mountain peak, designating the top of the mountain. Often there is a metal box attached containing **das Gipfelbuch** for mountain-climbers to sign commemorating their having reached the top.

144   AUF DEM WEGE!

Der Schorsch schlüpft in den Liegegurt.

Der Hängegleiter wartet auf seinen Piloten.

Ein kräftiger Anlauf° und —

ein herrlicher Flug!

ein kräftiger Anlauf *a good, forceful start*

„So einen Quatsch kann er. Aber in Physik hat er eine Fünf!"

12 Fragen zum Inhalt

1. Wer waren die „ersten" Drachenflieger?
2. Wodurch wurden die Gebrüder Lilienthal bekannt?
3. Worauf basiert der moderne Drachenflug?
4. Wo gibt es Drachenflug-Schulen?
5. Wo befindet sich die Delta-Flugschule, und wo ist die Hauptflugroute dieser Schule?
6. Was findet heute am Hochries statt?
7. Wer nimmt an diesem Wettbewerb teil?
8. Warum ist der heutige Tag gut zum Drachenfliegen?
9. Was hat der Hängegleiter-Sportshop alles ausgestellt?
10. Wonach richtet sich die Ausbildung von Drachenfliegern in der BRD?
11. Was muss der Flugschüler in der ersten Etappe seiner Ausbildung tun, um den Lernausweis zu erwerben?
12. Was wird für den A- und B-Schein alles verlangt?
13. Wann fanden die ersten Meisterschaften im Drachenfliegen statt?
14. Beschreiben Sie das Drachenfliegen am heutigen Tag!
15. Was machen die Drachenflieger nach dem Wettbewerb?
16. Wie sieht ein Hängegleiter aus? Wie schwer ist er?
17. Erzählen Sie, was Sie alles über den Hinterlechner Schorsch wissen!

13 Fragen zum Überlegen und Diskutieren

1. Drachenfliegen ist ein nicht ungefährlicher Sport. Was wird alles getan, um die Gefahren für Piloten und Zuschauer zu senken? Diskutieren Sie!
2. Möchten Sie Drachen fliegen? Würden Ihre Eltern es Ihnen erlauben? Wo könnten Sie fliegen oder fliegen lernen? Sprechen Sie darüber!
3. Sie möchten an den Europameisterschaften im Drachenfliegen teilnehmen. Was müssten Sie vorher alles tun? Zählen Sie alles auf!
4. Warum reizen gefährliche Sportarten? Diskutieren Sie darüber!

14 Schriftliche Übungen

1. Schreiben Sie einen Bericht über Ihren Lieblingssport!
2. Beantworten Sie Fragen 2 und 4 von Übung 13 schriftlich!

Drachenfliegen, ein neuer Sport

der Achterflug, ⸚e   *prescribed flight figure in the form of the numeral 8*
die Aerodynamik   *aerodynamics*
die Anforderung, –en   *requirement*
der Anlauf, ⸚e   *(running) start*
der Applaus   *applause*
der Bergwanderer, –   *hiker*
die Bestimmung, –en   *stipulation*
die Bewunderung   *admiration*
der Drachen, –   *hang glider*
das Drachenfliegen   *hang gliding*
der Drachenflieger, –   *hang glider pilot*
der Drachenflug   *hang gliding*
der Drachenfluglehrer, –   *hang gliding instructor*
die Drachenflug-Schule, –n   *hang gliding school*
der Drachenflugschüler, –   *hang gliding student*
der Drachentyp, –en   *type of hang glider*
die Europameisterschaft, –en   *European Championship*
der Fallschirm, –e   *parachute*
der Fan, –s   *fan*
die Flucht, –en   *flight, escape*
der Flug, ⸚e   *flight*
die Flugroute, –n   *flight route*
die Flugschule, –n   *flight school*
der Flugstil, –e   *flight style*
die Flugstrecke, –n   *flight route*
die Form, –en   *form*
die Funktion, –en   *function*
die Gerätekunde   *knowledge of the equipment*

das Gipfelhaus, ⸚er   *lodge located on a mountain peak*
das Gipfelkreuz, –e   *(see fn p 144)*
der Grossbuchstabe, –n (den –n)   *capital letter*
die Grundlage, –n   *foundation, groundwork*
der Hängegleiter, –   *hang glider*
die Hauptflugroute, –n   *main flight route*
der Höhenunterschied, –e   *difference in altitude*
das Hüttenfest, –e   *party at a ski lodge*
der Kniehänger, –   *device for knee support*
der Konstruktionsversuch, –e   *construction attempt or experiment*
Kreta   *Crete*
die Lage, –n   *position*
der Landekreis, –e   *landing circle*
die Landung, –en   *landing*
der Lernausweis, –e   *learner's permit*
der Liegegurt, –e   *harness (to lie in)*
der Luftführerschein, –e   *pilot's license*
das Luftrecht   *air traffic rules*
die Mehrzahl   *majority*
die Menschheit   *humanity*
der Mindesthöhenunterschied   *minimum difference in altitude*
der Radius, –ien   *radius*
die Richtlinie, –n   *guideline*
die Route, –n   *route*
der Pilot, –en (den –en)   *pilot*
die Sage, –n   *legend*

der Sattel, ⸚   *saddle (ridge between two mountain peaks)*
der Schein, –e   *certificate*
die Segelfläche   *surface area of the wings*
die Seilbahn, –en   *cable car*
die Sektion, –en   *section*
Sizilien   *Sicily*
die S-Kurve, –n   *s-curve*
die Spannweite   *wing span*
die Thermik   *warm up-current of air*
die Tragödie, –n   *tragedy*
der Trainingsberg, –e   *training mountain*
der Traum, ⸚e   *dream*
der Verband, ⸚e   *association*
die Weltmeisterschaft, –en   *world championship*
der Zielkreis, –e   *target area*
das Zubehör   *accessories*
das Zusammenbauen   *putting together, assembly*

abreisen (sep)   *to depart*
ausstellen (sep)   *to exhibit, show*
basieren auf D   *to be based on*
betragen   *to amount to*
eilen (ist geeilt)   *to hurry*
s. einfinden (sep)   *to gather*
ergänzen   *to supplement*
ermitteln   *to determine*
erwerben (a, o)   *to acquire*
hervorrufen (sep)   *to evoke, give rise to*
notieren   *to note*
regeln   *to regulate*
s. richten nach   *to conform to*
schiefgehen (sep)   *to go wrong, turn out badly*
schlüpfen in A (ist geschlüpft)   *to slip into*
stürzen (ist gestürzt)   *to plunge*
teilnehmen an D (sep)   *to participate in*

verfolgen   *to follow*
verlaufen   *to proceed (an event)*
verwenden   *to use*

beispielsweise   *for example*
dreieckig   *triangular*
genehmigt   *approved*
griechisch   *Greek*
horizontal   *horizontal*
inoffiziell   *unofficial*
komplett   *complete*
kräftig   *forceful*
mindestens   *at least*
offiziell   *official*
reibungslos   *smoothly*
schriftlich   *written*
sturzfrei   *without falling*
verschieden   *various*
vorgeschrieben   *prescribed*
wegen G *or* D   *because of*

auf der ganzen Welt   *in the whole world*
die siebziger Jahre   *the 70's*
eine bestimmte Funktion ausüben   *to have a specific function*
eine Reihe von   *a number of*
gut/schlecht abschneiden   *to do well/badly*
in Etappen   *in stages*
qm (Quadratmeter)   *square meter*
s. etwas entgehen lassen   *to miss*
zu nahe kommen   *to get too close*

Ein Bäcker fand neulich in Stade[1]
im Brötchenteig° eine Made°.
Er fragte sie bange:
Wohnst du hier schon lange?
Nein, sprach sie, ich bin ein Nomade.

Ein Mädchen stand vor dem Tigerkäfig.
Ein junger Mann ging um sie herum.
Er schaute sie an und lächelte.
„Ich glaube, ich hatte schon einmal
das Vergnügen . . .‟
„Kann mich nicht erinnern.‟
„Doch.‟
„Wann?‟
„Sie sahen mich an, als sie vorhin
vor dem Affenkäfig standen.‟
Das Mädchen erinnerte sich. „Ja,
jetzt erkenne ich Sie wieder! Aber
sagen Sie mal, wie sind Sie denn aus
dem Käfig herausgekommen?‟

Die Kinder stritten sich.
Der eine Junge rannte davon.
Der andere blieb da und weinte°.
„Wein doch nicht, Peter! Du bekommst
wieder einen anderen Freund!‟
Der Junge weinte lauter: „So einen
bestimmt nicht! Sein Vater war
Konditor°!‟

Ein Mann kaufte sich eine alte
Standuhr. Als er sie nach Hause
schleppte, stiess er mit einem
Passanten zusammen.
„Mensch‟, sagte er, „können Sie
nicht die Augen aufmachen?‟
„Und Sie‟, meinte der andere,
„können Sie nicht eine Armbanduhr
tragen wie andere auch?‟

„Herr Ober°! Mein Mantel ist weg!‟
„Sollte ihn vielleicht der Fremde
genommen haben, der dort am
Fenster sass?‟
„Schon möglich. Der kam mir,
als er ging, so bekannt vor.‟

Zwei Forellen° trafen sich im Bergbach.
„Hei[2]!‟ grüsste die eine. „Wo?‟ fragte
die andere erschrocken°.

der Brötchenteig   *dough for making rolls;* die Made   *maggot;* weinen   *to cry;* der Konditor   *pastry baker;* der Ober
waiter; die Forelle   *trout;* erschrocken   *alarmed, scared*

[1] Stade is a city in northern Germany.
[2] **Hai,** pronounced the same as **Hei,** means *shark.*

Uses of the Imperfect

Three tenses are commonly used to express past time in German:
1. the imperfect, also called the simple or narrative past
2. the present perfect, also called the conversational past
3. the past perfect, also called the pluperfect

The use of these tenses is similar to the use of corresponding forms in English. Usage is slowly changing, however, in both English and German. In English the perfect tense is becoming less frequent, in German more frequent.

In Written German

1. The imperfect is used to relate past events recalled from memory. It is the usual tense of narration.

   > Wir überquerten den Rhein und fuhren durch eine hübsche
   > Gegend, die viele von uns noch nicht kannten. Plötzlich hielt der
   > Bus an. Jemand stieg aus; ihm war schlecht. Nach fünf Minuten
   > kam er zurück, und wir fuhren weiter.

   In passages such as the one above, there is no difference in meaning between the imperfect and the perfect. The perfect could have been used here as a stylistic variation, making the passage sound less formal. However, extensive use of the perfect can become awkward as verb forms accumulate. [1–3]

2. The imperfect is normally used in "when" clauses beginning with **als,** to express a single event in the past.

   > Als ich **aufwachte,** schien die Sonne.
   > Wir machten das Feuer aus, als wir **wegfuhren.** [4]

   For a review of the imperfect forms of strong verbs, turn to the section "Principal Parts of Verbs" in the Grammar Summary.

Übungen

1 Bilden Sie Sätze im Imperfekt mit den auf Seite 297 aufgelisteten Verben!

BEISPIEL Lehrer: lesen Schüler 1 *las*
　　　　　　　　　　　　　　Schüler 2 *Wir lasen ein Schauspiel.*

2 Sagen Sie die folgenden Sätze im Imperfekt! ⊗

1. Die Gäste zahlen an der Kasse und bekommen eine Eintrittskarte.
2. An der Seite stehen Bänke, auf denen sich ältere Leute ausruhen.
3. Die Schüler entwerfen die Kostüme und nähen sie selbst.
4. Wir parken vor der Stadt und sehen uns die Hochzeit an.
5. Die Wielands fahren nach Germersheim, und sie bleiben eine Woche dort.
6. Harry besitzt eine alte Kamera, mit der er die schönsten Dias macht.
7. Meine Schwester wäscht sich die Haare und trocknet sie.
8. Die Jungen treffen sich vor der Tanzstunde und unterhalten sich.

3 Lesen und schreiben Sie die folgenden Abschnitte im Imperfekt! ⊗

1. Peter hat einen guten Job. Er arbeitet in einem Restaurant, und er verdient gut. Am Abend besucht er eine Fahrschule, denn er will den Führerschein machen. Der Lehrer nimmt die Verkehrszeichen durch. Das ist leicht für Peter, denn er kennt diese schon.

2. Im Winter gibt es bei den Bauern besonders viel zu tun. Die Jungen stehen schon um halb sechs auf und arbeiten bis um sieben Uhr im Stall. Dann müssen sie zur Schule. Gegen drei Uhr kommen sie aus der Schule zurück, machen ihre Hausaufgaben und helfen dann wieder im Stall mit.

3. Ich stelle mich an eine Strassenecke und beobachte, wie meine Mitmenschen die Stadt verschmutzen. Einer wirft seine Zigarette weg, ein anderer räumt seine Manteltasche aus und lässt alles auf den Bürgersteig fallen. Einer steht von der Bank auf, aber er vergisst seine Zeitung. Diese packt der Wind, spielt mit ihr und schickt sie, Seite für Seite, in eine andere Richtung.

4. Am Nachmittag trifft Ware von der Zentrale ein. Ich vergleiche sie mit dem Lieferschein und prüfe, ob alles da ist. Dann packe ich die Ware aus, gebe ihr einen Preis und stelle sie in die Regale. Später helfe ich in der Kuchenabteilung, und gegen Abend setze ich mich an die Kasse.

5. Wir versammeln uns vor dem Hauptbahnhof und warten auf den Bus. Der Bus kommt, wir laden unser Gepäck ein, steigen ein, und bald fahren wir auf der Autobahn in Richtung Österreich. An der Grenze hält der Bus für die Passkontrolle, und dann geht's weiter. In Westendorf steigen wir aus, wechseln unser Geld, sehen uns das Dorf an, kaufen eine Liftkarte und fahren dann mit dem Sessellift zum Maierhof hinauf.

4 Was passierte, als . . . ? ⊗

BEISPIEL   Ich wache auf. Die Sonne scheint.   *Als ich aufwachte, schien die Sonne.*

1. Ich gehe ins Bad. Das Telefon klingelt.
2. Ich fahre in die Schule. Ich treffe meinen Lehrer.
3. Wir kommen zur Schule. Die Schüler stehen auf dem Bürgersteig.
4. Der Bus kommt. Wir steigen ein.
5. Herr Mohr erscheint. Wir fahren los.
6. Wir überqueren die Grenze. Das Wetter wird schöner.

5 Mündliche / Schriftliche Berichte

Erzählen oder schreiben Sie die folgenden Berichte im Imperfekt!

1. Wie Werner Holzer seine Stelle bekam.
   a. Anzeige in der Zeitung lesen
   b. s. um Lehrstelle bewerben
   c. ein Bewerbungsschreiben schicken
   d. einen handgeschriebenen Lebenslauf beilegen
   e. nach einer Woche Antwort bekommen
   f. zu einem Vorstellungsgespräch gehen
   g. die Lehrstelle bekommen

2. Wie Sabine Fischer den Führerschein machte.
   a. zur Fahrschule gehen
   b. theoretischen und praktischen Unterricht haben
   c. Erste-Hilfe-Kursus mitmachen
   d. s. zur Prüfung anmelden
   e. den Führerschein bekommen

3. Wie wir uns auf unseren Urlaub vorbereiteten.
   a. Reiseprospekte sammeln
   b. über die verschiedenen Reiseziele diskutieren
   c. Ferienorte im Reiseatlas nachsehen
   d. s. für einen Ferienort entscheiden
   e. den Wagen packen und losfahren

Anekdoten und Witze ⊗

Die Reisszwecke

Ein alter, kinderloser Millionär kommt wieder einmal in sein Heimatdorf zurück und beobachtet die Kinder, die eben aus der Schule kommen. Da sieht er, wie sich ein Junge bückt°, eine Reisszwecke aufhebt° und in die Tasche° steckt.
„Der Kleine ist sparsam° und ordentlich", denkt der Herr bei sich. „Das wäre ein Erbe° für mein Geschäft." Der Millionär adoptiert den Jungen und lässt ihn ausbilden.
Der Junge ist nun schon lange im Betrieb seines Adoptivvaters. Da fragt er ihn eines Tages: „Warum hast du gerade mich ausgewählt?"
Da erzählt ihm der Millionär, was er damals beobachtet hatte. Er kann nur nicht verstehen, warum der junge Mann plötzlich in ein Gelächter° ausbricht.
„Die Reisszwecke", sagt er, während er sich die Lachtränen° aus den Augen wischt, „die hab' ich am nächsten Tag auf den Stuhl meines Klassenkameraden gelegt . . ."

Eine Hausfrau steht vor einem Obststand und wählt mit den Augen. Plötzlich zeigt sie auf die roten Delicious.
„Sind das deutsche Äpfel?"
Die Obstfrau fühlt sich herausgefordert°.
„Wieso?" fragt sie. „Wollen Sie sie essen, oder wollen Sie sich mit ihnen unterhalten?"

Der Gast bestellt Suppe. Der Ober° bringt sie.
Gast: „Da ist ja eine Fliege drin!"
Ober: „Nicht so laut! Sonst will jeder eine."

Der Ehemann° kommt nach Hause, macht die Tür auf und ruft:
„Renate, was gibt's zu essen, und was machen die Kinder?" –
„Schnitzel und Masern!"

---

s. bücken *to bend down;* aufheben *to pick up;* die Tasche *pocket;* sparsam *thrifty;* der Erbe *heir;* das Gelächter *laughter;* die Lachtränen (pl) *tears of laughter;* herausgefordert *challenged;* der Ober *waiter;* der Ehemann *husband*

Professor Mücke besucht München. Er wendet sich an einen Polizisten: „Wo ist hier der Stachus³?"
Höflich erklärt ihm der Polizist den Weg. —
„Danke", sagt Professor Mücke. „Sie können sich wieder setzen⁴!"

Witze verschiedener Landschaften°

Landschaftswitze sind heute populär. Der typische Bayer findet eben oft etwas anderes lustig als der typische Schwabe, Rheinländer, Friese oder Berliner. Es ist jedoch bemerkenswert°, dass die meisten Landschaftswitze aus der eigenen Gegend stammen. Man beschreibt sich selbst und lacht über sich selbst.

(aus Bayern)

Die Zenzi will sich fotografieren lassen. Sie fährt in die Stadt und besucht einen Fotografen. Er fragt sie, wie ihr Bild sein soll, aber sie weiss es nicht. „Schon gut", meint der Fotograf, „blättern Sie mal dieses Album durch°! Hier sehen Sie Bilder in allen Ausführungen°. Da werden Sie bestimmt etwas Passendes finden."
Die Zenzi nimmt das Album und blättert. Nach einer Weile fragt der Fotograf: „Na, haben Sie sich entschieden?"
Die Zenzi sieht ihn an und sagt: „Ihre Bilder gefallen mir recht gut, aber ich möcht' halt doch gern eins, wo ich selber drauf bin°."

(nach Weiss Ferdl) ⁵

Um halb drei in der Früh. Der Peppi schwankt° vom Wirtshaus° heim und trifft eine gleichfalls schwankende Gestalt: „Entschuldigen S', Herr Nachbar, mir ist die Uhr stehengeblieben. Können Sie mir sagen: ist das da oben der Mond° oder die Sonne?"
„Weiss i net. I bin hier fremd°."

(nach Karl Valentin)

Lisl Karlstadt zu Karl Valentin⁵: „Weshalb bist du denn so grantig°?"
Valentin: „Ich hab' meine Brille verlegt°, und jetzt kann i sie net suchn, bis i sie g'funden hab'!"

---

die Landschaft *geographic area, region;* bemerkenswert *worth noting;* durchblättern *to leaf through;* Bilder in allen Ausführungen *pictures in all poses;* drauf sein *to be in (the picture);* heimschwanken *to sway, stagger home;* das Wirtshaus *pub;* der Mond *moon;* ich bin hier fremd *I'm a stranger here;* grantig *grouchy;* verlegen *to misplace*

³ **Der Stachus,** or **Karlsplatz,** is the busiest intersection in the center of Munich.
⁴ This is an old joke, stemming from a time when teachers in German schools were often called **Professor** and pupils were always required to stand when called on.
⁵ Weiss Ferdl (Ferdinand Weisheitinger), Karl Valentin, and Liesl Karstadt were popular Munich humorists in the 20's, 30's, and 40's.

(aus Friesland)

Eine ältere Dame geht spazieren. Sie ist kurzsichtig°, und ausserdem° kann sie auch schlecht hören. Sie ist müde und setzt sich auf eine Bank, die frisch gestrichen° ist.

Da kommt der Parkwächter vorbei und ruft ihr zu: „Diese Bank ist frisch gestrichen!"

Die Dame hält die Hand ans Ohr und ruft zurück:

„Wie?"

„Grün!"

Die Bundespost installiert Telefone in Ostfriesland. Ein Arbeiter steht auf einem Telefonmast und legt Drähte. Da kommt ein Ostfriese vorbei, lacht und geht weiter. Ein zweiter kommt vorbei, lacht und geht weiter. Auch ein dritter. Da wundert sich der Arbeiter, warum die so lachen. Da sagt einer der Ossis°: „Aber die Kühe können doch unter deinem Zaun hindurchlaufen!"

Eine Ostfriesin kommt in die Buchhandlung und sagt: „Ich möchte einen Globus° von Ostfriesland."

Warum ist bei vielen Ostfriesen das rechte Auge blau[6]? Weil sie beim Teetrinken vergessen haben, den Löffel aus der Tasse zu nehmen.

Warum gibt es in Ostfriesland Ebbe und Flut°? Antwort: Als vor vielen Jahren die Ostfriesen ans Meer kamen, hat das Wasser sich so erschrocken°, dass es sich zurückzog°. Jetzt kommt es jeden Tag zweimal um zu sehen, ob die Friesen immer noch da sind.

Warum tragen alle Friesen einen Revolver? Damit sie jeden erschiessen können, der ihnen einen Ostfriesenwitz erzählt.

---

kurzsichtig *near-sighted;* ausserdem *aside from that;* frisch gestrichen *freshly painted (wet paint);* der Ossi *nickname for a person from Ostfriesland;* der Globus *globe;* Ebbe und Flut *low tide and high tide;* s. erschrecken *to be frightened;* s. zurückziehen *to retreat*

[6] In German, a black eye is referred to as **"ein blaues Auge."**

(aus dem Rheinland)

Drei Schmitz' treffen sich. Einer aus Düsseldorf, einer aus Bonn und einer aus Köln. Der aus Düsseldorf erzählt: „Ich war neulich° in London bei der königlichen° Hochzeit. Wie ich durch den Hyde Park gehe, kommt mir eine Kutsche° entgegen. Drinnen sitzt die Königin und ruft: „Sind Sie nicht der Schmitz aus Düsseldorf?"
Ich sage: „Ja, dat bin ich. Der Schmitz aus Düsseldorf."
„Steigen Sie ein!" sagt die Königin. „Sie sind 14 Tage mein Gast."
Da sagt der Schmitz aus Bonn: „Als ich neulich durch Washington gehe, kommt mir der Reagan in einer schwarzen Limousine entgegen. Er schaut mich an, bremst° und sagt: „Sie sind doch der Schmitz aus Bonn, der Hauptstadt der Bundesrepublik, wo mein Freund Schmidt regiert?!"
Ich nicke°.
„Steigen Sie ein! Sie sind mein Gast für einen Monat!"
Da sagt der Schmitz aus Köln: „Dat is doch jarnix. Ich gehe neulich in Rom über den Petersplatz. Der Dom° ist voller Menschen. Der Papst° sitzt auf seinem Thron. Plötzlich sieht er mich und ruft: „Ja, Sie sind doch der Schmitz aus Köln. Kommen Sie zu mir auf den Thron! Wir müssen uns dem Volke zeigen."
„Als wir zusammen über den Petersplatz getragen werden, rufen 100 000 Pilger in allen Sprachen der Welt: ‚Wer sitzt denn da neben dem Schmitz aus Köln?' "

Jupp Schmitz lehnt° über einem Brückengeländer°.
Er flucht°: „So ein Pech! Verdammt noch mal! Jetzt ist mir die Brille in die Mosel gefallen."
Ein Passant verbessert° ihn: „Das ist doch nicht die Mosel, sondern der Rhein!"
„Sehen Sie", meint Jupp, „wie schlecht ich ohne Brille sehen kann!"

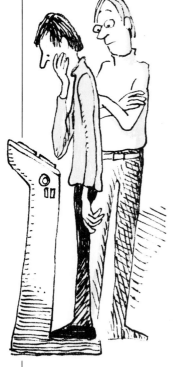

Tünnes und Schäl[7] schlendern° durch das Kaufhaus Tietz. Schäl stellt sich auf eine Waage°. Da fragt Tünnes grinsend: „Zu viel gefressen? Ein paar Pfund zu schwer?"
„Das nit. Aber nach der Tabelle müsste ich um 20 Zentimeter grösser sein!"

---

neulich *recently;* königlich *royal;* die Kutsche *carriage;* bremsen *to break;* nicken *to nod;* der Dom *cathedral;* der Papst *Pope;* lehnen *to lean;* das Brückengeländer *railing on a bridge;* fluchen *to curse;* verbessern *to correct;* schlendern *to stroll;* die Waage *scale*

[7] Tünnes and Schäl are a pair of comic characters who appear in many jokes from the Rhineland.

Schäl: „Fräulein, ich hätt' gern einen Kamm."
Verkäuferin: „Hier haben wir etwas ganz Neues: Diesen Kamm
können sie biegen°, reiben, schlagen, werfen, in heisses Wasser
halten. Alles können Sie damit machen!"
Schäl: „Eigentlich wollt' ich mich nur kämmen!"

(aus Österreich)
Der kleine Wagen fährt los. Alle halben Minuten springt der
kleine Wagen ein paar Zentimeter in die Höhe.
„Sie!" ruft ein Fussgänger dem Autofahrer nach,
„was ist denn los mit dem Wagen?"
Der Fahrer steckt den Kopf aus dem Fenster raus.
„Gar nichts. Ich habe Schnackerl°!"
Da bleibt der kleine Wagen ganz stehen. Der Fahrer gibt Gas,
aber der Wagen rührt sich nicht von der Stelle. Der Fussgänger
eilt zum Wagen hin. „Was ist denn jetzt los?" erkundigt er sich
beim Fahrer.
„Ach, da hat doch wieder so ein Lausbub seinen
Kaugummi° auf die Strasse gespuckt . . ."

„Warum machst du denn so ein missmutiges° Gesicht?"
fragt Bobby[8] seinen Freund Mucki.
„Ich fahr' morgen auf Urlaub."
„Das ist doch eher ein Grund zum Freuen!" wundert sich Bobby.
„Schon", entgegnet Mucki, „aber ich hab' doch für Mallorca
gebucht°."
„Na und?"
„Da les' ich grad in der Zeitung, dass es dort schon 40 Grad im
Schatten° hat."
„Aber geh!" beruhigt ihn Bobby, „du musst dich doch net die
ganze Zeit im Schatten aufhalten°!"

Der Zöllner öffnet die Tür des Zugabteils an der Grenze:
„Zigaretten? Zigarren? Alkohol? Schokolade?" – Sagt Graf
Bobby: „Für mich eine Tasse Kaffee!"

„Briefträger° bist du also geworden", sagt Graf Bobby erstaunt
zu seinem ehemaligen Schulkameraden. „Trägt man denn bei
euch noch Briefe aus?" – „Klar!" sagte der andere. – „Komisch.
Wir in Wien schicken alles mit der Post."

Graf Bobby geht in ein Lokal. Er bestellt ein Hähnchen. Der
Ober: „Tut mir leid, die Hähnchen sind ausgegangen." – Graf
Bobby: „Wohin denn?"

---

biegen *to bend;* Schnackerl haben *to have the hiccups* (Austrian); der Kaugummi *chewing gum;* missmutig
grouchy; buchen *to book;* im Schatten *in the shade;* s. aufhalten *to spend one's time;* der Briefträger *letter carrier*

[8] Graf Bobby is a comic character who appears in many Viennese jokes and anecdotes.

6 Übungen

1. Lesen Sie die humorvollen Anekdoten und Witze noch einmal und erzählen Sie sie dann Ihren Klassenkameraden! Gebrauchen Sie dabei das Imperfekt, wenn Sie den Hintergrund der Geschichten schildern!
2. Sammeln Sie Witze und Anekdoten aus deutschen Zeitungen und Zeitschriften, und erzählen Sie sie in Ihrer Klasse!
3. Kennen Sie einen guten Witz? Erzählen Sie ihn Ihren Klassenkameraden auf deutsch!

Dunkel war's . . . ⊗

Dunkel war's, der Mond schien helle°,
schneebedeckt die grüne Flur°,
als ein Wagen blitzesschnelle
langsam um die Ecke fuhr.

Drinnen sassen stehend Leute
schweigend ins Gespräch vertieft°,
als ein totgeschossner Hase
auf der Wiese Schlittschuh lief.

Und auf einer roten Bank,
die blau angestrichen° war,
sass ein blondgelockter° Jüngling°
mit kohlrabenschwarzem° Haar.

Neben ihm 'ne alte Schachtel°,
zählte kaum erst sechzehn Jahr.
Und sie ass ein Butterbrot,
das mit Schmalz° bestrichen° war.

Droben auf dem Apfelbaume,
der sehr süsse Birnen trug,
hing des Frühlings letzte Pflaume
und an Nüssen noch genug.

(Verfasser unbekannt)

Der Lattenzaun° ⊗

Es war einmal ein Lattenzaun,
mit Zwischenraum, hindurchzuschaun.
Ein Architekt, der dieses sah,
stand eines abends plötzlich da —
und nahm den Zwischenraum heraus
und baute draus ein grosses Haus.
Der Zaun indessen° stand ganz dumm,
mit Latten ohne was herum.
Ein Anblick grässlich° und gemein.
Drum° zog ihn der Senat auch ein.
Der Architekt jedoch° entfloh°
nach Afri- od- Ameriko.

Christian Morgenstern
(1871–1914)

7 Fragen zum Überlegen und Diskutieren

1. Was macht an diesem Gedicht besonderen Spass?
2. Nennen Sie die Wörter, die im Gleichklang stehen!
3. Wie nennt man den Gleichklang am Zeilenende?
4. Warum sind die Wörter Afri- und od- unvollständig?
5. Welches Wort reimt sich auf entfloh?

---

hell(e) *brightly;* die Flur *meadow;* vertieft *absorbed;* angestrichen *painted;* blondgelockt *with blond curls;* der Jüngling *youth;* kohlrabenschwarz *jet black;* 'ne alte Schachtel *an old "bag";* das Schmalz *lard;* bestrichen *spread;* der Lattenzaun *fence made of horizontal slats;* indessen *meanwhile;* grässlich *dreadful, horrible;* drum *therefore;* jedoch *however;* entfliehen *to flee*

Witze und Anekdoten

der **Adoptivvater, –** *adoptive father*
die **Anekdote, –n** *anecdote*
der **Briefträger, –** *letter carrier*
das **Brückengeländer, –** *railing on a bridge*
die **Buchhandlung, –en** *bookstore*
der **Dom, –e** *cathedral*
die **Ebbe, –n** *low tide*
der **Ehemann, –er** *husband*
der **Erbe, –n** (den –n) *heir*
die **Flut, –en** *high tide*
der **Friese, –n** (den –n) *person from Friesland*
das **Gelächter** *laughter*
die **Gestalt, –en** *figure*
der **Globus, –se** *globe*
das **Hähnchen, –** *chicken*
das **Heimatdorf, –er** *hometown*
das **Kaufhaus, –er** *department store*
der **Kaugummi** *chewing gum*
die **Königin, –nen** *queen*

die **Kutsche, –n** *carriage*
die **Lachtränen** (pl) *tears of laughter*
die **Landschaft, –en** *geographic area*
der **Landschaftswitz, –e** *joke about a geographic area, often originating in that area*
der **Lausbub, –en** (den –en) *rascal*
der **Millionär, –e** *millionaire*
der **Mond, –e** *moon*
der **Obststand, –e** *fruit stand*
der **Ossi, –s** *nickname for a person from Ostfriesland*
der **Ostfriese, –n** (den –n) *person from Ostfriesland*
der **Papst, –e** *Pope*
der **Parkwächter, –** *park attendant*
der **Passant, –en** (den –en) *passer-by*
der **Petersplatz** *St. Peter's Square*
der **Pilger, –** *pilgrim*

der **Revolver, –** *revolver*
das **Rheinland** *Rhineland*
der **Rheinländer, –** *person from the Rhineland*
die **Schokolade, –n** *chocolate*
der **Schulkamerad, –en** (den –en) *schoolmate*
der **Schwabe, –n** (den –n) *person from Swabia (Württemberg in the state of Baden-Württemberg)*
die **Tabelle, –n** *chart*
die **Tasche, –n** *pocket*
der **Telefonmast, –en** *telephone pole*
der **Thron, –e** *throne*
die **Uhr, –en** *watch*
die **Waage, –n** *scale*
die **Weile** *a while*
das **Wirtshaus, –er** *bar, pub*
die **Zigarre, –n** *cigar*

adoptieren *to adopt*
s. **aufhalten** (sep) *to spend one's time*
aufheben (sep) *to pick up*
ausbrechen (sep) *to break out*
ausgehen (sep) *to go out; to run out (of s.th.)*
beruhigen *to calm, soothe*
biegen *to bend*
bremsen *to brake*
buchen für *to book, make reservations for*
s. **bücken** *to bend over, down*
durchblättern (sep) *to leaf through*

eilen (ist geeilt) *to hurry*
entgegnen D *to respond, reply*
s. **erkundigen bei** *to ask s.o.*
erschiessen *to shoot*
s. **erschrecken** (erschrickt, erschrak, erschrocken) *to be frightened*
fluchen *to curse*
heimschwanken (ist heimgeschwankt) (sep) *to sway, stagger home*
installieren *to install*
lehnen *to lean*
nachrufen (sep) *to call after s.o.*

nicken *to nod*
regieren *to govern*
reiben *to rub*
s. **rühren** *to move, budge*
schlendern (ist geschlendert) *to stroll*
spucken *to spit*
verbessern *to correct*
verlegen *to misplace*
s. **wenden an A** *turn to*
wischen *to wipe*
s. **zurückziehen** (sep) *to retreat*

ausserdem *aside from that*
bemerkenswert *worth noting*
drin *in it*
drinnen *inside*
erstaunt *surprised, amazed*
gleichfalls *likewise*
grantig *grouchy*
grinsend *grinning*
halt (particle) *just*
herausgefordert *challenged*
jedoch *however, nevertheless*
kinderlos *childless*
königlich *royal*
kurzsichtig *near-sighted*
missmutig *grouchy*
neulich *recently*
sparsam *thrifty*

bei sich denken *to think to o.s.*
Bilder in allen Ausführungen *pictures in all poses*
Briefe austragen (sep) *to carry out, deliver letters*
drauf sein *to be in (the picture)*
Ebbe und Flut *low tide and high tide*
etwas Passendes *something appropriate*
frisch gestrichen *wet paint; freshly painted*
ich bin hier fremd *I'm a stranger here*
im Schatten *in the shade*
in der Früh *early in the morning*
klar! *of course!*
na und? *so what?*
Schnackerl haben (Austrian) *to have the hiccups*
so ein Pech! *what bad luck!*
weiss i net (Bavarian dialect) *I don't know*
wie? *what did you say?*
wieder einmal *once again*

Energie sparen-
Geld sparen!
The Reflexive Construction

**Überlegen Sie sich mal, wie Sie Energie und damit Geld sparen können!
Hier sind einige Tips:**

Wenn Sie die Zimmertemperatur um nur 1° C senken,
so verringern sich die Heizkosten um ca. 6%!

Duschen Sie sich! Duschen ist billiger als Baden.
Für ein Bad benötigen Sie dreimal soviel Energie
wie für ein Sechs-Minuten-Duschbad.

Die Heizungskosten verdoppeln sich, wenn Sie
Ihre Fenster halb offen lassen!

Gewöhnen Sie sich daran, das Licht auszuschalten,
wenn Sie für längere Zeit aus dem Zimmer gehen!

Überlegen Sie sich mal, wie viele elektrische Geräte
Ihnen heute beim „Schönmachen" helfen. Alle brauchen
Energie. – Es lohnt sich, Energie zu sparen!

So ein Thermobil lohnt sich auch. Dieser Kleinbus hat eine Infrarotkamera auf dem Dach, mit
der besonders ältere Häuser fotografiert werden. Im Innern des Busses befinden sich elek-
tronische Geräte, welche zeigen, wieviel Energie ein Haus „verliert".Die beiden Bilder auf der
Seite zeigen den Unterschied zwischen einem schlecht isolierten Haus (oben) und einem gut
isolierten (unten).

Use of the Reflexive Construction

1. In German as in English, many verbs can be used both reflexively and non-reflexively.

erkennen	*to recognize*	s. erkennen	*to recognize o.s.*
gefährden	*to endanger*	s. gefährden	*to endanger o.s.*
verändern	*to change*	s. verändern	*to change (o.s.)*

Wir **gefährden** unsere Umwelt.   Wir **gefährden uns.**

2. The reflexive pronouns are: **mich, dich, sich, uns, euch, sich.**

Ich habe **mich** gewaschen.   *I washed (myself).*
Erkennst du **dich** noch?   *Do you still recognize yourself?*

3. There are some verbs that are often used reflexively. Note that many of them require the use of a preposition.

s. amüsieren	*to have fun*	s. interessieren für	*to be interested in*
s. anstellen	*to stand in line*	s. kaputtlachen	*to laugh o.s. sick*
s. anziehen	*to get dressed*	s. kümmern um	*to be concerned with*
s. ausruhen	*to rest*	s. lohnen	*to be worthwhile*
s. ausziehen	*to get undressed*	s. nähern D	*to approach*
s. beeilen	*to hurry*	s. setzen	*to sit down*
s. befassen mit	*to deal with*	s. stellen	*to stand, place o.s. in a cer-*
s. befinden	*to be (located)*		*tain spot*
s. benehmen	*to behave*	s. trauen	*to dare, to have enough confi-*
s. bewegen	*to move*		*dence to do s.th.*
s. beschäftigen mit	*to occupy o.s. with*	s. umdrehen	*to turn around*
s. bewerben um	*to apply for*	s. umsehen	*to look around*
s. entscheiden für	*to decide on*	s. umziehen	*to change clothes*
s. eignen für	*to be suited for*	s. verabreden mit	*to make a date with*
s. erinnern an A	*to remember*	s. verabschieden von	*to say good-bye to*
s. erkälten	*to catch cold*	s. verhalten	*to conduct o.s.*
s. freuen	*to be glad*	s. vergnügen	*to have a good time*
s. freuen auf A	*to look forward to*	s. versammeln	*to gather*
s. freuen über A	*to be happy about*	s. vorbereiten auf A	*to prepare for*
s. gewöhnen an A	*to get used to*	s. wehren	*to defend o.s.*
s. hinlegen	*to lie down*		[1–2]

4. There are many verbs used in a two-object reflexive construction in which the dative forms **mir, dir, sich, uns, euch, sich** are used together with another object noun or object pronoun.

s. etwas anhören   Ich höre **mir den Lärm** an.   *I'm going to listen to the noise.*
s. etwas kaufen   Wir haben **es uns** gekauft.   *We bought it for ourselves.*   [3]

5. Verbs in the area of personal grooming or of other personal concern use the dative pronouns plus a noun phrase.

Ich putze **mir die Zähne.**   *I'm brushing my teeth.*
Sie putzt **sich das Rad.**   *She's cleaning her bike.*   [4]

6. A few reflexive verbs must be used with dative pronouns.

s. etwas leisten	*to afford s.th.*	s. etwas verschaffen	*to acquire, get s.th.*
s. etwas merken	*to remember s.th.*	s. weh tun	*to hurt o.s.*
s. etwas überlegen	*to think about s.th.*		[5]

7. Verbs used reflexively also require reflexive pronouns in command forms.

Ruh dich aus!	Wasch dir das Gesicht!
Ruht euch aus!	Putz dir die Zähne!
Ruhen Sie sich aus!	Merken Sie sich die Nummer!
Ruhen wir uns aus!	Verschaffen wir uns das! [6]

8. There are a few reflexives that are used with the impersonal **es** as subject.

Es stellte sich heraus, dass . . . *It turned out that . . .*
Es zeigte sich, dass . . . *It became evident that . . .*

The Reciprocal Pronoun einander

1. Sometimes the meaning of the pronouns **sich, uns,** or **euch** is not obvious. The following sentence, for example, can have two meanings:

Sie kämmten sich die Haare. *They combed their (own) hair.*
They combed each others hair.

To make meaning clear in such situations, the reciprocal pronoun **einander,** *each other,* is used. This pronoun is somewhat more formal and is only used when the sentence could otherwise be misunderstood.

Sie kämmten einander die Haare. *They combed each others hair.*

2. However, with a reflexive verb followed by a preposition the word **einander** must be used. **Einander** follows the preposition and the two words are written together as one.

Sie besprechen das Thema **miteinander.**   Wir haben uns **aneinander** gewöhnt.

3. With certain verbs such as **s. begrüssen, s. lieben, s. streiten, s. hassen,** the reflexive form always means *each other.*

Wir haben **uns** schon vor der   *We already greeted each other before*
  Vorstellung begrüsst.   *the performance.*
Sie hassen **sich.**   *They hate each other.*

Übungen

1 **Gebrauchen Sie die richtigen Reflexivpronomen!** ☺ ⌒

1. Wofür interessierst du _____?
2. Ich interessiere _____ für Umweltfragen.
3. Womit beschäftigen Sie _____?
4. Wir beschäftigen _____ mit Energie.
5. Woran habt Ihr _____ gewöhnt?
6. Wir haben _____ an die Kälte gewöhnt.
7. Worauf bereitet er _____ vor?
8. Ich bereite _____ auf den Winter vor.
9. Mein Vater kümmert _____ um die Heizung.
10. Wir Kinder kümmern _____ um das Holz.

2 **Welches sind die richtigen Reflexivpronomen?** ☺ ⌒

1. Es ist kalt. Du musst _____ wärmer anziehen!
2. Ich hab' _____ schon lange auf den Winter gefreut.
3. Ihr hustet. Habt ihr _____ vielleicht erkältet?
4. Wir haben _____ für diese Tabletten entschieden.

5. Er traut _____ nicht, das Licht anzuschalten.
6. Wir wehren _____, zu viel Energie zu verbrauchen.
7. Es lohnt _____, die Temperatur zu senken.
8. Du erinnerst _____ bestimmt an den letzten Winter.
9. Wir hatten _____ über das warme Wetter gefreut.
10. Wenn ihr _____ beeilt, könnt ihr noch viel Geld sparen.

3 Wir bereiten uns auf einen kalten Winter vor. ⊗

BEISPIEL   Ich hör mir den Wetterbericht an. *Was hörst du dir an?*

1. Ich bestell' mir einen neuen Katalog.
2. Ich such' mir einen warmen Mantel aus.
3. Ich kauf' mir ein Paar Stiefel.
4. Ich strick' mir einen warmen Pullover.
5. Ich besorg' mir einen neuen Ofen.
6. Ich hol' mir viel Holz.

4 Gebrauchen Sie die richtigen Reflexivpronomen! ⊗ ▭

1. Hast du _____ schon gewaschen?
2. Hast du _____ schon die Hände gewaschen?
3. Ich zieh' _____ jetzt an.
4. Ich zieh' _____ jetzt den Mantel an.
5. Hast du _____ verletzt?
6. Hast du _____ den Fuss verletzt?
7. Wascht ihr _____ nicht?
8. Wascht ihr _____ nicht die Haare?
9. Die Kinder ziehen _____ warm an.
10. Die Kinder ziehen _____ ihre Mäntel an.

5 Gebrauchen Sie die richtigen Reflexivpronomen! ⊗ ▭

1. Ich kann _____ nicht damit befassen.
2. Ich kann _____ das nicht leisten.
3. Wann hast du _____ das verschafft?
4. Wann hast du _____ darauf vorbereitet?
5. Hast du _____ das gut überlegt?
6. Hast du _____ dafür entschieden?
7. Wir haben _____ das nicht gemerkt.
8. Wir haben _____ nicht darum gekümmert.
9. Ich hab' _____ weh getan.
10. Ich hab' _____ verletzt.

6 Sie raten einer Klassenkameradin. ⊗

BEISPIELE   Sie soll sich nicht erkälten. *Erkälte dich nicht!*
Sie soll sich Medizin kaufen. *Kauf dir Medizin!*

1. Sie soll sich wärmer anziehen.
2. Sie soll sich gut amüsieren
3. Sie soll sich das gut überlegen.
4. Sie soll sich nicht verletzen.
5. Sie soll sich nicht weh tun.
6. Sie soll sich dafür entscheiden.
7. Sie soll sich das besorgen.
8. Sie soll sich daran gewöhnen.
9. Sie soll sich das merken.
10. Sie soll sich beeilen.

7 Schriftliche Übung

Schreiben Sie die folgenden Sätze ab, und setzen Sie dabei die richtigen Pronomen ein!

1. Ich muss *mir* überlegen, wofür ich *mich* entschliessen soll.
2. Ich interessiere *mich* für ein gut isoliertes Haus, aber ich kann es *mir* noch nicht leisten.
3. Ich kann *mir* nicht merken, mit wem du *dich* verabredet hast.
4. Warum traust du *dich* nicht, *dir* damit zu befassen?
5. Hast du *dir* weh getan, als du *dich* gewehrt hast?
6. Wenn ich *mich* ausruhe, hör' ich *mir* Musik an.
7. Ich hab' *mich* darüber gefreut, dass du *mir* dieses Gerät gekauft hast.
8. Du sollst *dich* benehmen! Merk *dir* das!

Hier verschwinden

Jährlich.
16 Beispiele, wie man Energie
und Geld sparen kann.

Verantwortungsbewußte Energieverwendung ist die gemeinsame
Aufgabe von Staat, Wirtschaft
und Verbrauchern. Es bleibt noch
viel zu tun. 24 Millionen Haushalte gibt's bei uns. Mit einem
privaten Energieverbrauch von
rund 50 Milliarden DM pro Jahr.
Und ein erheblicher Teil davon
wird noch verschwendet.
Wo? Im Haushalt und beim Autofahren. Wie? Beim Rundgang
durch diese Wohnung sehen wir's
an einigen Beispielen.

Bei ❶ geht's los. Eine einzelne
Lampe verbraucht nicht viel. Aber
wenn ein paar Hunderttausend
unnötig brennen... ❷ Lüften ist
wichtig – richtiges Lüften genauso
wichtig. Nicht dauerlüften,
sondern nur kurz und gründlich!

❸ Frieren soll niemand, aber
beim Absenken von 23° auf normalerweise ausreichende 20°
spart man nahezu 20% Heizkosten! – ❹ Heimkino ohne
Publikum. Vorschlag: Mal ausschalten.

❺ Abgedichtete Fensterfugen
würden rund 5% Heizkosten
sparen, und bei ❻ könnte sich die
Strahlungswärme richtig ausbreiten, wenn kein Vorhang
im Wege hinge.

Ja, was ist denn da draußen bei
❼ los? So ein Motor hat's viel
lieber, wenn er während der Fahrt
warmläuft. Unser Geldbeutel
übrigens auch: 3 Minuten Leerlauf sind wie 1 km Fahrbetrieb. –
Wenn man ❽ gibt, daß die
Wanne nicht zu voll wird, hat
man gleich doppelt gespart:
Wasser und Heizenergie.

❾ Ein unnötig teures Leibgericht.
Denn wenn der Topf kleiner ist als
die Kochstelle, kostet's mehr. Ein
Beispiel: Topf 15 cm Durchmesser
– Kochplatte 18 cm = 30%
Energieverschwendung.

50 Milliarden DM!

Der halbgefüllte Geschirrspüler bei ⑩ verbraucht genauso viel Strom wie ein voller. Deshalb den Geschirrspüler immer erst voll beladen.

⑪ ist nur von außen ein Kühlschrank. Von innen ist er ein Iglu und damit eine Freude für jeden Eskimo. Seine dicke Eisschicht kühlt nicht zusätzlich, sondern hält die Kälte ab. Heißer Tip: Regelmäßig abtauen! – Wenn's bei ⑫ gluckert, ist es Zeit, Luft aus dem Heizkörper abzulassen. Denn sie verhindert das richtige Erwärmen. ⑬ Hier zieht's! Selbstklebende Schaumstoffstreifen stoppen Luftzug und Energieverlust.

So ein „Tag der offenen Tür" wie bei ⑭ ist bei Kälte ein „Tag der vergeudeten Energie und Geldverschwendung". ⑮ Festbeleuchtung hat etwas Feierliches. Aber wo es nichts zu feiern gibt, wird nur unnötig die Stromrechnung erhöht und der Geldbeutel strapaziert. ⑯ beweist: Eine offene Tür ist selten allein, wie auch ⑭.

Sie haben täglich viele Möglichkeiten, Energie und Geld zu sparen. Das ist ganz einfach, wie die Beispiele zeigen. Wie wär's denn, wenn Sie jetzt einmal einen „Energie-Streifzug" durch die eigene Wohnung machten?

Und falls Sie mehr übers Energiesparen wissen möchten und an weiteren Energiespartips interessiert sind, schreiben Sie an das Bundesministerium für Wirtschaft, Pressestelle, Postfach 14 14 14, 5300 Bonn. Sie erhalten von dort kostenlos entsprechendes Informationsmaterial.

163

8 Fragen zum Inhalt

1. Was ist die gemeinsame Aufgabe von Staat, Wirtschaft und Verbrauchern?
2. Wie viele Haushalte gibt es in Deutschland, und wieviel Energie verbrauchen sie?
3. Wird Energie in diesen Haushalten verschwendet, oder sind die Verbraucher meistens verantwortungsbewusst?
4. Gehen Sie Punkt für Punkt durch diesen Text, sehen Sie sich dabei die Illustrationen an und erklären Sie mit eigenen Worten, was an jedem Punkt passiert.

Haben Sie das gewusst?

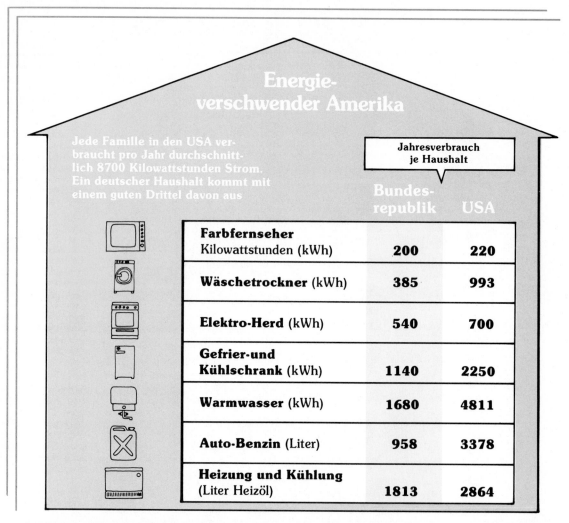

Energie-verschwender Amerika

Jede Familie in den USA verbraucht pro Jahr durchschnittlich 8700 Kilowattstunden Strom. Ein deutscher Haushalt kommt mit einem guten Drittel davon aus

Jahresverbrauch je Haushalt	Bundes-republik	USA
Farbfernseher Kilowattstunden (kWh)	200	220
Wäschetrockner (kWh)	385	993
Elektro-Herd (kWh)	540	700
Gefrier-und Kühlschrank (kWh)	1140	2250
Warmwasser (kWh)	1680	4811
Auto-Benzin (Liter)	958	3378
Heizung und Kühlung (Liter Heizöl)	1813	2864

◄ verantwortungsbewusst *responsible;* gemeinsam *joint;* die Wirtschaft *business;* erheblich *considerable;* verschwenden *to waste;* unnötig *unnecessarily;* lüften *to air out;* gründlich *thorough;* beim Absenken *lowering;* abgedichtet *sealed;* die Fuge *crack;* die Strahlungswärme *emission of heat;* der Leerlauf *idling;* 1 km Fahrbetrieb *1 km of driving (in traffic);* achtgeben *to watch out, pay attention;* das Leibgericht *favorite meal;* der Topf *pot;* die Kochstelle *burner (on a stove);* der Durchmesser *diameter;* der Strom *electricity;* die Eisschicht *layer of ice;* zusätzlich *additional(ly);* abtauen *to defrost;* gluckern *to gurgle;* der Heizkörper *radiator;* hier zieht's *there's a draft;* der Schaumstoffstreifen *foam rubber strip;* der Luftzug *draft;* vergeudet *wasted;* Festbeleuchtung hat etwas Feierliches. *There's something festive about lighting up the whole house.* strapazieren *to strain;* beweisen *to prove;* der Streifzug *patrol;* falls *in case*

9 Fragen zum Überlegen und Diskutieren

1. Warum ist es so wichtig, dass wir Energie sparen?
2. Warum sollte auch jeder kleine Haushalt beim Energiesparen mithelfen?

10 Anregungen für individuelle Arbeit oder gemeinsame Klassenprojekte

1. Stellen Sie eine Liste auf (eine Energieverbrauchsliste) und zeigen Sie an Hand dieser Liste, wie in Ihrer Wohnung oder in Ihrem Haus Energie verschwendet wird! Diskutieren Sie die einzelnen Punkte mit Ihren Klassenkameraden!
2. Schreiben Sie eine zweite Liste (eine Energiesparliste) und zeigen Sie an Hand dieser Liste, wo und wie in Ihrer Wohnung oder in Ihrem Haus Energie gespart werden könnte (oder vielleicht auch schon gespart wird)!
3. Vielleicht kann einer von Ihnen gut zeichnen — oder fotografieren Sie einzelne Objekte, die Energieverschwendung zeigen!

_____ WORTSCHATZ _____

Hier verschwinden Milliarden DM!

der **Durchmesser, –** *diameter*
die Eisschicht, –en *layer of ice*
der Energie-Streifzug *energy patrol*
das **Energiesparen** *saving energy*
der **Energiespartip, –s** *tip for saving energy*
der **Energieverlust, –e** *loss of energy*
die **Energieverwendung** *use of energy*
das **Erwärmen** *warming up*
der **Eskimo, –s** *eskimo*
die Fensterfuge, –n *crack around a window*
die Festbeleuchtung *festive lighting*
die **Freude** *joy*

der **Geldbeutel, –** *wallet*
die **Geldverschwendung** *waste of money*
der **Geschirrspüler, –** *dishwasher*
das Heimkino, –s *movie theater in the home*
die **Heizenergie** *energy needed to heat*
der **Heizkörper, –** *radiator*
die **Heizkosten** (pl) *heating costs*
der **Iglu, –s** *igloo*
die **Kochplatte, –n** *burner (on a stove)*
die Kochstelle, –n *burner (on a stove)*
der **Leerlauf** *idling*
das **Leibgericht, –e** *favorite meal*

das **Lüften** *airing out (a room, clothes, etc.)*
der **Luftzug** *draft*
das **Publikum** *audience*
der **Rundgang, ⁻e** *tour*
der Schaumstoffstreifen, – *foam rubber strip*
der **Staat** *Government*
die Strahlungswärme *emission of heat*
der **Strom** *electricity*
die **Stromrechnung, –en** *electric bill*
der **Topf, ⁻e** *pot*
der **Verbraucher, –** *user*
die **Wirtschaft** *economy*

abhalten (sep) *to hinder, obstruct*
ablassen (sep) *to let off, release*
abtauen (sep) *to defrost*
beladen *to load*
beweisen (ie, ie) *to prove*
dauerlüften (sep) *to air out (a room) constantly*
erhöhen *to raise*
frieren (o, o) *to freeze*
gluckern *to gurgle*
kühlen *to cool*
stoppen *to stop*
strapazieren *to strain*
übersenden *to send, forward*
verhindern *to hinder*
verschwenden *to waste*
warmlaufen (sep) *to warm up (a motor)*

abgedichtet *sealed*
ausreichend *sufficient*
erheblich *considerable*
falls *in case*
gemeinsam *joint*
genauso *just as*
gründlich *thorough(ly)*
halbgefüllt *half-filled*
nahezu *close to*
normalerweise *normally*
pro *per*
selbstklebend *self-adhesive*
unnötig *unnecessar(il)y*
verantwortungsbewusst *responsible*
vergeudet *wasted*
zusätzlich *additional(ly)*

achtgeben *to watch out, pay attention*
aus der Hand legen *to put aside*
beim Absenken von . . . auf *by lowering from . . . to*
da draussen *out there*
1 km Fahrbetrieb *1 km of driving (in traffic)*
etwas Feierliches *something festive*
hier zieht's *there's a draft here*
im Wege *in the way*
mal ausschalten *turn (it) off for a change*
von aussen *from the outside*
von innen *from the inside*

Verbotsschilder und Gebotsschilder sagen uns, was wir nicht tun dürfen, oder was wir tun sollen. Solche Schilder finden wir überall dort, wo viele Menschen vorbeikommen oder zusammenkommen.

Die einfachsten Zeichen sind Bildsymbole, Piktogramme. Die kann jeder verstehen. Wir finden sie deshalb dort, wo viele Menschen aus vielen verschiedenen Ländern vorbeikommen, wie zum Beispiel in einem Flughafen oder in einem grossen Sportstadion.

Dann haben wir Schilder mit nur einem Wort, einigen Wörtern oder vielleicht sogar mit einem ganzen Satz. Und je weiter wir dorthinkommen, wo wenige Fremde vorbeikommen, je länger (oder so scheint es) werden die Sätze auf diesen Schildern.

Unsere kleine Auswahl von Schildern steht an Wegen, Strassen oder Plätzen, wo viele Reisende vorbeikommen, dort rasten oder vielleicht sogar campen.

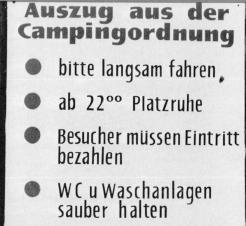

Review of Command Forms

	Formal	*Familiar*	*Familiar plural*	*Inclusive*
schauen	Schauen Sie!	Schau!	Schaut!	Schauen wir!
zuschauen	Schauen Sie zu!	Schau zu!	Schaut zu!	Schauen wir zu!
arbeiten	Arbeiten Sie!	Arbeite!	Arbeitet!	Arbeiten wir!
füttern	Füttern Sie!	Fütt(e)re!	Füttert!	Füttern wir!
s. waschen	Waschen Sie sich!	Wasch dich!	Wascht euch!	Waschen wir uns!
s. die Hände waschen	Waschen Sie sich die Hände!	Wasch dir die Hände!	Wascht euch die Hände!	Waschen wir uns die Hände!
sprechen (du sprichst)	Sprechen Sie!	Sprich!	Sprecht!	Sprechen wir!
nehmen (du nimmst)	Nehmen Sie!	Nimm!	Nehmt!	Nehmen wir!
laufen (du läufst)	Laufen Sie!	Lauf!	Lauft!	Laufen wir!
sein	Seien Sie!	Sei!	Seid!	Seien wir!
haben	Haben Sie!	Hab!	Habt!	Haben wir!

Use of Command Forms

1. Command forms, also called imperatives, direct or request somebody to do something: *Come on, John! Play it again, Sam. Let's go.* Such requests can be directed at:
   a. only one person Schreib den Brief! Schreiben Sie! (sing.)
   b. two or more persons Kommt doch! Kommen Sie! (plural)
   c. a group in which you Gehen wir!
      include yourself

2. In the familiar command forms, pronouns are usually not used. However, in the more casual language of family and friends, a request is made somewhat stronger or more insistent by using either **du** or **ihr.** When so used, the pronouns **du** and **ihr** are usually fully stressed. Schmink du dich doch nicht so sehr!
   Fahrt ihr mal lieber mit dem Rad!

3. To either intensify or weaken a request, certain particles can be used.
   a. The word **ja** is used in emphatic requests.
      Geh ja nicht schwimmen! *Don't you dare go swimming!*

   b. The words **doch** and **mal** usually make requests less harsh.
      Geh nach Hause! *Go home.*
      Geh doch nach Hause! *Why don't you go home?*
      Bleiben Sie mal da! *Stay here a minute.*

   c. The words **doch mal (doch einmal)** are often used in requests, implying *why don't you once* or *for a change . . .*
      Hör doch mal gut zu! *Why don't you listen for a change?*
      Ruf doch mal an! *Come on, call (me) up!* [1–5]

There are other verb forms or tenses that can be used to express a request or a command.

4. The present tense **ich-**form of certain verbs, for example, **bekommen,** can be used to express a mild request, as when you are talking to a waiter in a restaurant or a salesperson in a store.

> Ich bekomme das Schnitzel.
> Ich bekomme diese rote Bluse.

5. The present tense **du-** or **ihr-**form is sometimes used to express a request or an impatient question when talking to a person you know well.

> Hans, du holst das Zelt!
> Ihr hört jetzt endlich auf (zu streiten)! [6]

6. The present tense **wir-**form can be used to reproach someone.

> Wir sagen so etwas nicht in der Klasse! (Verstanden?!)

7. The present tense **sie-**form (plural) is used in general announcements.

> Die Schüler der 8b versammeln sich morgen früh
> um sieben Uhr vor dem Hauptbahnhof.

8. The present tense **Sie-**form is used to instruct or direct someone.

> Sie nehmen hier Platz, und Sie schreiben den Brief!

9. An infinitive may be used to give instructions to the general public, as to passengers at a railroad station. It is also the form commonly used to give instructions in recipes.

> Einsteigen bitte! Türen schliessen!
> Die Kartoffeln waschen, schälen, und 10 Minuten kochen!

10. An infinitive with **zu** and **haben** or **sein** or other verbs expresses a command.

> Peter, du hast dich noch zu rasieren!
> Hunde sind an der Leine zu führen! [7, 8]

11. A past participle may be used to give a strict order, such as one might hear in the military.

> Aufgepasst!   Stillgestanden!

12. The impersonal passive expresses an impatient command.

> Jetzt wird gegessen, Kinder!
> Jetzt wird nicht gelacht! [9]

13. The future tense expresses expectation.

> Das wirst du nicht tun, Hans!
> Sie werden bei Rot halten! [10]

14. A **dass-**clause expresses an emphatic request. The word **ja** is usually used in such clauses.

> Peter, dass du dich ja badest! [11]

15. A **dass-**clause can be introduced by certain verbs that express a request, such as **wünschen, verlangen, hoffen,** and the **möchte-**forms.

> Ich hoffe, dass ihr nichts ins Wasser werft.
> Ich verlange, dass ihr um 11 Uhr zu Hause seid. [12]

16. The **würde**-plus-infinitive construction may be used to make a polite request. The word **bitte** is almost always used in such requests.

[13]

Würden Sie bitte das Fenster zumachen?!

17. There are, of course, other ways to urge people to do or not to do something. You can use:
   a. certain nouns: Achtung! Hilfe! Ruhe! Schluss! Verzeihung!
   b. some adjectives: Leise, bitte! Lauter! Schneller! Langsam!
   c. prepositions: Auf!
   d. verb prefixes: Los! Zurück! Weg! Her!

VORSICHT
HUBSCHRAUBERLANDUNGEN

Certain modal verbs are also used to express a request or command.

18. The modal verb **sollen** urges somebody to do or not to do something.

Du sollst das nicht tun!   Ihr sollt jetzt ruhig sein!

19. The modal verb **wollen** is used to express a wish or request in which you include yourself.

Wir wollen jetzt essen!   Ich will schlafen!

20. The modal verb **müssen** expresses a more authoritative request or even a threat.

Sie müssen jetzt gehen, Herr Meier!

21. The modal verb **dürfen** expresses permission, **nicht dürfen** a command.

Du darfst jetzt gehen, Erika!   Ihr dürft nicht so laut singen, Kinder!

22. The verb **lassen** expresses either a suggestion or an emphatic command.

Lasst uns gehen!   Lass dich ja nicht ohne Mütze sehen!

Übungen

1 **Im Wohnwagen auf der Autobahn. Jemand fragt:** ⊗

BEISPIEL   Sollen wir mal anhalten? *Gut! Halten wir mal an!*

1. Sollen wir mal auf den Parkplatz fahren?
2. Sollen wir mal aussteigen?
3. Sollen wir mal etwas essen?
4. Sollen wir mal ein bisschen umherlaufen?
5. Sollen wir mal auf die Landkarte schauen?
6. Sollen wir mal auf der Bundesstrasse weiterfahren?

2 **Es gibt einiges zu tun, bevor sie weiterfahren.** ⊗

BEISPIEL   Ich muss erst mal zur Tankstelle fahren.
   Dann fahr erst mal zur Tankstelle!

1. Ich muss erst mal den Autoschlüssel suchen.
2. Ich muss erst mal die Fenster aufmachen.
3. Ich muss erst mal den Reifendruck prüfen.
4. Ich muss erst mal den Spiegel saubermachen.
5. Ich muss erst mal den Abfall wegbringen.
6. Ich muss erst mal den Stadtplan herausholen.

BESUCHEN SIE UNSERE SONNENTERRASSE UND UNSER SALATBUFFET IM 1. STOCK GEÖFFNET VON 11³⁰–14³⁰ u. 18⁰⁰–23ºº

3 Unterwegs sehen die Autofahrer viele Schilder. Was steht darauf? ⊗

BEISPIEL   Die Autofahrer sollen vorsichtig fahren.
Fahren Sie vorsichtig!

1. Sie sollen alle zwei Stunden anhalten.
2. Sie sollen nicht auf der Strasse parken.
3. Sie sollen nur die Parkplätze benutzen.
4. Sie sollen die Rastplätze sauberhalten.
5. Sie sollen nicht im Auto schlafen.
6. Sie sollen lieber in einen kleinen Ort fahren.
7. Sie sollen nur auf Zeltplätzen übernachten.

4 Die Kinder sind zu laut und stören den Vater beim Autofahren. ⊗

BEISPIEL   Sie benehmen sich nicht. *Benehmt euch doch jetzt endlich mal!*

1. Sie setzen sich nicht hin.
2. Sie sind nicht still.
3. Sie hören nicht zu.

4. Sie machen das Fenster nicht zu.
5. Sie suchen die Landkarte nicht.

5 Die Mutter sagt dasselbe zu ihrem Sohn. ⊗

BEISPIEL   Er benimmt sich nicht. *Benimm dich doch jetzt endlich mal!*

6 Sie haben einen Campingplatz gefunden, und alle helfen mit. Der Vater sagt: ⊗

BEISPIEL   Hans soll das Zelt aus dem Wagen holen.
Du holst das Zelt aus dem Wagen!

1. Er soll es vor dem Wohnwagen aufstellen.
2. Dann soll er den ganzen Wagen ausräumen.
3. Er soll seiner Mutter im Wohnwagen helfen.
4. Er soll mit dem Auto ins Dorf fahren.
5. Er soll etwas zum Abendessen kaufen.
6. Er soll auch eine Zeitung mitbringen.

7 Am Abend wollen alle ins Dorf fahren. Die Mutter sagt zu Erika: ⊗

BEISPIEL   Erika soll sich noch waschen. *Du hast dich noch zu waschen!*

1. Sie soll sich noch fertig machen.
2. Sie soll sich noch anziehen.
3. Sie soll sich noch frisieren.

4. Sie soll sich noch kämmen.
5. Sie soll sich noch schminken.

8 Auf dem Campingplatz muss man vieles beachten. Auf den Schildern steht: ⊗

BEISPIEL   Man soll die Waschanlagen sauberhalten.
Die Waschanlagen sind sauberzuhalten!

1. Man soll die Abfälle in die Abfall-
   körbe werfen.
2. Man soll das Wasser ungestört lassen.
3. Man soll die Hunde an der Leine führen.
4. Man soll die Radios um 22 Uhr abstellen.
5. Man soll kleine Kinder gut bewachen.

9 Die Mutter ermahnt ihre Kinder. Sie sagt: ⊗

BEISPIEL   Die Kinder reden.   *Jetzt wird nicht geredet!*

1. Sie lachen.
2. Sie schreien.
3. Sie sprechen.

4. Sie laufen umher.
5. Sie spielen.
6. Sie essen.

10 Die Mutter erwartet, dass Erika noch mithilft. ⊗

BEISPIEL   Erika soll noch die Milch holen.   *Du wirst noch die Milch holen!*

1. den Tisch decken
2. die Servietten falten
3. die Erdbeeren waschen

4. den Salat machen
5. die Teller abräumen
6. das Geschirr spülen

11 Der Vater ermahnt seine Kinder. Er sagt: ⊗

BEISPIEL   Die Kinder sollen nicht an den Fluss gehen.   *Dass ihr ja nicht an den Fluss geht!*

1. Sie sollen am See bleiben.
2. Sie sollen nicht zu weit hinausschwimmen.
3. Sie sollen nicht zu lange im Wasser bleiben.
4. Sie sollen nicht zu lange in der Sonne liegen.
5. Sie sollen keinen Sonnenbrand bekommen.
6. Sie sollen um 6 Uhr zum Abendessen da sein.

12 Der Vater streitet mit dem Wärter auf dem Campingplatz. ⊗

BEISPIEL   Die andern Camper verschmutzen das Wasser.
          Ich verlange, dass die andern Camper das Wasser nicht verschmutzen!

1. Die andern beachten die Campingordnung nicht.
2. Die andern werfen die Abfälle in den Fluss.
3. Die andern halten die Waschanlagen nicht sauber.
4. Die andern spielen die Musik so laut.
5. Die andern stellen die Motoren nicht ab.

13 Einige Camper ärgern sich über ihre Nachbarn. Aber sie fragen sehr höflich. ⊗

BEISPIEL   Macht doch die Fenster zu!   *Würden Sie bitte die Fenster zumachen?!*

1. Stellt doch die Musik ab!
2. Schreit doch nicht so laut!
3. Werft doch nichts ins Wasser!

4. Haltet doch den Parkplatz sauber!
5. Macht doch hier kein Feuer!

Mit dem Caravan° unterwegs ⊗

Sommerzeit ist Ferienzeit, Reisezeit. Millionen von Deutschen und Europäern aus den verschiedensten Ländern sind dann mit Autos und Caravans auf Deutschlands Strassen unterwegs und machen bestimmte Teile der „superschnellen" Autobahn oft zu kilometerlangen Parkplätzen. Dann hört man nicht mehr „Fahr nicht so schnell! Halt mal an! Schau, da ist ein Polizeiauto!" sondern eher „Packen wir unsern Esskorb° aus! Machen wir ein Picknick am Strassenrand°!" oder sogar „Bleiben wir nächsten Sommer lieber zu Hause!"

Nun, vielleicht sollten manche Urlauber einmal etwas anderes probieren. „Machen Sie mal einen Winterurlaub!" Da sind weniger Autos unterwegs, da gibt es fast keine Staus°, und wenn Sie mit Ihrem Caravan campen wollen, so gibt es auch viele Campingplätze, die im Winter geöffnet sind.

Wintercamping wird nämlich immer beliebter. Für viele Deutsche — und auch andere, abgehärtete° Europäer — ist Winter-camping ein jährliches, winterliches Vergnügen geworden. Von den über 500 000 deutschen Campern und Caravanern sind heute rund 100 000 auch im Winter unterwegs, und jedes Jahr steigt die Zahl der Anhänger° der Wintercamper.

Auf einem der beliebtesten Wintercampingplätze bei Ruhpolding in Oberbayern treffen sich jetzt schon seit Jahren Hunderte von Campern, jetzt meist befreundete Familien, Ehepaare mit Kindern, die sich Jahr für Jahr meistens denselben Standplatz° mieten.

Der Campingplatz liegt in einer der schönsten Gegenden Oberbayerns. Der Besitzer des Platzes ist der Bauer° Josef

der Caravan *trailer, camper;* der Esskorb *picnic basket;* der Strassenrand *roadside;* der Stau *traffic jam;* abgehärtet *hardened, tough;* der Anhänger *follower, enthusiast;* der Standplatz *trailer site at a campground;* der Bauer *farmer*

Bichler, der auch die Pflichten des Park-
wärters° erfüllt. Er weist alten Gästen ihre
Stammplätze° zu°, er schliesst neuange-
kommene Caravans an die Stromversor-
gung° an, und er hilft beim Installieren der
Gasflaschen für Heizung° und Herd°. Er
räumt auch mit seinem Schneepflug die
Strasse zwischen den langen Caravan-
reihen°.

Zum Campingplatz gehört auch ein Gasthof, ein kleiner Supermarkt und eine Tankstelle. Wer selbst kocht—und das tun die
meisten—hat es also nicht weit zum Supermarkt, und wer mal nicht kochen will, kann
in dem gemütlichen Gasthaus zu gut bürgerlichen Preisen° essen. Den Gasthof
führt übrigens der Schwiegersohn° von
Herrn Bichler.

In einem Nebengebäude° gibt es Toilet-
ten und geheizte Waschräume, über 20
Duschen mit heissem Wasser, und im
Keller stehen Waschmaschinen und
Wäschetrockner.

der Parkwärter *park attendant;* der Stammplatz *regular spot;* zuweisen *to direct to;* die Stromversorgung
power supply; die Heizung *heat;* der Herd *stove;*
die Caravanreihe *row of campers;* zu gut bürgerlichen
Preisen *at reasonable prices;* der Schwiegersohn
son-in-law; das Nebengebäude *neighboring building*

„Ich hab' in meinem Leben viele Winterurlaube verbracht", erzählt ein Wintercamper-Veteran, „aber so einen Schneeurlaub auf einem Wintercampingplatz kannte ich bis vor 10 Jahren noch nicht. Und es gibt doch nichts Schöneres als nach einem langen Schitag in den warmen Wohnwagen zu treten, anstatt in kilometerlangen Autoschlangen° nach Hause fahren zu müssen."

Ja, Ruhpolding ist ein Schifahrerparadies. Wenn die andern Schifahrer früh morgens noch auf der Autobahn in ihren Autos sitzen oder in der Nähe eines Schihangs einen Parkplatz suchen, sind die sportlichen Wintercamper schon unterwegs

beim Schifahren, am Rauschberg oder am Hochfelln. Und wer den Langlauf° liebt, kann sich nach ein paar Kilometern auf der Langlaufloipe fitlaufen, die direkt am Campingplatz vorbeiführt.

„Sie könnten meinem Mann und mir das teuerste Hotel anbieten, wir würden im Wohnwagen bleiben", erzählt eine Dame in einem rosa Schianzug. „Wir haben hier viele Bekannte. Wir kommen abends zusammen, spielen Karten oder sehen fern, wenn es ein gutes Programm gibt, oder wir machen Pläne für den kommenden Sommer. Wir leben wie in einer grossen Familie."

Zur Weihnachtszeit° ist der Campingplatz festlich geschmückt. Die riesige Naturtanne auf dem Platz strahlt im Licht von 200 elektrischen Kerzen°, und vor jedem Wohnwagen flimmert ein kleiner Christbaum°.

Wintercamping können sich viele leisten, für die ein Urlaub in einem Gasthof oder Hotel viel zu teuer wäre. Die Standmiete für einen Wohnwagen plus Auto kostet fünf Mark pro Tag. Dazu kommen täglich 3,50 Mark für jeden Erwachsenen und zwei

die Autoschlange *long line of cars;* der Langlauf *cross-country skiing;* die Weihnachtszeit *Christmas time;* die Kerze *candle;* der Christbaum *Christmas tree*

Österreichisches Kuratorium für alpine Sicherheit

an alle Skiläufer:

Bevor Sie anfahren, schauen Sie auch nach oben!

Fahren Sie nicht rücksichtslos, fahren Sie kontrolliert!

Beachten Sie die Vorgänge vor Ihnen und fahren Sie auf Sicht!

Der vordere, langsamere Skifahrer hat Vorrang!

Verweilen Sie nicht an unübersichtlichen oder engen Stellen der Piste!

sitour

LÄNDERBANK

Mark für jedes Kind für die Benutzung aller Anlagen°.

Die meisten und die schönsten Wintercampingplätze sind in Bayern, aber auch im Sauerland und im Harz[1]. Auf einem der schönsten Plätze in Zwiesel im Bayerischen Wald treffen sich zwischen Weihnachten und Neujahr mehr als 3 000 Wintercamper!

Wie wär's? Auskunft über Wintercampingplätze erhalten Sie vom Deutschen Camping Club, Mandlstrasse 28, 8000 München 40.

die Anlagen (pl) *facilities*

[1] **Das Sauerland** is a geographic area in the southern part of **Nordrhein-Westfalen,** known for its beautiful, hilly countryside. **Der Harz** is a small mountain range located in the southeast corner of **Niedersachsen.**

14 Fragen zum Inhalt

1. Beschreiben Sie die Autobahn in der Reisezeit!
2. Wann hört man im Auto den Ausruf ,,Schau, da ist ein Polizeiauto!'' und wann ,,Bleiben wir nächsten Sommer lieber zu Hause!''?
3. Warum sollten manche Urlauber lieber im Winter wegfahren?
4. Warum kann man sagen, dass Wintercamping beliebt geworden ist?
5. Was befindet sich bei Ruhpolding in Oberbayern?
6. Wer trifft sich dort jedes Jahr?

7. Wer ist Josef Bichler, und was für Arbeiten verrichtet er?
8. Was gehört noch alles zum Campingplatz?
9. Was gibt es in einem Nebengebäude?
10. Was sagt ein Wintercamping-Veteran übers Wintercamping?
11. Was bietet Ruhpolding den Schiläufern?
12. Womit verbringen viele Camper den Abend?
13. Wie sieht der Campingplatz zu Weihnachten aus?
14. Wie teuer ist Wintercamping?
15. Wo gibt es die meisten Wintercampingplätze?

15 Fragen zum Nachdenken und Diskutieren

1. Welche Vorteile und welche Nachteile können Sie für Wintercamper sehen?
2. Haben Sie schon einmal Caravancamping oder sogar Wintercamping gemacht? Berichten Sie darüber!

16 Anregungen für individuelle Arbeit oder gemeinsame Klassenprojekte

1. Besorgen Sie sich Broschüren über Wintercamping in den USA und berichten Sie darüber!
2. Kennen Sie ein Gebiet, das sich für Wintercamping eignen würde? Entwerfen Sie ein Poster und vielleicht auch einen Prospekt für dieses Gebiet!

WORTSCHATZ

Mit dem Caravan unterwegs

der **Anhänger, –** *follower, enthusiast*
die **Anlagen** (pl) *facilities*
die **Autoschlange, –n** *long line of cars*
der **Bauer, –n** *farmer*
die **Benutzung, –en** *use*
der **Besitzer, –** *owner*
der **Camper, –** *camper*
der **Campingplatz, ⁚e** *campground*
der **Caravan, –s** *trailer, camper*
der **Caravaner, –** *person camping in a trailer or camper*
die **Caravanreihe, –n** *row of campers*
der **Christbaum, ⁚e** *Christmas tree*
der **Esskorb, ⁚e** *picnic basket*
der **Europäer, –** *European (person)*
die **Gasflasche, –n** *bottled gas*
die **Heizung** *heat, heating*

der **Herd, –e** *stove*
das **Installieren** *installation*
die **Kerze, –n** *candle*
der **Langlauf** *cross-country skiing*
die **Langlaufloipe, –n** *cross-country ski trail*
die **Naturtanne, –n** *fir tree*
das **Nebengebäude, –** *neighboring building*
Oberbayern *Upper Bavaria*
der **Parkwärter, –** *park attendant*
das **Polizeiauto, –s** *police car*
der **Schianzug, ⁚e** *ski suit*
das **Schifahrerparadies** *skier's paradise*
der **Schitag, –e** *day of skiing*
der **Schneeurlaub, –e** *winter vacation*
der **Schwiegersohn, ⁚e** *son-in-law*

der **Stammplatz, ⁚e** *regular spot*
die **Standmiete, –n** *campsite fee*
der **Standplatz, ⁚e** *trailer site at a campground*
der **Stau, –s** *traffic jam*
der **Strassenrand, ⁚er** *roadside*
die **Stromversorgung** *power supply*
der **Wäschetrockner, –** *clothes dryer*
der **Waschraum, ⁚e** *washroom*
die **Weihnachtszeit** *Christmas time*
der **Wintercamper, –** *person camping in the winter*
der **Wintercamper-Veteran, –en** *veteran of winter camping*
das **Wintercamping** *winter camping*
der **Winterurlaub, –e** *winter vacation*
der **Wohnwagen, –** *trailer, camper*

anschliessen an A (sep) *to connect, hook up*
auspacken (sep) *to unpack*
erfüllen *to fill*
s. **fitlaufen** (sep) *to run (to get into shape)*
flimmern *to flicker*
führen *to run, manage*
strahlen *to shine*
vorbeiführen an D (sep) *to go past*
zuweisen (ie, ie) (sep) *to direct to*

abgehärtet *hardened, tough*
eher *rather*
geheizt *heated*
geöffnet *open*
kilometerlang *kilometer-long*
meist *mostly*
neuangekommen *newly-arrived*
rosa *pink*
superschnell *very fast*
unterwegs *on the road*
winterlich *winter, wintery*

befreundete Familien *families who are friends*
bis vor *up until*
Hunderte von *hundreds of*
Jahr für Jahr *year after year*
zu gut bürgerlichen Preisen *at reasonable prices*

Wann darf man was? 18
The Modal Verbs

Ich hab' die Prüfung bestanden! Jetzt kann ich endlich Auto fahren.

Kinder möchten oft schon älter sein, als sie wirklich sind. Sie können gewisse Geburtstage kaum erwarten, weil sie wissen, dass sie an diesem Tage bestimmte Freiheiten erhalten. Sie dürfen jetzt vielleicht am Abend länger aufbleiben, oder sie können sich vielleicht von jetzt an bestimmte

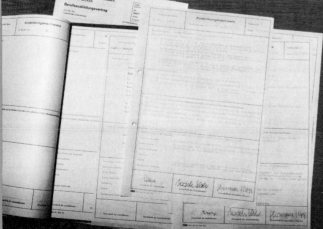

Sendungen im Fernsehen ansehen.

Für die meisten Jugendlichen aber sind nur die „grossen" Geburtstage von Bedeutung, an denen sie gesetzlich festgelegte Rechte erhalten. Mit 12 dürfen Kinder bestimmte Filmvorstellungen besuchen, mit 15 dürfen sie Mofa fahren, und ab 16 können sie den Führerschein für Kleinmotorräder machen.

Der 18. Geburtstag ist aber der, auf den sich die meisten Jugendlichen freuen: Sie werden volljährig. Jetzt können sie z.B. ein Bankkonto eröffnen, Verträge unterschreiben, und sie dürfen jetzt den Führerschein machen.

Ein neuer Geburtstag bringt aber nicht nur Rechte sondern auch Pflichten. Mit 6 Jahren muss das Kind eine Schule besuchen, Jugendliche können auch bestraft werden, und junge Männer müssen mit 18 Jahren zur Bundeswehr. Sie müssen 15 Monate dienen.

Meaning and Uses of Modal Verbs

1. The German modal verbs are **dürfen, können, müssen, sollen, wollen,** and **mögen.** They are used as:

   a. independent verbs

   Ich mag das nicht. *I don't like that.*

   b. verbs with a complementary infinitive

   Er darf nicht fernsehen. *He is not allowed to watch television.*

2. Although German modals are related in form and function to English modals (*can, must, may,* etc.), the range of meaning of the German modal can be quite different from the corresponding English modal. For example, **können** does not always mean the same as *can,* nor **müssen** the same as *must.* Common meanings of the modals are:

   a. **dürfen,** *may, to be allowed to* expresses the idea of permission

   Darf ich schwimmen gehen? *May I go swimming?*

   Ja, du darfst es[1]. *Yes, you may.*

   nicht dürfen, *must not* expresses a strong prohibition

   Du darfst jetzt nicht gehen. *You are not allowed to go now.*

   b. **können,** *can, to be able to* expresses the idea of being able to do something or of being in a position to do something

   Kannst du schneller laufen? *Can you run faster?*

   können and **dürfen** can often be used interchangeably

   Du darfst hier essen. *You may (can) eat here.*

   Du kannst hier essen. *You can (may) eat here.*

   c. **müssen,** *must, to have to* expresses the idea of necessity or compulsion

   Ich muss um 10 zu Hause sein. *I must be home by 10.*

   d. **sollen,** *to be supposed to* implies obligation

   Sie soll ihn anrufen. *She is supposed to call him up.*

   e. **wollen,** *to want to* expresses desire or intention

   Babsie will ins Kino gehen.

   Babsie wants to go to the movies.

---

[1] Notice that a direct object, usually **es** or **das,** must be used with an independent modal verb; the infinitive is understood: **Ja, du darfst es (tun).**

f. **mögen,** *to like* expresses the idea of liking
   (often used in the negative)

Er mag nicht in die Schule gehen.	Ich mag ihn nicht.
He does not want to go to school.	*I don't like him.*

the **möchte-**forms express the idea of ''would like''
   Möchten Sie diese Bluse (kaufen)? *Would you like (to buy) this blouse?*   [1–5]

The examples above show how modals can be important qualifiers of meaning. They express shades of meaning, depending upon the intention or attitude of the speaker or writer. Hence the name modal, suggesting mode or mood.

3. Past time may be expressed in two ways:
   a. the simple past tense form of the modal if there is no complementary infinitive in the sentence
      Ich konnte es nicht. *I was not able to do it.*

   or the simple past tense form of the modal together with an infinitive
      Ich konnte es nicht sagen. *I was not able to say that.*

   b. a form of **haben** and the past participle of the modal
      Ich habe es nicht gekonnt. *I was not able to (do it).*

   or the double infinitive construction, consisting of the verb **haben,** a dependent infinitive, and the infinitive form of the modal
      Ich habe es nicht sagen können. *I was not able to say that.*   [6]

4. When the double infinitive construction is used in a dependent clause, such as a **dass-**clause, **haben** does not appear in last position as it normally does. Instead, it precedes the double infinitive.
   Er hat gelesen, dass die Firma Lehrlinge **hat anstellen wollen.**
   Ich weiss nicht, warum du mir das nicht **hast sagen wollen.**

However, in spoken German the simple past (imperfect) of the modals is usually preferred, especially in dependent clauses, to avoid the accumulation of so many verbs at the end.
   Ich weiss nicht, warum du mir das nicht **sagen wolltest.**   [7]

5. To express future time, the verb **werden** and the double infinitive construction are used:
   Ich werde es nicht sagen können. *I will not be able to say that.*   [8]

For a summary of the various verb forms in the different tenses, see the Grammar Summary.

6. The following examples show the use of modals with somewhat different meanings. Notice how the different shades of meaning are expressed in English.

dürfen
   a. Sie dürfen nur anrufen. *You need only call.*
   b. Der Kuchen dürfte fertig sein. *The cake should be done now.*
   c. Wenn ich dürfte, würde ich fahren. *If I were permitted, I'd go.*

können
   a. Kannst du Deutsch? *Do you know German?*
   b. Du könntest deiner Mutter helfen. *You could help your mother.*
   c. Babsie könnte es gesagt haben. *Babsie could have said that.*

müssen

a. Er müsste schon in Hamburg sein. *He should be in Hamburg by now.*
b. Ich müsste Millionär sein! *I'd have to be a millionaire (to do that)!*

sollen

a. Peter soll jetzt in den Tanzkurs gehen. *Tell Peter to go to dance class now.*
b. Harry soll gut fotografieren. *Harry is said to be a good photographer.*

mögen

a. Er mag schon 17 sein. *He may already be 17.*
b. Mögt ihr mal kosten? *Would you like to taste?*   [9]

7. Modal verbs can also be used together with the infinitive of the passive voice. The passive infinitive is made up of the past participle of the verb and **werden**. The passive is usually used in statements of a more general nature.

present: Das Rad **kann** nicht mehr **repariert werden.**
The bike cannot be repaired any more.
past: Der Rasen **konnte** noch nicht **gemäht werden.**
The lawn could not be mowed yet.   [10,11]

Some Other Verbs That Are Used Like The Modals
lassen, sehen, helfen, hören

The following verbs are used with an infinitive without **zu** in all the tenses.

lassen

Harry **lässt** seine Filme **entwickeln.**   Harry has his films developed.
Harry **hat** seine Filme **entwickeln lassen.**   Harry had his films developed.

sehen

Wir **sahen** Marzi den Hang **hinuntersausen.**   We saw Marzi racing down the slope.
Wir **haben** Marzi den Hang **hinuntersausen sehen.**   We saw Marzi racing down the slope.

helfen

Ich **werde** die Tafel **wischen helfen.**   I will help wipe the chalk board.
Ich **habe** die Tafel **wischen helfen.**   I helped wipe the chalk board.

hören

Er **hatte** das Motorrad **kommen hören.**   He had heard the motorcycle approach.
Er **hat** das Motorrad **kommen hören.**   He heard the motorcycle approach.   [12]

Übungen

1 **Kinder, ihr seid noch viel zu jung dazu! Ihr dürft das noch nicht!** ⊗

BEISPIEL Wir möchten allein ins Kino gehen.
Ihr dürft noch nicht allein ins Kino gehen.

1. Ich möchte diesen Film sehen.
2. Peter möchte Auto fahren.
3. Die Mädchen möchten arbeiten.
4. Erika möchte den Führerschein machen.
5. Ich möchte bis Mitternacht wegbleiben.
6. Wir möchten jetzt die Schule verlassen.
7. Hans möchte heiraten.

2 Auch zu Hause können wir nicht immer alles haben, was wir wollen. ⊗

BEISPIEL   Ich will jetzt fernsehen. *Du kannst jetzt nicht fernsehen.*

1. Renate will jetzt baden.
2. Wir wollen jetzt spielen.
3. Die Jungen wollen jetzt weggehen.

4. Jochen will jetzt einkaufen gehen.
5. Ich will jetzt Musik hören.

3 Auch am Arbeitsplatz mögen wir vieles nicht. ⊗

BEISPIEL   Mögt ihr diese Arbeit? *Nein, wir mögen sie nicht.*

1. Magst du diesen Job?
2. Mag Paul diese Arbeitszeit?
3. Mögt ihr dieses Arbeitsklima?

4. Magst du diese Überstunden?
5. Mag Ursel diesen Chef?

4 Was möchtet ihr, wenn ihr erwachsen seid? ⊗

BEISPIEL   Du machst den Führerschein?
           Ja, ich möchte den Führerschein machen.

1. Peter heiratet?
2. Ihr arbeitet im Ausland?
3. Ursel studiert an der Uni?

4. Ihr kauft ein Haus?
5. Du gehst zur Bundeswehr?

5 Übers Autofahren. Welche Modalverben passen am besten? ⊗ ▢

1. Ich hab' gehört, dass du jetzt schon den Führerschein machen _____.
2. Du weisst doch, dass du mit 16 noch nicht Auto fahren _____.
3. Ich hab' gesehen, dass du schon gut fahren _____.
4. Deine Mutter sagt, dass du nicht immer so schnell fahren _____.
5. Ich kann mir denken, dass du einmal ein tolles Auto haben _____.
6. Und ich kann mir vorstellen, dass du meinen alten Wagen nicht _____.

6 Von manchen Dingen dürfen wir nichts wissen. ⊗

BEISPIEL   Ich darf davon nichts wissen!
           Ja, du hast nie etwas davon wissen dürfen.

1. Ich will davon nichts hören!
2. Ich kann darüber nichts sagen!
3. Ich möchte davon nichts erfahren!

4. Ich darf darüber nichts schreiben.
5. Ich soll davon nichts erzählen.
6. Ich muss darüber nichts berichten!

7 Die Kinder erzählen über ihre Rechte und Pflichten. ⊗

BEISPIEL   Ich hab' nicht ins Kino gehen dürfen.
           Er sagt, dass er nicht ins Kino gehen durfte.

1. Ich hab' bis Mitternacht aufbleiben können.
2. Ich hab' die Prüfung noch einmal machen dürfen.
3. Ich hab' mit 18 zur Bundeswehr gehen müssen.
4. Ich hab' die Lehrzeit nicht beenden mögen.
5. Ich hab' lieber Geld verdienen wollen.
6. Ich hab' den Vertrag unterschreiben sollen.

8 Diese jungen Leute werden folgendes wohl noch nicht tun können. ⊗

BEISPIEL   Kann der Peter schon arbeiten?   *Der Peter wird wohl noch nicht arbeiten können.*

1. Darf die Ursel schon in den Tanzkurs gehen?
2. Kann der Klaus schon den Führerschein machen?
3. Mag die Inge schon in die Lehre gehen?
4. Muss der Fritz schon den Vertrag unterschreiben?
5. Will die Renate schon Geld verdienen?

9 Was bedeuten die folgenden Sätze? Wie können Sie diese Sätze noch ausdrücken?

1. Der Klaus dürfte schon Geld verdienen.
2. Die Erika soll auch gut verdienen.
3. Sie mag erst 17 Jahre alt sein.
4. Der Hans müsste das hören!
5. Du darfst es ihm nur sagen.
6. Kurt dürfte seinen Führerschein schon haben.
7. Ich müsste nur mehr Geld haben!

10 Wir haben auch Pflichten unserer Umwelt gegenüber. ⊗

BEISPIEL   Wir müssen den Lärm bekämpfen. *Der Lärm muss bekämpft werden.*

1. Wir dürfen unsere Gewässer nicht verschmutzen.
2. Wir sollen unsere Strassen sauberhalten.
3. Wir müssen die Luftverschmutzung bekämpfen.
4. Wir können die Menge unserer Abfälle verringern.
5. Wir müssen viel weniger Energie verbrauchen.
6. Wir können unsere Umwelt positiv beeinflussen.

11 Vieles konnte nicht getan werden. ⊗

BEISPIEL   Man durfte das nicht sagen. *Das durfte nicht gesagt werden!*

1. Man durfte das nicht zeigen.
2. Man sollte das nicht aufheben.
3. Man musste das nicht wiederholen.
4. Man konnte das nicht vergleichen.
5. Man sollte das nicht vergessen.

12 Schriftliche Übung

Schreiben Sie Sätze mit den folgenden Wörtern! Gebrauchen Sie die Zeiten, die in den Klammern angegeben sind!

BEISPIEL   ich / wollen / gehen / in / Tanzkurs *(pres.)*   *Ich will in einen Tanzkurs gehen.*

1. du / können / lernen / alle modernen Tänze *(pres.)*
2. er / sollen / gehen / zu Steuers *(past)*
3. Christian / wollen / sein / kein Spielverderber *(past)*
4. Peter / müssen / überreden / ihn / lange *(past)*
5. die Jungen / können / sich verabreden / mit den Mädchen *(past)*
6. Peter / wollen / auffordern / wohl / die Heidi *(fut.)*
7. Christian / dürfen / tanzen / mit vielen anderen Mädchen *(past)*
8. Elli / sehen / stehen / Peter / neben der Tanzfläche *(past)*
9. Peter / lassen / sich zeigen / von der Elli / die Schritte *(pres.)*
10. Christian / müssen / wechseln / den Partner *(fut.)*
11. die Schüler / wollen / hinzulernen / andere neue Tänze *(past)*
12. sie (pl.) / dürfen / üben / den Cha-Cha *(past)*

Volljährigkeit° ⊗

Seit 1975 sind die Jugendlichen in der Bundesrepublik Deutschland schon ab
18 volljährig. Sie sind
damit vor Recht. und Ge-
setz° „erwachsen", das
heisst, der Jugendliche ist
voll geschäftsfähig°.

Was ein Jugendlicher jetzt schon mit 18 Jahren kann:

1. Man kann Auto fahren.
2. Man kann wählen.
3. Man kann im Lokal alkoholische Getränke bestellen, nicht nur Bier.
4. Man braucht nicht mehr um 23 Uhr zu Hause zu sein.
5. Hat man die Schule geschwänzt°, so kann man die Entschuldigung selbst schreiben.
6. Man kann seinen Wohnsitz selbst bestimmen°; man braucht nicht mehr im Elternhaus zu wohnen.
7. Man kann von seinen Eltern noch weitere neun Jahre Zuschüsse° zur Finanzierung der Wohnung und der Ausbildung verlangen.
8. Man kann Ausbildungs- und Arbeitsverträge selbständig° abschliessen°.
9. Man kann ein Bankkonto° eröffen oder einen Kredit aufnehmen.
10. Man kann Verträge über Käufe, Kredite, Mieten, usw. abschliessen. Natürlich haftet° man auch für alles, was man tut, sagt und unterschreibt.
11. Man kann heiraten—muss dann aber auch die Familie unterhalten°.
12. Man kann auch schon mit 18 in ein öffentliches Amt° gewählt werden. Es gibt eine Ausnahme°: Vor Gericht° können 18- bis 21jährige als „Heranwachsende"° nach dem milderen Jugendstrafrecht° verurteilt° werden.

---

die Volljährigkeit *legal majority, being of age;* vor Recht und Gesetz *in the eyes of the law;* geschäftsfähig *having legal capacity, responsibility;* die Schule schwänzen *to play hooky;* bestimmen *to determine;* der Zuschuss *financial aid, support;* einen Vertrag abschliessen *to enter into a (legal) contract or agreement;* selbstständig *independently;* das Bankkonto *bank account;* haften für *to be liable for;* unterhalten *to support;* ein öffentliches Amt *public office;* die Ausnahme *exception;* vor Gericht *in court;* der Heranwachsende *adolescent;* das Jugendstrafrecht *criminal law pertaining to minors;* verurteilen *to sentence*

13 Fragen zum Inhalt

1. Seit wann sind die 18jährigen in der BRD volljährig?
2. Was können 18jährige jetzt zum Beispiel alles tun?
3. Was für Vorteile haben Heranwachsende?

14 Fragen zum Überlegen und Diskutieren

1. Was heisst es, volljährig zu sein?
2. Sollten Jugendliche Zuschüsse von ihren Eltern bekommen, auch wenn sie nicht mehr zu Hause wohnen wollen?
3. Können Sie einige Gefahren nennen, die durch dieses Gesetz entstehen?
4. Haben Sie schon ein Bankkonto eröffnet, einen Kredit aufgenommen oder einen Vertrag abgeschlossen? Wollen Sie Ihren Klassenkameraden davon erzählen?
5. Wann wird man in Ihrem Staat volljährig? Was bedeutet das für Sie?

15 Schriftliche Übung

Wählen Sie eins von den Themen in Übung 14 und schreiben Sie einen Aufsatz darüber!

Kind, Jugendlicher, Heranwachsender, Erwachsener ⊗

Wann darf man was?

Lebensalter	Rechte	Pflichten
Geburt 	● Am Tag der Geburt beginnt die Rechtsfähigkeit. Das Kind erwirbt Rechte: **a.** es kann schon Erbe° sein, **b.** es bringt Steuerermässigung° für die Eltern.	● Die Eltern müssen das Kind beim Standesamt° anmelden.
6 Jahre	● Das Kind hat ein Recht auf Schulbildung.	● Schulpflicht, d.h. das Kind muss eine Schule besuchen. Die Schulpflicht dauert bis zum 15. Lebensjahr.
6 bis 11 Jahre	● Das Kind darf mit Erlaubnis° der Eltern ins Kino gehen. Der Film muss mit dem Hinweis „freigegeben ab 6 Jahren" versehen sein, und die Vorstellung muss bis 20 Uhr beendet sein.	
von 7 Jahren an 	● Bis zur Volljährigkeit können Kinder und Jugendliche mit Zustimmung° der Eltern oder des Vormundes° Verträge abschliessen. Kinder brauchen keine Zustimmung, wenn sie ihr Taschengeld zu einem Zweck verwenden, für den es ihnen gegeben wurde.	● Kinder und Jugendliche im Alter von 7 bis 17 können für angerichteten Schaden° haftbar° gemacht werden.

das Standesamt *Bureau of Vital Statistics;* der Erbe *heir;* die Steuerermässigung *tax deduction;* die Erlaubnis *permission;* die Zustimmung *consent;* der Vormund *legal guardian;* angerichteter Schaden *incurred damages;* haftbar *legally responsible*

Lebensalter	Rechte	Pflichten

von 12 bis 15 Jahren

- Kinder können Filmvorstellungen besuchen, die den Hinweis „freigegeben ab 12 Jahren" haben. Die Vorstellung muss bis 22 Uhr beendet sein.
- Von 12 Jahren ab können Kinder nicht mehr zu einem anderen Religionsbekenntnis gezwungen° werden.

14 Jahre

- Mit 14 Jahren ist man vor dem Gesetz Jugendlicher, d.h. man kann jetzt bestraft° werden. Vor dem 14. Lebensjahr ist ein Kind „strafunmündig", d.h. es kann gerichtlich nicht bestraft werden.
- Man kann frei entscheiden, zu welchem Religionsbekenntnis man sich halten will.
- Man kann eine Lehrzeit beginnen.
- Man kann im Betrieb bei der Wahl zum Betriebsrat° mitwählen.

Pflichten:
- Mit dem Lehr- oder Arbeitsvertrag übernimmt der Jugendliche Pflichten. Jugendliche sind bis zu 18 Jahren berufsschulpflichtig.

14 bis 17 Jahre

- Man braucht nicht länger als 40 Stunden pro Woche arbeiten; Nachtarbeit ist verboten.

Pflichten:
- Jugendliche können bestraft werden.

15 Jahre

- Man darf Mofa fahren

vor dem 16. Lebensjahr

- Vor dem 16. Lebensjahr kann ein Jugendlicher keinen Führerschein erhalten; das öffentliche Rauchen° ist verboten; der Aufenthalt in Gaststätten° ist nur in Begleitung von Erziehungsberechtigten gestattet.

zwingen *to force;* bestrafen *to punish;* der Betriebsrat *company board with representatives from management and labor;* das Rauchen *smoking;* der Aufenthalt in Gaststätten *admission to taverns or bars*

Lebensalter	Rechte	Pflichten
16 Jahre	● Als Heranwachsender darf man vor dem Gericht schwören.	● Ab 16 muss man einen gültigen° Personalausweis besitzen.

● Der Besuch von Gaststätten ist erlaubt (Man darf rauchen, tanzen und Bier bestellen in der Öffentlichkeit bis 22 Uhr.).

● Man kann den Führerschein Klasse 4 (Motorräder bis 50 ccm) und 5 (für Fahrzeuge unter 50 ccm) machen.

● Mädchen werden mit 16 Jahren ehemündig; sie können mit Erlaubnis der Eltern heiraten.

18 Jahre

● Man wird volljährig; elterliche Gewalt° und Vormundschaft enden, man ist Erwachsener mit Rechten und Pflichten und voller Verantwortung für alles, was man tut.

● Man kann den Führerschein Klasse 1 (Motorräder über 50 ccm) und Klasse 3 (Pkws) machen.

● Man ist „unbeschränkt° geschäftsfähig".

● volle Haftpflicht°
● voll strafmündig
● Männer werden mit 18 wehrpflichtig°.

23 Jahre

● Man kann in den Bundestag° gewählt werden.

24 Jahre

● Man darf selbst Lehrlinge ausbilden.

gültig *valid;* die Haftpflicht *liability;* die Gewalt *power, authority;* wehrpflichtig *liable for military service;* unbeschränkt *unlimited;* der Bundestag *German equivalent of the US House of Representatives*

16 Schriftliche Übung

Schreiben Sie eine ähnliche Aufstellung wie im Buch! Zeigen Sie, was man in Ihrem Staat von Geburt an tun darf!

Jugendarbeitsschutz° ⊗

Das Jugendarbeitsschutzgesetz hat zwei Aufgaben: a. es soll berufstätige Jugendliche vor Arbeitgebern schützen°, die sonst zu viel von ihnen verlangen, und b. es soll die Jugendlichen vor sich selbst schützen, wenn sie sich zu viel zumuten°.

Kürzlich hat die Bundesregierung im Parlament ein Gesetz eingebracht°, das zur Verbesserung des Jugendarbeitsschutzes führt. Es hat folgende Punkte:

1. Das Mindestalter° für Beschäftigung von Jugendlichen ist 15 Jahre.
2. Kinderarbeit ist verboten, auch in der Landwirtschaft. (Kinder sollen sich auf ihren „Arbeitsplatz", die Schule, konzentrieren können.)
3. Alle Jugendlichen dürfen täglich nicht mehr als acht Stunden und wöchentlich nicht mehr als 40 Stunden arbeiten.
4. An Berufsschultagen, an denen der Unterricht einschliesslich° Pausen länger als fünf Stunden dauert, brauchen die Auszubildenden hinterher nicht mehr in den Betrieb zu gehen.
5. Akkordarbeit° und Fliessbandarbeit° dürfen Jugendliche nicht ausüben. Ausnahmen gibt es für Jugendliche über 16 Jahre, aber erst nach einer gründlichen° ärztlichen Untersuchung.
6. Lehrmeister und Ausbilder dürfen Jugendliche während ihrer beruflichen Tätigkeit nicht körperlich züchtigen°. Ohrfeigen°, das Ziehen an den Haaren oder Herumdrehen der Ohren sind verboten. Wer es trotzdem tut, kann mit Bestrafung rechnen°.
7. Vor einer beruflichen Ausbildung oder Beschäftigung müssen alle Jugendlichen ärztlich untersucht werden. Der Jugendliche kann den Arzt frei wählen. Die Untersuchung ist kostenlos.

Wer gegen das Jugendarbeitsschutzgesetz verstösst°, kann mit einer Geldstrafe° bis zu 20 000 Mark rechnen. Wer wiederholt gegen das Gesetz verstösst, kann sogar die Erlaubnis verlieren, Jugendliche zu beschäftigen. Künftig° soll diese Tabelle gelten°:

Frühester Arbeitsanfang	Uhrzeit
grundsätzlich	7
Ausnahmen: mehrschichtige Betriebe, Postbetrieb	6
Bäckereien, Konditoreien Binnenschiffahrt, Melker	5

Höchstschichtzeit		
grundsätzlich	10	
Ausnahme: Bergbau	8	Stunden

Spätester Arbeitsschluß	Uhrzeit
grundsätzlich	20
Ausnahmen: mehrschichtige Betriebe	23
Gaststätten	22

Ununterbrochene Freizeit	Stunden
grundsätzlich	12
Ausnahme: keine	

Wochenarbeitszeit	Stunden
grundsätzlich	40
Ausnahme: Landw.i.d.Erntezeit	42,5

Urlaub	Werktage grunds.	Ausnahme: Bergbau
Alter bis 16 Jahre	30	33
17 Jahre	27	30
18 Jahre	25	28

der Arbeitsschutz *labor laws;* schützen *to protect;* s. zuviel zumuten *to attempt too much;* ein Gesetz einbringen *to introduce a bill;* das Mindestalter *minimum age;* einschliesslich *including;* die Akkordarbeit *piece-work;* das Fliessband *assembly line;* gründlich *thorough;* züchtigen *to discipline, punish;* die Ohrfeige *slap (in the face);* mit Bestrafung rechnen *to count on being prosecuted;* verstossen gegen *to violate;* die Geldstrafe *fine;* künftig *in the future;* gelten *to be effective*

17 Fragen zum Inhalt

1. Warum soll das Gesetz Jugendliche vor den Arbeitgebern schützen?
2. Warum soll es Jugendliche auch vor sich selbst schützen?
3. Was hat die Regierung kürzlich getan?
4. Ab wann dürfen Jugendliche berufstätig sein?
5. Welche Arbeit ist verboten? Warum?
6. Wie lange dürfen Jugendliche arbeiten?
7. Wann dürfen Jugendliche Fliessbandarbeit ausüben?
8. Was dürfen Ausbilder und Lehrmeister nicht tun? Was ist verboten?
9. Was geschieht mit den Jugendlichen vor der Ausbildung oder Beschäftigung?
10. Was kann dem passieren, der gegen das Gesetz verstösst?
11. Welche Strafen schreibt das Gesetz vor?

18 Fragen zum Überlegen und Diskutieren

1. Warum sind Jugendarbeitsschutzgesetze notwendig? Diskutieren Sie darüber!
2. Berichten Sie über Jugendarbeitsschutzgesetze in Ihrem Staat!

WORTSCHATZ

Volljährigkeit

das **Amt, ⸚er** office
der **Arbeitsvertrag, ⸚e** employment contract
die **Ausbildung, –en** education; professional and/or vocational training
der **Ausbildungsvertrag, ⸚e** apprenticeship contract
die **Ausnahme, –n** exception
das **Bankkonto, –s** bank account
das **Elternhaus** house of one's parents
die **Finanzierung, –en** financing
das **Gericht, –e** court of law
der **Heranwachsende, –n** (den –n) adolescent
das **Jugendstrafrecht** criminal law pertaining to minors

der **Kauf, ⸚e** purchase
der **Kredit, –e** credit
die **Miete, –n** rent
der **Wohnsitz, –e** residence
die **Volljährigkeit** legal majority, being of age
der **Zuschuss, ⸚e** financial aid, support

bestimmen to determine
haften für to be liable for
unterhalten to support
verurteilen to sentence

erwachsen grown up, adult
geschäftsfähig having legal capacity, responsibility
mild mild
selbstständig independent(ly)
volljährig of age

die **Schule schwänzen** to cut school, play hooky
eine **Familie unterhalten** to support a family
einen **Kredit aufnehmen** (sep) to take out a loan
einen **Vertrag abschliessen** (sep) to enter into a legal contract
vor Gericht in court
vor Recht und Gesetz in the eyes of the law

Kind, Jugendlicher, Heranwachsender, Erwachsener—Wann darf man was?

der **Aufenthalt, –e** *sojourn, brief stay*
die **Begleitung, –en** *accompaniment*
der **Betriebsrat, ⁼e** *company board with representatives from management and labor*
der **Bundestag** *German equivalent of the U.S. House of Representatives*
der **Erbe, –n** (den –n) *heir*
das **Erlaubnis, –se** *permission*
der **Erziehungsberechtigte, –n** (den –n) *parent or guardian*
die **Filmvorstellung, –en** *movie*
die **Gaststätte, –n** *restaurant, tavern*

die **Gewalt** *power, authority*
die **Haftpflicht** *liability*
der **Hinweis, –e** *notice*
das **Lebensalter, –** *age*
das **Lebensjahr, –e** *year (of life)*
die **Nachtarbeit** *working at night*
der **Personalausweis, –e** *identity card*
das **Rauchen** *smoking*
die **Rechstfähigkeit, –en** *legal capacity*
das **Religionsbekenntnis, –se** *religious denomination*
der **Schaden** *damages*
die **Schulbildung** *education*

die **Schulpflicht** *requirement by law that children must attend school*
das **Standesamt, ⁼er** *Bureau of Vital Statistics*
die **Steuerermässigung, –en** *tax deduction*
die **Verantwortung, –en** *responsibility*
der **Vormund, –e** *legal guardian*
die **Vormundschaft** *guardianship*
die **Wahl, –en** *election*
die **Zustimmung, –en** *consent*

bestrafen *to punish*
enden *to end*
erwerben (i, a, o) *to acquire*
mitwählen (sep) *to vote*
schwören *to swear*
übernehmen *to take on*
verwenden *to use*
zwingen (a, u) *to force*

angerichtet *incurred*
berufsschulpflichtig *required (by contract) to go to a vocational school*
ehemündig *legally permitted to marry without parental consent*
elterlich *parental*
gerichtlich *by order of the court*
gültig *valid*
haftbar *legally responsible*
strafunmündig *not old enough to be punished by law*
unbeschränkt *unlimited*
wehrpflichtig *liable for military service*

beendet sein *to be over*
ein Recht haben auf A *to have a right to*
erlaubt sein *to be permitted*
freigegeben ab 6 Jahren *children under 6 not admitted*
gestattet sein *to be allowed*
im Alter von *at the age of*
in Begleitung von *in the company of*
mit etwas versehen sein *to be furnished, supplied with, to have*
sich zu etwas halten *to hold to, profess to*

Jugendarbeitsschutz

die **Akkordarbeit, –en** *piece-work*
der **Arbeitgeber, –** *employer*
der **Arbeitsanfang** *starting time at work*
der **Arbeitsplatz, ⁼e** *place of work*
der **Arbeitsschluss** *quitting time*
die **Aufgabe, –n** *task*
der **Ausbilder, –** *teacher, instructor*
der **Auszubildende, –n** (den –n) *apprentice*
der **Bergbau** *mining*
der **Berufsschultag, –e** *vocational school day*
die **Beschäftigung, –en** *employment*
die **Bestrafung, –en** *punishment; prosecution*
die **Binnenschiffahrt** *inland navigation*

die **Bundesregierung** *federal government*
die **Erntezeit** *harvest time*
die **Fliessbandarbeit, –en** *work on an assembly line*
die **Geldstrafe, –n** *fine*
die **Höchstschichtzeit** *longest time allowed for working one shift*
der **Jugendarbeitsschutz** *child labor laws*
das **Jugendarbeitsschutzgesetz, –e** *child labor law*
die **Kinderarbeit, –en** *child labor*
die **Konditorei, –en** *pastry shop with café*
der **Lehrmeister, –** *master (person qualified to train apprentices in his or her field)*

der **Melker, –** *milker*
das **Mindestalter** *minimum age*
die **Ohrfeige, –n** *slap (in the face)*
das **Parlament, –e** *parliament*
der **Postbetrieb** *post office, postal service*
der **Punkt, –e** *provision (of a law)*
die **Tabelle, –n** *table, chart*
die **Untersuchung, –en** *(medical) examination*
die **Verbesserung, –en** *improvement*
der **Werktag, –e** *working day*
die **Wochenarbeitszeit** *time worked in one week*

ausüben (sep) *to do, perform*
beschäftigen *to employ*
gelten (i, a, o) *to be effective*
s. **konzentrieren** *to concentrate*
rechnen mit *to reckon with, count on*
schützen *to protect*
verstossen gegen (verstösst, verstiess, verstossen) *to violate*
züchtigen *to discipline, punish*
s. **zumuten** (sep) *to expect, demand of o.s.*

beruflich *occupational*
einschliesslich *including*
gründlich *thorough*
grundsätzlich *basically*
hinterher *afterward*
kostenlos *without cost*
künftig *in the future*
kürzlich *recently*
mehrschichtig *having several shifts*
trotzdem *in spite of, anyway*
ununterbrochen *uninterrupted*
wiederholt *repeatedly*

das **Herumdrehen der Ohren** *twisting a person's ears*
das **Ziehen an den Haaren** *pulling a person's hair*
ein Gesetz einbringen (sep) *to introduce a bill*
sich zuviel zumuten (sep) *to attempt too much*

Frauen, die Berufe ausüben
Infinitive Constructions

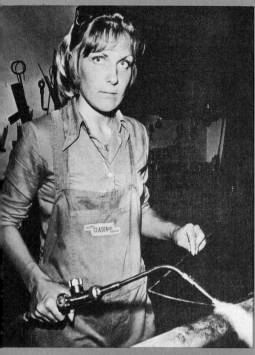

Brigitte Höck hat schon immer Pilotin werden wollen. 1960 konnte sie ihren Pilotenschein machen. Frau Höck ist heute nicht mehr die einzige Frau in der Bundesrepublik, die ein Flugzeug steuert.

Karin Clasen hatte schon als junges Mädchen grosse Lust, im Betrieb ihres Vaters zu arbeiten. Vor zwei Jahren durfte Karin die Meisterprüfung machen, und sie ist heute die erste Handwerksmeisterin für Zentralheizungs- und Lüftungsbau in der Bundesrepublik Deutschland.

Frau Dr. Hildegard Hamm-Brücher, Staatsministerin im Auswärtigen Amt, hatte kürzlich die Gelegenheit, in Abwesenheit von Bundesminister Hans-Dietrich Genscher die Sitzung des Ministerrats der Westeuropäischen Union zu leiten.

Infinitive Forms

The infinitive is the basic form of the verb and is not tied to any person, number or tense. There are two infinitive forms in the active voice and two in the passive voice.

Present Infinitive	*(Active)*	stören	fahren
	(Passive)	gestört werden	gefahren werden
Past Infinitive	*(Active)*	gestört haben	gefahren sein
	(Passive)	gestört worden sein	gefahren worden sein

Some Uses of the Infinitive

The infinitive without **zu** is used:

1. as part of the predicate with modal verbs and with **werden** (to form the future)

   Das Mädchen **soll** sich um diese Stelle **bewerben.**   [1]

   Die Lehrlinge **werden** eine Berufsschule **besuchen.**   [2]

   a. The past infinitive (active voice) — which consists of a past participle and either **haben** or **sein** — is used with modals, often in phrases with a special meaning.

   Sie **kann** das **gesagt haben.**   *That's something that she might have said.*

   Er **muss weggegangen sein.**   *He must have gone out.*

   Er **will** die Inge **gesehen haben.**   *He claims to have seen Inge.*

   Sie **soll** das **geschrieben haben.**   *She is supposed to have written that.*   [3]

   For special meanings of modals, see the chapter on Modals, beginning with page 178.

   b. The present infinitive (passive voice) — which consists of a past participle and **werden** — is used in the various tenses of the passive construction.

   Dieser Beruf **kann** leicht **erlernt werden.**   *This job can easily be learned.*   [4]

   For more examples on the use of the passive infinitive, see the chapter on the Passive Construction, beginning with page 215.

2. with the verb **kommen**, in the phrases **besuchen kommen, (ab)holen kommen**

   Ich **komm'** dich morgen **besuchen.**

   Wer **kommt** mich **abholen?**

3. often with the verb **brauchen**

   Du **brauchst** das nicht **tun.**

   Er **braucht** bloss **anrufen!**   [5]

4. with the verbs **gehen, fahren, reiten, bleiben, schlafen legen, lernen**

   Sie **geht** mit ihrem Freund **spazieren.**

   Warum **bleibst** du nicht **stehen?**

   Dieses Mädchen **lernt segeln.**

   a. Frequent combinations with **gehen** are: er, sie geht — spazieren, essen, tanzen, einkaufen, segeln, besuchen, schlafen, schwimmen, baden, waschen.

   Er **geht** sich die Hände **waschen.**

   Sie **geht** jeden Tag **schwimmen.**   [6]

b. Frequent combinations with **bleiben** are: **er, sie bleibt — liegen, sitzen, stehen, hängen, wohnen.**

> Der Motor **bleibt** dauernd **stehen.**

c. Frequent combinations with **lernen** are: **er, sie lernt — sprechen, gehen, laufen, tanzen;** or **er, sie lernt etwas (oder jemand) — kennen, verstehen, schätzen.**

> Die Schüler **lernen** in der Schule **lesen** und **schreiben.**
>
> Sie **lernen** viele andere Lehrlinge **kennen.**

5. with the verbs **sehen, hören, fühlen, spüren, lassen, helfen, lehren, finden**

> Der Meister **sieht** die Lehrlinge **spielen.**
>
> **Hörst** du sie **schreien?**
>
> Sie **fühlten (spürten)** ihr Herz **schlagen.**
>
> Er **lässt** sie ins Büro **kommen.**
>
> Er **hilft** ihnen die Arbeit **machen.**
>
> Er **lehrt** sie **arbeiten.**
>
> Sie **fanden** den Lehrling im Auto **sitzen.** [7,8]

6. In the perfect tense, the modals and the verbs listed in section 5 use a double infinitive construction.

> Frau Höck **hat** schon immer Pilotin **werden wollen.**
>
> Wir **haben** sie selbst **fliegen sehen.** [9,10]

7. The infinitive can also be used as the subject in a sentence.

> **(Das) Arbeiten** ist gesund.

The infinitive with **zu** is used

8. with all other verbs, such as

> Er **ist** gerade **dabei,** die Arbeit **zu erklären.**
>
> Ich **ermahne** euch, alles **aufzuschreiben!**
>
> Ich **bitte** euch, einmal **herzuhören!**
>
> Ich **hasse (liebe)** es, ihn dauernd **zu fragen.**
>
> Er **hat versprochen,** mir morgen die Prüfung **zu zeigen.**
>
> Wir **beabsichtigen,** mittags im Betrieb **zu sein.**
>
> **Versucht** bitte, pünktlich **zu sein!** [11,12]

9. after nouns, such as **Lust, Zeit, Gelegenheit.**

> Ich habe keine **Lust (Zeit),** heute in die Arbeit **zu gehen.**
>
> Ich warte auf eine gute **Gelegenheit,** ihr den Vertrag **zu geben.** [13]

a. A comma separates the infinitive phrase, as soon as a word or words are added to the phrase.

> Er ist gerade dabei zu gehen.
>
> aber Er ist gerade dabei, ins Geschäft zu gehen.

b. In case of separate prefixes, **zu** goes between the prefix and the verb.

> Ich bitte euch her**zu**hören.

10. as an object of a preposition, as for example, in the verb phrase **sich entschliessen zu**

> Ich hab' mich entschlossen zu **arbeiten.**

11. after **um** (to indicate intention), **ohne, anstatt**

> Sie suchen einen Job, **um** Geld **zu** verdienen.
> Fritz ging nach Hause, **ohne** den Lehrer **zu** fragen.
> **Anstatt** den Lehrer **zu** fragen, ging er nach Hause.

[14]

12. after the verb **sein**, usually to avoid a longer passive construction

> Hunde **sind** an der Leine **zu führen!**
> (Hunde müssen an der Leine geführt werden!)

13. Infinitives, with or without **zu,** are used in commands directed at the general public.

> Unsere Gäste werden gebeten, die Hunde an der Leine **zu führen.**
> Bitte die Wege nicht **verlassen!**

Übungen

1 Was möchte die Schülerin werden? ⊗

BEISPIEL   Wird sie Verkäuferin? *Ja, sie möchte Verkäuferin werden.*

1. Bewirbt sie sich um eine Lehrstelle?
2. Schreibt sie eine Bewerbung?
3. Schickt sie ihren Lebenslauf mit?
4. Legt sie eine Abschrift des Schulzeugnisses bei?
5. Geht sie zu einem Vorstellungsgespräch?
6. Macht sie eine Besichtigung der Firma mit?

2 Diese beiden Mädchen werden einen Männerberuf erlernen. ⊗

BEISPIEL   Entscheidet ihr euch für einen Männerberuf?
          Ja, wir werden uns für einen Männerberuf entscheiden.

1. Lasst ihr euch von jemand beraten?
2. Bereitet ihr euch gut auf die Prüfung vor?
3. Bewerbt ihr euch um diese Stelle?
4. Sucht ihr euch eine grosse Firma aus?
5. Lasst ihr euch gut ausbilden?
6. Macht ihr euch auch mit anderen Berufen vertraut?

3 Glauben Sie, dass diese Schülerin das alles getan hat? ⊗

BEISPIEL   Glauben Sie, dass sie diesen Brief geschrieben hat?
          Ja, sie kann diesen Brief geschrieben haben.

1. Glauben Sie, dass sie die Anzeige in der Zeitung gelesen hat?
2. Glauben Sie, dass sie ihren Eltern etwas darüber gesagt hat?
3. Glauben Sie, dass sie vorher mit dem Berufsberater gesprochen hat?
4. Glauben Sie, dass sie die Firma schon angerufen hat?
5. Glauben Sie, dass sie sich schon persönlich vorgestellt hat?
6. Glauben Sie, dass sie die Stelle schon bekommen hat?

4 Zwei Abteilungsleiter unterhalten sich. ⊗

BEISPIEL   Können wir diesen Schüler einstellen?
Nein, dieser Schüler kann nicht eingestellt werden.

1. Können wir diese beiden Mädchen beschäftigen?
2. Dürfen wir diese Lehrlinge heute testen?
3. Müssen wir diese Prüfungen unterschreiben?
4. Dürfen wir diese jungen Lehrlinge bis 7 Uhr beschäftigen?
5. Können wir diese Mädchen als Verkäuferinnen ausbilden?
6. Müssen wir diese Lehrlinge in die Betriebsschule schicken?

5 Zwei Lehrlinge unterhalten sich bei der Arbeit. ⊗

BEISPIEL   Ich ruf' dich an. *Du brauchst mich nicht anrufen.*

1. Ich nehm' dich mit.
2. Ich helf' dir.
3. Ich hol' dich ab.
4. Ich lad' dich ein.
5. Ich überrasche dich.
6. Ich les' es dir vor.

6 Der Lehrling fragt weiter. ⊗

BEISPIEL   Hast du schon gegessen? *Nein, ich geh' erst essen.*

1. Hast du schon gearbeitet?
2. Hast du schon gefragt?
3. Hast du schon telefoniert?
4. Hast du dich schon beworben?
5. Hast du dich schon angemeldet?
6. Hast du dich schon vorgestellt?

7 Was machen die Lehrlinge in ihrer Mittagspause? ⊗

BEISPIEL   Spielen sie Ball? *Ja, ich seh' sie Ball spielen.*

1. Laufen sie im Hof umher?
2. Fahren sie Rad?
3. Spielen sie Karten?
4. Gehen sie spazieren?
5. Reparieren sie ihre Mofas?

8 Was macht der Meister mit den Lehrlingen? ⊗

BEISPIEL   Kommen sie ins Büro? *Er lässt sie ins Büro kommen.*

1. Arbeiten sie länger?
2. Machen sie Überstunden?
3. Räumen sie den Arbeitsplatz auf?
4. Säubern sie die Regale?
5. Packen sie die Ware aus?
6. Schreiben sie eine Prüfung?

9 Die Lehrlinge haben einen freien Tag. Was haben sie alles machen wollen? ⊗

BEISPIEL   Wollen sie einen Ausflug machen?
Ja, sie haben einen Ausflug machen wollen.

1. Können sie mit dem Bus fahren?
2. Müssen sie unterwegs halten?
3. Dürfen sie die Stadt besichtigen?
4. Können sie auch in ein Museum gehen?
5. Wollen sie auch ein Picknick machen?
6. Müssen sie am Abend nach Hause fahren?

10 Diese Schülerin hat schon gestern alles tun können. ⊗

BEISPIEL Muss sie sich heute vorstellen?
Sie hat sich schon gestern vorstellen müssen.

1. Kann sie heute mit dem Berufsberater sprechen?
2. Muss sie heute zu einem Vorstellungsgespräch gehen?
3. Soll sie heute eine Prüfung machen?
4. Lässt sie sich heute die Ergebnisse zeigen?
5. Darf sie heute den Betrieb besichtigen?
6. Kann sie sich heute ihren Arbeitsplatz ansehen?

11 Die Lehrlinge haben eine Prüfung. Der Lehrer sagt: ⊗

BEISPIEL Die Lehrlinge sollen einmal ruhig sein.
Ich bitte euch, einmal ruhig zu sein!

1. Sie sollen jetzt aufpassen.
2. Sie sollen genau zuhören.
3. Sie sollen zuerst die Formulare ausfüllen.
4. Sie sollen jetzt mit dem Test beginnen.
5. Sie sollen alle Fragen beantworten.
6. Sie sollen keine Bücher benützen.

12 Ein Schüler beabsichtigt, diesen Sommer viel zu tun. ⊗

BEISPIEL Sucht er einen Job?
Er beabsichtigt, einen Job zu suchen.

1. Geht er aufs Arbeitsamt?
2. Liest er die Anzeigen in der Zeitung?
3. Bewirbt er sich um diese Stelle?
4. Arbeitet er in einem Warenlager?
5. Macht er viele Überstunden?
6. Verdient er viel Geld?

13 Diese Lehrlinge haben heute keine Lust! ⊗

BEISPIEL Geht ihr heute in die Berufsschule?
Wir haben keine Lust, heute in die Berufsschule zu gehen.

1. Helft ihr heute im Geschäft?
2. Packt ihr heute die Ware aus?
3. Schreibt ihr heute die Preisschilder?
4. Arbeitet ihr heute an der Kasse?
5. Räumt ihr heute die Regale aus?
6. Geht ihr heute spazieren?

14 Was möchten die Lehrlinge alles in den Ferien tun? ⊗

BEISPIEL Sie möchten sich in Hamburg den Hafen ansehen.
Sie fahren nach Hamburg, um sich den Hafen anzusehen.

1. Sie möchten sich in Frankfurt ein Konzert anhören.
2. Sie möchten in München das Oktoberfest mitmachen.
3. Sie möchten in Kiel an einem Ruderwettbewerb teilnehmen.
4. Sie möchten sich in Landshut die Fürstenhochzeit ansehen.
5. Sie möchten in Garmisch die Zugspitze besteigen.
6. Sie möchten in Tirol Schi laufen.

15 Schriftliche Übungen

a. Rewrite the following sentences in the pefect tense.

BEISPIEL   Dieser Schüler kann keine Arbeit finden.
            Dieser Schüler hat keine Arbeit finden können.

1. Er will sich um diesen Job bewerben.
2. Ich muss eine Bewerbung einschicken.
3. Mein Vater hilft mir die Bewerbung schreiben.
4. Wir dürfen uns gleich persönlich vorstellen.
5. Der Chef vom Warenlager kann uns gut gebrauchen.
6. Ich sehe dort die andern Lehrlinge arbeiten.
7. Der neue Schüler lässt sich bei der Arbeit helfen.
8. Er kann anfangs die Anweisungen nicht verstehen.

b. Complete each of the suggested sentence beginnings with the information given in paren-theses.

BEISPIELE   Sie will . . . / Sie hat keine Lust . . . (Sie bewirbt sich um diese Stelle.)
            Sie will sich um diese Stelle bewerben.
            Sie hat keine Lust, sich um diese Stelle zu bewerben.

1. Er will . . . / Er beabsichtigt . . . (Er liest alle Anzeigen.)
2. Wir möchten . . . / Wir haben vor . . . (Wir arbeiten diesen Sommer.)
3. Sie kann . . . / Sie hat die Gelegenheit . . . (Sie verdient viel Geld.)
4. Ich darf . . . / Ich bin dabei . . . (Ich unterschreibe einen Vertrag.)
5. Er muss . . . / Er versucht . . . (Er kommt mit der Arbeit voran.)
6. Der Chef kann . . . / Der Chef ist dabei . . . (Der Chef bildet den Schüler gut aus.)
7. Der Schüler will . . . / Der Schüler hat Lust . . . (Der Schüler macht die Prüfung noch einmal.)
8. Sie will . . . / Sie verspricht . . . (Sie schreibt alles gut auf.)

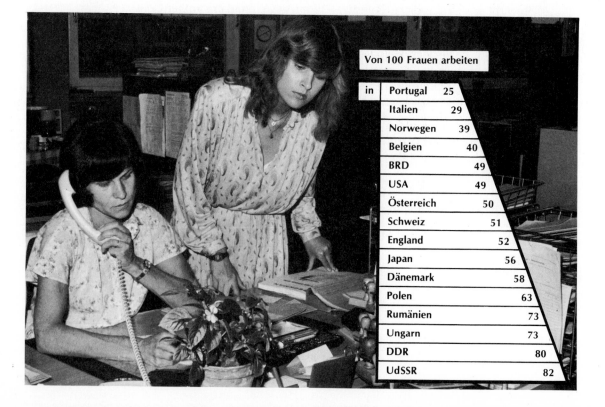

Von 100 Frauen arbeiten		
in	Portugal	25
	Italien	29
	Norwegen	39
	Belgien	40
	BRD	49
	USA	49
	Österreich	50
	Schweiz	51
	England	52
	Japan	56
	Dänemark	58
	Polen	63
	Rumänien	73
	Ungarn	73
	DDR	80
	UdSSR	82

Frauen, die Berufe ausüben ⊗

Diese weiblichen° Lehrlinge werden bei der Firma Krupp in Rheinhausen als Mechanikerinnen für Elektrogeräte ausgebildet. Hier lernen die Mädchen, wie man eine Bohrmaschine bedient°.

Jutta Acke ist die erste deutsche Umwelt-Ingenieurin. In diesem Foto ist sie gerade dabei, den Lärm eines Hamburger Kraftwerkes zu messen.

Marlies Werner hat als „Frau Kapitän" schon viele tausend Kilometer auf Europas Wasserstrassen zurückgelegt.

Apolina Follmann (links) und Uschi Grundhöfer sind nicht die einzigen Mädchen, die jetzt Berufe erlernen, die vor kurzem noch als typisch männlich galten°. Die beiden Mädchen wollen Maurer° werden—ein Beruf, in dem man viel Geld verdienen kann.

weiblich *female;* eine Bohrmaschine bedienen *to run a drill press;* gelten als *to be considered as;* der Maurer *mason*

Frau Veronika Carstens, Gattin des Bundespräsidenten[1], ist Ärztin. Dr. Carstens hat sich
seit Mitte 1979 weniger ihrem Beruf widmen°
können. Als Gattin des Bundespräsidenten hat
sie die meiste Zeit mit Repräsentationsver-
pflichtungen° verbringen müssen.

Immer mehr Mädchen interessieren sich dafür,
einen Ingenieurberuf zu erlernen. Da die Technischen Universitäten in der Bundesrepublik
noch nicht genügend weibliche Ingenieure ausbilden, hat sich die Firma Siemens dazu ent-
schlossen°, interessierte und begabte° Frauen
als Elektroingenieure auszubilden. Diese
Angestellte lässt sich als Telefonüberwachungs-
Ingenieur° ausbilden.

Karin Weibert beabsichtigt, Automechanikerin
zu werden. Dieser Beruf wird fast ausschliesslich von Jungen erlernt. Es macht ihr aber nichts
aus°, mit männlichen Kollegen auch unter einem
Auto zu arbeiten.

Die Westberliner Architektin und Diplomingenieurin[2] Sigrid Kressmann-Zschach kann sich
mit jedem Mann messen. Hier bietet sich gerade
die Gelegenheit°, einem Kollegen die Baupläne
für ein neues Wohnhaus zu erklären.

---

s. widmen *to devote o.s. to;* die Repräsentationsverpflichtungen (pl) *state duties and responsibilities;* s. entschliessen
zu *to decide to;* begabt *talented;* der Telefonüberwachungs-Ingenieur *telephone maintenance engineer;* es macht
ihr nichts aus *it doesn't matter to her;* die Gelegenheit *opportunity*

[1] **Der Bundespräsident** is the head of State, but performs mostly ceremonial functions. The government is run by the
Chancellor.
[2] Professional titles preceded by **Diplom-** signify that the person has a university degree in the specific profession.

Die vorangegangenen Illustrationen zeigen, dass Mädchen und Frauen heutzutage Berufe erlernen oder in Berufen arbeiten, die bisher als typische Männerberufe bezeichnet wurden. Freilich sind Mädchen und Frauen in diesen Berufen heute immer noch mehr die Ausnahme° als die Regel. Dafür gibt es historisch gesehen ganz bestimmte Gründe, die sich leicht identifizieren lassen.

Im allgemeinen unternehmen Eltern wie auch Lehrer sehr wenig, bei den Jugendlichen die Klischees° von der Rolle der Frau und der des Mannes abzubauen°. Das beginnt damit, dass wohl die meisten Väter —wie ihre Väter zuvor—ihren Söhnen solche Spielsachen kaufen, mit denen sie selbst gern gespielt haben oder den Sport ergreifen lassen, den sie selbst ausgeübt haben. Und die Töchter bekommen von den Eltern eben solche Dinge, die man einem Mädchen schenkt, oder man lässt sie eine Sportart ergreifen, die ein typischer Mädchensport ist. Und in der Schule werden die Jungen dazu angehalten, Werkunterricht° zu nehmen und die Mädchen Handarbeitsunterricht°. Durch dieses Verhalten° werden Rollen geprägt, die sich bei späteren Berufsentscheidungen bemerkbar machen°.

Dazu kommt eine fast katastrophale Unwissenheit° der Mädchen, was die verschiedensten Berufsmöglichkeiten betrifft. Die meisten Mädchen haben immer noch vor, entweder Verkäuferin, Büroangestellte, Arzthelferin, Frisöse oder Krankenschwester° zu werden. Es gibt jedoch fast 500 Ausbildungsberufe für Mädchen, aber zur Zeit arbeiten fast 80 Prozent aller Frauen in nur 17 Berufen, die eine Ausbildung verlangen. Warum?

Auch hier gilt es erst einmal, bei den Mädchen Vorurteile° über Berufe und Ausbildung abzubauen. Die meisten Mädchen drängen sich gar nicht danach°,

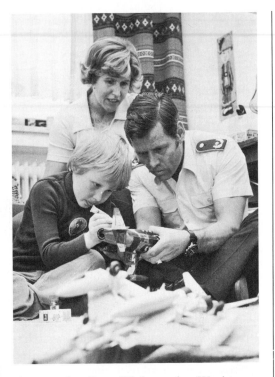

Automechaniker, Bäcker oder Werkzeugmacher zu werden. Es ist nämlich oft nicht leicht, in diese typischen Männerberufe einzubrechen. Die Mädchen müssen es sich oft gefallen lassen°, von ihren Freundinnen als „leicht verrückt" angesehen zu werden. Oder sie müssen auch damit rechnen, von ihren männlichen Arbeitskollegen geärgert° zu werden. Mädchen, die solche Berufe erlernen oder in solchen, typischen Männerberufen arbeiten, müssen eine gewisse innere Stärke° besitzen, um sich auf dem Arbeitsplatz behaupten° zu können.

Arbeitgeber sehen es auch oft nicht gern, wenn sich Frauen für gewisse männliche Berufe interessieren, und manchmal hört man solche Ausreden, dass Frauen nicht eingestellt werden könnten, weil die Arbeit zu schwer ist, oder zu viel Konzentration verlangt oder dass einfach Waschräume und Toiletten für Frauen fehlen.

---

die Ausnahme *exception;* das Klischee *stereotype;* abbauen *to break down, do away with;* der Werkunterricht *shop;* der Handarbeitsunterricht *needlework instruction;* das Verhalten *attitude, behavior;* s. bemerkbar machen *to become noticeable;* die Unwissenheit *ignorance;* die Krankenschwester *nurse;* das Vorurteil *prejudice;* s. drängen nach *to pursue eagerly;* s. gefallen lassen *to put up with;* ärgern *to annoy;* die Stärke *strength;* s. behaupten *to hold one's own, assert o.s.*

Wie sieht es mit weiblichen Mitarbeitern in der Bundeswehr aus? Über ein Viertel der Zivilangestellten bei der Bundeswehr sind Frauen. „Theoretisch", sagt ein Presseoffizier vom Verteidigungsministerium°, „sind die Frauen den Männern gleichgestellt°." Praktisch sind Frauen aber nur in den weniger gut bezahlten Stellen zu finden; sie arbeiten meistens als Schreibkräfte°, Köchinnen, Krankenschwestern und Fernschreiberinnen°. Nur eine Gruppe von Frauen hat seit 1. Oktober 1975 Soldatenstatus, die Ärztinnen. Seit dieser Zeit können Ärztinnen Uniform tragen und Offizier werden, Sanitätsoffizier. Dieser „Durchbruch" ist der Tatsache° zu verdanken, dass die Bundeswehr an chronischem Ärztemangel leidet°.

Es hat sich nun in den letzten paar Jahren gezeigt, dass sich Frauen in typischen Männerberufen sogar sehr gut behaupten können, und viele Arbeitgeber sagen heute, dass sie mit Frauen bessere Erfahrungen machen als mit manchen Männern.

Diese Beobachtungen, die eine Umkehr° geläufiger° Meinungen bedeuten, hat das Allensbacher Meinungsforschungs-Institut dazu veranlasst°, eine grosse Umfrage zu dem Thema „Frauen in typischen Männerberufen" zu veranstalten. Diese Umfrage hat gezeigt, dass die Frauen heute als das „stärkere Geschlecht°" hervorgehen. Bei der Arbeit sind sie fleissiger und geschickter, sie werden mit dem Stress leichter fertig° als Männer und sie sind im allgemeinen tüchtiger°. Während die Frauen aktiver, dynamischer und selbstbewusster° werden, lassen die männlichen Kollegen am Arbeitsplatz nach°. Die Männer – so die Ergebnisse der Umfrage – langweilen sich bei der Arbeit, und sie sind im allgemeinen nicht so aktiv wie die Frauen im sozialen und kulturellen Bereich. Während besonders junge Frauen heute einem Beruf nachgehen und eine Reihe von Hobbys entwickeln, sehnen° sich die Männer meistens nach einem ruhigen Abend im Kreis der Familie.

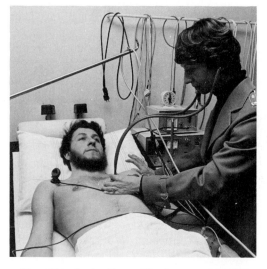

Das Ergebnis dieser Umfrage zeigt, dass sich in letzter Zeit ein Rollenwechsel° zwischen Mann und Frau vollzogen° zu haben scheint. Diese Erkenntnis wird gewiss helfen, alte Vorurteile gegenüber Frauen in Männerberufen abzubauen und damit auch immer mehr Mädchen veranlassen, typische Männerberufe zu erlernen.

aus SCALA

das Verteidigungsministerium *defense ministry, department;* gleichgestellt sein *to be equal;* die Schreibkraft *secretary;* die Fernschreiberin *teletype operator;* die Tatsache *fact;* an Ärztemangel leiden *to suffer from a shortage of doctors;* die Umkehr *reversal;* geläufig *current;* veranlassen zu *to cause to;* das stärkere Geschlecht *the stronger sex;* fertig werden mit *to cope with;* tüchtig *capable, efficient;* selbstbewusst *self-confident;* nachlassen *to slacken, fall off;* s. sehnen nach *to long for;* der Rollenwechsel *role reversal;* vollziehen *to come about*

Die beliebtesten Ausbildungsberufe

53,8% aller Jungen lernen	76,7% aller Mädchen lernen
1. Kraftfahrzeugmechaniker (car mechanic)	1. Verkäuferin (salesperson)
2. Elektroinstallateur (electrician)	2. Friseuse (hairdresser)
3. Maschinenschlosser (metal fitter)	3. Industriekaufmann (industrial management
4. Industriekaufmann (industrial management)	4. Bürokaufmann (office management)
5. Kaufmann im Gross- und Aussenhandel (wholesale merchant)	5. Arzthelferin (medical assistant)
6. Werkzeugmacher (tool and die maker)	6. Bankkaufmann (bank clerk)
7. Bankkaufmann (bank clerk)	7. Kaufmann im Gross- und Aussenhandel (wholesale merchant)
8. Starkstromelektriker (high voltage electrician)	8. Zahnarzthelferin (dental assistant)
9. Maler und Lackierer (painter and lacquerer)	9. Einzelhandelskaufmann (retail merchant)
10. Gas- und Wasserinstallateur (plumber)	10. Bürogehilfin (office worker)
11. Fernmeldehandwerker (telecommunication worker)	11. Rechtsanwaltsgehilfin (legal secretary)
12. Maurer (bricklayer)	12. Verkäuferin im Nahrungsmittelhandel (salesperson for foodstuffs)
13. Tischler (carpenter)	13. Gehilfin in wirtschafts- und steuerberatenden Berufen (secretary in business and tax offices)
14. Technischer Zeichner (technical draftsman)	14. Apothekenhelferin (pharmaceutic assistant)
15. Einzelhandelskaufmann (retail merchant)	15. Bekleidungsfertigerin (seamstress)

Quelle: Frauen und Bildung, Bundesministerium für Bildung und Wissenschaft

17 Fragen zum Inhalt

1. Aus welchem Grund bildet die Firma Siemens weibliche Ingenieure aus?
2. Wer ist Frau Carstens? Übt sie heute weiterhin ihren Arztberuf aus?
3. Welche anderen Berufe, die bisher als typisch männlich galten, erlernen heute manche Mädchen?
4. Was können Sie über eine Berliner Architektin berichten?
5. Was für einen Beruf übt Marlies Werner aus?
6. Was für Klischees von der Rolle der Frau gibt es heute immer noch? Welche Beispiele können Sie geben?
7. Was tun die Schulen, um solche Klischees abzubauen?
8. Warum kann man sagen, dass die meisten Mädchen sehr wenig über die verschiedenen Berufsmöglichkeiten Bescheid wissen?
9. Wie viele Ausbildungsberufe gibt es? Und in wie vielen arbeiten 80 Prozent der Frauen?
10. Warum lernen die meisten Mädchen keine typischen Männerberufe?
11. Was muss eine Frau besitzen, um sich in einem typischen Männerberuf behaupten zu können?
12. Welche Ausreden haben manche Arbeitgeber, warum sie keine Frauen einstellen können?
13. In welchen Berufen arbeiten Frauen bei der Bundeswehr?
14. Welche Frauen haben Soldatenstatus? Warum?

15. Was hat sich in den letzten paar Jahren gezeigt?
16. Was hat daraufhin das Allensbacher Meinungsforschungs-Institut veranstaltet?
17. Was für Ergebnisse hat diese Umfrage gezeigt?
18. Was für Folgen kann dieses Ergebnis haben?

18 Fragen zum Nachdenken und Diskutieren

1. Sind Frauen in typischen Männerberufen heute schon die Regel oder noch die Ausnahme? Begründen Sie Ihre Antwort!
2. Theoretisch sind Frauen den Männern im Berufsleben gleichgestellt. Wie sieht es in der Praxis aus? Kennen Sie Beispiele, wo Frauen den Männern nicht gleichgestellt sind?
3. Kennen Sie Beispiele, wo Frauen Männerberufe genau so gut ausüben wie Männer—oder sogar besser?
4. Wie sieht es mit Frauenberufen in der amerikanischen Bundeswehr aus?
5. Sollten Frauen in Kampftruppen dienen? Was meinen Sie? Diskutieren Sie darüber!
6. Was halten Sie von den Ergebnissen des Allensbacher Meinungsforschungs-Instituts? Begründen Sie Ihre Antwort!
7. Würden Sie als Mädchen einen „typischen Männerberuf" wählen? Warum oder warum nicht? Hätten Sie als Junge Vorurteile einer Arbeitskollegin gegenüber? Was würden Sie sagen, wenn Ihre Schwester oder Ihre Freundin Automechanikerin oder Schiffskapitän oder Offizier werden wollte?
8. Gibt es Berufe, für die Frauen nicht geeignet sind? Was meinen Sie? Begründen Sie Ihre Antwort!
9. Welche Probleme und Konflikte gibt es für die arbeitende Frau?

19 Schriftliche Übung

Schreiben Sie einen Aufsatz über eins der Themen in Übung 18!

20 Anregungen für individuelle Arbeit oder gemeinsame Klassenprojekte

Welches sind die beliebtesten Männer- und Frauenberufe in den USA? —Halten Sie darüber einen Vortrag! Besorgen Sie sich Information und Daten über Berufe, die von Jugendlichen gewählt werden können! Berichten Sie auch darüber, wo, wie und von wem Jugendliche für diese Berufe ausgebildet werden!

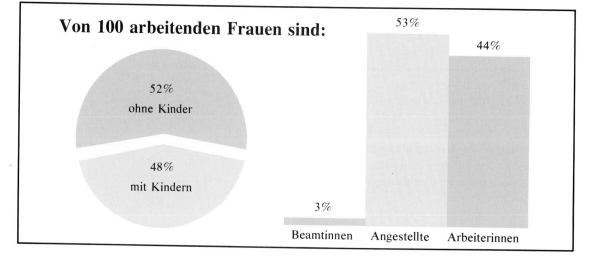

Von 100 arbeitenden Frauen sind:

52% ohne Kinder
48% mit Kindern

53% — 44%
3%
Beamtinnen — Angestellte — Arbeiterinnen

Frauen, die Berufe ausüben

der **Arbeitgeber, –** *employer*
der **Arbeitskollege, –n** (den –n) *colleague (at work)*
die **Architektin, –nen** *architect*
der **Ärztemangel** *shortage of doctors*
die Arzthelferin, –nen *doctor's assistant*
die **Ärztin, –nen** *doctor*
der **Ausbildungsberuf, –e** *occupation requiring formal training*
die **Ausnahme, –n** *exception*
der **Bauplan, ⸚e** *construction plan*
die **Beobachtung, –en** *observation*
der **Bereich, –e** *area*
die **Berufsentscheidung, –en** *choice of occupation*
die **Bohrmaschine, –n** *drill press*
der **Bundespräsident, –en** (den –en) *President of the Federal Republic*
der **Büroangestellte, –n** (den –n) *office worker*
die **Diplomingenieurin, –nen** *engineer with a university degree*
der **Durchbruch, ⸚e** *breakthrough*
das **Elektrogerät, –e** *electrical appliance*
der **Elektroingenieur, –e** *electrical engineer*
die **Erfahrung, –en** *experience*

die **Erkenntnis, –se** *insight, realization*
die **Fernschreiberin, –nen** *teletype operator*
die **Gattin, –nen** *wife*
das **Geschlecht, –er** *sex*
der **Handarbeitsunterricht** *needlework instruction*
die **Illustration, –en** *illustration*
der **Ingenieurberuf, –e** *occupation of engineer*
der **Kapitän, –e** *(ship's) captain*
das **Klischee, –s** *stereotype*
die **Köchin, –nen** *cook*
der **Kollege, –n** (den –n) *colleague*
die **Konzentration** *concentration*
das **Kraftwerk, –e** *power plant*
die **Krankenschwester, –n** *nurse*
der **Mädchensport** *girl's sport*
der **Männerberuf, –e** *male occupation*
der **Maurer, –** *mason*
das **Meinungsforschungs-Institut, –e** *institute that takes and evaluates public opinion polls*
der **Offizier, –e** *officer*
die **Presseoffizier, –e** *press secretary*
die Repräsentationsverpflichtungen (pl) *state duties and responsibilities*
der **Rollenwechsel** *role reversal*

die **Schreibkraft, ⸚e** *secretary*
der **Soldatenstatus, –** *soldier status*
die **Spielsachen** (pl) *toys*
die **Sportart, –en** *type of sport*
die **Stärke, –n** *strength*
der **Stress, –e** *stress*
die **Tatsache, –n** *fact*
die **Technische Universität, –en** *technical college*
der **Telefonüberwachungs-Ingenieur, –e** *telephone maintenance engineer*
die **Umfrage, –n** *opinion poll*
die **Umkehr** *reversal*
die **Umwelt-Ingenieurin, –nen** *environmental engineer*
die **Unwissenheit** *ignorance*
das **Verhalten** *attitude, behavior*
das **Verteidigungsministerium** *defense ministry*
das **Viertel, –** *quarter*
das **Vorurteil, –e** *prejudice*
der **Waschraum, ⸚e** *washroom*
die **Wasserstrasse, –n** *waterway*
der **Werkunterricht** *shop*
der **Werkzeugmacher, –** *toolmaker*
der **Zivilangestellte, –n** (den –n) *civilian employee*

abbauen (sep) *to break down, do away with*
anhalten zu (sep) *to require to, insist that*
ansehen als (sep) *to regard as*
ärgern *to annoy*
s. **behaupten** *to hold one's own, assert o.s.*
bezeichnen als *to designate as*
s. **drängen nach** *to pursue eagerly*
einbrechen in A (sep) *to break into*
einstellen (sep) *to employ*
s. **entschliessen zu** *to decide to*

aktiv *active*
begabt *talented*
chronisch *chronic*
dynamisch *dynamic*
geläufig *current*

ausschliesslich *exclusively*
bisher *until now*
gegenüber D *toward, in regard to*
gewiss *surely*

s. **bemerkbar machen** *to become noticeable*
eine Maschine bedienen *to operate a machine*
eine Reihe von *a number of*
einen Beruf ausüben *to pursue an occupation*
einen Beruf erlernen *to learn an occupation*
einem Beruf nachgehen *to pursue a career, occupation*

ergreifen (i, i) *to take up*
fehlen *to be lacking*
s. **gefallen lassen** *to put up with*
gelten (i, a, o) *to hold true*
gelten als (i, a, o) *to be considered as*
hervorgehen (sep) *to emerge*
identifizieren *to identify*
s. **langweilen** *to be bored*
leiden an D (i, i) *to suffer from*
s. **messen mit** *to compare o.s. with; to compete with*
prägen *to imprint, engrave*

gleichgestellt *equal*
inner– *inner*
katastrophal *catastrophic*
kulturell *cultural*
männlich *male*

heutzutage *nowadays, today*
historisch *historically*
jedoch *however*
leicht *slightly*

Erfahrung machen *to have the experience*
einen Sport ergreifen (i, i) *to take up a sport*
erst einmal *first of all*
es bietet sich die Gelegenheit *the opportunity presents itself*
es macht ihr nichts aus *it doesn't matter to her*
fertig werden *to cope*

nachlassen (sep) *to slacken, fall off*
rechnen mit *to reckon with*
s. **sehnen nach** *to long for*
unternehmen *to undertake*
veranlassen zu *to cause to*
veranstalten *to organize, carry out*
verdanken D *to be due to*
vollziehen *to come about*
s. **widmen D** *to devote o.s. to*

selbstbewusst *self-confident*
sozial *social*
tüchtig *capable, efficient*
vorangegangen– *preceding*
weiblich *female*

praktisch *in practice*
theoretisch *theoretically*
zuvor *before*

ganz bestimmt– *very specific, definite*
im allgemeinen *in general*
im Kreis der Familie *within the family circle*
Kilometer zurücklegen *to cover kilometers*
Rollen prägen *to establish roles*
vor kurzem *recently*
was . . . betrifft *regarding*

Jugend und Geld
Verbs with Prepositional Objects and da- and wo-Compounds

Wofür gibst du dein Taschengeld aus? — Ich geb' es für Dinge aus, die mir gefallen.

Wofür geben die jungen Leute ihr Geld aus? — An dieser Frage sind nicht nur viele Eltern interessiert, sondern hauptsächlich die grossen Firmen, die den Markt für Jugendliche mit allmöglichen Dingen beliefern.

Die jüngeren Kinder geben das meiste Geld für Süssigkeiten aus. Ans Sparen denken sie noch nicht.

Die 10- bis 14jährigen interessieren sich mehr für Bücher und Zeitschriften. Die 15jährigen denken eher daran, ihr Geld für Sport, Mopeds, Musikgeräte, Schallplatten und Cassetten auszugeben.

Viele 15- bis 18jährige bewerben sich in ihren Ferien um einen Job und sparen ihren Verdienst für eine schöne Reise.

Verbs with Prepositional Objects

There are many verbs that are used with particular prepositions. The noun phrase or pronoun that follows must be in the appropriate case, as object of the preposition.

1. Some verbs with a preposition followed by the accusative case:

an   denken an   *to think of*   schicken an   *to send to*
        s. erinnern an   *to remember*   schreiben an   *to write to*
        s. gewöhnen an   *to get used to*   verkaufen an   *to sell to*
        glauben an   *to believe in*   vermieten an   *to rent to*

        Die Mädchen haben den ganzen Morgen an den Segelunterricht gedacht.

auf   achten auf   *to pay attention to*   schauen auf   *to look at*
        antworten auf   *to answer, reply to*   sehen auf   *to look at*
        aufpassen auf   *to watch out for*   steigen auf   *to rise, increase to*
        auftragen auf   *to put on, apply*   verschieben auf   *to postpone until*
        s. beschränken auf   *to be limited to*   s. vorbereiten auf   *to prepare for*
        s. einigen auf   *to agree on*   warten auf   *to wait for*
        s. freuen auf   *to look forward to*   zeigen auf   *to point to*
        kommen auf   *to come to, upon*   zielen auf   *to aim at*
        s. konzentrieren auf   *to concentrate on*   zusteuern auf   *to aim for*
        hoffen auf   *to hope for*

        Sie einigten sich auf ein Lustspiel.

für   danken für   *to thank for*   sorgen für   *to care for; to see to*
        s. eignen für   *to be suited for*   sparen für   *to save for*
        s. entscheiden für   *to decide on*   werben für   *to advertise for*
        s. interessieren für   *to be interested in*

        Peter interessiert sich nur für seine Briefmarken.

über   s. beklagen über   *to complain about*   reden über   *to talk about*
        diskutieren über   *to discuss*   sprechen über   *to speak about*
        s. freuen über   *to be happy about*   s. unterhalten über   *to talk about*
        klagen über   *to complain about*   s. wundern über   *to wonder about*
        lachen über   *to laugh about*

        Sie unterhielten sich über das schlechte Wetter.

um   s. bewerben um   *to apply for*
        bitten um   *to ask for*
        kämpfen um   *to fight for*
        s. kümmern um   *to be concerned about,*
           to concern oneself about
        streiten um   *to fight about*

        Darf ich Sie um Ihren Namen bitten?

2. Some verbs with a preposition followed by the dative case:

an   liegen an   *to depend on*   teilnehmen an   *to participate in*

        Das liegt am Wetter.

aus   bestehen aus   *to consist of*   stammen aus   *to come from*
          kommen aus   *to come from*

        Die Stöcke bestehen aus leichtem Metall.

bei   s. bedanken bei   *to say thanks to*

        Bedank dich bei ihm!

mit   s. befassen mit   *to be concerned with*   s. treffen mit   *to meet with*
         s. beschäftigen mit   *to occupy*   s. unterhalten mit   *to converse with*
           oneself with   s. verabreden mit   *to make a date with*
         sprechen mit   *to talk to*   versorgen mit   *to provide with*

        Peter beschäftigt sich mit seinen Marken.

nach   s. erkundigen nach   *to inquire about*   kommen nach   *to come to*
         fahren nach   *to travel to*   riechen nach   *to smell of*
         fragen nach   *to ask about*   schmecken nach   *to taste of*

        Sie erkundigte sich nach dem Programm.

von   abhängen von   *to depend on*   mieten von   *to rent from*
         berichten von   *to report on*   s. verabschieden von   *to say good-by to*
         erzählen von   *to tell about*   verstehen von   *to know, understand*
         halten von   *to have an opinion of*   *about*
         meinen von   *to think of, have an*   wissen von   *to know about*
           opinion of

        Ich halte nicht viel von meinem Vetter.

vor   fliehen vor   *to flee from*   warnen vor   *to warn about*

        Wir flohen vor dem Gewitter.

zu   betragen zu   *to contribute to*   passen zu   *to fit, go with*
         gehören zu   *to belong to*

        Die Bluse passt nicht zu diesem Rock.   [1–7]

3. Many verbs take a direct object in the accusative case in addition to the object of the preposition in the accusative case.

bitten, jemand um etwas   *to ask somebody for something*
brauchen, jemand zu etwas   *to need somebody for something*
erinnern, jemand an etwas   *to remind somebody of something*
schicken, etwas an jemand   *to send something to somebody*
schreiben, etwas an, über, für jemand   *to write something to, about, for somebody*

verkaufen, etwas an jemand	*to sell something to somebody*
vermieten, etwas an jemand	*to rent something to somebody*
verschieben, etwas auf etwas	*to postpone something to (a date)*

Er bittet seinen Freund um einen Zehner.
Sie schreibt einen Brief an ihre Freundin. [8]

4. Many verbs take a direct object in the accusative case in addition to the object of the preposition in the dative case.

auffordern, jemand zu etwas	*to ask somebody to do something*
benutzen, etwas zu etwas	*to use something for something*
einladen, jemand zu etwas	*to invite somebody to something*
fragen, jemand nach jemand/etwas	*to ask somebody about somebody/something*
schützen, jemand/etwas vor jemand/etwas	*to protect s.b./s.th. from s.b./s. th.*
warnen, jemand vor jemand/etwas	*to warn somebody about somebody/something*
zwingen, jemand zu etwas	*to force somebody to (do) something*

Peter fordert die Elli zum Tanz auf.
Ich lade dich zu meinem Geburtstag ein. [9]

5. A few verbs take an object in the dative case in addition to the accusative or dative object of the preposition.

antworten auf: Ich antworte meinem Onkel auf den Brief.
danken für: Wir danken dir für die Einladung.
berichten über: Er berichtet seinem Vater über die Fahrschule.
erzählen von: Sie erzählt ihrer Freundin von der Reise. [10]

Übungen

1 **Alle Fragen sind an Sie gerichtet. Ein Freund fragt:** ⊗
BEISPIEL   Mit wem spielst du? (mein Bruder)   *Ich spiele mit meinem Bruder.*

1. An wen schreibst du? (mein Berufsberater)
2. Auf wen wartest du? (meine Tante)
3. Für wen sorgst du? (meine Geschwister)
4. Über wen redest du? (mein Grossvater)
5. Mit wem sprichst du? (meine Kusine)
6. Von wem erzählst du? (meine Schwester)

2 **Sie antworten Ihrem Freund.** ⊗
BEISPIELE   Mit wem verabredet er sich? (seine Freunde)
  Er verabredet sich mit seinen Freunden.
  Wonach erkundigt er sich? (sein Kofferradio)
  Er erkundigt sich nach seinem Kofferradio.

1. Bei wem bedankt er sich? (sein Schilehrer)
2. Wonach erkundigt er sich? (seine Gesundheit)
3. Von wem verabschiedet er sich? (seine Klassenkameraden)
4. Worüber freut er sich? (seine Reise)
5. An wen erinnert er sich? (sein Freund)
6. Woran gewöhnt er sich? (seine Hausaufgaben)
7. Mit wem trifft er sich? (seine Freundin)
8. Womit beschäftigt er sich? (seine Briefmarkensammlung)

3 Frage und Antwort

Gebrauchen Sie jedes der auf Seite 205–207 aufgelisteten Verben in Fragen und Antworten, die Sie Ihren Klassenkameraden stellen! Sie können auch das Perfekt gebrauchen.

BEISPIELE   Schüler A: An wen denkst du?
              Schüler B: *Ich denke an meinen Fahrlehrer.*
              Schüler A: Woran denkst du?
              Schüler B: *Ich denke an meine Fahrstunden.*

4 Was machst du? ⊗

BEISPIELE   Inge schreibt an ihre Freundin. *An wen schreibst du?*
              Sie denkt an den Sommerball. *An was denkst du?*

1. Sie berichtet von ihrer Reise.
2. Sie redet über ihren Onkel.
3. Sie antwortet auf die Frage.
4. Sie lacht über die Geschichte.
5. Sie sorgt für ihren Grossvater.
6. Sie wartet auf ihren Freund.
7. Sie wartet auf die Post.
8. Sie glaubt an diesen Traum.

5 Sie haben etwas nicht genau verstanden, und Sie fragen: ⊗

BEISPIELE   Hans beklagt sich über das Essen. *Über was beklagt er sich?*
              Er trifft sich mit seinem Vetter. *Mit wem trifft er sich?*

1. Er erinnert sich an die Party.
2. Er gewöhnt sich an den Lärm.
3. Er kümmert sich um seinen Vater.
4. Er bedankt sich bei seinen Eltern.
5. Er bewirbt sich um die Stelle.
6. Er eignet sich für diesen Job.
7. Er unterhält sich über seinen Lehrer.
8. Er freut sich auf die Ferien.
9. Er erkundigt sich nach den Mädchen.
10. Er befasst sich mit den Briefmarken.
11. Er beschränkt sich auf deutsche Marken.
12. Er verabschiedet sich von Christian.

6 Üben wir zusammen! Sie hören ein Verb, und Sie wiederholen es mit der richtigen Präposition! ⊗

BEISPIELE   steigen   *steigen auf;* s. interessieren   *s. interessieren für*

1. beitragen
2. aufpassen
3. bitten
4. werben
5. s. einigen
6. s. unterhalten
7. fragen
8. fliehen
9. s. wundern
10. teilnehmen
11. hoffen
12. s. entscheiden
13. abhängen
14. streiten
15. verschieben
16. diskutieren
17. bestehen
18. s. erinnern

7 Schreiben Sie diese Sätze vollständig ab!

1. Sie schickt ein Paket _an_ ihr*en* alt*en* Grossvater. 2. Er spart _für_ sein*e* lang*e* Reise. 3. Wir kämpfen _um_ d*en* erst*en* Platz. 4. Das liegt _an_ d*em* nass*em* Wetter. 5. Sie kommt _aus_ ein*er* gut*en* Familie. 6. Sprichst du _über_ dein*en* letzt*en* Ausflug? 7. Ich verkaufe das Rad _an_ mein*en* Vetter. 8. Wie kommst du _auf_ ein*e* so dumm*e* Idee? 9. Ich warne dich _vor_ dies*em* Hund! 10. Das riecht _nach_ ein*em* faul*en* Ei. 11. Ich verstehe nichts_____ dein____ Hausaufgaben. 12. Er stammt _____ ein____ klein____ Dorf in Tirol. 13. Das passt nicht _____ dein____ hell____ Mantel. 14. Ich halte nichts _____ sein____ toll____ Plänen. 15. Er klagte _____ gross____ Schmerzen.

8 Sie bitten Ihre Verwandten um etwas. Was sagen Sie? ⊗

BEISPIEL   Ihr Bruder soll Ihnen eine Antwort geben.
            Ich bitte meinen Bruder um eine Antwort.

1. Ihre Schwester soll Ihnen den Stadtplan geben.
2. Ihr Vater soll Ihnen Geld geben.
3. Ihre Mutter soll Ihnen etwas zu essen geben.
4. Ihr Vetter soll Ihnen das Moped geben.
5. Ihre Kusine soll Ihnen einen Pullover geben.
6. Ihr Freund soll Ihnen die Hausaufgaben geben.

9 Sie laden viele Freunde zu etwas ein. ⊗

BEISPIEL   Sie rufen Ihre Freundlin an. Sie machen eine Party.
            Ich lade meine Freundin zu einer Party ein.

1. Sie rufen Ihren Vetter an. Sie machen einen Fernsehabend.
2. Sie rufen Ihre Kusine an. Sie gehen Schi laufen.
3. Sie rufen Ihre Schwester an. Sie gehen in ein Konzert.
4. Sie rufen Ihren Bruder an. Sie sehen sich ein Fussballspiel an.
5. Sie rufen Ihre Klassenkameradin an. Sie machen ein Picknick.
6. Sie rufen Ihre Grosseltern an. Sie haben eine Schulfeier.

10 Schriftliche Übung

Schreiben Sie Sätze mit den folgenden Wörtern!

BEISPIEL   er / verkaufen / Fahrrad / ein Klassenkamerad
            Er verkauft das (sein) Fahrrad an einen Klassenkameraden.

1. sie / vermieten / Zimmer / ein Student   2. wir / warnen / Kinder / das schlechte Wetter
3. er / benutzen / Rasierapparat / rasieren   4. sie / fragen / Vater / seine Reisepläne   5. er
/ verschieben / Flug / nächst- Monat   6. du / schicken / Paket / dein Grossvater? 7. ich /
erinnern / Bruder / der Geburtstag   8. sie / antworten / Lehrer / die Frage   9. er / schützen
/ Kind / der Hund   10. wir / danken / Gäste / die Geschenke   11. er / auffordern / Kusine
/ tanzen   12. ich / berichten / Klasse / mein Ausflug   13. er / zwingen / Bruder / die Arbeit
14. sie / brauchen / Lippenstift / schminken

da-compounds and wo-compounds

1. In verb phrases consisting of a preposition and a pronoun, the pronoun refers only to
people, not to things.
> Ich erinnere mich **an ihn.** (an den Lehrer)
> Er kümmert sich **um sie.** (um seine Grossmutter)

If things rather than people are referred to, a **da**-compound is generally used.
> Ich erinnere mich **daran.** (an den Unfall)
> Er kümmert sich **darum.** (um die Briefmarkensammlung)   [11–13]

2. A **da**-compound must be used when the object of the preposition is an entire clause or an infinitive phrase.

> Sie beklagt sich **darüber, dass sie so lange warten muss.**
> Er denkt nicht **daran, seine Hausaufgaben zu machen.**   [14]

Note, however, that the **da**-compound is not used when followed by a relative clause. In such cases the preposition plus **das** is used instead.

> Du darfst **darüber** nicht sprechen.
> Du darfst **über das, was** ich dir gesagt habe, nicht sprechen.

3. **Wo**-compounds are used when reference is made to things and not to people. **Wo**-compounds can be used as interrogatives, or to introduce a relative clause.

> **Woran** denken Sie? (an meinen Urlaub)
> Das ist **etwas, worüber** ich mich sehr freue.   [15]

4. These rules apply to standard German. In casual speech, however, **da**-compounds and **wo**-compounds are less frequently used; the preposition plus a pronoun or an interrogative are used instead.

> Sie dürfen **über das** nicht sprechen!
> **Auf was** freust du dich so sehr?

Übungen

11 **Der Peter denkt oft daran.** ⊗

BEISPIEL Denkt Peter manchmal an die Tanzstunde?
Ich glaube, er denkt oft daran.

1. Erzählt er manchmal von den Übungsstunden?
2. Klagt er manchmal über die schlechte Musik?
3. Erinnert er sich manchmal an den Fortschrittskurs?
4. Beschäftigt er sich manchmal mit seinen Briefmarken?
5. Versteht er manchmal nichts vom Sammeln?
6. Bittet er ihn manchmal um Hilfe?

12 **Können Sie sich an nichts erinnern?** ⊗

BEISPIEL Können Sie sich an meine Party erinnern?
Nein, ich kann mich nicht daran erinnern.

1. Möchten Sie sich über die Reise unterhalten?
2. Wollen Sie sich nach dem Fahrplan erkundigen?
3. Müssen Sie sich mit dieser Sache befassen?
4. Können Sie sich an diese Hitze gewöhnen?
5. Können Sie sich auf diesen Vorschlag einigen?
6. Wollen Sie sich über das schlechte Essen beklagen?

13 Sprechen Sie über sie, oder sprechen Sie darüber? ⊗

BEISPIELE Sprechen Sie über Ihre Schwester? *Ja, ich spreche über sie.*
Sprechen Sie über Ihre Reise? *Ja, ich spreche darüber.*

1. Stehen Sie vor Ihrem Bruder?
2. Stehen Sie vor Ihrem Auto?
3. Warten Sie auf Ihren Onkel?
4. Warten Sie auf Ihren Bus?

5. Schreiben Sie an die Tafel?
6. Schreiben Sie an Ihre Tante?
7. Sorgen Sie für Unterhaltung?
8. Sorgen Sie für Ihre Geschwister?

14 Hans beklagt sich über alles. ⊗

BEISPIEL Worüber beklagt er sich? (Das Wetter ist so schlecht.)
Er beklagt sich darüber, dass das Wetter so schlecht ist.

1. Worauf freut er sich? (der Schiausflug ist nächste Woche.)
2. Woran gewöhnt er sich? (Die Klasse fährt wieder nach Westendorf.)
3. Worüber wundert er sich? (Die Reise ist gar nicht zu teuer.)
4. Worum kümmert er sich? (Die Busfahrt wird nicht langweilig.)
5. Worüber wundert er sich? (Die Fahrt ist so schnell vergangen.)

15 Martina sagt etwas, aber Sigrid hat sie nicht verstanden und fragt: ⊗

BEISPIEL Ich freu' mich auf die Prüfung. *Worauf freust du dich?*

1. Ich interessiere mich für diese Firma.
2. Ich erinnere mich an das Interview.
3. Ich bewerb' mich um die Stelle.

4. Ich beschäftige mich mit dem Lehrplan.
5. Ich wundre mich über die Arbeitszeit.
6. Ich gewöhn' mich an die Berufsschule.

Worum bewerben Sie sich? Um eine Stelle als . . .

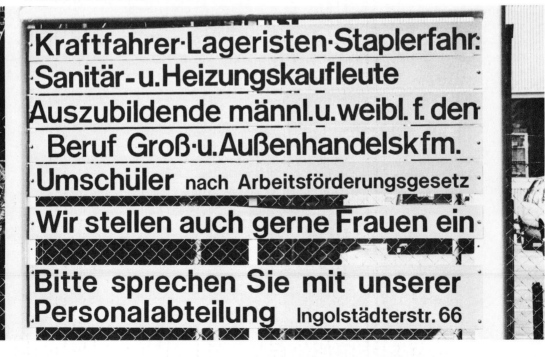

Wofür gibt die Jugend ihr Geld aus? ⊗

Kinder und Jugendliche in der Bundesrepublik geben jährlich 5 Milliarden DM aus, eine grosse Summe, auch für ein wohlhabendes° Land! Ein Drittel davon spendieren die Eltern als Taschengeld, zwei Drittel verdient sich die Jugend selbst, als Lehrlinge im Beruf.

Mit so viel „Moos"[1] in der Tasche ist die Jugend ein beachtlicher° Kunde. Wofür geben die jungen Leute nun ihr Geld aus? Die Nürnberger Konsumforschung° hat 3 000 Eltern danach gefragt, wie ihre Kinder ihre „Kohlen" ausgeben.

Die 6- bis 13jährigen geben das meiste Geld für Süssigkeiten aus, 20 bis 50 Mark im Monat. Ans Sparen denken die Kinder in diesem Alter noch sehr wenig. Erst ab 14, so sagt die Statistik, wird gespart.

Für die 10- bis 14jährigen steigen die Ausgaben für gedrucktes° Material. Was lesen sie? Deutsche Dichter° und Denker°? Asterix oder Fix und Foxi[2]? Die Statistik spricht von Büchern und Zeitschriften°. Jedenfalls° stehen die Ausgaben für Lesefutter in dieser Altersgruppe an dritter Stelle.

Mit 15 teilen sich die Wege der Jugend. Die jungen Herren interessieren sich mehr für Sport, Fahrräder, Mopeds, Musikgeräte, Schallplatten oder Cassetten. Die jungen Damen denken eher daran, sich Kleidung, Schmuck° und Kosmetikartikel zu kaufen.

Man kann aber nicht sagen, dass die jungen Deutschen in ihren Geldausgaben gleich sind. Die kleinen Bayern sind zum Beispiel die grössten Schleckermäuler°.

Fürs Naschen geben sie bei weitem das meiste Geld aus.

Wer glaubt, dass die jungen Württemberger am meisten „schpare"[3], der irrt sich°. Da stehen die jungen Hessen und Pfälzer an erster Stelle.

Eines steht jedoch° fest°: den grössten Durst haben die jungen Bayern. Sie rufen aber nicht nach der „Mass", sondern sie löschen ihren Durst mit alkoholfreien Getränken.

wohlhabend *wealthy;* beachtlich *considerable;* die Konsumforschung *consumer research;* gedruckt *printed;* der Dichter *poet; writer;* der Denker *thinker, philosopher;* die Zeitschrift *magazine;* jedenfalls *in any case;* der Schmuck *jewelry;* das Schleckermaul *person with a sweet tooth;* s. irren *to be mistaken;* jedoch *however;* feststehen *to be certain*

[1] There are many colloquial terms for the word **Geld: Moos** *(moss),* **Silber** *(silver),* **Kies** *(gravel),* **Blech** *(tin),* **Eier** *(eggs),* **Kohlen** *(coals),* **Pulver** *(powder).*
[2] **Asterix** is a famous French cartoon series about the Romans' adventures and it is extremely popular in Germany. Fix and Foxi are two German comic book characters.
[3] People in Baden-Württemberg, especially the **Schwaben,** are characterized as being very thrifty. Their motto (in **Schwäbisch**) is often said to be: "Schpare, schpare, Häusle baue."

16 Fragen zum Inhalt

1. Wieviel Geld gibt Deutschlands Jugend aus? 2. Ist das viel Geld? 3. Woher bekommen die Jugendlichen das Geld? 4. Wer gibt das meiste Geld für Süssigkeiten aus? 5. Sparen die Kinder auch? 6. Wofür geben die 10- bis 14jährigen ihr Geld aus? 7. Was lesen diese Kinder? 8. Was passiert mit ungefähr 15 Jahren? 9. Wer sind die grössten Schleckermäuler? 10. Wer spart am meisten? 11. Wer hat den grössten Durst? 12. Womit löschen sie ihren Durst?

17 Fragen zum Überlegen und Diskutieren

1. Wie kommen Sie zu Ihrem Taschengeld?
2. Was machen Sie mit Ihrem Taschengeld?
3. Glauben Sie, dass junge Leute Taschengeld bekommen sollen, auch wenn sie zu Hause nicht mithelfen? Diskutieren Sie darüber!
4. Soll es jungen Leute erlaubt sein, ihr Taschengeld so auszugeben, wie sie wollen?
5. Was für gedrucktes Material kaufen Sie sich?
6. Glauben Sie, dass jüngere Kinder hier ihr Geld genauso ausgeben, wie die gleichaltrigen deutschen Kinder?
7. Welche Ausdrücke für Geld gefallen Ihnen am besten? Vergleichen Sie diese Ausdrücke mit denen, die Sie gebrauchen!

18 Schriftliche Übung

Schreiben Sie einen Aufsatz über das Thema „Taschengeld"!

WORTSCHATZ

Wofür gibt die Jugend ihr Geld aus?

die **Altersgruppe, –n** *age group*
die **Ausgabe, –n** *expenditure*
der **Denker, –** *thinker, philosopher*
der **Dichter, –** *poet, writer*
die **Geldausgabe, –n** *expenditure*
Hessen *state in the Federal Republic*
die **Kleidung** *clothing, clothes*
die **Kohlen** (pl) *money (colloquial)*
die **Konsumforschung, –en** *consumer research*

das **Lesefutter** *reading material (colloquial)*
die **Mass** *liter of beer*
das **Material, –ien** *material*
das **Moos** *money (colloquial)*
das **Musikgerät, –e** *sound equipment (radio, stereo, etc.)*
der **Pfälzer, –** *person from the state of Rheinland-Pfalz*
das **Schleckermaul, –̈er** *person who has a sweet tooth*

der **Schmuck** *jewelry*
das **Sparen** *saving (money)*
die **Statistik, –en** *statistic(s)*
die **Summe, –n** *sum*
die **Süssigkeit, –en** *candy, sweets*
der **Württemberger, –** *person from the state of Baden-Württemberg*
die **Zeitschrift, –en** *magazine*

feststehen (sep) *to be certain*
s. **irren** *to be mistaken*
löschen *to quench*
rufen nach *to call for*
spendieren *to give, donate*
s. **teilen** *to part*

alkoholfrei *non-alcoholic*
beachtlich *considerable*
eher *rather*
gedruckt *printed*
jedenfalls *in any case*
jedoch *however*
wohlhabend *wealthy*

bei weitem *by far*
die Wege teilen sich *there's a parting of ways*
eines steht fest *one thing is certain*
gedrucktes Material *printed matter*

21 Wie halten wir uns fit?
The Passive Voice

Aus einem Prospekt eines kleinen Dorfes:

Bei uns wird viel geboten. Im Sommer wird bei uns am See viel geschwommen, gerudert, gesurft und geangelt. Im Frühjahr und im Herbst wird gewandert und geklettert, und im Winter wird Schi gelaufen.

In unserer Familie wird viel gewandert. Ich selbst gehöre auch einem Wanderverein an, der schon vor über 100 Jahren gegründet wurde.

Mich hält meine Gartenarbeit fit. Das Gras muss gemäht werden, die Hecken müssen geschnitten werden. Es muss gejätet werden . . .

Bei uns wird viel gerudert. Ich gehör' deshalb einem Ruderklub an. Da wird zuerst das Boot aus dem Bootshaus geholt und zum Wasser getragen. Dann werden . . .

Beim Sportfest. Heute wird gelaufen und gesprungen, morgen wird geturnt und Fussball gespielt.

Radfahren wird immer beliebter. In deutschen Städten und Gemeinden sind schon über 100 000 Kilometer Radwege gebaut worden, und in den nächsten Jahren werden noch viel mehr gebaut.

Im Winter wird Schi gelaufen und im Sommer wird viel gesurft.

Baumaßnahme
Radweg an der Jsar
mit Hilfe des Freistaates Bayern

Neubau eines Radweges entlang dem Jsarostufer zw. Braunauer Eisenbahnbrücke und Thalkirchner Brücke

Baubeginn:	März 1979
Bauende:	Sommer 1979
Bauherr:	Landeshauptstadt München Baureferat Tiefbau

The Passive Voice

In German and in English, verbs are either in the active voice or in the passive voice. The "voice" indicates the relation between the subject and the action expressed by the verb, that is, whether the subject is "doing" or "being done to."

1. In the active voice, the grammatical subject is often the actual performer of some action.
Der Opa mäht das Gras. *Grandpa is mowing the grass.*

2. In the passive voice (also called the **werden** plus past participle construction), the grammatical subject is never the actual performer of an action, but instead is acted upon or in some way affected by the meaning of the verb. The performer of the action, if mentioned at all, appears in a "by-phrase," in German a prepositional phrase introduced by **von.**
Das Gras wird **von seinem Opa** gemäht.
The grass is being mowed by his grandpa.

BAYERISCHES
NATIONALMUSEUM
erbaut von
Gabriel von Seidl
1894 - 1899

3. Passive constructions are thus very similar in English and German. One construction, however, is unknown in English and needs special mention:

Es wird hier gesurft. *or* Hier wird gesurft.   Hier wird nicht geangelt.
There is surfing here.   *Fishing is not permitted here.*

This German construction is called the impersonal passive. Note that **es** is omitted if it does not begin the sentence.

Review of Tenses

Present	Das Gras	**wird**	gemäht.	*The grass is being mowed.*	[1]
Past	Das Gras	**wurde**	gemäht.	*The grass was being mowed.*	[2]
Present Perfect	Das Gras	**ist**	gemäht worden.	*The grass has been mowed.*	[3]
Past Perfect	Das Gras	**war**	gemäht worden.	*The grass had been mowed.*	
Future	Das Gras	**wird**	gemäht werden.	*The grass will be mowed.*	[4]
with modals:					
Present	Das Gras	**kann**	gemäht werden.	*The grass can be mowed.*	[5]
Past	Das Gras	**konnte**	gemäht werden.	*The grass could be mowed.*	[6]
with subjunctive forms of modals:					
Present	Das Gras	**könnte**	gemäht werden.	*The grass could be mowed now.*	[7]
	Das Gras	**müsste**	gemäht werden.	*The grass should be mowed.*	[8]
	Das Gras	**sollte**	gemäht werden.	*The grass ought to be mowed.*	
Past	Das Gras	**hätte**	gemäht werden können.	*. . . could have been mowed.*	
	Das Gras	**hätte**	gemäht werden müssen.	*. . . should have been mowed.*	[9]
	Das Gras	**hätte**	gemäht werden sollen.	*. . . should have been mowed.*	

a. A form of **werden** plus a past participle are used to form the passive voice: **wird (wurde) gemäht**

b. In the perfect tenses, the form **worden** is used, not **geworden: ist (war) gemäht worden**

(continued)

c. The future tense and the modals require the use of the passive infinitive, consisting of a past participle and **werden: wird (soll, kann, muss, darf) gemäht werden**

d. The forms **könnte, müsste, sollte** together with the passive infinitive have present time meaning: **Das Gras könnte jetzt gemäht werden, wenn . . .** *the grass could be mowed now, if . . .*

e. To convey past time, **hätte** plus the passive infinitive plus the infinitive form of the modal are used: **Das Gras hätte gemäht werden können, wenn . . .** *the grass could have been mowed, if . . .*

For further explanations of subjunctive forms, see Units 22 and 23 and the Grammar Summary.

Choosing the Active or the Passive Voice

With the exception of the impersonal passive construction, the choice of active or passive is largely a matter of style in both English and German. Active sentences tend to be shorter, livelier, and often easier to understand. Passive sentences are more common in written than in spoken language; but even in writing, too many passive constructions can make a selection sound formal and ponderous, often causing it to be uninteresting and difficult to read.

Passive constructions are used mainly in descriptions of a technical nature, in instructions, in rules, and in general statements. The passive construction is also used:

1. to indicate customary occurrence:
   Das Bootshaus **wird** um 7 Uhr **geschlossen.**
   The boathouse is closed (regularly) at 7 PM.

   Um 12 Uhr **wird** zu Mittag **gegessen.**
   Lunch is eaten (regularly) at 12 noon.

2. when the action is more important than the "actor" or agent:
   (active) Die Bauern **melken** die Kühe zweimal am Tage.
   (passive) Die Kühe **werden** zweimal am Tage **gemelkt.**

3. when it is difficult or impossible to name the agent:
   In München **wird** viel Bier **gebraut.**
   Dieser Dom **wurde** von 1380 bis 1520 **gebaut.**

Note that a "by-phrase" with **von** and the dative case is used when the agent is a person. When the action is caused by something other than a person, it is expressed by a phrase with **durch** and the accusative.
   Die Hecke wird **von seinem Vater** geschnitten.
   Das Haus wurde **durch den Blitz** zerstört.

4. to vary style or to add emphasis:
   Meine Mutter fährt uns hin, aber wir werden
   von Herberts Mutter abgeholt.

Übungen

1 **Wir sind mit unseren Freunden auf dem Schihang. Was wird hier gemacht?** ⊗

BEISPIEL   Unsere Freunde üben auf dem Hang.   *Auf dem Hang wird geübt.*

1. Sie wachsen die Schier.
2. Jemand unterrichtet die Anfänger.
3. Dann machen sie eine Pause.
4. Am Mittag fahren sie nach Hause.
5. Sie essen schnell.
6. Am Nachmittag laufen sie wieder Schi.

2 **Wir sind beim Rudern in Kiel. Was mussten die Schüler alles tun, bevor sie rudern konnten?** ⊗

BEISPIEL   Zuerst schlossen sie das Bootshaus auf.
Zuerst wurde das Bootshaus aufgeschlossen.

1. Dann holten sie den Vierer aus dem Bootshaus.
2. Sie trugen ihn zum Wasser.
3. Dann holten sie die Ruder.
4. Zuerst übten sie das Einsteigen.
5. Dann ruderten sie eine Viertelstunde.
6. Schliesslich wechselten sie die Mannschaft.

3 **Unsere Müllheimer Freunde halten sich mit dem Theaterspielen fit.** ⊗

BEISPIEL   Habt ihr schon ein Theaterstück ausgesucht?
Ja, ein Theaterstück ist schon ausgesucht worden.

1. Habt ihr den Text schon geschrieben?
2. Habt ihr die Rollen schon verteilt?
3. Habt ihr die Bühnenbilder schon gebaut?
4. Habt ihr die Kostüme schon genäht?
5. Habt ihr die Generalprobe schon gehalten?
6. Habt ihr die Eltern schon eingeladen?

4 **Aktion Fithalten! Was wird alles getan werden, um die Bevölkerung fit zu halten?** ⊗

BEISPIEL   Wird man mehr Radwege bauen?   *Ja, mehr Radwege werden gebaut werden.*

1. Wird man mehr Tennisplätze anlegen?
2. Wird man mehr Freizeitzentren eröffnen?
3. Wird man die Wanderwege in den Bergen verbessern?
4. Wird man die Schigebiete vergrössern?
5. Wird man die alten Schwimmbäder erneuern?
6. Wird man die Eintrittspreise für Jugendliche herabsetzen?

5 **Viele Leute fahren in den Urlaub, um sich fit zu trimmen. In einem kleinen Dorf wird folgende Werbung gemacht.** ⊗

BEISPIEL   Da ist ein Plakat mit einem Segelboot. Darunter steht:
Bei uns kann auch gesegelt werden!

1. Ein Plakat mit einem Angler.
2. Ein Plakat mit vielen Leuten, die im See schwimmen.
3. Ein Plakat mit Schiläufern.
4. Ein Plakat mit Leuten in Kletterausrüstung.
5. Ein Plakat mit Tennisspielern.
6. Ein Plakat mit einem Windsurfer.

6 Eine Familie macht Urlaub auf einem Bauernhof. Sie helfen mit bei der Arbeit und halten sich dabei fit. ⊗

BEISPIEL   Sollten Sie gestern die Stalltür reparieren?
            Ja, die Stalltür sollte gestern repariert werden.

1. Mussten Sie gestern die Wiese mähen?
2. Konnten Sie gestern das Heu wenden?
3. Sollten Sie es gestern in die Scheune bringen?
4. Konnten Sie es gestern abladen?
5. Mussten Sie es gestern noch auf den Heuboden schiessen?

7 Herr Moser hält sich mit Gartenarbeit fit. Diese Woche ist er krank, und wir wollen ihm bei der Arbeit helfen. ⊗

BEISPIEL   Können wir jetzt die Blumen giessen?
            Ja, die Blumen könnten jetzt gegossen werden.

1. Können wir jetzt den Rasen mähen?
2. Können wir jetzt das Unkraut jäten?
3. Können wir jetzt die Hecke schneiden?
4. Können wir jetzt die Rosen festbinden?
5. Können wir jetzt die Terrasse kehren?

8 Gute Vorschläge zum Fithalten. ⊗

BEISPIEL   Sollten die Leute mehr turnen?   *Ja, es müsste mehr geturnt werden.*

1. Sollten sie mehr schwimmen?
2. Sollten sie mehr wandern?
3. Sollten sie mehr laufen?
4. Sollten sie mehr radfahren?
5. Sollten sie mehr Sport treiben?
6. Sollten sie weniger essen?

9 Auf dem Sportfest hätte vieles besser gemacht werden können! ⊗

BEISPIEL   Niemand hat die Schüler auf ihre Plätze geschickt.
            Die Schüler hätten auf ihre Plätze geschickt werden müssen!

1. Niemand hat die Zeiten gestoppt.
2. Niemand hat die Sprünge gemessen.
3. Niemand hat die Klimmzüge gezählt.
4. Niemand hat die Sportgeräte zurückgebracht.
5. Niemand hat die Ergebnisse aufgeschrieben.

10 Schriftliche Übung

Schreiben Sie die folgenden Sätze im Passiv! Gebrauchen Sie dieselben Zeiten wie in den gegebenen Sätzen!

BEISPIEL   Die Schüler messen alle Sprünge.
            Alle Sprünge werden von den Schülern gemessen.

1. Eine Schülerin hat die Stoppuhr zurückgebracht.
2. Mein Bruder schrieb die Ergebnisse auf.
3. Diese Schüler können die Zeiten leicht verbessern.
4. Die Kinder haben die Sportgeräte vergessen.
5. Der Lehrer musste einen Jungen nach Hause schicken.
6. Ein Schüler hatte ihn leicht verletzt.
7. Diese Klasse wird das Ziel nicht erreichen.
8. Meine Mutter filmt morgen das Sportfest.

Substitutes for the Passive Voice

The meaning of passive sentences in which the agent is not mentioned can often be equally well expressed by the following constructions:

1. man + a verb in the active voice:

> In den Alpen **wird** viel Schi **gefahren.**
>
> *or* In den Alpen **fährt man** viel Schi. [11]

2. sometimes by a reflexive verb:

> Der Vorhang **wird geöffnet.**
>
> *or* Der Vorhang **öffnet sich.**

3. sein + **zu** + the active infinitive (when the passive construction would include the modals **können** or **müssen** or **nicht dürfen**):

> Der Gipfel **kann** nicht **bestiegen werden.**
>
> *better* Der Gipfel **ist** nicht **zu besteigen.** [12]

4. sich lassen + active infinitive (when the passive construction would include the modal **können**):

> Das **kann** nicht **gemacht werden.**
>
> *or* Das **lässt sich** nicht **machen.** [13, 14]

5. an active construction, using the verb **bekommen, kriegen,** or **erhalten,** together with a past participle:

> Mir **wurde** das Buch als Geschenk **gegeben.**
>
> *or* Ich **habe** das Buch **geschenkt bekommen.**

6. es gibt + an infinitive with **zu**:

> Es **muss** noch viel **gelesen werden.**
>
> *or* **Es gibt** noch viel **zu lesen.** [15]

Übungen

11 **Überall hält man sich fit. Wo wird was getan?** ⊗

BEISPIEL Wird im Schwarzwald viel gewandert?
Ja, im Schwarzwald wandert man viel.

1. Wird in Bayern viel radgefahren?
2. Wird in Tirol viel geklettert?
3. Wird am Bodensee viel geschwommen?
4. Wird an der Ostsee viel gerudert?
5. Wird in Hamburg viel gesegelt?
6. Wird in den Alpen viel Schi gefahren?

12 **Beim Wandern sieht man viele Schilder. Was darf man alles nicht?** ⊗

BEISPIEL Diese Wege dürfen nicht verlassen werden!
Diese Wege sind nicht zu verlassen!

1. Diese Blumen dürfen nicht gepflückt werden!
2. Dieses Gelände darf nicht betreten werden!
3. Dieser Gipfel darf nicht bestiegen werden!
4. Diese Tiere dürfen nicht geschossen werden!
5. Diese Anlage darf nicht verschmutzt werden!
6. Die Umwelt darf nicht gefährdet werden!

13 Viele Sportler versuchen, neue Rekorde aufzustellen! ⊗

BEISPIEL   Diese Zeit kann leicht verbessert werden.
Diese Zeit lässt sich leicht verbessern.

1. Dieses Ergebnis kann leicht erreicht werden.
2. Diese Zeit kann leicht geprüft werden.
3. Dieser Lauf kann leicht wiederholt werden.
4. Diese Vorbereitungen können leicht verschoben werden.
5. Dieser Wettbewerb kann leicht fotografiert werden.

14 Beim Sport. Wir besprechen, was sich alles machen lässt. ⊗

BEISPIEL   Das kann bewertet werden.
Das lässt sich bewerten.

1. Das kann gemessen werden.
2. Das kann geprüft werden.
3. Das kann verbessert werden.

4. Das kann verringert werden.
5. Das kann festgestellt werden.
6. Das kann erkannt werden.

15 Zum aktiven Fithalten gibt es noch viel zu tun! ⊗

BEISPIEL   Es muss noch viel getan werden.
Es gibt noch viel zu tun.

1. Es muss noch viel verbessert werden.
2. Es muss noch viel gemacht werden.
3. Es muss noch viel gebaut werden.

4. Es muss noch viel erneuert werden.
5. Es muss noch viel aufgebaut werden.

16 Schriftliche Übungen

a. Schreiben Sie die folgenden Sätze im Passiv! Die Passivsätze sieht man oft auf Schildern. Denken Sie darüber nach, wo Sie diese finden können!

1. Die Geschäfte schliesst man hier um 18.30 Uhr.
2. Man gibt Fahrkarten nur an den Schaltern aus.
3. Brötchen bäckt man hier jeden Tag frisch.
4. Die Postleitzahl schreibt man links vor den Ort.
5. Diesen Briefkasten leert man stündlich.
6. Man beachtet hier die Geschwindigkeitsbeschränkung.
7. In diesem Kino zeigt man nur Kinderfilme.
8. Hier wirft man nichts weg.

b. Schreiben Sie dieses Rezept im Passiv!

Zuerst stellt man alle Zutaten auf den Tisch. Dann wiegt man die Butter ab und rührt sie mit dem Mixer schaumig. Dann gibt man den Zucker hinzu. Man bricht dann sechs Eier auf, und man vermischt alles gut. Dann schüttet man das Mehl in die Schüssel, und zum Schluss gibt man das Backpulver hinzu. Dann gibt man den Teig in eine Form, und man bäckt den Kuchen bei mittlerer Hitze. Nach dem Abkühlen nimmt man den Kuchen aus der Form und bestäubt ihn mit Puderzucker.

Und sie wandern wieder! ⊗

„Das Wandern ist des Müllers Lust" heisst ein bekanntes deutsches Volkslied. Es erinnert° an die Zeit, in der das Wandern populär war. Das war um 1900. Zu dieser Zeit gründeten° ältere Schüler und jüngere Studenten in der Stadt Berlin einen Bund°, „Wandervogel" genannt, und deren Mitglieder wurden bald als „Wandervögel" bezeichnet°. Dieser Bund wurde sehr populär, und er breitete sich über ganz Deutschland aus. Er pflegte° das naturgemässe°, einfache Leben (ohne Alkohol und Tabak), gemeinsames Wandern, Heimatabende und die Wiedererweckung° des Volksliedes und des Volktanzes.

Im Jahre 1913, auf einem Jugendtreffen auf dem „Hohen Meissner", einem Berg bei Kassel, vereinigten° sich die einzelnen Wanderverbände zur deutschen Jugendbewegung. Ihre Devise° war: „Die deutsche Jugend will aus eigener Bestimmung°, vor eigener Verantwortung° und mit innerer Wahrhaftigkeit° ihr Leben gestalten°." Daraus ergaben° sich die Forderungen° nach Selbstverwaltung° und Selbsterziehung° der Jugend, besonders durch Wandern, Singen und Volkstanz.

Dieser Zusammenschluss° der Jugend wurde 1933 aufgelöst°. Aber gleich nach dem zweiten Weltkrieg° entstanden neue

---

erinnern an A *to call to mind, remind of;* gründen *to found;* der Bund *organization;* bezeichnen als *to call, label;* pflegen *to cultivate, encourage;* naturgemäss *natural;* die Wiedererweckung *revival;* s. vereinigen zu *to merge into;* die Devise *motto;* die Bestimmung *determination;* die Verantwortung *responsibility;* inner *heartfelt, profound;* die Wahrhaftigkeit *truthfulness;* gestalten *to form, shape;* s. ergeben aus *to result from;* die Forderung *demand;* die Selbstverwaltung *self-government;* die Selbsterziehung *self-education;* der Zusammenschluss *federation;* auflösen *to dissolve;* der Weltkrieg *world war*

Jugendverbände, und die Hauptgedanken° der Jugendbewegung wurden von diesen übernommen.

Heute ist Wandern wieder Mode. Die jungen und die älteren Bundesbürger° wandern wieder und nicht nur mit Gruppen oder mit den vielen Wandervereinen, die es gibt, sondern auch allein, mit der Familie oder mit Freunden. Was einem heute auffällt° ist, dass die Wanderer im allgemeinen° gut ausgerüstet sind. Und hier sind einige **Tips für Sie:**

Wanderkleidung muss für jedes Wetter geeignet°, strapazierfähig° und bequem sein. Die **Schuhe** sind das wichtigste in Ihrer Ausrüstung. Sparen Sie also nicht beim Schuhkauf! Falsche Schuhe geben Ihnen wunde° Füsse, Sie werden schneller müde und rutschen leichter aus! Schuhe sollten aus wasserabstossendem°, strapazierfähigem Leder sein. Sie sollten eine tiefe° Profilsohle° aus Gummi haben, und sie sollten nicht zu schwer sein.

Kniebundhosen°, die unter (nicht über!) dem Knie enden, sind am praktischsten sowohl für Männer als auch für Frauen. Für kälteres Wetter sollte die Hose aus Wolle sein, für wärmeres Wetter aus Kord°.

Zu Kniebundhosen gehören lange **Strümpfe,** die bis übers Knie reichen. Diese Strümpfe sollten aus Wolle sein. Der Fuss soll warm bleiben, aber nicht schwitzen.

Sporthemden oder **Hemdblusen** für Damen aus Baumwolle° oder Mischgewebe° sind leicht zu waschen und ideal fürs Wandern. Und es schadet nichts, sich ein extra Hemd mitzunehmen!

Auch sollten Sie sich einen **Pullover** mitnehmen. Dieser sollte nicht zu warm sein, aus leichter Wolle oder aus Mischfasern°. Achten Sie darauf, dass er waschecht° ist!

Ein **Anorak** aus Baumwoll- oder Synthetikstoff ist unbedingt notwendig. Der Anorak muss winddicht° und nur regenabstossend sein. In einem absolut wasserdichtem Anorak würden Sie zu sehr schwitzen.

---

der Gedanke *idea;* der Bundesbürger *citizen of the Federal Republic;* es fällt einem auf *it strikes one;* im allgemeinen *in general;* geeignet sein für *to be suitable for;* strapazierfähig *durable, rugged;* wund *sore;* wasserabstossend *water-repellent;* tief *deep;* die Profilsohle *contour sole;* die Kniebundhose *knickers;* der Kord *corduroy;* die Baumwolle *cotton;* das Mischgewebe *blend of fabrics;* die Faser *fiber;* waschecht *colorfast;* winddicht *wind resistant*

Und nehmen Sie sich einen extra **Regenschutz°** mit aus Kunststoff, mit Kapuze°. Sie können so einen Regenschutz leicht zu einem kleinen Päckchen zusammenlegen oder über den Rucksack legen.

Und nun Ihr **Rucksack.** Er soll leicht sein, wasserdicht und bequem zu tragen. Kaufen Sie sich eine Kraxe, einen Rucksack mit einem Traggestell° aus Aluminium. Eine gute Kraxe trägt sich leicht, auch wenn Sie schwer ist, besonders wenn sie breite, gefütterte° Tragbänder° hat.

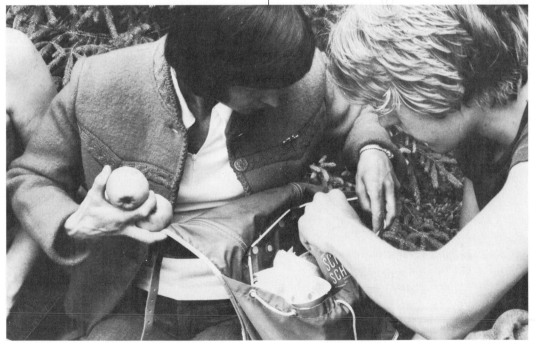

der Regenschutz *protection against rain;* die Kapuze *hood;* das Traggestell *(carrying) frame;* gefüttert *padded;* das Tragband *(carrying) strap*

Hier ist eine kleine Check-Liste mit Dingen, die Sie vielleicht mitnehmen wollen, besonders wenn Sie Touren machen, die ein paar Tage dauern:

Proviant
- ☐ Knäckebrot°
- ☐ Schokolade
- ☐ etwas zu trinken (Säfte)
- ☐ Kekse°
- ☐ Obst oder Trockenobst

Extra Kleidung
- ☐ Wäsche° und Strümpfe zum Wechseln
- ☐ Trainingsanzug
- ☐ Turnschuhe
- ☐ lange Hose
- ☐ kurze Hose
- ☐ Pullover
- ☐ Hemden
- ☐ Schlafanzug
- ☐ Regenschutz mit Kapuze
- ☐ Taschentücher°

Toilettensachen
- ☐ Hautcreme
- ☐ Sonnenschutzmittel°
- ☐ Insektenschutzmittel
- ☐ Haarshampoo
- ☐ Rasierzeug
- ☐ Toilettenpapier
- ☐ Seife

Für Ihre Aktivitäten unterwegs
- ☐ Kamera
- ☐ Zubehör (Filter, Objektive)
- ☐ Filme
- ☐ Blitzgerät°
- ☐ Belichtungsmesser°
- ☐ Fernglas

Wichtige „Nebensachen"
- ☐ Geld
- ☐ Ausweise°
- ☐ Erste-Hilfe-Päckchen
- ☐ Nähzeug
- ☐ Sicherheitsnadel°
- ☐ Feuerzeug, Zündhölzer°
- ☐ Bindfaden°
- ☐ Taschenmesser
- ☐ Taschenlampe
- ☐ Wanderkarte
- ☐ Sonnenbrille mit Etui
- ☐ Badezeug
- ☐ Reisewecker
- ☐ Kompass
- ☐ Kugelschreiber
- ☐ Notizblock°
- ☐ Schuhputzgarnitur
- ☐ Reisenecessaire
- ☐ Regenschirm

Extra Zubehör
- ☐ Zelt
- ☐ Schlafsack
- ☐ Unterlage für den Schlafsack
- ☐ Stearinkocher
- ☐ Kochgeschirr
- ☐ Trinkflasche
- ☐ Beil°

das Knäckebrot *type of large cracker, crisp bread;* der Keks *cookie;* die Wäsche *underwear;* das Taschentuch *handkerchief;* das Sonnenschutzmittel *suntan lotion;* das Blitzgerät *flash attachment;* der Belichtungsmesser *light meter;* der Ausweis *identification;* die Sicherheitsnadel *safety pin;* das Zündholz *match;* der Bindfaden *string;* der Notizblock *note pad;* das Beil *hatchet*

Und zum Schluss noch ein paar gute Ratschläge°:

- Bevor Sie Ihre Wanderung beginnen, machen Sie einen Plan! Berücksichtigen° Sie die Schwierigkeit des Weges, Ihre eigenen Kräfte°, Sehenswürdigkeiten°, Gaststätten und Herbergen° – und vor allem die Zeit, die Sie für jeden Wanderabschnitt brauchen!
- Muten Sie sich nicht zu viel zu°! Wenn mehrere in Ihrer Gruppe sind, richten° Sie sich nach den Kräften des Schwächsten!
- Wandern Sie nicht allein! Besonders nicht in einem unbekannten Gebiet.
- Wandern Sie niemals ohne eine gute Wanderkarte! Vermeiden° Sie Abkürzungen°, die auf Ihrer Wanderkarte nicht verzeichnet° sind!
- Sagen Sie dem Hüttenwirt Bescheid°, wohin Sie wandern wollen! Wenn Ihnen etwas passiert, werden Sie schneller gefunden!

Und nun, viel Spass beim Wandern!

---

der Ratschlag *tip;* berücksichtigen *to bear in mind;* die Kräfte *strength;* die Sehenswürdigkeit *place of interest, sight;* die Herberge *hostel;* s. zuviel zumuten *to attempt too much;* s. richten nach *to act according to;* vermeiden *to avoid;* die Abkürzung *shortcut;* verzeichnet sein *to be recorded;* jemandem Bescheid sagen *to inform somebody*

17 Fragen zum Inhalt

1. Woran erinnert das Volkslied „Das Wandern ist des Müllers Lust"?
2. Wer gründete in Berlin einen Bund?
3. Wie hiess dieser Bund, und wie wurden seine Mitglieder bezeichnet?
4. Was pflegte dieser Wanderbund?
5. Was passierte 1913 auf dem Jugendtreffen bei Kassel?
6. Was war die Devise der deutschen Jugendbewegung?
7. Was für Forderungen ergaben sich daraus?
8. Wann wurde dieser Zusammenschluss der Jugend aufgelöst?
9. Wann entstanden wieder neue Jugendverbände?
10. Wer wandert heute, und was fällt einem dabei auf?
11. Wie muss gute Wanderkleidung sein?
12. Warum ist es wichtig, gute Schuhe zu kaufen?
13. Wie sollten gute Schuhe sein?
14. Was für Hosen sollte man am besten tragen?
15. Beschreiben Sie, was noch zu einer guten Wanderausrüstung gehört!
16. Was für Dinge gehören in den Rucksack?
17. Was für Ratschläge haben Sie für Bergwanderer?

18 Fragen zum Überlegen und Diskutieren

1. Diskutieren Sie, was für ein Leben der Wanderbund pflegte!
2. Diskutieren Sie die Devise der deutschen Jugendbewegung!
3. Warum, glauben Sie, wurde die deutsche Jugendbewegung 1933 aufgelöst?
4. Wandern ist heute wieder Mode! Diskutieren Sie, aus welchen Gründen die Deutschen wohl so gerne wandern!
5. Warum sollte man nur mit guter Wanderkleidung wandern? Was für Gefahren kann eine falsche Wanderkleidung mit sich bringen?
6. Sehen Sie sich die Check-Liste an und diskutieren Sie, welche Dinge Sie auf Ihre Wanderung mitnehmen oder zu Hause lassen würden! Geben Sie Gründe dafür an!
7. Diskutieren Sie die Ratschläge, die am Schluss gegeben sind. Was würden Sie noch hinzufügen?
8. Wandern Sie gern? Wo und mit wem wandern Sie? Was für Touren machen Sie — Tagestouren oder längere Touren? Wo übernachten Sie? Was für Vorbereitungen machen Sie? Was nehmen Sie alles mit?

19 Schriftliche Übung

Beantworten Sie Frage 8 in Übung 18 schriftlich!

WORTSCHATZ

Und sie wandern wieder:

die **Abkürzung, –en** *shortcut*
die **Aktivität, –en** *activity*
der **Alkohol** *alcohol*
die **Ausrüstung, –en** *outfit and equipment*
der **Ausweis, –e** *identification*
das **Badezeug** *swimsuit, etc.*
die **Baumwolle** *cotton*
das **Beil, –e** *hatchet*
der **Belichtungsmesser, –** *light meter*
die **Bestimmung** *determination*
der **Bindfaden, ⁔** *string*
das **Blitzgerät, –e** *flash attachment*
der **Bund, ⁔e** *organization*
der **Bundesbürger, –** *citizen of the Federal Republic*
die **Check-Liste, –n** *check list*
die **Devise, –n** *motto*
das **Erste-Hilfe-Päckchen, –** *first-aid kit*
das **Etui, –s** *case (for eyeglasses)*
das **Feuerzeug, –e** *lighter*
die **Forderung, –en** *demand*
die **Gaststätte, –n** *restaurant*
der **Hauptgedanke, –n** *main idea*
die **Hautcreme, –s** *skin cream*
der **Heimatabend, –e** *evening of folk entertainment of a specific region*
die **Hemdbluse, –n** *woman's shirt, man-tailored blouse*
die **Herberge, –n** *hostel*
der **Hüttenwirt, –e** *innkeeper, lodge proprietor*
das **Insektenschutzmittel, –** *insect repellent*
die **Jugendbewegung, –en** *youth movement*
das **Jugendtreffen, –** *meeting, conference of young people*
der **Jugendverband, ⁔e** *young people's association*
die **Kapuze, –n** *hood*
der **Keks, –e** *cookie*

das **Knäckebrot, –e** *type of large cracker; crisp bread*
die **Kniebundhose, –n** *knickers*
das **Kochgeschirr** *cooking utensils, mess kit*
der **Kompass, –e** *compass*
der **Kord** *corduroy*
die **Kraft, ⁔e** *strength*
die **Kraxe, –n** *backpack with frame*
der **Kugelschreiber, –** *ballpoint pen*
die **Lust** *delight, pleasure*
die **Mischfaser, –** *blend of fibers*
das **Mischgewebe, –** *blend of fabrics*
das **Nähzeug** *sewing kit*
die **Nebensache, –n** *secondary item*
der **Notizblock, ⁔e** *note pad*
die **Profilsohle, –n** *contour sole*
der **Proviant** *provisions*
das **Rasierzeug** *shaving gear*
der **Ratschlag, ⁔e** *tip, suggestion*
der **Regenschirm, –e** *umbrella*
der **Regenschutz** *protection against the rain*
das **Reisenecessaire, –s** *small travel bag for necessary items such as toiletries, etc.*
der **Reisewecker, –** *travel alarm clock*
die **Schokolade, –n** *chocolate*
die **Schuhputzgarnitur, –en** *shoeshine kit*
der **Schwächste, –n** (den –n) *the weakest (person)*
die **Schwierigkeit, –en** *difficulty*
die **Sehenswürdigkeit, –en** *place of interest, sight*
die **Selbsterziehung** *self-education*
die **Selbstverwaltung** *self-government*
die **Sicherheitsnadel, –n** *safety pin*
das **Singen** *singing*
das **Sonnenschutzmittel, –** *suntan lotion*
das **Sporthemd, –en** *sports shirt*
der **Stearinkocher, –** *stearno cooker*

der **Synthetikstoff, –e** *synthetic material*
der **Tabak** *tobacco*
die **Taschenlampe, –n** *flashlight*
das **Taschenmesser, –** *pocket knife*
das **Taschentuch, ⁔er** *handkerchief*
der **Tip, –s** *tip*
das **Tragband, ⁔er** *(carrying) strap*
das **Traggestell, –e** *(carrying) frame*
der **Trainingsanzug, ⁔e** *sweat suit*
die **Trinkflasche, –n** *canteen*
das **Toilettenpapier** *toilet paper*
die **Toilettensachen** (pl) *toilet articles*
die **Tour, –en** *trip*
der **Turnschuh, –e** *sneaker*
die **Verantwortung, –en** *resonsibility*
das **Volkslied, –er** *folk song*
der **Volkstanz, ⁔e** *folk dance*
die **Wahrhaftigkeit** *truthfulness*
der **Wanderabschnitt, –e** *stretch of a hike*
das **Wandern** *hiking*
der **Wanderverband, ⁔e** *hiking association*
der **Wanderverein, –e** *hiking club*
der **Wandervogel, ⁔** *person who likes to go hiking; member of a hiking club*
die **Wäsche** *underwear*
der **Weltkrieg, –e** *world war*
die **Wiedererweckung, –en** *revival*
das **Zubehör** *accessories; attachments*
das **Zündholz, ⁔er** *match*
der **Zusammenschluss, ⁔** *federation*

---

auffallen (sep) *to be noticeable*
auflösen (sep) *to dissolve*
berücksichtigen *to bear in mind, take into consideration*
bezeichnen als *to call, label*
s. **ergeben aus** *to result from*
erinnern an A *to call to mind, remind of*
gestalten *to form, shape*
gründen *to found*
pflegen *to cultivate, encourage*
s. **richten nach** *to act according to*
schaden *to hurt, damage*
schwitzen *to sweat*
übernehmen *to take over*
s. **vereinigen zu** *to merge into*
vermeiden (ie, ie) *to avoid*
zusammenlegen (sep) *to fold*

extra *extra*
fest *hard, firm*
geeignet *suited*
gefüttert *padded*
gemeinsam *in groups*
inner– *heartfelt, profound*
naturgemäss *natural*
niemals *never*
praktisch *practical*
regenabstossend *rain repellent*
stapazierfähig *durable, rugged*
tief *deep*
unbekannt *unfamiliar*
waschecht *colorfast*
wasserabstossend *water-repellent*
wasserdicht *waterproof*
winddicht *wind resistant*
wund *sore*

beim Schuhkauf *when buying shoes*
eine Unterlage für den Schlafsack *waterproof padding to put under a sleeping bag*
es fällt einem auf *it strikes one*
es schadet nichts *it doesn't hurt*
es trägt sich leicht *it's light to carry*
geeignet sein für *to be suited for*
im allgemeinen *in general*
jemandem Bescheid sagen *to inform somebody*
sowohl . . . als auch *as well as . . . as, not only . . . but also*
verzeichnet sein *to be recorded*
viel Spass! *have fun!*
zum Schluss *finally*
s. **zuviel zumuten** *to attempt too much*

22 Unterhaltung
The Subjunctive (Subjunctive II)

Schade! Ich hab' nicht genug Geld bei mir. Sonst wäre ich ins Kino gegangen!

KINO 1

Wenn ich nur mehr Geld hätte! Ich würde mit meinen Freunden in Urlaub fahren, verreisen.

Wir alle haben Wünsche, auch wenn die meisten oft nicht in Erfüllung gehen. Hören wir mal zu, was diese Jugendlichen für Wünsche haben!

Zu dumm, dass du nicht mit im Museum warst. Du hättest diese alten Modelle sehen sollen! Einfach toll!

Hätte ich mir lieber gleich eine grössere Maschine gekauft!

Es wäre nett, wenn du mit uns Theater spielen würdest.

Hättest du Lust auf ein Eis? – Du möchtest wirklich keins?

Im Zoo hätte es dir auch gefallen. Besonders die Seelöwen. Es sieht so aus, als ob sie furchtbar hungrig wären!

Mood: Use of Subjunctive Forms

Mood is a grammatical term suggesting feeling or attitude. We speak of indicative mood, imperative mood, and subjunctive mood. These terms, however, simply refer to specific sets of verb forms which are used in various ways. They reflect only very approximately the speaker's attitudes.

Review of Subjunctive Forms of haben, sein, werden, and the Modals

You already know the subjunctive forms of **haben, sein,** and **werden** and of the modals. They are based upon the past tense forms of the verb. With the exception of **sollen** and **wollen,** the subjunctive forms have an umlaut.

Infinitive:	**haben**	**sein**	**werden**	**dürfen**	**können**	**mögen**	**müssen**	**sollen**	**wollen**
Past Tense Form:	hatte	war	wurde	durfte	konnte	mochte	musste	sollte	wollte
Subjunctive: ich	hätte	wäre	würde	dürfte	könnte	möchte	müsste	sollte	wollte
du	hättest	wärest	würdest	dürftest	könntest	möchtest	müsstest	solltest	wolltest
er, sie, es	hätte	wäre	würde	dürfte	könnte	möchte	müsste	sollte	wollte
wir	hätten	wären	würden	dürften	könnten	möchten	müssten	sollten	wollten
ihr	hättet	wäret	würdet	dürftet	könntet	möchtet	müsstet	solltet	wolltet
sie, Sie	hätten	wären	würden	dürften	könnten	möchten	müssten	sollten	wollten

The indicative mood is used:

1. when the speaker believes his statement to be a fact:
   Die jungen Leute **gehen** in den Tanzkurs.
   Martina **hat** in der Firma Pfannkuch viel **gelernt.**

2. when the circumstances described in an "if . . . then" sentence could be verified by the speaker. The grammatical term for this type of sentence is "real condition":
   Wenn du in den Fahrkurs **gehst,** dann **lernst** du gut Auto fahren.
   Wenn du einen Beruf **lernst, hast** du bessere Berufschancen.   [1,2]

The subjunctive mood is used:

1. in "if . . . then" clauses, in present or past time, to suggest that the circumstances are contrary to fact. Such clauses are called "unreal (contrary-to-fact) conditions":

   present Wenn ich Zeit **hätte, würde** ich ins Kino **gehen.**
             If I had the time (but I don't), I would go to the movies.   [3,4]

   past Wenn ich Zeit **gehabt hätte, wäre** ich ins Kino **gegangen.**
          If I had had the time (but I didn't), I would have gone to the movies.   [5]

2. to express unfulfillable wishes in the present or past. Often, the words **nur** or **bloss** are used in addition to emphasize the urgency of the wish. Note that this type of wish is really an unreal conditional sentence in which the conclusion is not expressed:

   present **Wenn** ich **nur** nicht die Grippe **hätte!**
             If I only didn't have the flu!   [6]

   past **Wenn** Peter **bloss** zu Hause **geblieben wäre!**
          If Peter had only stayed at home!   [7]

The word **wenn** may be omitted from such clauses expressing unfulfillable wishes. The inflected verb is then in first position:

Hätte ich **nur** nicht die Grippe!

Wäre Peter **bloss** zu Hause **geblieben!** [8]

3. in **als ob**-clauses making unreal statements, or when a contrary-to-fact idea is implied. **Als ob** requires verb-last position:

present Es sieht so aus, **als ob** Peter krank **wäre.**
It looks as if Peter were sick. [9]

past Die Jungen tun so, **als ob** sie die Mädchen nicht **gesehen hätten.**
The boys act as though they had not seen the girls. [10]

When **als ob** is shortened to **als,** verb-first position must be used:

Es sieht so aus, **als wäre** Peter krank. [11]

Die Jungen tun so, **als hätten** sie die Mädchen nicht **gesehen.** [12]

4. to express polite wishes after such introductory phrases as: **Es wäre nett (lieb, schön, besser), wenn . . . :**

Es wäre nett, wenn du mich **anrufen würdest.**

Es wäre lieb, wenn du mich **begleiten könntest.** [13]

5. to express polite requests and to make suggestions:

Hättest du Lust auf ein Eis?

Wie wär's mit Zuckerwatte?

Könnte ich ein Los haben?

Möchtest du ins Kino gehen? [14]

6. to express criticism:

Sie **hätten** mehr Gas **geben müssen!**

Sie **hätten** nicht so schnell **fahren sollen!** [15]

7. to express doubt and uncertainty or speculation by using the subjunctive forms of certain modals:

Wir **könnten** das Spiel noch **verlieren.**
We still could lose the game.
Wielands **dürften** jetzt in Italien **sein.**
The Wielands should be in Italy by now. [16]

8. to express the idea of "could have happened, but didn't":

Ich **wäre** beinahe **gefallen!** *I almost fell (but I didn't).*

Ich **hätte** mich beinahe **geschnitten.** *I almost cut myself (but I didn't).* [17]

9. to express "how hard it was to achieve results":

„Da wären wir", sagte Roger, als sie den Gipfel erreichten.
(He had not been sure that they would get there.)

„Das hätten wir endlich geschafft", sagte Herr Reiter, als sie das
Heu in der Scheune hatten.
*(He had not been sure that they would be able to do it today,
or before the rain started.)*

Übungen

1 Was tun Sie, wenn Sie Zeit haben? ⊗

BEISPIEL Treiben Sie Sport? *Ja, wenn ich Zeit habe, treibe ich Sport.*

1. Spielen Sie Fussball?
2. Gehen Sie ins Kino?
3. Lesen Sie ein Buch?

4. Schreiben Sie Briefe?
5. Machen Sie Ferien?
6. Fahren Sie ins Ausland?

2 Ihre Eltern fahren gern nach Berlin. Was tun sie, wenn sie dort sind? ⊗

BEISPIEL Wohnen sie immer im Hotel?
Ja, wenn sie in Berlin sind, wohnen sie immer im Hotel.

1. Gehen sie immer ins Theater?
2. Fahren sie immer an den Wannsee?
3. Kaufen sie immer viel ein?

4. Geben sie immer viel Geld aus?
5. Besuchen sie immer ihre alten Freunde?
6. Gehen sie immer mit ihnen aus?

3 Zwei Freunde unterhalten sich. Einer schlägt etwas vor, und der andere sagt, er würde immer dasselbe tun. ⊗

BEISPIEL Wenn ich Zeit habe, treibe ich Sport.
Wenn ich Zeit hätte, würde ich auch Sport treiben.

1. Wenn ich Zeit habe, spiele ich Fussball.
2. Wenn ich Zeit habe, gehe ich ins Kino.
3. Wenn ich Zeit habe, lese ich ein Buch.

4. Wenn ich Zeit habe, schreibe ich Briefe.
5. Wenn ich Zeit habe, mache ich Ferien.
6. Wenn ich Zeit habe, fahre ich ins Ausland.

4 Die Freunde sprechen weiter. ⊗

BEISPIEL Wenn ich in den Ferien bin, erhole ich mich gut.
Wenn ich in den Ferien wäre, würde ich mich auch gut erholen.

1. Wenn ich am See bin, schwimme ich den ganzen Tag.
2. Wenn ich in Österreich bin, laufe ich immer Schi.
3. Wenn ich in Salzburg bin, gehe ich auf die Burg.
4. Wenn ich in Hamburg bin, mache ich eine Hafenrundfahrt mit.
5. Wenn ich in Friesland bin, besuche ich Marianne.
6. Wenn ich in Köln bin, sehe ich mir den Dom an.

5 Ihr Freund konnte das nicht. Was hätten Sie aber getan? ⊗

BEISPIEL Ich hatte Zeit, aber ich konnte dich nicht anrufen.
Ja, wenn ich Zeit gehabt hätte, hätte ich dich angerufen.

1. Ich war in Hamburg, aber ich konnte dich nicht besuchen.
2. Ich hatte Fieber, aber ich konnte nicht zu Hause bleiben.
3. Ich war in Urlaub, aber ich konnte mich nicht erholen.
4. Ich war am Meer, aber ich konnte nicht schwimmen gehen.
5. Ich hatte Geld bei mir, aber ich konnte die Platten nicht kaufen.
6. Ich hatte Zeit, aber ich konnte nicht mit dem Rad fahren.

6 Andrea sagt: Es ist furchtbar mit meinem Freund. ⊗

BEISPIEL   Warum? Hat er keine Zeit? *Wenn er nur Zeit hätte!*

1. Warum? Ist er nicht zu Hause?
2. Warum? Darf er nicht ausgehen?
3. Warum? Kann er nicht tanzen?

4. Warum? Will er nicht ins Kino gehen?
5. Warum? Muss er nicht arbeiten?
6. Warum? Mag er nicht lesen?

7 Das alles hätte Peter nicht machen sollen! Was sagt er? ⊗

BEISPIEL   Er hat so lange geschlafen. (Was sagt er?)
           Wenn ich bloss nicht so lange geschlafen hätte!

1. Er ist so schnell gefahren.
2. Er hat so viel geredet.
3. Er ist so laut gewesen.

4. Er hat so viel ausgegeben.
5. Er ist so langsam gelaufen.

8 Schüler auf dem Rummelplatz. Was sagen sie? ⊗

BEISPIEL   Ich sehe, du bist mit der Achterbahn gefahren.
           Ja, wäre ich nur nicht mit der Achterbahn gefahren!

1. Ich sehe, du hast dich verletzt.
2. Ich sehe, du hast ein Los gekauft.
3. Ich sehe, du hast nichts gewonnen.

4. Ich sehe, du hast nicht gut geschossen.
5. Ich sehe, du hast nichts getroffen.
6. Ich sehe, du bist ein Pechvogel!

9 Es sieht wirklich so aus, als ob du . . . ⊗

BEISPIEL   Ich habe keine Zeit.   *Es sieht wirklich so aus, als ob du keine Zeit hättest.*

1. Ich muss wegfahren.
2. Ich kann nicht ins Konzert gehen.
3. Ich kann keine Karten bekommen.

4. Ich bin böse.
5. Ich will am liebsten zu Hause bleiben.

10 Die beiden Jungen wollen angeben. Haben sie das alles gemacht, oder tun sie nur so? ⊗

BEISPIEL   Haben sie die beiden Mädchen eingeladen?
           Sie tun nur so, als ob sie die beiden Mädchen eingeladen hätten.

1. Haben sie mit den beiden getanzt?
2. Sind sie mit ihnen in ein Lokal gegangen?
3. Haben sie sich etwas zu essen bestellt?

4. Haben sie die beiden zum Bus gebracht?
5. Sind sie mit ihnen nach Hause gefahren?
6. Haben sie sich mit ihnen verabredet?

11 Was ist der Uschi passiert? Hat sie sich beim Radfahren verletzt? ⊗

BEISPIEL   Hat sie sich verletzt? *Es sieht so aus, als hätte sie sich verletzt.*

1. Ist sie vom Rad gefallen?
2. Hat sie sich den Arm gebrochen?
3. Kann sie den Arm nicht bewegen?

4. Muss sie ins Krankenhaus gehen?
5. Hat der Arzt den Arm in Gips gelegt?
6. Kann sie mit der linken Hand schreiben?

12 Hat Peter eine Freundin, oder tut er nur so? ⊗

BEISPIEL   Hat er mit seiner Freundin Schluss gemacht?
           Er tut nur so, als hätte er mit seiner Freundin Schluss gemacht.

1. Ist er lange mit ihr gegangen?
2. Hat er eine andere Freundin gefunden?
3. Muss er mit ihr tanzen gehen?

4. Darf er sie nach Hause bringen?
5. Kann er sie zur Party einladen?
6. Mag er sie seinen Freunden vorstellen?

13 Ja, es wäre nett, wenn du . . . ⊗

BEISPIEL   Ich ruf' dich an.   *Ja, es wäre nett, wenn du mich anrufen würdest!*

1. Ich hol' dich ab.
2. Ich fahr' dich zur Schule.
3. Ich kann dich wieder abholen.

4. Ich geh' mit dir ins Kino.
5. Ich bin um 5 Uhr bei dir.

14 Sie haben Zeit und laden viele Leute zum Essen und Trinken ein. ⊗

BEISPIEL   Sie laden Ihre Mutter zu einer Tasse Kaffee ein.
Hättest du Lust auf eine Tasse Kaffee?

1. Sie laden Ihre Freunde zu einer Limonade ein.
2. Sie laden Ihren Lehrer zu einem Hamburger ein.
3. Sie laden Ihre Freundin zu einem Eis ein.
4. Sie laden Ihre Klassenkameraden zu einer Radlermass ein.
5. Sie laden Ihren Bruder zu einem Bier ein.
6. Sie laden Ihre Kusine zu einem Sandwich ein.

15 Sie sind eingeladen. Sie haben vieles vergessen, und jetzt erinnert man Sie daran. ⊗

BEISPIEL   Ich hab' ihr keine Blumen gekauft.
Du hättest ihr aber welche kaufen sollen!

1. Ich hab' ihm keine Platten geschenkt.
2. Ich hab' ihnen keine Cassetten mitgebracht.
3. Ich hab' ihr keine Theaterkarten bestellt.
4. Ich hab' ihm keine Zeitschriften gekauft.
5. Ich hab' ihr keine Rosen gegeben.
6. Ich hab' ihnen keine Bilder gezeigt.

„Sie hätten hier abbiegen müssen!"

16 Ihre Freunde machen einen Ausflug. Was tun sie jetzt wohl? ⊗

BEISPIEL   Glauben Sie, dass sie jetzt in der Stadt sind?
Ja, sie dürften jetzt in der Stadt sein.

1. Glauben Sie, dass sie jetzt in ein Gasthaus gehen?
2. Glauben Sie, dass sie sich jetzt einen Film ansehen?
3. Glauben Sie, dass sie jetzt zu Hause anrufen?
4. Glauben Sie, dass sie jetzt den Zug nehmen?
5. Glauben Sie, dass sie jetzt kommen?

17 Du musst vorsichtig sein! ⊗

BEISPIEL   Hast du dich geschnitten? *Nein, aber ich hätte mich fast geschnitten!*

1. Bist du gefallen?
2. Hast du dich verletzt?
3. Bist du krank geworden?

4. Hast du dich verbrannt?
5. Bist du gelaufen?
6. Hast du dir weh getan?

Subjunctive Forms of Weak and Strong Verbs

1. The subjunctive forms of weak verbs are identical with the past tense (imperfect) forms. The subjunctive forms of strong verbs are also based upon the past tense (imperfect) verb forms; however, they take an umlaut whenever possible and have the endings **-e, -(e)st, -e, -en, -(e)t, -en.**

	spielen	**gehen**	**lesen**	**fliegen**	**fahren**
	(spielte)	ging	las	flog	fuhr
ich	(spielte)	ginge	läse	flöge	führe
du	(spieltest)	(ging(e)st)	(läsest)	(flögest)	(führest)
er, sie, es	(spielte)	ginge	läse	flöge	führe
wir	(spielten)	gingen	läsen	flögen	führen
ihr	(spieltet)	(ging(e)t)	(läset)	(flöget)	(führet)
sie, Sie	(spielten)	gingen	läsen	flögen	führen

2. The following are sample sentences in which subjunctive forms of weak and strong verbs are used:

   Ich würde ins Kino gehen, wenn Monika **mitginge.**
   Es sieht so aus, als ob es **regnete.**
   Es wäre lieb, wenn Sie mich **anriefen.**

3. Since the subjunctive verb forms of weak verbs are identical with the past tense (imperfect) verb forms, the **würde** + infinitive construction is generally preferred:

   Es sieht so aus, als ob es **regnen würde.**
   Wenn ich Geld **verdienen würde, würde** ich den Führerschein **machen.**

4. Since many subjunctive forms of strong verbs are considered obsolete, and since many sound peculiar (especially the ones with **ä, ö,** and **ü**) or are identical with indicative past tense (imperfect) verb forms, the **würde** + infinitive construction is often preferred:

   Es wäre schön, wenn er mich **mitnehmen würde.** (*instead of* mitnähme)
   Wenn du nur dieses Buch **lesen würdest!** (*instead of* läsest)
   Ich würde ins Theater gehen, wenn Sie auch **mitgehen würden.** (*instead of* mitgingen)

   Note: In the exercises you are not required to use forms which are obsolete or which German speakers usually prefer not to use. However, you should be able to recognize such forms and know their meaning when you are reading. You will be asked to practice only those forms most commonly used.

Subjunctive Forms Used in Unreal Conditional Sentences

1. Since the subjunctive forms of weak verbs are identical with the past tense (imperfect) verb forms, the **würde** + infinitive construction is generally preferred:

   Wenn ich Zeit hätte, **würde** ich auf dich **warten.** (*instead of* wartete)

2. Since both the **würde** + infinitive construction and subjunctive forms can be used in either the condition or the conclusion, four conditional sentence variations are possible when strong verbs are involved:

Wenn ich ins Kino **gehen würde, würde** ich dich **anrufen.**
Wenn ich ins Kino **gehen würde, riefe** ich dich **an.**
Wenn ich ins Kino **ginge, würde** ich dich **anrufen.**
Wenn ich ins Kino **ginge, riefe** ich dich **an.**

Note: In conversation, modern German tends to use the **würde** + infinitive construction more frequently than the subjunctive forms, especially in southern Germany. In northern Germany, the subjunctive forms are heard more often.

When you are speaking or writing, if a subjunctive form sounds strange to you, or if you are uncertain whether the form is considered obsolete, use the **würde** + infinitive construction. [18–22]

3. In conditional sentences referring to the past, the subjunctive forms of **haben** or **sein** plus a past participle are used in both the condition and the conclusion:

Wenn ich ins Kino **gegangen wäre, hätte** ich dich **angerufen.** [23]

Übungen

18 **Auf einer Party. Was tut der Michael gerade?** ⊗

BEISPIEL Schau mal! Singt er?
Es sieht nur so aus, als ob er sänge.

1. Trinkt er Saft?
2. Isst er etwas?
3. Spricht er mit Hans?
4. Unterhält er sich mit Inge?
5. Geht er wieder mit ihr?

19 **Mensch! Es wäre schön, wenn . . .** ⊗

BEISPIEL Ute, ruft dich Peter an?
Es wäre schön, wenn er mich anriefe.

1. Wartet er auf dich?
2. Holt er dich ab?
3. Lädt er dich ein?
4. Fragt er dich?
5. Geht er mit dir tanzen?
6. Bringt er dich nach Hause?
7. Schreibt er dir?

20 **Inge hat auf einer Party einen netten jungen Mann kennengelernt. Er sagt:** ⊗

BEISPIEL Darf ich Sie anrufen?
Es wäre nett, wenn Sie mich anriefen.

1. Darf ich Ihnen meine Telefonnummer geben?
2. Darf ich Sie ins Kino einladen?
3. Darf ich Sie um 2 Uhr abholen?
4. Darf ich mit Ihnen durch die Stadt bummeln?
5. Darf ich Ihnen das Museum zeigen?
6. Darf ich Sie wieder nach Hause bringen?

21 **Was würden Sie alles tun, wenn Sie jetzt Zeit hätten?** ⊗

BEISPIEL   Eine Platte auflegen?   *Ja. Wenn ich jetzt Zeit hätte, würde ich eine Platte auflegen.*

1. Radio hören?
2. Karten spielen?
3. Eine Radtour machen?

4. Freunde besuchen?
5. Im Garten arbeiten?
6. Etwas basteln?

22 **Und was würden Sie tun, wenn Sie morgen frei hätten?** ⊗

BEISPIEL   Nach Berlin fliegen?   *Wenn ich morgen frei hätte, würde ich nach Berlin fliegen.*

1. In die Stadt fahren?
2. Ins Konzert gehen?
3. Ihre Freunde einladen?
4. Eine Party geben?

5. Auf einen Berg steigen?
6. Ein Buch lesen?
7. Den ganzen Tag schlafen?

23 **Ich wäre gern dabei gewesen. Hättest du mich angerufen?** ⊗

BEISPIEL   Bist du ins Kino gegangen?
Wenn ich ins Kino gegangen wäre, hätte ich dich angerufen.

1. Hast du den Plattenspieler gekauft?
2. Bist du in die Stadt gefahren?
3. Hast du die Klassenkameraden eingeladen?
4. Hast du die Dias gezeigt?
5. Bist du allein nach Hause gefahren?

24 **Schriftliche Übungen**

a. With the cues given write two sets of "unreal (contrary-to-fact) conditions," one referring to the present, the second one referring to the past.

BEISPIEL   ich / Geld haben / ins Kino gehen
(present) *Wenn ich Geld hätte, ginge ich ins Kino.* (or *würde . . . gehen*)
   (past) *Wenn ich Geld gehabt hätte, wäre ich ins Kino gegangen.*

1. er / in der Stadt sein / s. einen Film ansehen
2. wir / das wissen / mitkommen
3. die Schüler / einen Ausflug machen / s. einen Bus mieten
4. ich / mehr Zeit haben / nach Italien fahren
5. Inge / Theater spielen / den ersten Preis gewinnen
6. ihr / nicht so lange reden / den Zug noch erreichen
7. er / nicht so schnell fahren / weniger Unfälle haben
8. ich / mehr Geld verdienen / s. ein neues Auto kaufen

b. Write answers to the following questions, as shown in the example.

BEISPIEL   Rufst du mich an?   *Es wäre nett, wenn du mich einmal anrufen würdest.*

1. Holst du mich ab?
2. Lädst du mich ein?
3. Begleitest du mich?

4. Hörst du mir zu?
5. Stellst du mich vor?
6. Fährst du mich hin?

Die Teutonen kommen ⊗

Die „Speedy", eine beliebte Gruppe

Die Schallplattenindustrie in der Bundesrepublik Deutschland hatte auch im letzten Jahr wieder Rekordumsätze°. Im Jahr 1977 verkaufte sie schwarze Scheiben° im Wert von insgesamt 1 890 Millionen Mark; 1978 hat sie Platten für über 2,2 Milliarden Mark verkauft—rund 16% mehr. Die Firma „EMI-Electrola" zum Beispiel produziert heute in einer Woche mehr Platten als vor 25 Jahren in einem Jahr. Die Münchner Firma „Ariola" hatte Umsatzsteigerungen° bereits in den ersten 9 Monaten von 1978, die um 50% höher lagen als 1977; ein Höhepunkt in der Geschichte dieses Hauses.

Solche Rekorde verdanken die Plattenfirmen natürlich in der Hauptsache° dem internationalen Produkt aus den englischsprachigen Ländern, den Nachfolgern°, Imitatoren und Konkurrenten° der „Beatles" und „Bee Gees"; heute aber auch immer mehr der Popmusik „*made in Germany*". 150 000 Platten wurden etwa schon von der Kraftwerk-Single „Die Roboter" verkauft, die sich fast ein halbes Jahr in den Hitparaden befand. Man kann sich kaum mehr vorstellen°, was Degar Froese von „*Tangerine Dream*" heute über die Anfangszeit des lange geschmähten° „Kraut-Rock" berichtet:

„Über ein Jahrzehnt lang wurde Rock- und Popmusik in Deutschland nur importiert. Die Stellung° des deutschen Musikers war in den 60er Jahren völlig ohne Gewicht, d.h.° mit deutschen Musikern liessen sich überhaupt keine Geschäfte machen°. Man hat mit ihnen kaum Verträge abgeschlossen°; man hat niemanden gefördert, und wenn eine Konzerthalle voll war, dann spielte meist eine drittklassige englische Gruppe. Auch bei den besten deutschen Musikern hatten die Veranstalter° regelmässig Pech. Das war ohne Wert—das war halt deutsch!"

---

der Rekordumsatz *record (all-time high) sales;* die Scheibe *disk;* die Umsatzsteigerung *sales increase;* in der Hauptsache *on the whole;* der Nachfolger *successor;* der Konkurrent *competitor;* s. vorstellen *to imagine;* geschmäht *belittled;* die Stellung *position;* d.h. (das heisst) *that is to say;* . . . liessen sich keine Geschäfte machen *you couldn't do business (with)* . . . ; einen Vertrag abschliessen *to sign a contract;* der Veranstalter *promoter*

„Deutsch-Rock" war lange Zeit unmodisch°, verstaubt° und unverkäuflich. Mit den richtigen Methoden wurde nun „Deutsch-Rock" (auch „Kraut"- und „Teutonen-Rock" genannt) in den letzten Jahren auf Hochglanz frisiert°, wurde den Kunden schmackhaft gemacht°. Das Paradebeispiel für eine erfolgreiche Promotion-Aktion° 1978 war das Lancieren° der völlig unbekannten „Nina Hagen Band". „Diese Gruppe hat das ‚Marketing- & Promotion'-Team von CBS in Schwung

Was hat sich seitdem geändert°? Wodurch ist dieser Erfolg in unseren Tagen zu erklären? Warum „lief" es seit Mitte der 70er Jahre wesentlich besser für den „Deutsch-Rock"?

Es gibt viele Gründe für den „Durchbruch" des Deutsch-Rock. Wichtige Voraussetzungen erfüllen° die Musiker selbst, die heute origineller und besser spielen als noch vor zehn Jahren, mit einer auch im Ausland anerkannten eigenen Identität. Ein wichtiger Schlüssel für dieses Interesse an deutscher Rockmusik dürfte aber wohl auch das „Know-how" sein, das sich gerade die deutschen Firmen in den letzten Jahren aneigneten°. „Knowhow" auf allen Gebieten: beim Konzipieren°, Herstellen, Verpacken und natürlich auch beim Vermarkten° eines Produktes. Gerade dieses Vermarkten, diese „Promotion" — wie der englische Fachausdruck° für das versteckte° oder offene Werben für ein Plattenprodukt genannt wird — wird heute auch in Deutschland wesentlich raffinierter°, gezielter° und intensiver praktiziert als vor einigen Jahren.

gehalten°", gestand° die Firma selbst. CBS erkannte frühzeitig das kommerzielle Potential der 22jährigen Sängerin und ihrer Gruppe, mit ihrem an den Idealismus junger Leute appellierenden° Engagement (die Sängerin kam kurz vorher aus der DDR in die Bundesrepublik). Schon für die erste LP warb° die Firma intensiv über Presse, Funk und Fernsehen und verband° alles geschickt mit einer Deutschland-Tournee, die zum wichtigsten Erfolg einer „Newcomer-Band" in diesem Jahr wurde.

---

s. ändern *to change*; die Voraussetzungen erfüllen *to meet the requirements*; s. etwas aneignen *to acquire s.th.*; beim Konzipieren *in the conception*; beim Vermarkten *in the marketing*; der Fachausdruck *technical expression*; versteckt *hidden*; raffiniert *clever, sly, skillful*; gezielt *pointed*; unmodisch *unfashionable*; verstaubt *old hat*; auf Hochglanz frisieren *to polish up*; den Kunden schmackhaft machen *to make palatable to the customers*; die Aktion *campaign*; das Lancieren *launching*; in Schwung halten *to keep going*; gestehen *to admit*; appellierend an *appealing to*; werben über *to advertise through*; verbinden *to combine*

Raffinierte Promotion-Aktionen, teure Radio- und TV-Spots—derartige Werbemittel° kosten eine Menge Geld. Heute sind jedoch wesentlich mehr Manager, Plattenfirmen und Kredit-Institutionen bereit, die nötigen Gelder auszugeben, damit eine Rock-Gruppe überhaupt gestartet werden kann. Nicht immer sind diese Finanzmittel so teuer wie bei Udo Lindenberg, wo der Start allein fünf Millionen Mark gekostet haben soll—aber es sind natürlich stets riesige Investitionen nötig, um einer Gruppe nicht nur das notwendige musikalisch-technische Rüstzeug° zu besorgen. Auch sind heute offenbar mehr Rockmusiker dazu bereit, sich bei den Kreditgebern auf Jahre hinaus zu verschulden°.

Der Boden, auf dem der „Kraut-Rock" wächst, ist heute wesentlich reichhaltiger und geschickter bearbeitet° als noch vor wenigen Jahren. Das fängt damit an, dass sich in der letzten Zeit zum Beispiel Aufnahmestudios° etablieren konnten, die Weltniveau° besitzen. Etwa das „Musicland" in München (neben 30 weiteren Drei-Sterne-Studios), die Dierks- und EMI-Studios in Köln und andere Aufnahmeplätze in Hamburg und Frankfurt. Diese Studios besitzen nicht nur erstklassige technische Einrichtungen°, dort arbeiten auch Toningenieure° und Produzenten, die in den 60er Jahren quasi mit den „Beatles" und „Rolling Stones" gross wurden° und die von sich sagen dürfen, von dieser Musik etwas zu verstehen. Das gleiche gilt wohl auch für die meisten Manager der heutigen deutschen Rock-Gruppen, die auch eine lange Rock- und Pop-Vergangenheit hinter sich haben, manchmal sogar in ehemaligen Rock-'n'Roll- und Beat-Bands gespielt haben, wie etwa Klaus Ebert, früher Mitglied der bekannten Beat-Gruppe „The Petards", heute Platten-Manager. Sie alle

derartige Werbemittel *these kinds of advertising techniques;* das Rüstzeug *material;* s. verschulden (bei) *to go into debt, to borrow from;* reichhaltiger und geschickter bearbeitet *prepared more amply and skillfully;* das Aufnahmestudio *recording studio;* Weltniveau *world stature;* die Einrichtung *installation;* der Toningenieur *sound engineer;* gross werden mit *to grow up with*

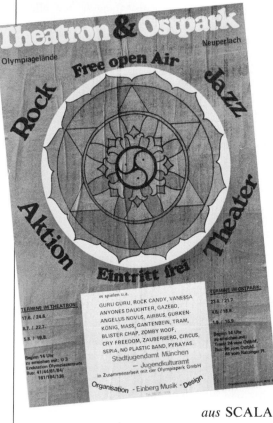

aus SCALA

bringen wesentlich mehr Elan° und Dynamik in den Betrieb, als die Manager in den 60er Jahren.

Das alles führte dazu, dass Rock „*made in Germany*" nicht länger nur zweite Wahl ist, sondern dass diese Produkte durchaus auf dem Weltmarkt konkurrenzfähig° sind, dass sie auch in Brasilien, Australien, Japan und in den USA verkauft werden können. Um in diesem immer internationaler werdenden Geschäft bestehen zu können, müssen die wichtigsten Voraussetzungen° gegeben sein—natürlich allerbeste Qualität, was die Musik angeht, stets aber auch erstklassige Ideen und Aktionen für Promotion und Werbung. Oder wie es Egmont Lüftner, Geschäftsführer der deutschen Firma „Ariola" richtig beschreibt: „Wichtig ist auch, dass die grossen internationalen Gesellschaften jetzt in jedem Land ihre eigenen Tochterfirmen° haben. Aber sicherlich ist auch eines wichtig: der beste Kontakt würde nichts nützen, wenn der ausländische Partner nicht ans Produkt glauben würde. Denn nur dann ist er bereit zu investieren."

---

der Elan *spirit, dash;* konkurrenzfähig *competitive;* die Voraussetzung *prerequisite;* die Tochterfirma *subsidiary (company)*

25 Fragen zum Inhalt

1. Wie sieht der Umsatz auf dem deutschen Plattenmarkt aus?
2. Was haben Sie über die beiden Firmen „EMI-Electrola" und „Ariola" gelesen?
3. Wem verdanken die Plattenfirmen solche Rekorde?
4. Was haben Sie über die Stellung des deutschen Musikers in den 60er Jahren gelesen?
5. Wie kam es zum Erfolg des Deutsch-Rock in den 70er Jahren?
6. Berichten Sie über die Promotion-Aktion für die „Nina Hagen Band"!
7. Wie werden solche Promotion-Aktionen finanziert?
8. Wozu sind die deutschen Rockmusiker heute auch bereit?
9. Welchen Einfluss haben die Aufnahmestudios auf die Plattenherstellung?
10. Was hat sich an den Managern der heutigen deutschen Rockgruppen geändert?
11. Wozu führten all diese Veränderungen in der Herstellung und Promotion der deutschen Rockmusik?

26 Fragen zum Überlegen und Diskutieren

1. Kennen Sie eine deutsche Band, und was können Sie über sie berichten?
2. Kann heute eine Musikgruppe ohne Hilfe einen Welterfolg erreichen? Diskutieren Sie diese Frage!
3. Was ist alles notwendig, um eine Gruppe weltbekannt zu machen? Diskutieren Sie die verschiedenen Voraussetzungen, die zu einem Welterfolg führen können!
4. Beschreiben Sie eine amerikanische Musikgruppe und wie diese ihren Erfolg erreichte!
5. Was für Musik hören Sie gern? Unterhalten Sie sich mit Ihren Klassenkameraden über die Stars und Gruppen, die Sie am liebsten hören!
6. Welche Rockgruppen haben Sie schon „live" gehört? Schildern Sie Ihre Eindrücke darüber! Was für andere Konzerte haben Sie schon besucht? Sprechen Sie über die Unterschiede, die Sie beim Besuch verschiedener Konzerte bemerkt haben!

27 Schriftliche Übung

Wählen Sie eins der Themen in Übung 26 und schreiben Sie einen Aufsatz oder einen Bericht darüber!

28 Anregungen für individuelle Arbeit oder gemeinsame Klassenprojekte

Gibt es Platten von deutschen Stars oder Gruppen in Ihrem Plattenladen? Machen Sie ein Poster von einer deutschen Gruppe für Ihr Klassenzimmer oder entwerfen Sie eine Schutzhülle für eine Platte!

Die Teutonen kommen

die **Aktion, –en** campaign
die **Anfangszeit, –en** beginning, early time or period
der **Aufnahmeplatz, ⸚e** place to record
das **Aufnahmestudio, –s** recording studio
die **Beat-Band, –s** rock band
die **Beat-Gruppe, –n** rock group
der **Durchbruch, ⸚e** breakthrough
die **Dynamik** dynamism
die **Einrichtung, –en** installation
der **Elan** spirit, dash
das **Engagement, –s** engagement
der **Fachausdruck, ⸚e** technical expression, term
die **Finanzmittel (pl)** financial means, measures
der **Funk** radio
der **Geschäftsführer, –** executive vice president
die **Gesellschaft, –en** company
das **Herstellen** producing, production
das **Idealismus** idealism
die **Identität, –en** identity
der **Imitator, –en** imitator
die **Investition, –en** investment
der **Konkurrent, –en** (den –en) competitor
der **Kontakt, –e** contact
die **Konzerthalle, –n** concert hall

das **Konzipieren** conceiving, conception
der **Kreditgeber, –** creditor
die **Kredit-Institution, –en** credit bank, lending institution
das **Lancieren** launching
die **LP (Langspielplatte), –s** LP
der **Manager, –** manager
die **Methode, –n** method
der **Musiker, –** musician
der **Nachfolger, –** successor
das **Paradebeispiel, –e** prime example
die **Plattenfirma, –firmen** record company
der **Platten-Manager, –** record manager
das **Plattenprodukt, –e** record product
die **Popmusik** popular music
das **Potential, –e** potential
die **Presse** press
das **Produkt, –e** product
der **Produzent, –en** (den –en) producer
die **Promotion, –en** promotion
die **Promotion-Aktion, –en** advertising campaign
die **Qualität, –en** quality
der **Rekord, –e** record
der **Rekordumsatz, ⸚e** record, all-time high sales

die **Rockmusik** rock music
der **Rockmusiker, –** rock musician
das **Rüstzeug** material
die **Schallplattenindustrie** record industry
die **Scheibe, –n** disk
der **Start, –s** start
die **Stellung, –en** position
das **Studio, –s** studio
der **Teutone, –n** (den –n) Teuton
die **Tochterfirma, –firmen** subsidiary (company)
der **Toningenieur, –e** sound engineer
die **Tournee, –n** concert tour
die **Umsatzsteigerung, –en** sales increase
der **Veranstalter, –** promoter
die **Vergangenheit, –en** past
das **Vermarkten** marketing
das **Verpacken** packaging
die **Voraussetzung, –en** requirement, prerequisite
der **Weltmarkt, ⸚e** world market
das **Weltniveau** world stature
das **Werbemittel, –** advertising technique
das **Werben** advertising
die **Werbung, –en** advertising, advertisement
der **Wert, –e** value

s. **ändern** to change
s. **aneignen** (sep) to acquire
besorgen to provide
erfüllen to fill
s. **establieren** to establish o.s.
gelten für (i, a, o) to hold true for

gestehen to admit
investieren to invest
praktizieren to practice
starten to start
verbinden (a, u) to combine
verdanken D to thank, owe thanks to

s. **verschulden bei** to go into debt, to borrow from
s. **vorstellen** (sep) to imagine
werben über A (i, a, o) to advertise through, by means of

allerbest best of all
anerkannt acknowledged, recognized
appellierend an A appealing to
bearbeitet prepared
bereits already
damit so that
derartig of such a kind
drittklassig third-class
englischsprachig English-speaking
erfolgreich successful
erstklassig first-class
etwa such as
frühzeitig early
geschickt skillful
geschmäht belittled
gezielt pointed
heutig today's
insgesamt altogether, in all
intensiv intensive
jedoch however
kommerziell commercial

konkurrenzfähig competitive
meist most of the time
musikalisch-technisch musical and technical
nötig necessary
offen open
offenbar apparently
originell original
quasi quasi, more or less
raffiniert clever, sly, skillful
reichhaltig ample
schmackhaft palatable, appealing
sicherlich surely
stets constantly
unbekannt unknown
unmodisch unfashionable
unverkäuflich unsaleable
verstaubt old hat
versteckt hidden
völlig completely
wesentlich substantially

auf Hochglanz frisieren to polish up
auf Jahre hinaus for years to come
das war halt deutsch it was only German
d.h. (das heisst) that is to say
einen Vertrag abschliessen (sep) to sign a contract
es würde nichts nützen it would be of no use
Geschäfte machen mit to do business with
gross werden mit to grow up with
im Wert von at a value of
in den 60er Jahren in the 60's
in der Hauptsache on the whole
in Schwung halten to keep going
ohne Wert worthless

Ausschnitte aus Schülerzeitungen
The Quotative (Subjunctive I) in Indirect Discourse, Indirect Questions, Commands

Wenn ihr einen Ferienjob sucht, dann solltet ihr euch jetzt schon darum kümmern! Ich sprach vergangene Woche mit einem Referenten der Arbeitsvermittlung im Arbeitsamt. Er sagte mir, das in diesem Jahr das Angebot an Ferienjobs viel geringer (sei) als im letzten Jahr. Und es ist auch dass sich das Angebot an freien Stellen im Sommer kaum erhöhen (werde), sagte er mir. Besitzer von Führerscheinen haben in diesem Jahr cen, einen Job zu finden: auf der einen haupt nichts los. Wo es noch (gebe) (sei) im Gaststättengewerbe. Hier schon so schlimm, das einzelne Personalmangel mittags ga geöffnet (konnten) (hatten) und nur zwischen 16.

Die Jobs im Gaststättengewe Kellner, Servicerinnen. Ab (sei) aber anstrengend.

Nr. 5

wat's

...nto.
...ernen.

...esene die selbst...
...t ist, haben wir...
...ur für Erwach-...
...nug. Und es ist...
...e damit um-...
...eine tolle...
...m Geld oder...
...Einzahlen.
...raufttrag.
...ales.

PEPO

Np 6 DM 0,50

Jens habe ein tolles Erlebnis° bei seiner Fahrprüfung gehabt. Er (habe) wie viele Schüler hier, den Fahrkurs in der Fahrschule Betz gemacht, und alles (sei) gutgegangen. Er (habe) 30 Fahrstunden gehabt, und er (habe) die theoretische Prüfung auch gleich beim ersten Mal bestanden.

Dann kam der Tag der Fahrprüfung°. Sein Fahrlehrer (habe) ihm schon vorher gesagt, dass er nicht (wisse), welchen Prüfer er haben (werde). Er (solle) sich aber keine Sorgen machen: nur wenige seiner Fahrschüler (würden) bei der Fahrprüfung durchfallen°.

Der Prüfer (sei) sehr nett gewesen. Er (habe) Jens schon immer früh genug gesagt, wann er abbiegen (müsse) oder wo er eine Parklücke finden (solle.) Der Prüfer (sei) mit seiner Fahrweise° sehr zufrieden gewesen. Er (habe) gesagt, dass er schon lange nicht mehr einen so guten Prüfling gehabt (habe) wie den Jens. „Wenn alle so gut fahren (würden) wie Sie, (hätte) ich bald keine Arbeit mehr!"

Dann (habe) Jens in einer Parklücke halten müssen. Der Prüfer (habe) den Prüfschein unterschrieben und gesagt, dass Jens seinen Führerschein in zwei bis drei Wochen per P (werde)...

über... zu dieser Jahreszei park gehen, möchte ich noch eini fassen°, was in diesem Artikel stand Der Direktor des Tierparks Dr. H. dass es noch immer viele Leute Fütterungsverbot überhaupt nich (sei) aber lebensgefährlich° wie auch in diesem Jahr (durften) wied Tiere sterben, nur weil manche rungsverbot nicht (beachteten).

In dem Artikel hiess es zum die Besucher eine Woche land obachten (habe). Es (habe) sich nur Kinder (seien) die besti auch Erwachsene (hatten) S wie sich die Tiere um das F

Die Seelöwen (seien) (habe) daher bei den Seelöw die den Besuchern zeige haft der Tod° eines Seel

Da viele der Tierpark sprachen, (sei) man jetzt auch

Der Tierpark (sei) für und das Fütterungsv unbedingt beachtet w (sei) nur im Streiche aber kein eigenes (müsse) dort gekauft.

The Quotative: Indirect Discourse

1. In English a person may be quoted directly: *"I don't like to go to the movies;"* or indirectly: *He said he didn't like to go to the movies.*

2. German has special verb forms, called quotative forms, that are used in formal speech, in professional literature, and in newspapers, whenever the speaker or writer does not wish to express his own opinion but is quoting somebody else indirectly. By using the quotative, the speaker or writer indicates that he is disassociating himself from this statement made by somebody else, and that he does not wish to accept responsibility for its accuracy.

3. Quotations occur most frequently in the first and third person, so these forms are the most important ones to learn. Since the third person plural forms are identical with the indicative, the subjunctive forms are generally used instead.

Quotative Forms of
haben, sein, werden, wissen, Weak Verbs and Strong Verbs

	endings added to verb stem	haben	sein	werden	wissen	wohnen	gehen
ich	**-e**	habe	sei	werde	wisse	wohne	gehe
du	**-est**	habest	sei(e)st	werdest	wissest	wohnest	gehest
er, sie, es	**-e**	**habe**	**sei**	**werde**	**wisse**	**wohne**	**gehe**
wir	**-en**	haben	seien	werden	wissen	wohnen	gehen
ihr	**-et**	habet	seiet	werdet	wisset	wohnet	gehet
sie, Sie	**-en**	(haben)	**seien**	(werden)	(wissen)	(wohnen)	(gehen)
	USE INSTEAD	**hätten**	**(wären)**	**würden**	**wüssten**	**würden wohnen**	**gingen**

Quotative Forms of Modals

	endings added to verb stem	dürfen	können	mögen	müssen	sollen	wollen
ich	**-e**	dürfe	könne	möge	müsse	solle	wolle
du	**-est**	dürfest	könnest	mögest	müssest	sollest	wollest
er, sie, es	**-e**	**dürfe**	**könne**	**möge**	**müsse**	**solle**	**wolle**
wir	**-en**	dürfen	können	mögen	müssen	sollen	wollen
ihr	**-et**	dürfet	könnet	möget	müsset	sollet	wollet
sie, Sie	**-en**	(dürfen)	(können)	(mögen)	(müssen)	(sollen)	(wollen)
	USE INSTEAD	**dürften**	**könnten**	**möchten**	**müssten**	**sollten**	**wollten**

Uses of the Quotative

Quotative (and subjunctive) verb forms are used as follows:

1. in indirect statements, to quote somebody indirectly in order to avoid expressing your own opinion or to avoid taking responsibility for the accuracy of another person's statement.

Indirect quotations are generally introduced by verbs such as **sagen, schreiben, glauben, denken.** These verbs may be expressed or only implied:

    Er **meint,** dass die Luft in der Grossstadt verschmutzt **sei.**

    Er **sagt,** dass seine Familie keine Lust **habe,** in der Stadt zu wohnen.

    Er **glaubt,** dass er auf dem Land eine Wohnung finden **könne.**

2. in indirect questions:

    Der Interviewer **fragt** den Mitspieler, **ob** er zum ersten Mal Armbrustschütze **sei.**

    Er **fragt** ihn, **ob** er gern **mitspiele.**

    Der Mitspieler **fragt** den Interviewer, **ob** er Zeit **habe** und mit anderen Mitspielern sprechen **wolle.**

3. in indirect commands:

    Der Arzt **sagt** Annegret, dass sie nicht in die Schule gehen **dürfe.**

    Er **sagt** ihr, sie **solle** im Bett bleiben.

4. to express a wish (usually in the first or third person). An exclamation of this sort has a formal, rhetorical quality.

    Sie **lebe** hoch!

    Möge er viel Geld verdienen!

Indirect Statements

1. In the following section, direct statements are compared with indirect statements. Pay particular attention to the verb forms used.

    a. In direct statements, indicative forms are used, and the entire statement is set in quotation marks.

    b. In indirect statements, quotative forms are used. If the quotative forms are identical with the indicative forms, then subjunctive forms must be used.

    c. In spoken language, subjunctive forms are more frequently used than quotative forms, which you will find almost exclusively in newspaper and other formal writing.

Direct Statement	Indirect Statement
Present	
Gabi sagte: „Ich **habe** kein Glück."	Gabi sagte, dass sie kein Glück **habe (hätte).**
Die Mädchen sagen: „Wir **haben** keine Zeit."	Die Mädchen sagen, dass sie keine Zeit **hätten.**
Future	
Elke meint: „Ich **werde** Glück haben."	Elke meint, dass sie Glück haben **werde (würde).**
Past	
Monika sagt: „Ich **hatte** Glück." „Ich **habe** Glück gehabt." „Ich **hatte** Glück gehabt."	Monika sagt, dass sie Glück gehabt **habe (hätte).**

With Modals

Present

Hansi sagt: ,,Ich **kann** heute nicht fahren.''   Hansi sagt, dass er heute nicht fahren **könne.**

Past

Pia sagt: ,,Ich **konnte** nichts kaufen.''
,,Ich **habe** nichts kaufen können.'' } Pia sagt, sie **habe (hätte)** nichts kaufen können.
,,Ich **hatte** nichts kaufen können.''

2. When sentences are changed from direct to indirect statements, pronouns and possessives must also be changed.

Gabi sagt zu mir: ,,**Ich** bin müde.''
Gabi sagt mir*, dass **sie** müde sei (wäre).
Peter sagt: ,,**Ich** darf noch nicht Auto fahren.''
Peter sagt, dass **er** noch nicht Auto fahren dürfe.
Herr Wieland sagt: ,,**Ich** freue **mich** auf **meine** Ferien.''
Herr Wieland sagt, dass **er sich** auf **seine** Ferien freue.
Frau Wieland sagt: ,,**Ich** freue **mich** auf **meine** Ferien.''
Frau Wieland sagt, dass **sie sich** auf **ihre** Ferien freue.
Fritz sagt: ,,**Meine** Mutter hat **mir** Tee mit Honig gemacht.''
Fritz sagt, dass **seine** Mutter **ihm** Tee mit Honig gemacht habe.
Marianne sagt: ,,**Meine** Mutter hat **mir** Milch mit Honig gemacht.''
Marianne sagt, dass **ihre** Mutter **ihr** Milch mit Honig gemacht habe.

3. Since the indirect statement may or may not be introduced by **dass,** either verb-second or verb-last position is required.

Sie sagt, sie **sei** jetzt müde.   Sie sagt, dass sie jetzt müde **sei.**   [1–10]

Übungen

1 **Der Schülerreporter interviewt seine Klassenkameraden. Was sagt ihm die Martina alles?** ⊗

BEISPIEL   ,,Ich verlasse im Sommer die Schule.''
Martina hat mir gesagt, dass sie im Sommer die Schule verlasse.

1. ,,Ich suche eine Lehrstelle.''
2. ,,Ich habe ein gutes Zeugnis.''
3. ,,Ich bin gut in Mathematik.''

4. ,,Ich kann auch Englisch.''
5. ,,Ich will einen Beruf lernen.''

2 **Der Schülerreporter fragt weiter: Womit verdienen sich die Schüler ihr Geld?** ⊗
BEISPIEL   Gabi: ,,Ich helfe in einem Reitstall.''   *Gabi sagt, sie helfe in einem Reitstall.*

1. Eberhard: ,,Ich arbeite in einem Warenlager.''
2. Ursula: ,,Ich bin Verkäuferin in einem Spielzeugladen.''
3. Jürgen: ,,Ich verkaufe Zeitungen.''
4. Heidi: ,,Ich bin in einem Büro beschäftigt.''
5. Wolfgang: ,,Ich mähe den Rasen im Olympiapark.''

* Note that **zu** is not used in the indirect statement.

3 **Der Reporter möchte auch wissen, was die Schüler mit dem Geld machen, das sie sich verdient haben.** ⊗

BEISPIEL   Ursel: „Ich brauche Geld für den Urlaub."
Ursel sagt, sie brauche Geld für den Urlaub.

1. Peter: „Ich mache den Führerschein."
2. Elli: „Ich möchte im Herbst einen Tanzkurs mitmachen."
3. Michael: „Ich will eine neue Schiausrüstung kaufen."
4. Eva: „Ich fahre diesen Winter zum Schilaufen."
5. Hansi: „Ich spare lieber das Geld."

4 **In Müllheim berichtet die Schülerzeitung über den Ausflug ins Elsass. Was erzählen die Schüler ihrem Reporter?** ⊗

BEISPIELE   „Wir machen jedes Jahr einen Schulausflug."
Sie sagen, dass sie jedes Jahr einen Schulausflug machen würden.
„Wir dürfen ins Elsass fahren."
Sie sagen, dass sie ins Elsass fahren dürften.
„Wir sehen uns die Hoch-Königsburg an."
Sie sagen, dass sie sich die Hoch-Königsburg ansähen.

1. „Wir warten vor der Schule auf den Bus."
2. „Wir überqueren die Autobahn."
3. „Wir halten an der Grenze an."
4. „Wir steigen aus und wechseln Geld."
5. „Wir fahren auf der Elsässischen Weinstrasse entlang."
6. „Wir machen eine Führung durchs Schloss mit."
7. „Wir verstehen den Führer nicht."
8. „Wir kaufen einige Andenken."
9. „Wir schreiben viele Ansichtskarten."
10. „Wir laufen zu Fuss zum Affenwald."

5 **Und in der Besigheimer Schülerzeitung kommt ein Artikel über den Sommerball.** ⊗

BEISPIEL   Rolf sagt: „Wir werden einen tollen Ball haben."
Rolf sagt, sie würden einen tollen Ball haben.

1. Sibylle: „Ich werde in der Küche helfen."
2. Bernd und Hans: „Wir werden die Aula dekorieren."
3. Renate: „Ich werde die Blumen stecken."
4. Brigitte und Uschi: „Wir werden die Plakate malen."
5. Wolf: „Ich werde die Gäste bedienen."

6 **Ein Interview mit den Theaterspielern in Müllheim.** ⊗

BEISPIEL   „Wir haben im Theaterwettbewerb mitgemacht."
Sie sagen, sie hätten im Theaterwettbewerb mitgemacht.

1. „Wir haben ein Lustspiel aufgeführt."
2. „Wir sind nach Freiburg gefahren."
3. „Wir haben dort Theater gespielt."
4. „Alles ist gutgegangen."
5. „Wir sind nie steckengeblieben."
6. „Wir haben grossen Erfolg gehabt."

7 **Viele Schüler sind zur Zeit krank. Ein Schülerreporter ruft sie an.** ⊗

BEISPIEL   Annegret sagt: „Ich habe mich erkältet."   *Annegret sagt, sie habe sich erkältet.*

1. Peter: „Ich habe mir den Knöchel gebrochen."
2. Andrea: „Ich habe mir die Hand verletzt."
3. Annegret: „Ich rief sofort meinen Arzt an."
4. Marianne: „Meine Mutter brachte mich ins Krankenhaus."
5. Hans: „Meine Mutter hat mir Tee mit Honig gegeben."

8 Was hört der Reporter noch von den kranken Schülern? ⊗

BEISPIEL   Andrea sagt: „Vor drei Jahren musste ich ins Krankenhaus gehen."
           Andrea sagt, sie habe vor drei Jahren ins Krankenhaus gehen müssen.

1. Peter: „Ich habe nicht schlucken können."
2. Fritz: „Ich musste eine Schwitzkur machen."
3. Annegret: „Ich konnte nicht in die Schule gehen."
4. Marianne: „Ich habe nicht einmal aufstehen können."
5. Kurt: „Ich wollte heissen Tee mit Honig trinken."

9 Die Schülerzeitung berichtet über ehemalige Schüler. Ein Interview mit Sigrid Knöll:

„Ich hab' mich bei der Firma Pfannkuch beworben, denn ich will eine gute Ausbildung. Meine Eltern haben schon immer bei der Firma Pfannkuch eingekauft. Und mein Vater kennt den Leiter der Filiale. So bin ich halt zu Pfannkuch gegangen. Ich bereue es nicht. Ich hab' schon alle Abteilungen durchgemacht, und ich darf schon ab und zu aushelfen. Anfang des nächsten Jahres mach' ich meine Prüfung. Ich freu' mich schon darauf."

           Sigrid sagt, sie habe . . .

10 Ein Interview mit Werner Holzer:

„Während der ersten Woche hat es mir überhaupt nicht gefallen. Ich konnte mich einfach nicht an die Arbeitszeit gewöhnen. Ich habe keinen freien Nachmittag mehr zum Fussballspielen! Jetzt gefällt es mir gut. Während des ersten Lehrjahres bekomme ich 250 Mark monatlich. Ich brauch' zu Hause nichts abzugeben, und ich hab' mir von meinem Lohn schon ein Mofa gekauft. Nach meiner Ausbildung muss ich zur Bundeswehr. Vielleicht komm' ich dann wieder zu Pfannkuch zurück."

           Werner sagt, es habe . . .

Indirect Questions

1. In this section direct questions are compared with indirect questions. The same rules about usage of verb forms apply for indirect questions as for indirect statements.
   a. In direct questions indicative verb forms are used, and the entire question is set in quotation marks.
   b. In indirect questions, quotative verb forms are used. If the quotative verb forms are identical with the indicative verb forms, then subjunctive verb forms must be used. If you are unsure about the forms, you may use the **würde** plus infinitive construction. No quotation marks and no question marks are used in indirect questions.
   c. Again, remember that quotative or subjunctive verb forms are used only when you want to express a special objectivity about the content of the question. They make the question sound like a newspaper reporter's style, because they show that the speaker is not personally interested or involved in the subject being discussed.

Direct Question	**Indirect Question**
Present	
Ich fragte ihn: „Warum **ist** unsere Luft verschmutzt?"	Ich fragte ihn, warum unsere Luft verschmutzt **sei.**
Ich fragte die beiden: „Was **tun** Sie gegen die Verschmutzung?"	Ich fragte die beiden, was sie gegen die Verschmutzung **täten (tun würden).**
Ich fragte sie: „**Können** Sie nichts dagegen tun?"	Ich fragte sie, ob sie nichts dagegen tun **könnten.**

[11]

Future

Ich fragte sie: „Was **werden** sie dagegen tun?"	Ich fragte sie, was sie dagegen **tun würden.**

Past

Ich fragte ihn: **„Haben** Sie die Luft **geprüft?"**	Ich fragte ihn, ob er die Luft **geprüft habe.**
Ich fragte ihn: **„Kam** die schlechte Luft aus dem Industriegebiet?"	Ich fragte ihn, ob die schlechte Luft aus dem Industriegebiet **gekommen sei.**
Ich fragte ihn: „Wie **hatten** Sie die Ergebnisse **gefunden?"**	Ich fragte ihn, wie er die Ergebnisse **gefunden habe.** [12]

2. In indirect questions, verb-last order is required.

Ich fragte ihn, warum unsere Luft verschmutzt sei.

3. If no interrogative word is used in the direct question, the word **ob** must be used to introduce the indirect question.

„Ich fragte ihn: „Haben Sie die Luft geprüft?"
Ich fragte ihn, ob er die Luft geprüft habe.   [13-16]

Übungen

11   **Der Schülerreporter fragt die Annegret.** ⊗

BEISPIEL   Warum bleibst du zu Hause?   *Er fragt sie, warum sie zu Hause bleibe.*

1. Was hast du?
2. Wie geht es dir?
3. Was fehlt dir?
4. Was nimmst du ein?
5. Wann gehst du zu deinem Arzt?
6. Was wünschst du dir?
7. Wann kommst du wieder in die Schule?

12   **Werner Holzer lässt sich interviewen.** ⊗

BEISPIEL   Wann haben Sie diese Anzeige gelesen?
                 Wir fragen ihn, wann er diese Anzeige gelesen habe.

1. In welcher Zeitung haben Sie die Anzeige gelesen?
2. Warum haben Sie sich um die Stelle beworben?
3. Wann sind Sie zum Vorstellungsgespräch gegangen?
4. Wann haben Sie die Formulare von der Firma bekommen?
5. An wen haben Sie das Bewerbungsschreiben geschickt?
6. Wann sind Sie nach Karlsruhe gefahren?

13 Das Thema Führerscheinmachen interessiert die Schüler. Der Reporter fragt Peter Niebisch. ⊗

BEISPIEL   Haben Sie sich zum Fahrunterricht angemeldet?
           Er fragt ihn, ob er sich zum Fahrunterricht angemeldet habe.

1. Haben Sie sich an die Gebühr erinnert?
2. Haben Sie sich für den BMW entschieden?
3. Haben Sie sich an den Verkehr gewöhnt?
4. Haben Sie sich auf die Prüfung vorbereitet?
5. Haben Sie sich mit den Testfragen beschäftigt?
6. Haben Sie sich auf die Prüfung gefreut?

14 Hans fragt seinen Freund. Was fragt er? ⊗

BEISPIEL   Wann bekommst du den Wagen?
           Hans fragt seinen Freund, wann er den Wagen bekomme.

1. Wann holst du dir deinen Wagen ab?
2. Wann hast du dir deinen Wagen abgeholt?
3. Wann wirst du dir deinen Wagen abholen?
4. Wann kannst du dir deinen Wagen abholen?
5. Bekommst du deinen Wagen morgen?
6. Wirst du dir deinen Wagen morgen abholen?
7. Hast du dir deinen Wagen gestern abgeholt?

15 Jetzt fragt Hans seine Freundin dieselben Fragen. Was fragt er?

BEISPIEL   Wann bekommst du den Wagen?
           Hans fragt seine Freundin, wann sie den Wagen bekomme.

16 Schriftliche Übung

Schreiben Sie die folgenden Fragen als indirekte Fragen!

BEISPIEL   Wohin gehen Sie?
           a. *Er fragte den Lehrer, . . . wohin er gehe.*
           b. *Er fragte die Lehrer, . . . wohin sie gehen würden.*
           c. *Er fragte mich, . . . wohin ich gehen würde (or ginge).*

1. Wann essen Sie? 2. Wo waren Sie? 3. Was hatten Sie vor? 4. Wie lange haben Sie geschwommen? 5. Wie oft sind Sie gefahren? 6. Wann werden Sie anrufen? 7. Was wünschen Sie sich? 8. Worauf haben Sie sich gefreut? 9. Was können Sie dazu sagen? 10. Woher wissen Sie das? 11. Wieviel müssen Sie dafür zahlen? 12. Haben Sie sich erkältet? 13. Freuen Sie sich auf Ihre Ferien? 14. Wann haben Sie sich mit Ihrem Bruder getroffen? 15. Können Sie sich das nicht leisten? 16. Erinnern Sie sich noch an Ihren Unfall? 17. Wollen Sie sich nicht mit Ihren Briefmarken befassen?

Indirect Commands

1. Direct commands are expressed in the imperative mood. They are set in quotation marks and punctuated with an exclamation point.

           Die Mutter rief: „Peter, steh auf!"

           Ich sagte zu den Mädchen: „Bleibt doch heute zu Hause!"

2. Indirect commands are expressed with a quotative or a subjunctive form of **sollen** or **müssen** and a dependent infinitive. No quotation marks and no exclamation points are used.

> Die Mutter rief, Peter **solle (müsse)** aufstehen.
> *or* Die Mutter rief, dass Peter aufstehen **solle (müsse).**

> Ich sagte den Mädchen, sie **sollten** doch heute zu Hause bleiben.
> *or* Ich sagte den Mädchen, dass sie doch heute zu Hause bleiben **sollten.**

3. To make an indirect command milder, quotative or subjunctive forms of **mögen** or **können** are also used.

> Sagen Sie ihr, sie **solle (möge, könne)** jetzt nach Hause gehen.

4. Compare the direct commands with the indirect commands below.

Direct Commands	Indirect Commands
Silvia sagte zu mir: „**Geh** doch ins Kino!"	Silvia sagte mir, dass ich ins Kino **gehen solle.**
Ich sagte zu ihr: „**Stell** den Fernseher **ab!**"	Ich sagte ihr, sie **solle** den Fernseher **abstellen.**
Ich sagte zu Brigitte und Ursel: „**Malt** die Plakate!"	Ich sagte Brigitte und Ursel, sie **sollten** die Plakate **malen.**　　　[17–19]

Übungen

17 Frau Niebisch ermahnt Peter. Was sagt sie? ⊗

BEISPIEL   Peter, stell deinen Wecker ab!
Sie sagt Peter, er solle seinen Wecker abstellen.

1. Steh auf!
2. Bade nicht zu lange!
3. Zieh dich endlich an!
4. Putz dir die Zähne!
5. Vergiss nicht, dich zu kämmen!
6. Nimm deine Hausschlüssel mit!
7. Kümmere dich um deinen Hund!
8. Begleite mich zur U-Bahn!

18 Jetzt ermahnt Frau Niebisch ihre Tochter. Was sagt Frau Niebisch? ⊗

BEISPIEL   Inge, stell deinen Wecker ab!
Sie sagt Inge, sie solle ihren Wecker abstellen.

19 Rolf ermahnt seine Klassenkameraden. Was sagt er? ⊗

BEISPIEL   Dekoriert jetzt die Aula!
Rolf sagt ihnen, dass sie jetzt die Aula dekorieren sollten.

1. Macht jetzt die Tischdekorationen!
2. Verhaltet euch ruhig!
3. Kümmert euch um das Essen!
4. Beeilt euch mit euern Schildern!
5. Ruht euch nicht schon wieder aus!
6. Hört euch jetzt meine Rede an!
7. Erinnert euch an meinen Vorschlag!
8. Freut euch über euern Erfolg!

Vorwort zu den folgenden Lesestücken

Die folgenden Lesestücke sind authentische, wenn auch leicht abgeänderte Beiträge°, die von Schülern geschrieben und in verschiedenen Schülerzeitungen erschienen sind. Diese Schülerreporter benutzen in ihren Beiträgen Konjunktivformen, obwohl das nicht unbedingt° notwendig wäre. Gewöhnlich sind diese Reporter aber auch die besten Schüler in ihrer Deutschklasse, und sie versuchen oft, im Schreibstil der grossen Zeitungen zu schreiben.

Pech gehabt ⊗
(Damit es euch nicht auch so geht!)

Ich möchte euch heute eine Geschichte erzählen, die einem unserer Mitschüler in der 12b passiert sein soll. Nennen wir ihn Jens. Ich habe die Geschichte von einem andern gehört und habe ihm versprochen, dass ich Jens' richtigen Namen nicht verraten° würde, weil ihn seine Freunde sowieso schon so furchtbar gehänselt° hätten.

Jens habe ein tolles Erlebnis° bei seiner Fahrprüfung gehabt. Er habe, wie viele Schüler hier, den Fahrkurs in der Fahrschule Betz gemacht, und alles sei gutgegangen. Er habe 30 Fahrstunden gehabt, und er habe die theoretische Prüfung auch gleich beim ersten Mal bestanden.

Dann kam der Tag der Fahrprüfung¹. Sein Fahrlehrer habe ihm schon vorher gesagt, dass er nicht

---

leicht abgeänderte Beiträge *articles that have been slightly changed;* unbedingt *absolutely;* verraten *to reveal;* hänseln *to tease;* das Erlebnis *experience*

¹ In Germany, when you take your driving test, your driving instructor from the driving school goes with you and sits in back during the road test.

wisse, welchen Prüfer er haben werde. Er solle sich aber keine Sorgen machen: nur wenige seiner Fahrschüler würden bei der Fahrprüfung durchfallen°.

Der Prüfer sei sehr nett gewesen. Er habe Jens schon immer früh genug gesagt, wann er abbiegen müsse, oder wo er eine Parklücke finden solle. Der Prüfer sei mit seiner Fahrweise° sehr zufrieden gewesen. Er habe gesagt, dass er schon lange nicht mehr einen so guten Prüfling gehabt habe wie den Jens. „Wenn alle so gut fahren würden wie Sie, hätte ich bald keine Arbeit mehr!"

Dann habe Jens in einer Parklücke halten müssen. Der Prüfer habe den Prüfschein unterschrieben und gesagt, dass Jens seinen Führerschein in zwei bis drei Wochen per Post erhalten werde.

Jens war „happy". Dann fragte ihn der Prüfer, ob er ihn jetzt noch zum Bahnhof fahren könne, damit er jetzt zur Stosszeit° nicht den Bus nehmen müsse.

Jens sei vorsichtig aus der Parklücke gefahren, und — da habe es plötzlich gekracht°! Auweh! Kein Auto, sondern eine Strassenbahn! Alle seien ausgestiegen, und der Fahrlehrer und der Prüfer hätten finster geschaut. Der schöne Kadett[2]!

Es habe furchtbar lange gedauert, bis die Polizei gekommen sei und Protokoll aufgenommen° habe. Der Prüfer fragte Jens, ob er denn die Strassenbahn nicht gesehen habe. Jens erwiderte, dass er in den Rückspiegel° geschaut habe und dass kein Auto auf der Fahrbahn gekommen sei. Und die Strassenbahn? Die habe er überhaupt nicht gesehen.

Der Fahrlehrer meinte, dass das bestimmt ein Schaden° von über 2 000 Mark sei. Und der Prüfer sagte, dass er alles, was er vorhin gesagt habe, wieder zurücknehme und — ja den Prüfschein leider zerreissen müsse.

Armer Jens! Wir wünschen dir mehr Glück beim nächsten Mal. Die nächste Prüfung sei aber erst wieder nach den Sommerferien.

Fritz Wild

---

durchfallen *to fail;* die Fahrweise *driving;* die Stosszeit *rush hour;* es hat gekracht *there was a crash;* Protokoll aufnehmen *to fill out reports (on the accident);* der Rückspiegel *rearview mirror;* der Schaden *damage*

[2] The **Kadett** is a German car manufactured by Opel, a foreign subsidiary of General Motors.

20 Fragen zum Inhalt

1. Was für eine Geschichte möchte Fritz Wild erzählen?
2. Warum will der Reporter Jens' richtigen Namen nicht verraten?
3. Was berichtet der Reporter über Jens' Fahrkurs?
4. Worüber sollte Jens sich keine Sorgen machen?
5. Was hören Sie über Jens' Fahrprüfer?
6. Was machte der Fahrprüfer, nachdem Jens in die Parklücke gefahren war?
7. Wohin sollte Jens den Prüfer fahren? Warum?
8. Was passierte, als Jens aus der Parklücke fuhr?
9. Wann kam die Polizei, und was machte sie?
10. Hat Jens den Verkehr nicht beobachtet, als er aus der Parklücke fuhr?
11. Was meinten der Fahrlehrer und der Fahrprüfer?

21 Übung

Lesen Sie diesen Beitrag noch einmal und gebrauchen Sie dabei, soweit wie möglich, den Indikativ!

22 Fragen zum Nachdenken und Diskutieren

1. Kennen Sie eine ähnliche Geschichte, wo jemand beim Autofahren Pech gehabt hat? Erzählen Sie, was passiert ist und diskutieren Sie darüber mit Ihren Klassenkameraden!
2. Wenn Sie einen Führerschein haben, so erzählen Sie, wie es Ihnen bei Ihrer Fahrprüfung ging!

An unsere Leser:

In der Aula hängt jetzt zwischen den beiden Glaskästen der angekündigte Pepo-Briefkasten an der Wand und wartet auf eure Artikel.
PS: Bitte benutzt ihn fleißig! Füttert ihn bitte mit Artikeln, Zitaten (und was sie sonst noch sagten!) und mit euren ausgefüllten Umfragebögen. Wir danken für eure Mith... —Die Re...

Umfrage ???

Name (wenn gewünscht): _____ Klasse: _____

1. ☐ Mir gefällt die PEPO
   ☐ Ich weiß nicht recht
   ☐ Mir gefällt die PEPO nicht
   ☐ Was gefällt euch an der PEPO nicht?

2. ☐ Ich lese gerne politische Artikel (Leitartikel) ☐ Witze/Rätsel-
   ☐ -ernsthafte- ☐ -Kochrezepte-
   ☐ -satirische- ☐ -Lehrerausprü...
   ☐ -lustige- ☐ -das Interview-
   ☐ -Geschichten/Märchen- ☐ -Denksportaufg...
   Was fehlt in der PEPO?

3. _____

1b) bei Ungleichheit:

2) Wägung:

a) bei Gleichstand:

3. Wägung:

Bei Gleichheit ist die gesuchte Kugel Nr. 4.

2b) bei Ungleichheit:

Pepo-Briefkasten

Wo: In der Aula zwischen den zwei Schaukästen

Jetzt könnt Ihr Artikel schreiben, Witze, Leserbriefe, was Ihr wollt!

Wohin: in den Briefkasten

Leerung jeden Tag, bei Überfüllung kann auch stündlich geleert werden.

Spende

Die neueste Pepo

wird druckfrisch am Mittwoch und Donnerstag verkauft! 50 Kupferlinge (...)

Besorgt° euch jetzt schon einen Ferienjob! ⊗

Wenn ihr einen Ferienjob sucht, dann solltet ihr euch jetzt schon darum kümmern! Ich sprach vergangene Woche mit einem Referenten in der Arbeitsvermittlung° im Arbeitsamt. Er sagte mir, dass in diesem Jahr das Angebot an° Ferienjobs viel geringer sei als im letzten Jahr. Er meinte auch, dass sich das Angebot an freien Stellen bis zum Sommer kaum erhöhen° werde.

Besitzer von Führerscheinen hätten gute Chancen, einen Job zu finden; auf dem Bau° sei überhaupt nichts los. Wo es noch relativ viele Stellen gebe, sei im Gaststättengewerbe°. Da sei es oft schon so schlimm, das einzelne Gaststätten wegen Personalmangel° mittags gar nicht aufmachen könnten und nur zwischen 16.00 Uhr und 23.00 Uhr geöffnet hätten.

Die Jobs im Gaststättengewerbe (man suche Kellner, Serviererinnen, Abräumehilfen, Küchenhilfen) sei aber anstrengend°, und man stelle am liebsten Leute ein, die die ganzen Ferien über arbeiten würden. Der Verdienst sei aber gut, und man könne am Arbeitsplatz auch so viel essen, wie man wolle. Also los! Bewerbt euch!

Holger Walden

---

s. besorgen *to get;* die Arbeitsvermittlung *employment office;* das Angebot an *selection of;* s. erhöhen *to increase;* auf dem Bau *in construction;* das Gaststättengewerbe *restaurant business;* der Personalmangel *shortage of personnel;* anstrengend *strenuous*

23 Fragen zum Inhalt

1. Mit wem sprach Holger letzte Woche?
2. Was sagte ihm der Referent vom Arbeitsamt?
3. Was meinte er noch?
4. Für wen sind die Chancen gut, einen Ferienjob zu bekommen?
5. Wo gibt es überhaupt keine Jobs?
6. In welchem Gewerbe gibt es relativ viele Stellen?
7. Was müssen manche Gaststätten wegen Personalmangel tun?
8. Was für Jobs kann man bekommen?
9. Was für Leute werden am liebsten eingestellt?
10. Wie ist der Verdienst? Und der Arbeitsplatz?

24 Übung

Lesen Sie diesen Beitrag noch einmal und gebrauchen Sie dabei, soweit wie möglich, den Indikativ!

Eine Mahnung° an alle, die in den Tierpark gehen ⊗

Ihr habt bestimmt im Merkur[3] den Artikel gelesen über das Fütterungsverbot° in unserem Tierpark. Da zu dieser Jahreszeit viele von uns in den Tierpark gehen, möchte ich noch einmal zusammenfassen°, was in diesem Artikel stand.

Der Direktor des Tierparks, Dr. H. Balcke, schrieb, dass es noch immer viele Leute gebe, die das Fütterungsverbot überhaupt nicht beachteten. Das Füttern sei aber lebensgefährlich für die Tiere, und auch in diesem Jahr dürften wieder 6-10 wertvolle° Tiere sterben, nur weil manche Leute das Fütterungsverbot nicht beachteten.

die Mahnung *warning;* das Fütterungsverbot *rule against feeding the animals;* zusammenfassen *to summarize;* wertvoll *valuable*

[3] **Der Merkur** is the name of the local newspaper in the town where this particular school is located.

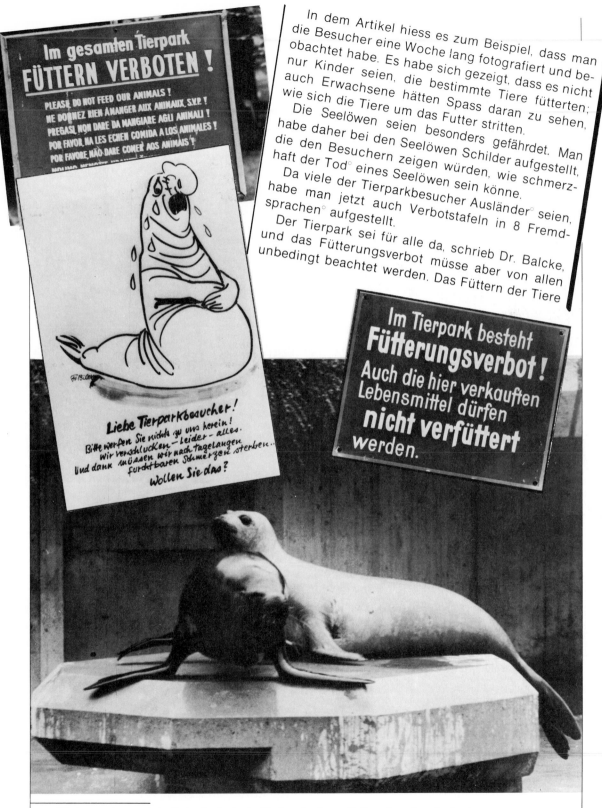

In dem Artikel hiess es zum Beispiel, dass man die Besucher eine Woche lang fotografiert und beobachtet habe. Es habe sich gezeigt, dass es nicht nur Kinder seien, die bestimmte Tiere fütterten; auch Erwachsene hätten Spass daran zu sehen, wie sich die Tiere um das Futter stritten.

Die Seelöwen seien besonders gefährdet°. Man habe daher bei den Seelöwen Schilder aufgestellt, die den Besuchern zeigen würden, wie schmerzhaft der Tod° eines Seelöwen sein könne.

Da viele der Tierparkbesucher Ausländer° seien, habe man jetzt auch Verbotstafeln in 8 Fremdsprachen° aufgestellt.

Der Tierpark sei für alle da, schrieb Dr. Balcke, und das Fütterungsverbot müsse aber von allen unbedingt beachtet werden. Das Füttern der Tiere

gefährdet *endangered*; der Tod *death*; der Ausländer *foreigner*; die Fremdsprache *foreign language*

sei nur im Streichelgehege° erlaubt°. Man dürfe aber kein eigenes Futter mitbringen; das Futter müsse dort gekauft werden.

Im übrigen sollten Tierparkbesucher auf den Wegen bleiben und sich im Tierpark ruhig verhalten.

Wolf Arnold

Streichelgehege
Bitte beachten Sie:

1. Zutritt für Kinder unter 14 Jahren <u>nur</u> in Begleitung Erwachsener.

2. Das Füttern ist <u>nur</u> mit unserem unschädlichen Automaten-Futter erlaubt. Futter mitzubringen, ist nicht gestattet.

3. Bitte, bleiben Sie auf dem gepflasterten Weg und verhalten Sie sich ruhig.

das Streichelgehege *petting zoo;* erlaubt *permitted*

25 Fragen zum Inhalt

1. Warum hat Wolf Arnold diesen Artikel geschrieben?
2. Was sollten Tierparkbesucher beachten? Warum?
3. Woher weiss man, dass die Besucher die Tiere füttern?
4. Was hat man bei den Seelöwen getan?
5. Wissen Ausländer, dass es ein Fütterungsverbot gibt?
6. Wo und unter welchen Bedingungen darf man Tiere füttern?
7. Wie sollten sich Tierparkbesucher verhalten?

26 Übung

Lesen Sie diesen Beitrag noch einmal und gebrauchen Sie dabei, soweit wie möglich, den Indikativ!

27 Fragen zum Nachdenken und Diskutieren

1. Kennen Sie einen Tierpark, wo es auch ein Fütterungsverbot gibt? Erzählen Sie davon!
2. Warum beachten viele Menschen das Fütterungsverbot nicht? Was meinen Sie?

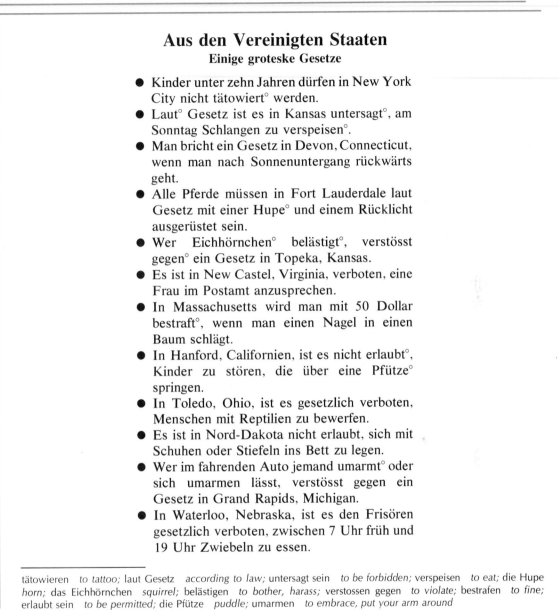

Aus den Vereinigten Staaten
Einige groteske Gesetze

- Kinder unter zehn Jahren dürfen in New York City nicht tätowiert° werden.
- Laut° Gesetz ist es in Kansas untersagt°, am Sonntag Schlangen zu verspeisen°.
- Man bricht ein Gesetz in Devon, Connecticut, wenn man nach Sonnenuntergang rückwärts geht.
- Alle Pferde müssen in Fort Lauderdale laut Gesetz mit einer Hupe° und einem Rücklicht ausgerüstet sein.
- Wer Eichhörnchen° belästigt°, verstösst gegen° ein Gesetz in Topeka, Kansas.
- Es ist in New Castel, Virginia, verboten, eine Frau im Postamt anzusprechen.
- In Massachusetts wird man mit 50 Dollar bestraft°, wenn man einen Nagel in einen Baum schlägt.
- In Hanford, Californien, ist es nicht erlaubt°, Kinder zu stören, die über eine Pfütze° springen.
- In Toledo, Ohio, ist es gesetzlich verboten, Menschen mit Reptilien zu bewerfen.
- Es ist in Nord-Dakota nicht erlaubt, sich mit Schuhen oder Stiefeln ins Bett zu legen.
- Wer im fahrenden Auto jemand umarmt° oder sich umarmen lässt, verstösst gegen ein Gesetz in Grand Rapids, Michigan.
- In Waterloo, Nebraska, ist es den Frisören gesetzlich verboten, zwischen 7 Uhr früh und 19 Uhr Zwiebeln zu essen.

---

tätowieren *to tattoo;* laut Gesetz *according to law;* untersagt sein *to be forbidden;* verspeisen *to eat;* die Hupe *horn;* das Eichhörnchen *squirrel;* belästigen *to bother, harass;* verstossen gegen *to violate;* bestrafen *to fine;* erlaubt sein *to be permitted;* die Pfütze *puddle;* umarmen *to embrace, put your arm around*

28 Fragen zum Überlegen und Diskutieren

1. Diskutieren Sie jedes dieser Gesetze! Sind Sie dafür oder dagegen?
2. Kennen Sie—oder jemand, den Sie kennen—ähnliche Gesetze? Wenn ja, dann berichten Sie darüber in Ihrer Klasse!

29 Schriftliche Übung

Lesen Sie den Bericht „Einige groteske Gesetze"! Schreiben Sie dann, Punkt für Punkt, was Sie gelesen haben! Benutzen Sie dabei Konjunktivformen! Zum Beispiel: Ich habe gelesen, dass Kinder unter 10 Jahren in New York City nicht tätowiert werden dürften.

30 Anregungen für individuelle Arbeit oder gemeinsame Klassenprojekte

Schreiben Sie Ihre eigene Schülerzeitung in Ihrer Deutschklasse! Schreiben Sie z. B. Berichte, Anekdoten, Informationsartikel, auch Witze und Rätsel—alles auf deutsch, natürlich!

WORTSCHATZ

Pech gehabt

der **Ausschnitt, –e** *excerpt*
der **Beitrag, ⁀e** *contribution*
das **Erlebnis, –se** *experience*
die **Fahrbahn, –en** *traffic lane*
der **Fahrkurs, –e** *driving course*
die **Fahrprüfung, –en** *driving test*
der **Fahrschüler, –** *student driver*
die **Fahrweise, –n** *(way of) driving*

die **Konjunktivform, –en** *subjunctive form*
das **Lesestück, –e** *reading selection*
der **Prüfling, –e** *examinee*
der **Prüfschein, –e** *test certificate*
der **Rückspiegel, –** *rearview mirror*
der **Schaden, ⁀** *damage*
der **Schreibstil, –e** *writing style*

der **Schülerreporter, –** *student reporter*
die **Schülerzeitung, –en** *school newspaper*
die **Stosszeit, –en** *rush hour*
das **Vorwort, –e** *introduction*

durchfallen (sep) *to fail*
erscheinen (ist erschienen) *to appear*
hänseln *to tease*
verraten *to reveal*

abgeändert *changed*
authentisch *authentic*
leicht *slightly*
unbedingt *absolutely*
zufrieden *satisfied*

es hat furchtbar lange gedauert *it took an awfully long time*
es hat gekracht *there was a crash*
per Post *by mail*
Protokoll aufnehmen *to fill out reports (on an accident)*

Besorgt euch jetzt schon einen Ferienjob!

die **Abräumehilfe, –n** *busboy, waiter's assistant*
das **Angebot, –e** *selection*
die **Arbeitsvermittlung, –en** *employment office*
der **Besitzer, –** *owner, possessor*

das **Gaststättengewerbe** *restaurant business*
die **Küchenhilfe, –n** *kitchen help*
der **Personalmangel** *shortage of personnel*

der **Referent, –en** (den –en) *adviser, consultant*
die **Serviererin, –nen** *waitress*

s **besorgen** *to get*
s. **erhöhen** *to increase*

anstrengend *strenuous*
mittags *lunchtime, midday*

auf dem Bau *in construction*
geöffnet haben *to be open*
vergangene Woche *last week*

Eine Mahnung an alle, die in den Tierpark gehen

der **Ausländer, –** *foreigner*
der **Direktor, –en** *director*
die **Fremdsprache, –n** *foreign language*
das **Füttern** *feeding (of animals)*
das **Fütterungsverbot, –e** *rule against feeding the animals*

die **Jahreszeit, –en** *season*
die **Mahnung, –en** *warning*
der **Seelöwe, –n** (den –n) *sea lion*
das **Streichelgehege, –** *petting zoo*
der **Tod** *death*
die **Verbotstafel, –n** *sign listing things that are not permitted*

zusammenfassen (sep) *to summarize*

erlaubt *permitted*
gefährdet *endangered*
schmerzhaft *painful*
wertvoll *valuable*

im übrigen *in addition, moreover*
Spass haben an D *to enjoy*

Einige groteske Gesetze

der **Dollar, –** *dollar*
das **Eichhörnchen, –** *squirrel*
die **Hupe, –n** *horn*
die **Pfütze, –n** *puddle*
das **Reptil, –ien** *reptile*
das **Rücklicht, –er** *taillight*
der **Sonnenuntergang** *sunset*

ansprechen (sep) *to talk to*
belästigen *to bother, harass*
bestrafen *to fine*
tätowieren *to tattoo*
umarmen (sep) *to embrace, put your arm around*
verspeisen *to eat*
verstossen gegen (ö, ie, o) *to violate*

fahrend *moving*
gesetzlich *by law*
grotesk *grotesque*

erlaubt sein *to be allowed*
jemanden mit etwas bewerfen *to throw s.th. at s.o.*
laut Gesetz *according to law*
untersagt sein *to be prohibited*

Coordinating and
Subordinating Conjunctions

Viele Jugendliche machen heutzutage den Führerschein, sobald sie 18 Jahre alt werden. Mit einem Führerschein ist man „erwachsen". Man ist nicht nur mobil, sondern man kann auch leichter einen Job finden, wenn man einen Führerschein hat.

Michaela ist stolz darauf, dass sie den Führerschein geschafft hat. Sie hat nur 30 Fahrstunden gebraucht, und sie hat die theoretische Prüfung und die Fahrprüfung gleich beim ersten Versuch bestanden.

Gabi ist schon ein bisschen älter als Michaela, aber sie hat ihren Führerschein noch nicht. Sie arbeitet diesen Sommer in den Semesterferien, und sie spart ihr Geld, damit sie im Herbst Fahrunterricht nehmen kann. In der Zwischenzeit nimmt Michaela ihre Freundin ab und zu mit, wenn sie den Wagen von ihrem Vater geliehen bekommt.

Michaela möchte ja am liebsten ihren eigenen Wagen haben, aber da wird sie noch lange sparen müssen, bis sie das Geld zusammenhat. Sie verdient noch nicht viel, und Autos — auch gebrauchte — sind heutzutage sehr sehr teuer.

Joining Sentences

Using Coordinating Conjunctions

A clause is a group of words having a subject and a verb. An independent or main clause can stand alone as a complete sentence. A dependent or subordinate clause cannot stand alone. It does not make complete sense without the main clause.

1. Coordinating conjunctions join independent clauses; both clauses maintain verb-second word order. The coordinating conjunctions are: **aber,** *but,* **denn,** *for,* **oder,** *or,* **sondern,** *but,* **und,** *and.*

   Ich werde 18 Jahre alt. Ich mache den Führerschein.
   Ich werde 18 Jahre alt, **und** ich mache den Führerschein.

2. **aber,** *but (however);* **sondern,** *but (on the contrary)*
   a. **Aber** is used after a positive statement or after a negative statement with the meaning *however.*
      Sie hat noch keinen Wagen, **aber** sie macht schon den Führerschein.
      She doesn't have a car yet, but she's already getting her license.
      Ich habe keinen Führerschein, **aber** ich habe schon ein Auto.
      I have no driver's license but (however) I already have a car.

   b. When not introducing a clause, **aber** often means *however.*
      Michaela verdient **aber** schon viel Geld.
      Michaela, however, is already earning a lot of money.

   c. **Sondern** is used after a negative and means *but* in the sense of *on the contrary.*
      Ich arbeite heute nicht, **sondern** ich habe meine Fahrprüfung.   [1]

3. The following phrases all require verb-second position.
   a. **sowohl . . . als auch,** *both . . . and, as well as*
      Sowohl Michaela **als auch** ihre Freundin sind gute Fahrschülerinnen.

b. **entweder . . . oder,** *either . . . or*
    Entweder du machst eine Reise, **oder** du arbeitest diesen Sommer.
    Entweder du **oder** deine Freundin kann (können) heute arbeiten.

c. **weder . . . noch,** *neither . . . nor*
    Weder mein Bruder **noch** meine Schwester sind gute Autofahrer.

d. **nicht nur . . . sondern auch,** *not only . . . but also*
    Nicht nur Michaela **sondern auch** ihr Bruder hat (haben) den Führerschein.

Note that the inflected verb in such situations is usually in the plural. However, singular forms tend to be used often in casual conversation.   [2]

Using Subordinating Conjunctions

1. Subordinating conjunctions introduce dependent clauses. Dependent clauses always require verb-last position. The dependent or subordinate clause may either follow or precede the main clause.
    Es ist schade, dass ich meine Prüfung nicht bestanden **habe.**
    Weil Michaela den Führerschein **wollte,** machte sie eine Fahrkurs mit.

2. The following is a list of the more common subordinating conjunctions that you should know. Pay particular attention to the meaning of these conjunctions.

als *(at the time) when*	Als ich 18 Jahre wurde, machte ich den Führerschein.
als ob *as if*	Sie tat so, als ob sie schon Auto fahren könnte.
bis *until*	Warte, bis du deine Fahrprüfung bestanden hast.
da *since, as (because)*	Da sie kein Auto hat, braucht sie den Führerschein noch nicht.
damit *in order, (so) that*	Sie spart Geld, damit sie den Führerschein machen kann.
dass *that*	Ich weiss, dass du 30 Stunden brauchst.
ehe *before*	Ruf mich an, ehe du wegfährst!
bevor *before*	Bevor ich die Prüfung mache, lerne ich.
falls *if, in case*	Hier ist Geld, falls du etwas brauchst.
indem *while, as, by*	Sie bestand die Prüfung, indem sie langsam fuhr.
nachdem *after*	Nachdem sie den Führerschein hatte, machte sie einen Ausflug.
ob *whether, if*	Ich fragte sie, ob die Prüfung schwer war.
obwohl *although*	Obwohl sie krank war, machte sie die Prüfung.
seit(dem) *since (that time)*	Ich bin ,,erwachsen", seitdem ich den Führerschein habe.
sobald *as soon as*	Sobald sie genug Geld hat, kauft sie sich ein Auto.
so dass *so that*	Sie hatte lange keine Arbeit, so dass sie nichts sparen konnte.
solange *as long as*	Solange du gut verdienst, bleibst du hier.
sooft *as often as*	Sooft ich an die Prüfung denke, muss ich lachen.
während *while*	Ich konnte nichts verdienen, während ich in der Schule war.
weil *because*	Ich bin stolz auf dich, weil du die Prüfung gleich geschafft hast.
wenn *if, when(ever)*	Wenn du einen guten Job willst, brauchst du den Führerschein.

[3, 4]

Übungen

1 **Machen Sie aus den gegebenen zwei Sätzen nur einen Satz! Gebrauchen Sie dabei das Bindewort in Klammern!** ⊗ 𝄔

BEISPIEL (denn) Ich gehe in eine Fahrschule. Ich brauche den Führerschein.
Ich gehe in eine Fahrschule, denn ich brauche den Führerschein.

1. (oder) Ich spare mein Geld. Ich mache den Führerschein.
2. (aber) Mein Bruder hat noch kein Auto. Er kann schon gut fahren.
3. (und) Er hat kein Geld. Er kann es sich nicht leisten.
4. (sondern) Mit dem Auto ist man nicht nur mobil. Man kann auch leichter einen besseren Job bekommen.
5. (denn) Viele machen den Führerschein mit 18. Man ist mit 18 erwachsen.

2 **Schriftliche Übungen**

a. Schreiben Sie Sätze nach folgendem Beispiel! Gebrauchen Sie „sowohl . . . als auch"!

BEISPIEL Hans und Inge dürfen den Führerschein machen.
Sowohl Hans als auch Inge dürfen den Führerschein machen.

1. Mein Bruder und meine Schwester haben die Prüfung bestanden.
2. Meine Kusine und einer meiner Klassenkameraden sind durchgefallen.
3. Ich und Peter haben einen guten Fahrlehrer gehabt.
4. Er und sein Freund haben das Fahren in einem VW gelernt.
5. Ilse und ihre Freundin mussten 30 Fahrstunden nehmen.

b. Schreiben Sie Sätze nach folgendem Beispiel! Gebrauchen Sie „weder . . . noch"!

BEISPIEL Hans und Inge können nicht gut Auto fahren.
Weder Hans noch Inge können gut Auto fahren.

1. Mein Vater und meine Mutter haben die Prüfung beim ersten Versuch nicht bestanden.
2. Ich und Fritz haben keinen guten Fahrlehrer gehabt.
3. Mein Vetter und meine Freundin mussten nicht auf der Autobahn fahren.
4. Rolf und Hans hatten keinen guten Wagen.
5. Ursel und ihre Freundin sind nicht lange mit dem Auto unterwegs gewesen.

3 **Machen Sie aus den gegebenen zwei Sätzen nur einen Satz! Gebrauchen Sie dabei das Bindewort in Klammern! Achten Sie auf den Sinn des neuen Satzes!** ⊗ 𝄔

BEISPIEL (sobald) Ich mache den Führerschein. Ich werde 18 Jahre alt.
Ich mache den Führerschein, sobald ich 18 Jahre alt werde.

1. (bis) Du brauchst nur noch zwei Wochen warten. Du bekommst deinen Führerschein.
2. (solange) Ich kann mir kein Auto kaufen. Ich habe noch keinen Job.
3. (damit) Du musst eben in die Zeitung schauen. Du findest bald einen guten Job.
4. (obwohl) Ich hab' noch nichts gefunden. Ich suche schon den ganzen Monat.
5. (weil) Du hast noch nichts bekommen. Du hast dich zu spät beworben.
6. (bevor) Ich muss den ganzen Sommer arbeiten. Ich kann mir ein Auto leisten.
7. (sobald) Ich kauf' mir den Wagen. Ich hab' genug Geld gespart.
8. (wenn) Du kannst mit mir fahren. Du musst heute mittag in die Stadt.

4 Schriftliche Übung

Schreiben Sie Sätze nach folgendem Beispiel!

BEISPIEL   Ich machte den Führerschein. Ich brauchte nur 10 Fahrstunden. *(at the time when)*
Als ich den Führerschein machte, brauchte ich nur 10 Fahrstunden.

1. Du darfst noch nicht Auto fahren. Du hast noch keinen Führerschein. *(since)*
2. Ich darf noch nicht fahren. Ich bin noch keine 18 Jahre alt. *(because)*
3. Rufst du mich an? Du kannst nicht mitfahren. *(in case)*
4. Ich habe eine Party gemacht. Ich hatte die Fahrprüfung geschafft. *(after)*
5. Ich habe die Prüfung bestanden. Ich hatte erst 20 Fahrstunden. *(although)*
6. Ich hatte so eine Angst. Ich konnte zwei Nächte nicht schlafen. *(so that)*

Den Führerschein machen ist nicht so einfach! ⊗

Vor kurzem erschien° in einer deutschen Tageszeitung die folgende Schlagzeile: 189 Fahrstunden für 4 785 Mark, aber immer noch keinen Führerschein! Der Artikel berichtete über eine 42jährige Hausfrau, die nach 189 Fahrstunden auch ihre dritte Fahrprüfung nicht geschafft hatte. Ist diese Frau eine Ausnahme°, oder sind Frauen beim Erlernen des Autofahrens ungeschickter° als die Männer?

Nein, sie sind es nicht. Das bestätigen° die Zahlen des Flensburger Kraftfahrt-Bundesamtes°. Letztes Jahr zum Beispiel fielen von über 2,3 Millionen Führerschein-Kandidaten 30,5 Prozent der Männer durch°, und bei den Frauen waren es 36,2 Prozent. Wenn man sich aber die Statistik genauer ansieht, so stellt man fest, dass bei der Fahrprüfung fast doppelt so viele Frauen durchfallen wie Männer. Bei der theoretischen Prüfung sieht es aber anders aus: Da fallen zwei Drittel der Männer durch, aber nur ein Drittel der Frauen!

Warum? Mit dieser Frage haben sich schon viele Psychologen beschäftigt. Was sehen einige von ihnen als Gründe dafür, dass mehr Frauen als Männer bei der Fahrprüfung scheitern°?

„Wieso Führerschein? Ich denke, den bekommt man erst mit achtzehn Jahren!"

erscheinen *to appear;* die Ausnahme *exception;* ungeschickter *not as skillful;* bestätigen *to confirm;* das Kraftfahrt-Bundesamt *Federal Motor Vehicle Record Bureau;* durchfallen *to fail;* scheitern *to fail, go down*

Frauen leiden° angeblich° mehr unter Angst vor der Fahrprüfung als Männer. Viele können schon Wochen vor der Fahrprüfung nicht mehr richtig schlafen. Sie haben Angst, dass sie beim Fahren bestimmt etwas falsch machen werden.

Frauen schätzen ihre Fähigkeit, mit dem Auto umzugehen°, von vornherein° niedriger ein° als Männer. Sie rechnen im Durchschnitt° mit 30 Fahrstunden, während Männer nur mit 20 Stunden rechnen. Und tatsächlich° brauchen sie dann auch mehr Fahrstunden als Männer.

Im übrigen sind sowohl Fahrlehrer als auch Prüfer ab und zu noch mit alten Vorurteilen° belastet°: ,,Vorsicht! Frau am Steuer°!'', obwohl sie eigentlich aus Erfahrung° wissen sollten, dass man die Fahrweise eines jeden Fahrschülers verbessert, wenn man sein Selbstvertrauen° stärkt°.

Frauen sind bei der theoretischen Prüfung viel besser als Männer, weil sie sich auf diese Prüfung besser vorbereiten. Die theoretische Prüfung ist eine Frage des Fleisses°, des Auswendiglernens°, und viele Männer glauben, die Antworten auf die theoretischen Fragen schon zu wissen, obwohl das nicht der Fall ist.

Den deutschen Führerschein zu machen, ist also sowohl für Männer als auch für Frauen nicht ganz so einfach. Man muss das Autofahren erlernen und dazu eine Fahrschule besuchen. Neben dem theore-

leiden unter *to suffer from;* angeblich *supposedly;* mit dem Auto umgehen *to handle a car;* von vornherein *from the start;* einschätzen *to estimate;* im Durchschnitt *on the average;* tatsächlich *in fact;* das Vorurteil *prejudice;* belastet *burdened;* Frau am Steuer! *woman at the wheel!* aus Erfahrung *from experience;* das Selbstvertrauen *self-confidence;* stärken *to strengthen;* der Fleiss *industriousness;* das Auswendiglernen *memorization*

tischen Unterricht muss jeder Fahrschüler so viele Fahrstunden nehmen, bis der Fahrlehrer glaubt, dass der Fahrschüler die Fahrprüfung schaffen wird. In Grossstädten muss ein Fahrschüler im allgemeinen° mehr Fahrstunden nehmen als in Kleinstädten. Fahrschüler müssen zum Beispiel zu verschiedenen Tages- und Nachtzeiten fahren, auch im Berufsverkehr°. Sie müssen sowohl im Stadtverkehr fahren als auch auf Schnellstrassen und auf der Autobahn.

Es ist also nicht ausgeschlossen°, dass ein Vierzigjähiger 50 bis 60 Fahrstunden braucht, denn noch immer gilt° beim Führerscheinmachen die alte Faustregel°: „Lebensalter° plus zehn" für beide Geschlechter°.

im allgemeinen   *in general;* der Berufsverkehr   *rush hour traffic;* ausgeschlossen   *out of the question;* gelten   *to hold true;* die Faustregel   *rule of thumb;* das Lebensalter   *age;* das Geschlecht   *sex*

5 Fragen zum Inhalt

1. Welche Schlagzeile erschien vor kurzem in einer deutschen Zeitung?
2. Worüber berichtete der folgende Artikel?
3. Was zeigen die Zahlen des Flensburger Kraftfahrt-Bundesamtes?
4. Was stellt man fest, wenn man sich die Zahlen genauer ansieht?
5. Womit beschäftigen sich viele Psychologen?
6. Welche zwei Beispiele werden dafür angeführt, warum mehr Frauen als Männer bei der Fahrprüfung durchfallen?
7. Wie verhalten sich noch manche Fahrlehrer und Prüfer weiblichen Führerschein-Kandidaten gegenüber?
8. Was sollten sie aber aus Erfahrung wissen?
9. Warum sind bei der theoretischen Prüfung Frauen besser als Männer?
10. Was muss ein Führerschein-Kandidat tun, um seinen Führerschein zu bekommen?
11. Wie viele Fahrstunden muss ein Kandidat nehmen?
12. Sind die praktischen Fahrstunden überall in Deutschland gleich?
13. Was ist also nicht ausgeschlossen?
14. Welche Faustregel gibt es, was die Zahl der Fahrstunden betrifft?

6 Fragen zum Nachdenken und Diskutieren

1. Glauben Sie, dass Frauen hier bei der theoretischen Prüfung besser sind als Männer aber schlechter bei der Fahrprüfung? Begründen Sie Ihre Antwort!
2. Glauben Sie, dass alle Führerschein-Kandidaten in Ihrer Gemeinde eine Fahrstunde besuchen sollten?
3. Erzählen Sie, wo und wie Sie Ihren Führerschein bekommen haben oder bekommen werden!
4. Sprechen Sie darüber, wie man den Führerschein in Deutschland und in Ihrem Staate macht! Wo würden Sie den Führerschein lieber machen? Begründen Sie Ihre Antwort!

Unsere Gurtmuffel ⊗

Nicht einmal die Hälfte der Autofahrer schnallt sich an°

Wenn Sie glauben, der bundesdeutsche Gurtmuffel sei ausgestorben, dann irren Sie sich. Er sitzt noch immer hinter dem Steuer° seines frisch gewaschenen Wagens, und neben ihm hängt, neu und unberührt°, der schwarze Sicherheitsgurt°.

Nun, in Deutschland wird viel „gemuffelt". Aber die Bademuffel oder die Krawattenmuffel können einem egal° sein, nicht aber die Mitbürger°, die das „Klicken" vor dem Fahren ignorieren.

Diese Gurtmuffel gefährden nicht nur ihr eigenes Leben, sie sind auch ein volkswirtschaftliches° Problem: Wenn nämlich nur zusätzliche° zehn Prozent der Autoinsassen ihre Gurte anlegen würden, so entstünde daraus ein Nutzen° von 250 Millionen Mark im Jahr. Wenn zusätzliche 50% ihre Gurte gebrauchen würden, betrüge der Nutzen schon 850 Millionen Mark.

Umfragen° haben gezeigt, dass nur 45% der bundesdeutschen Autoinsassen den Gurt anlegen. Experten behaupten°, dass

Mehr Partnerschaft – mehr Sicherheit
Beispiel geben: Auf allen Wegen Gurt anlegen.

---

s. anschnallen *to fasten one's seatbelt;* das Steuer *steering wheel;* unberührt *untouched;* der Sicherheitsgurt *safety belt;* sie können einem egal sein *they shouldn't bother anyone;* der Mitbürger *fellow citizen;* volkswirtschaftlich *economic;* zusätzlich *additional;* der Nutzen *profit;* die Umfrage *(opinion) poll;* behaupten *to claim*

aber angegurtete Insassen bis zu 40% weniger tödliche Unfälle erleiden°. Frankreich meldet°, dass seit 1972 rund 4 000 Menschen hätten gerettet werden können, wenn sie Gurte getragen hätten. In den USA sind kritische Verletzungen durch das Tragen von Gurten um 77% zurückgegangen.

Aufklärungsaktionen° haben bisher wenig geholfen, mehr oder sogar alle Autoinsassen zum Gurtanlegen zu bewegen. Fachleute° glauben, dass es nur durch Bussgelder° gelingen° wird, der „Gurtmuffelei" ein Ende zu bereiten°.

Polizei-Kontrollen:

Was Münchner „Gurtmuffel" für Ausreden haben

Löwen-Team – die „Opas" in der Fußball-Bundesliga

einen tödlichen Unfall erleiden   *to have a fatal accident;* melden   *to report, tell;* die Aufklärungsaktion   *campaign to inform or educate people about s.th.;* die Fachleute   *experts;* das Bussgeld   *fine;* gelingen D   *to succeed;* ein Ende bereiten D   *to put an end to*

7 Fragen zum Inhalt

1. Wie viele deutsche Autofahrer schnallen sich an?
2. Was ist ein Gurtmuffel?
3. Beschreiben Sie den Gurtmuffel!
4. Warum können einem die Wasch- oder Krawattenmuffel egal sein?
5. Wen gefährden die Gurtmuffel?
6. Warum sind sie auch ein volkswirtschaftliches Problem?
7. Was haben Umfragen gezeigt?
8. Was behaupten die Experten?
9. Wie sieht es in Frankreich und in den USA mit den Gurtmuffeln aus?
10. Warum gibt es nicht mehr Aufklärungsaktionen?
11. Was wird man tun müssen?

8 Fragen zum Überlegen und Diskutieren

1. Was ist ein Gurtmuffel! – Was ist ein Wassermuffel? Ein Sparmuffel? Ein Tanzmuffel? Ein Umweltmuffel? Ein Morgenmuffel?
2. Was halten Sie vom Gurtanlegen? Diskutieren Sie diese Frage!
3. Warum ist eine „Gurtmuffelei" für Deutschland besonders schlimm?
4. Was sollte man tun, um die Autofahrer zum Gurtanlegen zu zwingen?
5. Sollten Autofahrer überhaupt zum Gurtanlegen gezwungen werden?

9 Anregungen für individuelle Arbeit oder gemeinsame Klassenprojekte

Entwerfen Sie Plakate, die Autofahrer und Mitfahrer zum Gurtanlegen auffordern! Organisieren Sie eine Plakatausstellung in Ihrer Klasse! Sprechen Sie über die einzelnen Plakatentwürfe und prämieren Sie das beste Plakat!

Den Führerschein machen ist nicht so einfach!

die **Ausnahme, –n** exception
das **Auswendiglernen** memorization
der **Berufsverkehr** rush-hour traffic
die **Erfahrung, –en** experience
das **Erlernen** learning
der **Fahrschüler, –** student driver
die **Fahrweise** driving
der **Fall, ̈e** case
die **Faustregel, –n** rule of thumb
der **Fleiss** industriousness

das **Geschlecht, –er** sex
der **Kandidat, –en (den –en)** candidate
das **Kraftfahrt-Bundesamt** Federal Motor Vehicle Record Bureau
das **Lebensalter, –** age
die **Nachtzeit, –en** time of night
der **Prüfer, –** examiner
der **Psychologe, –n (den –n)** psychologist

das **Selbstvertrauen** self-confidence
der **Stadtverkehr** city traffic
die **Statistik** statistic(s)
das **Steuer, –** steering wheel
die **Tageszeit, –en** time of day
die **Tageszeitung, –en** daily paper
der **Vierzigjährige, –n (den –n)** forty-year-old (person)
das **Vorurteil, –e** prejudice

bestätigen to confirm
betreffen to concern
durchfallen (sep) to fail
einschätzen (sep) to estimate, evaluate
erlernen to learn
erscheinen to appear
gelten (i, a, o) to hold true
leiden unter (i, i) to suffer from
scheitern to fail, go down
stärken to strengthen
umgehen mit (sep) to handle
verbessern to improve

angeblich supposedly
ausgeschlossen out of the question
belastet burdened
gegenüber in regard to
tatsächlich in fact
ungeschickt not as skillful
verschieden various
weiblich feminine, female

aus Erfahrung from experience
doppelt so viel twice as many
eine Prüfung schaffen to pass a test
genauer angesehen looked at more closely
im allgemeinen in general
im Durchschnitt on the average
im übrigen in addition, moreover
sowohl . . . als auch not only . . . but also
vor kurzem recently
von vornherein from the start
42jährig 42-year-old

Unsere Gurtmuffel

die **Aufklärungsaktion, –en** campaign to inform or educate people about s.th.
der **Autoinsasse, –n (den –n)** occupant, passenger in a car
das **Bussgeld, –er** fine
der **Experte, –n (den –n)** expert
die **Fachleute** (pl) experts
der **Gurt, –e** seatbelt
das **Gurtanlegen** fastening of a seatbelt

der **Gurtmuffel, –** person who does not like to fasten his or her seatbelt
die **Gurtmuffelei** resistance to wearing a seatbelt
die **Hälfte** half
der **Insasse, –n (den –n)** occupant, passenger
das **Klicken** snapping (of the seatbelt into place)

der **Krawattenmuffel, –** person who does not like to wear a tie
der **Mitbürger, –** fellow citizen
der **Nutzen** profit
das **Problem, –e** problem
der **Sicherheitsgurt, –e** safety belt
das **Tragen** wearing
die **Umfrage, –n** (opinion) poll
die **Verletzung, –en** injury

s. **anschnallen** (sep) to fasten one's seatbelt
behaupten to claim
betragen to amount to
gelingen D (gelang, ist gelungen) to succeed
ignorieren to ignore
s. **irren** to be mistaken
melden to report, tell
zurückgehen (sep) to decrease, decline

angegurtet wearing a seatbelt
bisher until now
bundesdeutsch West German
kritisch critical
tödlich fatal
unberührt untouched
volkswirtschaftlich economic
zusätzlich additional

ausgestorben sein to be extinct
den Gurt anlegen to fasten one's seatbelt
eine Ende bereiten to put an end to
einen tödlichen Unfall erleiden (erlitt, hat erlitten) to have a fatal accident
es wird viel „gemuffelt" lots of people don't like to do certain things
hinter dem Steuer behind the wheel
sie können einem egal sein they shouldn't bother anyone

Werbung ist die Kunst, Konsumenten so zu beeinflussen, dass sie einen ganz bestimmten Artikel einer Firma kaufen und nicht den einer anderen.

Das folgende sind Schlagzeilen aus einem Katalog eines Warenhauses und andere Reklame.

Ein Kaffee, der ausserordentlich preiswert ist.

Schlafsäcke, in denen es sich so gut wie im eigenen Bett schläft.

Reisen, die jetzt besonders preisgünstig sind.

Ein Gemälde, das seinen Wert nie verliert.

Für alle, die Spass am Rollschuhlaufen haben.

Preiswerte Reste, die Sie jetzt im Sommer-Schluss-Verkauf bekommen können.

Eine Sonnenmilch, die ich gern benütze.

Eine Frisur, mit der ich ganz zufrieden wäre.

Relative Clauses

1. A relative clause is a dependent clause that refers to an element in the main clause.

   Der Lärm, den wir hören, ist für uns gefährlich.
   The noise we hear is dangerous for us.

   Note: a. Since the relative clause is a dependent clause, the inflected verb must be the last element in the clause.
   b. In German, relative clauses are always introduced by relative pronouns; in English, the relative pronoun is often not used.

2. The relative pronouns most frequently used are identical with the definite articles, with the exception of the dative plural form, which is **denen,** and the genitive forms **dessen** and **deren.** The word **welcher** and its forms are used as relative pronouns to avoid an accumulation of too many **der-**forms.

   Und **der, welcher** der Lehrerin geholfen hat, soll sich melden.

	masculine	feminine	neuter	plural
Nominative	der (welcher)	die (welche)	das (welches)	die (welche)
Accusative	den (welchen)	die (welche)	das (welches)	die (welche)
Dative	dem (welchem)	der (welcher)	dem (welchem)	**denen** (welchen)
Genitive	**dessen**	**deren**	**dessen**	**deren**

3. The gender (**der, die, das**) and number (singular, plural) of a relative pronoun are determined by the noun phrase or pronoun to which it refers. The case (nominative, accusative, dative, genitive) is determined by the function of the relative pronoun in the relative clause.

   Ein Lehrling, der im dritten Jahr ist, bekommt 350 Mark im Monat.
   der ⟨ refers to **ein Lehrling:** *masculine, singular*
   subject in the relative clause: **Der (Lehrling)** ist im dritten Jahr.

   Der Sommerjob, den Peter hat, ist einfach toll!
   den ⟨ refers to **der Sommerjob:** *masculine, singular*
   direct object in the clause: Peter hat **den (Sommerjob).**

   Die Frisöse, der du den Fahrplan geliehen hast, geht in den Tanzkurs.
   der ⟨ refers to **die Frisöse:** *feminine, singular*
   indirect object: Du hast **der (Frisöse)** den Fahrplan geliehen.

   Das Mädchen, dessen Mutter in der Tankstelle arbeitet, heisst Gabi.
   dessen ⟨ refers to **das Mädchen:** *neuter, singular*
   relationship of two nouns: **Die Mutter des (Mädchens)** arbeitet in der Tankstelle.

   Die Anzeigen, die ich gelesen habe, sind interessant.
   die ⟨ refers to **die Anzeigen:** *plural*
   direct object: Ich habe **die (Anzeigen)** gelesen.

Die Schüler, denen ich das erzählt habe, haben einen Aufsatz darüber geschrieben.

denen — refers to **die Schüler:** *plural*

— *indirect object:* Ich habe das **den Schülern** erzählt. [1–4]

4. When the relative pronoun refers to an object of a preposition, the preposition precedes the relative pronoun in the clause.

Der Stuhl, auf dem du sitzt, ist kaputt!

Die Firma, für die ich arbeite, hat viele Filialen. [5, 6]

5. When a preposition introduces a relative clause in which the relative pronoun is in the genitive case, the preposition does not function as a preposition but is merely a clause introducer.

Das ist **Herr Müller, für dessen Sohn** ich arbeite.

Ist das **Frau Moser, mit deren Schwester** du in die Schule gegangen bist?

6. The relative clause generally follows the noun or noun phrase to which it refers. For stylistic reasons, however, the relative clause is often separated from the noun phrase by a word or two, often a separable prefix or an infinitive.

Wir riefen **unseren Lehrer** an, **dessen Telefonnummer** wir kannten.

Möchtst du nicht **die Geschenke** sehen, **die** ich dir mitgebracht habe?

Other Relative Pronouns
was, wer, wo, and wo-compounds

7. The word **was** is used as a relative pronoun to refer to such indefinite pronouns as **alles, das, etwas, nichts, viel, wenig,** and to neuter superlative forms. **Was** is also used to refer to the entire idea of a preceding sentence.

Das ist **alles, was** ich dazu sagen möchte.

Was ist **das, was** du in der Hand hast?

Das ist **etwas, was** ich nicht gern habe.

Es gibt **nichts, was** sie nicht erklären kann.

Es gibt **viel, was** er nicht versteht.

Es gibt **wenig, was** ich nicht tun kann.

Es ist **das Schönste, was** ich je gesehen habe.

Sie verloren das Spiel, was sie sehr traurig machte.

8. The relative pronouns **was** and **wer** can be used independently, that is, without reference to a preceding phrase.

Was ich nicht weiss, macht mich nicht heiss. (Sprichwort)

Wer so etwas tut, ist dumm.

9. The word **wo** is used as a relative pronoun to refer to places.

Dort, **wo** ich stand, war die Sicht am besten.

10. **Wo**-compounds may be used to introduce a relative clause in which a verb with a preposition is used, such as **sich freuen auf,** or **sich erinnern an. Wo**-compounds are used with such verbs when the reference is to things, or to the indefinite pronouns, such as **etwas, nichts.** In spoken German, the preposition and the relative pronoun are often used.

Die Zeiten, wovon (von denen) du sprichst, sind vorbei.

Es gibt **nichts, worauf (auf was)** ich mich mehr gefreut hätte. [7]

Übungen

1 **Durch gute Werbung kann man viel verkaufen. Hier sind Angebote aus verschiedenen Zeitungen.** ⊗

BEISPIEL   Da ist eine Reklame für Seife. Darunter steht:
Eine Seife, die Ihnen sicher gefallen wird!

1. eine Reklame für Shampoo
2. eine Reklame für Haarspray
3. eine Reklame für Nagellack
4. für Haarwasser
5. für Handcreme

6. für Rasierklingen
7. für Parfüm
8. für Lippenstifte
9. für Zahnpasta
10. für Kosmetikartikel

2 **Sie sehen sich einen Katalog an und sagen, dass Sie viele Dinge darin gern hätten.** ⊗

BEISPIEL   Sie sehen ein schönes Radio und sagen:
Das ist ein Radio, das ich gern hätte!

1. Sie sehen einen Plattenspieler.
2. eine Uhr
3. eine Stereoanlage
4. ein Fahrrad
5. ein Segelboot

6. eine Nähmaschine
7. Schier
8. einen Anorak
9. Schistiefel
10. eine Schiausrüstung

3 **Ein Verkäufer sagt seinen Kunden, dass sie mit den gekauften Artikeln sehr zufrieden sein werden.** ⊗

BEISPIEL   Ein Kunde kauft eine Uhr. Der Verkäufer sagt:
Das ist eine Uhr, mit der Sie sehr zufrieden sein werden.

1. Der Kunde kauft einen Anzug.
2. ein Kostüm
3. eine Bluse
4. einen Hut
5. ein Kleid
6. einen Schlafanzug

7. Schuhe
8. einen Mantel
9. eine Hose
10. ein Hemd
11. Stiefel
12. einen Pullover

4 **Eine Geschäftsreklame zeigt folgendes:** ⊗

BEISPIEL   Da wird für ein Parfüm geworben. Darunter steht:
Ein Parfüm, dessen Qualität wir bestens empfehlen können!

1. Da wird für eine Seife geworben.
2. für einen Lippenstift
3. für ein Shampoo
4. für eine Zahnpasta
5. Lockenwickler
6. Und da wird wird für einen Regenmantel geworben.
7. für eine Bluse
8. für Schuhe
9. für ein Sporthemd
10. für Schistiefel

5 **Verschiedene Kunden warten in einem Geschäft auf ihre gekauften Artikel, die eben eingepackt werden.** ⊗

BEISPIEL   Ein Kunde wartet auf einen Mantel. Der Verkäufer sagt:
Der Mantel, auf den Sie warten, kommt gleich.

1. Ein Kunde wartet auf ein Kleid.
2. auf eine Bluse
3. auf Schuhe

4. auf ein Kostüm
5. auf einen Anzug
6. auf eine Jacke

6 **Aus einer Werbesendung für Kameras. Achten Sie darauf: Der Relativsatz steht in der Mitte!** ⊗ 📖

BEISPIEL   Ein Hobby ist Fotografieren. Es kostet viel Geld.
Ein Hobby, das viel Geld kostet, ist Fotografieren.

1. Die Kamera gefällt mir gut. Der Harry hat sie sich gekauft.
2. Die Kamera ist sehr teuer. Ich gebrauche sie immer.
3. Die Aufnahmen sind gut geworden. Harry hat sie gemacht.
4. Das Bergmotiv ist in Österreich. Harry hat es fotografiert.
5. Bring den Film gleich zum Entwickeln! Er war in dieser Kamera.
6. Der Film war ganz frisch. Ich hab' ihn gestern gekauft.
7. Der Abzug ist gut geworden. Ich hab' ihn dir gezeigt.
8. Das Motiv gefällt mir gut. Du hast es ausgewählt.
9. Das schönste Dia ist dieses hier. Ich habe es in diesem Sommer gemacht.
10. Der Schnappschuss ist einfach toll. Du hast ihn von deinem Bruder gemacht.
11. Der Vergrösserungsapparat ist gut. Ich hab' ihn mir im letzten Jahr gekauft.
12. Die Farbfilme sind noch nicht fertig. Ich hab' sie zum Entwickeln gebracht.
13. Die Kamera ist jetzt kaputt. Ich hab' mit ihr lange Zeit fotografiert.

7 **Folgende Sätze hört man bei den Vorbereitungen auf den Wettbewerb.** ⊗

BEISPIEL   Ich muss mich darauf konzentrieren.
Ja, das ist etwas, worauf Sie sich konzentrieren müssen!

1. Ich kann mich darauf freuen.
2. Ich muss mich darauf vorbereiten.
3. Ich muss mich dafür entscheiden.
4. Ich sollte mich darum bewerben.

5. Ich kann mich darum kümmern.
6. Ich muss mich daran gewöhnen.
7. Ich könnte mich darüber unterhalten.
8. Ich würde mich dafür eignen.

8 **Schriftliche Übung**

Eine Zeitung macht Reklame, indem sie einen Schülerwettbewerb hält. Die Müllheimer Schüler bereiten sich darauf vor. (Gebrauchen Sie in den Relativsätzen die Präposition und das Relativpronomen!)

BEISPIEL   Der Wettbewerb findet morgen statt. Die Klasse nimmt daran teil.
Der Wettbewerb, an dem die Klasse teilnimmt, findet morgen statt.

1. Das neue Stück ist ein Lustspiel. Die Schüler haben sich darauf geeinigt.
2. Das andere Spiel können sie nicht aufführen. Sie haben sich sehr darauf gefreut.
3. Die Komödie ist sehr lustig. Sie sind sehr daran interessiert.
4. Die Vorbereitungen brauchen sehr viel Zeit. Alle müssen sich darum kümmern.
5. Die Rolle des Harlekin ist sehr schwierig. Ursula hat sich dafür entschieden.
6. Die Rollen sind schon verteilt. Die jungen Schüler eignen sich dafür.
7. Die Aufführung war ein grosser Erfolg. Die Schüler hatten lange daran gearbeitet.
8. Das Spiel wurde auch im Fernsehen gezeigt. Es wurde lange darüber diskutiert.

Werbung°:
Die Kunst°, Konsumenten zu beeinflussen ⊗

Werbung ist keine Erfindung des 20. Jahrhunderts. Werbung ist alt. Schon im Mittelalter haben Handwerker° Werbeschilder vor ihre Läden gehängt, die auf ihre Zunft° hinwiesen°. Vor vielen Läden hängen auch heute noch sehr kunstvoll geschmiedete° oder bunt bemalte Schilder: eine Brezel für den Bäcker, eine Kuh für den Metzger°, ein Schlüssel für den Schlüsselmacher. Vor den Wirtshäusern° hängen oft besonders schöne Schilder. Aber diese Schilder hatten früher auch einen anderen Zweck. Das Schild war die einzige Möglichkeit, das Wirtshaus zu identifizieren oder den Bäcker zu finden, denn Lesen und Schreiben konnte das gewöhnliche Volk nicht.

Zählen Sie mal ein paar Dinge auf, die Sie in letzter Zeit° gekauft haben. Einen Cassetten-Recorder vielleicht? Ein paar Blue jeans? Eine Schallplatte? Für jeden Artikel, den Sie sich gekauft haben, überlegen Sie sich dann folgendes: Haben Sie ihn wirklich gebraucht? Warum haben Sie ihn gekauft? War er gerade preiswert zu haben, oder haben Ihnen Freunde zum Kauf geraten°? Haben Sie davon im Radio gehört, in Zeitungen und Zeitschriften darüber gelesen, oder haben Sie diesen Artikel in der Werbesendung im Fernsehen gesehen?

Sie werden bald merken, dass Sie fast nichts mehr kaufen, ohne vorher irgendwie oder von irgendjemand beeinflusst zu werden. Diese Kunst, Konsumenten so zu beeinflussen, dass sie den Artikel einer bestimmten Firma kaufen und nicht den einer anderen, ist die Aufgabe der Werbung.

---

die Werbung *advertising;* die Kunst *art;* in letzter Zeit *lately, recently;* raten zu *to advise someone to do s.th.;* der Handwerker *craftsman, artisan;* die Zunft *trade;* hinweisen auf A *to point to;* geschmiedet *forged;* der Metzger *butcher;* das Wirtshaus *inn, restaurant*

Heute benutzen wir Schilder, um Orte und Artikel zu identifizieren und für sie zu werben. Denken Sie nur an die „Schilder-Wälder", die Sie vor und in vielen amerikanischen Städten sehen, an die vielen bunten und oft beleuchteten Werbetransparente, die Sie auf und an Gebäuden° und an den Seiten vieler Strassen finden!

Werbung ist heute ein Riesengeschäft, und die meisten Firmen lassen sich heute ihre Werbung von Werbefirmen machen. Werbemedien sind: Fernsehen, Rundfunk°, Zeitungen und Zeitschriften, Plakatwände, Werbeschriften, Flugblätter°.

Die Werbeagenturen müssen immer wieder neue Ideen haben, neue Werbesprüche° und Werbesongs erfinden, um all die Dinge verkaufen zu helfen, die heute hergestellt werden. Das ist oft schwierig, weil viele Sachen einander sehr ähnlich° sind und viele gar nicht unbedingt gebraucht werden. Die Werbung muss aber so tun, als ob diese Sachen nun gerade unentbehrlich° wären. Der Käufer soll den Eindruck° bekommen, dass er ohne sie

nicht auskommen° könne – und deshalb wird er auch die Sachen kaufen.

In der Bundesrepublik wurden im Jahre 1978 achtzehn Milliarden Mark für Werbung ausgegeben. Der grösste Anteil fiel auf die Werbung in Zeitungen und Zeitschriften, die Werbung im Fernsehen und die Direktwerbung. Direktwerbung sind Prospekte oder Warenproben°, die über die Post in die Haushalte verschickt werden.

Sehen Sie sich einmal die Werbesendung im Fernsehen genau an! Sie werden bald merken, das die Werbung den Dingen und Personen Eigenschaften° andichtet°, die jeder gern hätte. Wer möchte nicht frei und unabhängig sein°, fröhlich, zufrieden° und selbstsicher°? Und so entsteht der Eindruck, dass man beim Kauf des Artikels diese Eigenschaften mitkaufen kann.

Die Werbung vermittelt° den Eindruck, dass Kaufen Spass macht, dass es geradezu zu einem Vergnügen werden kann. Der Käufer soll das Gefühl bekommen, dass er frei und unbeschwert° auswählen kann. Aber kann er das?

---

das Gebäude *building;* der Rundfunk *radio;* das Flugblatt *flyer, handbill;* der Werbespruch *advertising slogan;* ähnlich sein *to be similar;* unentbehrlich *indispensable;* der Eindruck *impression;* er kann ohne das nicht auskommen *he can't get along without it;* die Warenprobe *sample;* die Eigenschaft *characteristic, feature;* andichten *to claim, attribute;* unabhängig sein *to be independent;* zufrieden *satisfied;* selbstsicher *self-confident;* vermitteln *to give, convey;* unbeschwert *lightly*

Die Werbefachleute° haben die Gewohnheiten° der Käufer lange untersucht. Sie haben zum Beispiel festgestellt, dass die meisten Supermarktkunden am liebsten in den äusseren Gängen° einkaufen. Deshalb finden Sie heute dort oft die leicht verderblichen° Waren, wie Obst und Gemüse, Frischfleisch, Milch- und Käseerzeugnisse, weil diese schnell verkauft werden müssen. In den mittleren Gängen sind die Waren aufgebaut, die man sowieso braucht. Und solche Waren, wie Zucker und Mehl, kommen in die niedrigen° oder in die hohen Regale. Die mittleren Regale, die in Augenhöhe° und Griffhöhe° liegen, sind die „besten". Dort kommen die Artikel hin, die nicht so oft gekauft werden, die man aber sofort sieht. Diese Waren fallen auf°, man greift eher° zu°, weil man sich nicht bücken° oder recken° muss.

Die Fleischabteilung liegt gewöhnlich im hinteren Teil des Ladens, damit der Käufer durch den ganzen Laden muss, an Körben° mit Sonderangeboten vorbei oder

Fachleute (pl.) *experts;* die Gewohnheit *habit;* der äussere Gang *outer aisle;* verderblich *perishable;* niedrig *low;* die Augenhöhe *eye level;* die Griffhöhe *easy reach;* auffallen *to attract attention;* eher *more readily;* zugreifen *to grab, reach for;* s. bücken *to bend;* s. recken *to stretch;* der Korb *basket*

an Wühltischen°, an denen man mit dem Einkaufswagen sowieso fast hängenbleibt.

Auch an der Kasse°, wo man warten muss, stehen wieder Körbe oder Regale mit Kleinigkeiten°, die man vielleicht vergessen hat. Und so wird die Einkaufstasche immer voller und die Rechnung höher, als man eigentlich wollte.

Es gibt Gegner und Befürworter° der Werbung. Die Gegner halten es für sinnvoller°, das Geld, das für Werbung ausgegeben wird, für eine Verbesserung der Produkte zu benutzen oder für eine Preisermässigung°. Und es gibt viele Leute, besonders viele Eltern, die Werbespots vor oder nach Kinderprogrammen missbilligen°, weil Kinder zu leicht von der Werbung beeinflusst werden. Vor ein paar Jahren wurden im österreichischen Fernsehen Werbespots für Kinder und mit Kindern verboten!

Die Befürworter der Werbung sind der Meinung, dass die Werbung die Bevölkerung unterrichte und auf neue Produkte

aufmerksam mache°. Dieses führe zu einem grösseren Absatz°, der eine Massenherstellung ermögliche, welche die Preise niedrig halte. Eine erhöhte Produktion schaffe° Arbeit und Einkommen für sonst Arbeitslose. Die Werbung trage also letzten Endes° zum allgemeinen° Wohl° der Wirtschaft° bei.

---

der Wühltsch *rummage table;* die Kasse *check-out;* die Kleinigkeit *little thing(s);* der Befürworter *supporter;* sinnvoller *more meaningful, making more sense;* die Preisermässigung *price reduction;* missbilligen *to condemn;* aufmerksam machen auf A *to call attention to;* der Absatz *sales;* schaffen *to create;* letzten Endes *in the final analysis;* allgemein *general;* das Wohl *well-being, prosperity;* die Wirtschaft *economy*

8 Fragen zum Inhalt

1. Was für Artikel haben Sie sich in letzter Zeit gekauft? Zählen Sie sie auf!
2. In welchen Werbemedien haben Sie diese Artikel zum ersten Mal gesehen oder davon gehört?
3. Warum musste man früher Schilder an Läden und Wirtshäusern haben?
4. Was für Werbeschilder finden Sie vor den Läden, in denen Sie einkaufen?
5. Zählen Sie einige Produkte auf, für die die Werbeschilder in Ihrer Nachbarschaft werben!
6. Wer wirbt heute für die meisten Firmen?
7. Wie werben diese Werbeagenturen?
8. Warum ist es oft schwierig, für bestimmte Produkte zu werben?
9. Welchen Eindruck soll der Käufer durch die Werbung bekommen?
10. In welchen Medien wird in der BRD am meisten geworben?
11. Wie beeinflusst die Werbung im Fernsehen die Zuschauer?
12. Was für einen Eindruck vermittelt die Werbung?
13. Was haben Werbefachleute lange untersucht?
14. Wo kaufen die Kunden im Supermarkt am liebsten ein?
15. Was hat das Management des Supermarktes deshalb getan?
16. Wo befinden sich die Waren, die man sowieso kaufen muss?
17. Warum befinden sich die teuersten Waren, oder die, die sich nicht so gut verkaufen, in den mittleren Regalen?
18. Warum befindet sich die Fleischabteilung oft im hinteren Teil des Ladens?
19. Was befindet sich noch oft in der Nähe der Kasse?
20. Wofür sind die Gegner der Werbung?
21. Was missbilligen viele Leute, besonders Eltern?
22. Welche Meinung haben die Befürworter der Werbung?

9 Fragen zum Überlegen und Diskutieren

1. Denken Sie an einige Werbeschilder in Ihrer Nachbarschaft und beschreiben Sie diese! Dann diskutieren Sie mit Ihren Klassenkameraden darüber, wie gut oder wie schlecht diese Schilder werben!
2. Durch welche Werbemedien werden Sie über neue Produkte informiert? Geben Sie Beispiele dafür an!
3. Erzählen Sie, wann Sie zum letzten Mal beim Kauf eines Artikels von der Werbung beeinflusst wurden!
4. Diskutieren Sie die Werbung für ein Produkt, das Ihrer Meinung nach dem Käufer Eigenschaften verspricht, die er (oder sie) vielleicht gern hätte!
5. Welche Werbung für bestimmte Artikel in den verschiedenen Medien halten Sie für besonders gut oder für besonders schlecht? Geben Sie Gründe an und sprechen Sie darüber!
6. Sind Sie für oder gegen Werbung für Kinder oder mit Kindern? Diskutieren Sie Ihre Meinungen!
7. Vergleichen Sie den Supermarkt, der hier beschrieben wird, mit dem, wo Ihre Familie einkauft! Wie und wo wird in Ihrem Supermarkt geworben?
8. Sind Sie ein Befürworter oder ein Gegner der Werbung? Diskutieren Sie Ihre Meinungen!

10 Anregungen für individuelle Arbeit oder gemeinsame Klassenprojekte

1. Bilden Sie Gruppen mit je drei oder vier Klassenkameraden! Jede Gruppe geht in einen anderen Supermarkt und berichtet dann in der Klasse darüber, wie dieser seine Werbung macht!
2. Entwerfen Sie selbst Werbeplakate für bekannte Waren oder für von Ihnen erfundene Artikel! Vielleicht können Sie auch einige Werbesongs und Werbesprüche erfinden.

WORTSCHATZ

Werbung: Die Kunst, Konsumenten zu beeinflussen

der **Absatz, ⁻e** *sales*
der **Anteil, -e** *portion, share*
der **Arbeitslose, -n** (den -n) *unemployed (person)*
die **Aufgabe, -n** *job, goal*
die **Augenhöhe** *eye level*
der **Befürworter, -** *advocate, supporter*
die **Bundesrepublik** *Federal Republic*
die **Direktwerbung, -en** *direct advertising*
die **Eigenschaft, -en** *characteristic*
der **Eindruck, ⁻e** *impression*
die **Einkaufstasche, -n** *shopping bag*
der **Einkaufswagen, -** *shopping cart*
das **Einkommen, -** *income*
die **Fleischabteilung, -en** *meat department*
das **Flugblatt, ⁻er** *flyer, handbill*
das **Frischfleisch** *fresh meat*
das **Gebäude, -** *building*
der **Gang, ⁻e** *aisle*
der **Gegner, -** *opponent*
die **Gewohnheit, -en** *habit*
die **Griffhöhe** *easy reach*
der **Handwerker, -** *craftsman, artisan*
das **Jahrhundert, -e** *century*

die **Kasse, -n** *check-out*
der **Kauf, ⁻e** *purchase*
das **Kaufen** *buying*
der **Käufer, -** *buyer*
das **Kinderprogramm, -e** *children's program*
die **Kleinigkeit, -en** *little thing(s)*
der **Konsument, -en** (den -en) *consumer*
der **Korb, ⁻e** *basket*
die **Kunst, ⁻e** *art*
das **Lesen** *reading*
die **Massenherstellung** *mass production*
der **Metzger, -** *butcher*
die **Plakatwand, ⁻e** *billboard*
das **Produkt, -e** *product*
die **Preisermässigung, -en** *price reduction*
das **Riesengeschäft, -e** *huge business*
der **Rundfunk** *radio*
der **Schlüsselmacher, -** *locksmith*
das **Schreiben** *writing*
der **Supermarktkunde, -n** (den -n) *supermarket customer*
die **Verbesserung, -en** *improvement*
die **Warenprobe, -n** *sample*

die **Werbeagentur, -en** *advertising agency*
die **Werbefachleute** (pl) *advertising experts*
die **Werbefirma, -firmen** *advertising agency*
das **Werbemedium, -ien** *advertising media*
das **Werbeschild, -er** *advertising sign*
die **Werbeschrift, -en** *advertising brochure*
die **Werbesendung, -en** *TV or radio commercial*
der **Werbesong, -s** *advertising song*
der **Werbespot, -s** *commercial*
der **Werbespruch, ⁻e** *advertising slogan*
das **Werbetransparent, -n** *advertising banner*
die **Werbung** *advertising*
die **Wirtschaft** *economy*
das **Wirtshaus, ⁻er** *restaurant*
das **Wohl** *well-being*
der **Wühltisch, -e** *rummage table*
die **Zeitschrift, -en** *magazine*
die **Zunft, ⁻e** *trade*

andichten (sep) *to claim, attribute*
auffallen (sep) *to attract attention*
aufzählen (sep) *to list, count up*
auskommen (sep) *to get along*
s. **bücken** *to bend*
ermöglichen *to make possible*
existieren *to exist*
hängenbleiben (sep) *to get caught, get stuck*
hinweisen auf A (ie, ie) (sep) *to point to*
identifizieren *to identify*
missbilligen *to condemn*
mitkaufen (sep) *to buy (along with s.th. else)*
raten zu *to advise s.o. to do s.th.*
s. **recken** *to stretch*
schaffen *to create*
vermitteln *to give, convey*
verschicken *to send*
werben für (i, a, o) *to advertise for*
zugreifen (griff zu, hat zugegriffen) (sep) *to grab, reach for*

allgemein *general*
aufgebaut *stacked, displayed*
äusser- *outer*
beleuchtet *illuminated*
bemalt *painted*
eher *more readily*
erhöht *raised, increased*
fröhlich *happy, cheerful*
geradezu *actually*
geschmiedet *forged*
hinter- *rear*
kunstvoll *artistic(ally)*
niedrig *low*
selbstsicher *self-confident*
sinnvoller *more meaningful, making more sense*
unbeschwert *lightly*
unentbehrlich *indispensable*
verderblich *perishable*
zufrieden *satisfied*

ähnlich sein *to be similar*
all die Dinge *all these things*
aufmerksam machen auf A *to call attention to*
den Eindruck bekommen *to get the impression*
der Meinung sein *to be of the opinion*
dort kommen die Artikel hin *there is where the articles go*
in letzter Zeit *recently*
letzten Endes *in the final analysis*
über die Post *through the mail*
unabhängig sein *to be independent*

Grammar Summary

Noun Endings

Singular	Masculine	Feminine	Feminine	Neuter
Nominative	der Onkel	die Stadt	die Frau	das Dorf
Accusative	den Onkel	die Stadt	die Frau	das Dorf
Dative	dem Onkel	der Stadt	der Frau	dem Dorf
Genitive	des Onkel**s**	der Stadt	der Frau	des Dorf**es**
Plural				
Nominative	die Onkel	die Städte	die Frauen	die Dörfer
Accusative	die Onkel	die Städte	die Frauen	die Dörfer
Dative	den Onkel**n**	den Städte**n**	den Frauen	den Dörfer**n**
Genitive	der Onkel	der Städte	der Frauen	der Dörfer

Note the following:

1. Feminine nouns do not have endings in the singular of all cases.

2. Masculine and neuter nouns generally have no endings in the accusative (see exceptions below) and in the dative singular. In your readings you may encounter some nouns with a formerly used dative „e" as in **bei Tage, auf dem Lande, zu Hause.**

3. Masculine and neuter nouns have the endings **-es** or **-s** in the genitive singular:
   a. The ending **-es** is usually added to one-syllable nouns, **des Mannes, des Feldes,** and to nouns that end in **-s, -ss, -x, -z, -tz, -sch, -st, des Ausweises, des Ereignisses,* des Schlosses, des Arztes, des Wunsches.** However, with certain nouns of one syllable — especially with those that end in a vowel sound — the **-s** is now often preferred to the **-es, des Tags, des Felds, des Baus, des Schuhs, des Gifts, des Lärms.**
   b. The ending **-s** is usually added to nouns of more than one syllable, **des Lehrers, des Materials.**

4. All nouns must end in **-n** in the dative plural.

* Nouns ending in **-is** actually add **-ses** in the genitive case.

Masculine Nouns with the Endings -n or -en in the Singular

Singular		
Nominative	der Name	der Mensch
Accusative	den Name**n**	den Mensch**en**
Dative	dem Name**n**	dem Mensch**en**
Genitive	des Name**n**	des Mensch**en**
Plural		
Nominative	die Name**n**	die Mensch**en**
Accusative	die Name**n**	die Mensch**en**
Dative	den Name**n**	den Mensch**en**
Genitive	der Name**n**	der Mensch**en**

Some other nouns that add **-n:**
der Bauer, der Nachbar, der Junge, der Hase, der Löwe, der Glaube, der Wille

Some other nouns that add **-en:**
der Elefant, der Soldat, der Präsident

Pronouns

Personal Pronouns · Reflexive Pronouns

		Nominative	Accusative	Dative	Accusative	Dative
Singular						
1st person						
1st person		ich	mich	mir	mich	mir
2nd person		du	dich	dir	mir	dir
3rd person	*m.*	er	ihn	ihm		
	f.	sie	sie	ihr	sich	sich
	n.	es	es	ihm		
Plural						
1st person		wir	uns	uns	uns	uns
2nd person		ihr	euch	euch	euch	euch
3rd person		sie	sie	ihnen	sich	sich
Formal Address		Sie	Sie	Ihnen	sich	sich

Prepositions (Summary)

Accusative	durch, für, gegen, ohne, um
Dative	aus, ausser, bei, mit, nach, von, zu, seit, gegenüber
Two-way: Dative-wo? Accusative-wohin?	an, auf, hinter, in, neben, über, unter, vor, zwischen
Genitive	ausserhalb, innerhalb, diesseits, jenseits, oberhalb, unterhalb, (an)statt, trotz,* um . . . willen, während, wegen,* zugunsten

* sometimes used with dative forms

Determiners

The Definite Articles

a. Before Nouns

	Masculine	Feminine	Neuter	Plural
Nominative	**der** Ort	**die** Stadt	**das** Haus	**die** Bilder
Accusative	**den** Ort	**die** Stadt	**das** Haus	**die** Bilder
Dative	**dem** Ort	**der** Stadt	**dem** Haus	**den** Bildern
Genitive	**des** Ortes	**der** Stadt	**des** Hauses	**der** Bilder

b. As Pronouns

	Masculine	Feminine	Neuter	Plural
Nominative	**der** (da)	**die** (hier)	**das** (da)	**die** (da)
Accusative	**den** (hier)	**die** (dort)	**das** (dort)	**die** (hier)
Dative	**dem** (dort)	**der** (da)	**dem** (hier)	**denen** (dort)

dieser
a. Before Nouns

	Masculine	Feminine	Neuter	Plural
Nominative	dieser Weg	diese Frage	dieses Kind	diese Leute
Accusative	diesen Weg	diese Frage	dieses Kind	diese Leute
Dative	diesem Weg	dieser Frage	diesem Kind	diesen Leuten
Genitive	dieses Weges	dieser Frage	dieses Kindes	dieser Leute

b. As a Pronoun

	Masculine	Feminine	Neuter	Plural
Nominative	dieser (hier)	diese (da)	dieses (dort)	diese (da)
Accusative	diesen (da)	diese (hier)	dieses (da)	diese (dort)
Dative	diesem (dort)	dieser (dort)	diesem (hier)	diesen (da)

jener
a. Before Nouns

	Masculine	Feminine	Neuter	Plural
Nominative	jener Wagen	jene Reise	jenes Fest	jene Mädchen
Accusative	jenen Wagen	jene Reise	jenes Fest	jene Mädchen
Dative	jenem Wagen	jener Reise	jenem Fest	jenen Mädchen
Genitive	jenes Wagens	jener Reise	jenes Festes	jener Mädchen

b. As a Pronoun

	Masculine	Feminine	Neuter	Plural
Nominative	jener	jene	jenes	jene
Accusative	jenen	jene	jenes	jene
Dative	jenem	jener	jenem	jenen

derselbe
a. Before Nouns

	Masculine	Feminine	Neuter	Plural
Nominative	derselbe Ort	dieselbe Frau	dasselbe Buch	dieselben Wünsche
Accusative	denselben Ort	dieselbe Frau	dasselbe Buch	dieselben Wünsche
Dative	demselben Ort	derselben Frau	demselben Buch	denselben Wünschen
Genitive	desselben Ortes	derselben Frau	desselben Buches	derselben Wünsche

b. As a Pronoun

	Masculine	Feminine	Neuter	Plural
Nominative	derselbe	dieselbe	dasselbe	dieselben
Accusative	denselben	dieselbe	dasselbe	dieselben
Dative	demselben	derselben	demselben	denselben

derjenige
a. Before Nouns

	Masculine	Feminine	Neuter	Plural
Nominative	derjenige Tag	diejenige Frau	dasjenige Kind	diejenigen Schüler
Accusative	denjenigen Tag	diejenige Frau	dasjenige Kind	diejenigen Schüler
Dative	demjenigen Tag	derjenigen Frau	demjenigen Kind	denjenigen Schülern
Genitive	desjenigen Tages	derjenigen Frau	desjenigen Kindes	derjenigen Schüler

b. As a Pronoun

	Masculine	Feminine	Neuter	Plural
Nominative	**der**jenige	**die**jenige	**das**jenige	**die**jenigen
Accusative	**den**jenigen	**die**jenige	**das**jenige	**die**jenigen
Dative	**dem**jenigen	**der**jenigen	**dem**jenigen	**den**jenigen

jeder
a. Before Nouns

	Masculine	Feminine	Neuter	Plural
Nominative	jed**er** Wagen	jed**e** Frage	jed**es** Stück	all**e** Häuser
Accusative	jed**en** Wagen	jed**e** Frage	jed**es** Stück	all**e** Häuser
Dative	jed**em** Wagen	jed**er** Frage	jed**em** Stück	all**en** Häusern
Genitive	jed**es** Wagens	jed**er** Frage	jed**es** Stückes	all**er** Häuser

b. As a Pronoun

	Masculine	Feminine	Neuter	Plural
Nominative	jed**er**	jed**e**	jed**es**	all**e**
Accusative	jed**en**	jed**e**	jed**es**	all**e**
Dative	jed**em**	jed**er**	jed**em**	all**en**

mancher
a. Before Nouns

	Masculine	Feminine	Neuter	Plural
Nominative	manch**er** Mann	manch**e** Frau	manch**es** Mädchen	manch**e** Leute
Accusative	manch**en** Mann	manch**e** Frau	manch**es** Mädchen	manch**e** Leute
Dative	manch**em** Mann	manch**er** Frau	manch**em** Mädchen	manch**en** Leuten
Genitive	manch**es** Mannes	manch**er** Frau	manch**es** Mädchens	manch**er** Leute

b. As a Pronoun

	Masculine	Feminine	Neuter	Plural
Nominative	manch**er**	manch**e**	manch**es**	manch**e**
Accusative	manch**en**	manch**e**	manch**es**	manch**e**
Dative	manch**em**	manch**er**	manch**em**	manch**en**

c. manch einer

	Masculine	Feminine	Neuter	Neuter
Nominative	manch ein**er**	manch ein**e**	manch ein**s**	manch**es** Schöne
Accusative	manch ein**en**	manch ein**e**	manch ein**s**	manch**es** Gute
Dative	manch ein**em**	manch ein**er**	manch ein**em**	manch**em** Grossen

solch
a. Before Nouns

	Masculine	Feminine	Neuter	Plural
Nominative	solch**er** Hunger	solch**e** Hitze	solch**es** Wetter	solch**e** Leute
Accusative	solch**en** Hunger	solch**e** Hitze	solch**es** Wetter	solch**e** Leute
Dative	solch**em** Hunger	solch**er** Hitze	solch**em** Wetter	solch**en** Leuten
Genitive	solch**es** Hungers	solch**er** Hitze	solch**es** Wetters	solch**er** Leute

b. As a Pronoun

	Masculine	Feminine	Neuter	Plural
Nominative	solch**er**	solche	solch**es**	solche
Accusative	solch**en**	solche	solch**es**	solche
Dative	solch**em**	solch**er**	solch**em**	solch**en**

c. solch ein / ein solch-

	Masculine	Feminine	Neuter	Plural
Nominative	solch ein Lärm	solch eine Reise	solch ein Wetter	solche Filme
	ein solch**er** Lärm	eine solche Reise	ein solch**es** Wetter	solche Filme
Accusative	solch ein**en** Lärm	solch eine Reise	solch ein Wetter	solche Filme
	ein**en** solch**en** Lärm	eine solche Reise	ein solch**es** Wetter	solche Filme
Dative	solch ein**em** Lärm	solch ein**er** Reise	solch ein**em** Wetter	solch**en** Filmen
	ein**em** solch**en** Lärm	ein**er** solch**en** Reise	ein**em** solch**en**·Wetter	solch**en** Filmen
Genitive	solch ein**es** Lärms	solch ein**er** Reise	solch ein**es** Wetters	solch**er** Filme
	ein**es** solch**en** Lärms	ein**er** solch**en** Reise	ein**es** solch**en** Wetters	solch**er** Filme

d. solch ein as Pronoun

	Masculine	Feminine	Neuter	Plural
Nominative	solch ein**er**	solch eine	solch eins	solche
Accusative	solch ein**en**	solch eine	solch eins	solche
Dative	solch ein**em**	solch ein**er**	solch ein**em**	solch**en**

der (and welcher) as Relative Pronouns

	Masculine	Feminine	Neuter	Plural
Nominative	**der** (welcher)	**die** (welche)	**das** (welches)	**die** (welche)
Accusative	**den** (welchen)	**die** (welche)	**das** (welches)	**die** (welche)
Dative	**dem** (welchem)	**der** (welcher)	**dem** (welchem)	**denen** (welchen)
Genitive	**dessen**	**deren**	**dessen**	**deren**

Determiners of Quantity

a. Summary

alle	*all*	**manche**	*some*
andere	*other*	**mehrere**	*several*
beide	*both*	**sämtliche**	*all*
ein paar	*a few*	**solche**	*such*
einige	*a few, some*	**viele**	*many*
etliche	*some*	**wenige**	*few*

b. Preceding Plural Nouns or Used as Pronouns

Nominative	alle	andere	beide	ein paar	einige	etliche	(Häuser)
Accusative	alle	andere	beide	ein paar	einige	etliche	(Häuser)
Dative	allen	anderen	beiden	ein paar	einigen	etlichen	(Häusern)
Genitive	aller	anderer	beider	—	einiger	etlicher	(Häuser)
Nominative	manche	mehrere	sämtliche	solche	viele	wenige	(Häuser)
Accusative	manche	mehrere	sämtliche	solche	viele	wenige	(Häuser)
Dative	manchen	mehreren	sämtlichen	solchen	vielen	wenigen	(Häusern)
Genitive	mancher	mehrerer	sämtlicher	solcher	vieler	weniger	(Häuser)

The Indefinite Article

a. Before Nouns

	Masculine	Feminine	Neuter	Plural
Nominative	ein Weg	eine Strasse	ein Bild	Bilder
Accusative	einen Weg	eine Strasse	ein Bild	Bilder
Dative	einem Weg	einer Strasse	einem Bild	Bildern
Genitive	eines Weges	einer Strasse	eines Bildes	von Bildern

b. As a Pronoun

	Masculine	Feminine	Neuter	Plural
Nominative	einer	eine	eins	welche
Accusative	einen	eine	eins	welche
Dative	einem	einer	einem	welchen

The Possessives and kein

a. Before Nouns

	Masculine	Feminine	Neuter	Plural
Nominative	mein Wagen	meine Tante	mein Buch	meine Karten
Accusative	meinen Wagen	meine Tante	mein Buch	meine Karten
Dative	meinem Wagen	meiner Tante	meinem Buch	meinen Karten
Genitive	meines Wagens	meiner Tante	meines Buches	meiner Karten

b. As a Pronoun

	Masculine	Feminine	Neuter	Plural
Nominative	meiner	meine	meins	meine
Accusative	meinen	meine	meins	meine
Dative	meinem	meiner	meinem	meinen

Other **ein**-words: **dein, sein, ihr, unser, euer, ihr, Ihr,** and **kein**

Interrogatives

a. wer? was?

	People	Things
Nominative	**wer?**	**was?**
Accusative	**wen?**	**was?**
Dative	**wem?**	**was?** or **wo**-compound
Genitive	**wessen?**	—

b. welcher? before Nouns

	Masculine	Feminine	Neuter	Plural
Nominative	welcher Ort?	welche Strasse?	welches Buch?	welche Kinder?
Accusative	welchen Ort?	welche Strasse?	welches Buch?	welche Kinder?
Dative	welchem Ort?	welcher Strasse?	welchem Buch?	welchen Kindern?
Genitive	welches Ortes?	welcher Strasse?	welches Buches?	welcher Kinder?
	welchen Ortes?		welchen Buches?	

c. welcher? as a Pronoun

	Masculine	Feminine	Neuter	Plural
Nominative	welcher?	welche?	welches?	welche?
Accusative	welchen?	welche?	welches?	welche?
Dative	welchem?	welcher?	welchem?	welchen?
Genitive	welches?	welcher?	welches?	welcher?

d. was für ein? before Nouns

	Masculine	Feminine	Neuter	Plural
Nominative	was für ein Ort?	was für eine Stadt?	was für ein Dorf?	was für Dörfer?
Accusative	was für einen Ort?	was für eine Stadt?	was für ein Dorf?	was für Städte?
Dative	was für einem Ort?	was für einer Stadt?	was für einem Dorf?	was für Orten?
Genitive	was für eines Ortes?	was für einer Stadt?	was für eines Dorfes?	—

e. was für ein? as Pronoun

	Masculine	Feminine	Neuter	Plural
Nominative	was für einer?	was für eine?	was für eins?	was für welche?
Accusative	was für einen?	was für eine?	was für eins?	was für welche?
Dative	was für einem?	was für einer?	was für einem?	was für welchen?
Genitive	was für eines?	was für einer?	was für eines?	—

Endings of Adjectives after der and dieser-words

(dieser, jeder, jener, welcher)

	Masculine			Feminine			Neuter			Plural		
Nominative	der	**–e**	Ort	die	**–e**	Stadt	das	**–e**	Dorf	die	**–en**	Häuser
Accusative	den	**–en**	Ort	die	**–e**	Stadt	das	**–e**	Dorf	die	**–en**	Häuser
Dative	dem	**–en**	Ort	der	**–en**	Stadt	dem	**–en**	Dorf	den	**–en**	Häusern
Genitive	des	**–en**	Ortes	der	**–en**	Stadt	des	**–en**	Dorfes	der	**–en**	Häuser

Endings of Adjectives after ein-words

(ein, kein, and the Possessives mein, dein, sein, etc.)

	Masculine			Feminine			Neuter			Plural		
Nominative	ein	**–er**	Ort	eine	**–e**	Stadt	ein	**–es**	Dorf	unsere	**–en**	Häuser
Accusative	einen	**–en**	Ort	eine	**–e**	Stadt	ein	**–es**	Dorf	unsere	**–en**	Häuser
Dative	einem	**–en**	Ort	einer	**–en**	Stadt	einem	**–en**	Dorf	unseren	**–en**	Häusern
Genitive	eines	**–en**	Ortes	einer	**–en**	Stadt	eines	**–en**	Dorfes	unserer	**–en**	Häuser

Endings of Adjectives not Preceded by

der, dieser-words, or ein-words

	Masculine		Feminine		Neuter		Plural	
Nominative	**–er**	Hunger	**–e**	Hitze	**–es**	Wetter	**–e**	Dörfer
Accusative	**–en**	Hunger	**–e**	Hitze	**–es**	Wetter	**–e**	Dörfer
Dative	**–em**	Hunger	**–er**	Hitze	**–em**	Wetter	**–en**	Dörfern
Genitive	**–en**	Hungers	**–er**	Hitze	**–en**	Wetters	**–er**	Dörfer

Endings of Adjectives after the Determiners of Quantity
alle, beide, sämtliche, solche (manche)

	Plural		
Nominative	alle	**–en**	Häuser
Accusative	alle	**–en**	Häuser
Dative	allen	**–en**	Häusern
Genitive	aller	**–en**	Häuser

Endings of Adjectives after the Determiners of Quantity
andere, ein paar, einige, etliche, manche, mehrere, viele, wenige

	Plural		
Nominative	mehrere	**–e**	Dörfer
Accusative	mehrere	**–e**	Dörfer
Dative	mehreren	**–en**	Dörfern
Genitive	mehrerer	**–er**	Dörfer

Adjective Endings after mancher

	Masculine	Feminine	Neuter	Plural
Nominative	manch**er** klein**e** Junge	manch**e** alt**e** Frau	manch**es** klein**e** Mädchen	manch**e** alt**en** Leute (alt**e**)
	manch klein**er** Junge	manch alt**e** Frau	manch klein**es** Mädchen	manch alt**e** Leute
Accusative	manch**en** klein**en** Jungen	manch**e** alt**e** Frau	manch**es** klein**e** Mädchen	manch**e** alt**en** Leute (alt**e**)
	manch klein**en** Jungen	manch alt**e** Frau	manch klein**es** Mädchen	manch alt**e** Leute
Dative	manch**em** klein**en** Jungen	manch**er** alt**en** Frau	manch**em** klein**en** Mädchen	manch**en** alt**en** Leuten
	manch klein**em** Jungen	manch alt**er** Frau	manch klein**em** Mädchen	manch alt**en** Leuten
Genitive	manch**es** klein**en** Jungen	manch**er** alt**en** Frau	manch**es** klein**en** Mädchens	manch**er** alt**en** Leute (alt**er**)
	manch klein**es** Jungen	manch alt**er** Frau	manch klein**es** Mädchens	manch alt**er** Leute

Verb Forms

Present Tense

Infinitive:	**spielen**	**warten**	**sehen**	**fahren**	**müssen**	**sein**	**haben**	**werden**
ich	spiele	warte	sehe	fahre	muss	bin	habe	werde
du	spielst	wartest	siehst	fährst	musst	bist	hast	wirst
er, sie, es	spielt	wartet	sieht	fährt	muss	ist	hat	wird
wir	spielen	warten	sehen	fahren	müssen	sind	haben	werden
ihr	spielt	wartet	seht	fahrt	müsst	seid	habt	werdet
sie, Sie	spielen	warten	sehen	fahren	müssen	sind	haben	werden
	All weak verbs	*Verbs whose stems end in* **–t, –d,** *or* **–n**	*For verbs with stem vowel change see pp. 297ff*		*For other modal verbs see pp. 297ff*			

Future

Present Tense of werden +		Infinitive
ich	werde	verreisen
du	wirst	lachen
er, sie, es	wird	lernen
wir	werden	ankommen
ihr	werdet	hören
sie, Sie	werden	sehen

Future Perfect

Present Tense of werden +		Past Infinitive: Past Participle + haben/sein	
ich	werde	gelesen	haben
du	wirst	verreist	sein
er, sie, es	wird	getanzt	haben
wir	werden	angekommen	sein
ihr	werdet	geübt	haben
sie, Sie	werden	gefahren	sein

Present Perfect (Conversational Past)

auxiliary (haben or sein) + a past participle				
Formation of Past Participles				
Weak Verbs	spielen	(er) spielt	gespielt	Er hat gespielt.
with inseparable prefixes	besuchen	(er) besucht	besucht	Er hat ihn besucht.
with separable prefixes	abholen	(er) holt ab	abgeholt	Er hat uns abgeholt.
Strong Verbs	kommen		gekommen	Er ist gekommen.
with inseparable prefixes	bekommen		bekommen	Er hat es bekommen.
with separable prefixes	ankommen		angekommen	Er ist angekommen.

Note: For past participles of strong verbs and irregular verbs, see page 297ff.

Past Perfect

Imperfect of haben/sein +		Past Participle
ich	hatte	geschlafen
du	warst	verreist
er, sie, es	hatte	gelacht
wir	waren	angekommen
ihr	hattet	gesungen
sie, Sie	waren	geblieben

Imperfect (Narrative Past)

Infinitive:	**spielen**	**warten**	**sehen**	**fahren**	**müssen**	**sein**	**haben**	**werden**
ich	spielte	wartete	sah	fuhr	musste	war	hatte	wurde
du	spieltest	wartetest	sahst	fuhrst	musstest	warst	hattest	wurdest
er, sie, es	spielte	wartete	sah	fuhr	musste	war	hatte	wurde
wir	spielten	warteten	sahen	fuhren	mussten	waren	hatten	wurden
ihr	spieltet	wartetet	saht	fuhrt	musstet	wart	hattet	wurdet
sie, Sie	spielten	warteten	sahen	fuhren	mussten	waren	hatten	wurden
	All weak verbs	*Weak verbs whose stems end in –t, –d, or –n.*	*All strong verbs follow this pattern for endings. For vowel changes, see pp. 297ff*		*For other modal verbs see pp. 297ff*			

Modals

Present Tense	Future	Imperfect	Perfect	Past Perfect
ich darf	ich werde dürfen	ich durfte	ich habe gedurft (dürfen)	ich hatte gedurft (dürfen)
du darfst	du wirst dürfen	du durftest	du hast gedurft (dürfen)	du hattest gedurft (dürfen)
er darf	er wird dürfen	er durfte	er hat gedurft (dürfen)	er hatte gedurft (dürfen)
wir dürfen	wir werden dürfen	wir durften	wir haben gedurft (dürfen)	wir hatten gedurft (dürfen)
ihr dürft	ihr werdet dürfen	ihr durftet	ihr habt gedurft (dürfen)	ihr hattet gedurft (dürfen)
sie dürfen	sie werden dürfen	sie durften	sie haben gedurft (dürfen)	sie hatten gedurft (dürfen)

Other Present Tense Forms of Modals

können	mögen	mögen	müssen	sollen	wollen
ich kann	ich mag	ich möchte	ich muss	ich soll	ich will
du kannst	du magst	du möchtest	du musst	du sollst	du willst
er kann	er mag	er möchte	er muss	er soll	er will
wir können	wir mögen	wir möchten	wir müssen	wir sollen	wir wollen
ihr könnt	ihr mögt	ihr möchtet	ihr müsst	ihr sollt	ihr wollt
sie können	sie mögen	sie möchten	sie müssen	sie sollen	sie wollen

Other Imperfect and Perfect Forms

Imperfect	Perfect
ich konnte	ich habe gekonnt (können)
ich mochte	ich habe gemocht (mögen)
ich musste	ich habe gemusst (müssen)
ich sollte	ich habe gesollt (sollen)
ich wollte	ich habe gewollt (wollen)

Infinitive Forms

Active Voice

Present Infinitive	Past Infinitive: Past Participle + (zu) haben/(zu) sein	
(zu) sagen	gesagt	(zu) haben
(zu) fahren	gefahren	(zu) sein
(zu) haben	gehabt	(zu) haben
(zu) sein	gewesen	(zu) sein
(zu) können	gekonnt	(zu) haben

Passive Voice

Present Infinitive	Past Infinitive
gesagt (zu) werden	gesagt worden (zu) sein
gefahren (zu) werden	gefahren worden (zu) sein

The Passive Voice

Present Tense	Future	Imperfect
ich werde angerufen du wirst angerufen er, sie, es wird angerufen wir werden angerufen ihr werdet angerufen sie, Sie werden angerufen	ich werde angerufen werden du wirst angerufen werden er wird angerufen werden wir werden angerufen werden ihr werdet angerufen werden sie werden angerufen werden	ich wurde angerufen du wurdest angerufen er wurde angerufen wir wurden angerufen ihr wurdet angerufen sie wurden angerufen

Perfect	Past Perfect
ich bin angerufen worden du bist angerufen worden er ist angerufen worden wir sind angerufen worden ihr seid angerufen worden sie sind angerufen worden	ich war angerufen worden du warst angerufen worden er war angerufen worden wir waren angerufen worden ihr wart angerufen worden sie waren angerufen worden

With Modals

Present Tense	Future	Imperfect
ich kann erreicht werden du kannst erreicht werden er kann erreicht werden wir können erreicht werden ihr könnt erreicht werden sie können erreicht werden	ich werde erreicht werden können du wirst erreicht werden können er wird erreicht werden können wir werden erreicht werden können ihr werdet erreicht werden können sie werden erreicht werden können	ich konnte erreicht werden du konntest erreicht werden er konnte erreicht werden wir konnten erreicht werden ihr konntet erreicht werden sie konnten erreicht werden

Subjunctive Verb Forms (Subjunctive II)
Weak Verbs

referring to present/future	referring to past
ich (spielte) würde spielen du (spieltest) würdest spielen er (spielte) würde spielen wir (spielten) würden spielen ihr (spieltet) würdet spielen sie (spielten) würden spielen	ich hätte gespielt du hättest gespielt er hätte gespielt wir hätten gespielt ihr hättet gespielt sie hätten gespielt

Strong Verbs

referring to present/future	referring to past
ich ginge du gingest* er ginge wir gingen ihr ginget sie gingen	ich wäre gegangen du wär(e)st gegangen er wäre gegangen wir wären gegangen ihr wär(e)t gegangen sie wären gegangen

* When in doubt about subjunctive forms of strong verbs, use **würde** + the infinitive instead. Some subjunctive forms that are still being used are listed in the section Principal Parts of Verbs, in the column Past. The first person form of the subjunctive is listed in parentheses.

haben, sein, werden, and the Modals

	referring to present/future	referring to past
haben	ich hätte du hättest er hätte wir hätten ihr hättet sie hätten	ich hätte gehabt du hättest gehabt er hätte gehabt wir hätten gehabt ihr hättet gehabt sie hätten gehabt
sein	ich wäre du wär(e)st er wäre wir wären ihr wär(e)t sie wären	ich wäre gewesen du wär(e)st gewesen er wäre gewesen wir wären gewesen ihr wär(e)t gewesen sie wären gewesen
werden	ich würde du würdest er würde wir würden ihr würdet sie würden	ich wäre (ge)worden du wär(e)st (ge)worden er wäre (ge)worden wir wären (ge)worden ihr wär(e)t (ge)worden sie wären (ge)worden
dürfen	ich dürfte du dürftest er dürfte wir dürften ihr dürftet sie dürften	ich hätte gedurft (dürfen) du hättest gedurft (dürfen) er hätte gedurft (dürfen) wir hätten gedurft (dürfen) ihr hättet gedurft (dürfen) sie hätten gedurft (dürfen)
können	ich könnte du könntest er könnte wir könnten ihr könntet sie könnten	ich hätte gekonnt (können) du hättest gekonnt (können) er hätte gekonnt (können) wir hätten gekonnt (können) ihr hättet gekonnt (können) sie hätten gekonnt (können)
mögen	ich möchte du möchtest er möchte wir möchten ihr möchtet sie möchten	ich hätte gemocht (mögen) du hättest gemocht (mögen) er hätte gemocht (mögen) wir hätten gemocht (mögen) ihr hättet gemocht (mögen) sie hätten gemocht (mögen)
müssen	ich müsste du müsstest er müsste wir müssten ihr müsstet sie müssten	ich hätte gemusst (müssen) du hättest gemusst (müssen) er hätte gemusst (müssen) wir hätten gemusst (müssen) ihr hättet gemusst (müssen) sie hätten gemusst (müssen)
sollen	ich (sollte) würde sollen du (solltest) würdest sollen er (sollte) würde sollen wir (sollten) würden sollen ihr (solltet) würdet sollen sie (sollten) würden sollen	ich hätte gesollt (sollen) du hättest gesollt (sollen) er hätte gesollt (sollen) wir hätten gesollt (sollen) ihr hättet gesollt (sollen) sie hätten gesollt (sollen)
wollen	ich (wollte) würde wollen du (wolltest) würdest wollen er (wollte) würdest wollen wir (wollten) würden wollen ihr (wolltet) würdet wollen sie (wollten) würden wollen	ich hätte gewollt (wollen) du hättest gewollt (wollen) er hätte gewollt (wollen) wir hätten gewollt (wollen) ihr hättet gewollt (wollen) sie hätten gewollt (wollen)

Weak and Strong Verbs — Passive Voice

	referring to present/future	referring to past
weak	ich würde fotografiert du würdest fotografiert er würde fotografiert wir würden fotografiert ihr würdet fotografiert sie würden fotografiert	ich wäre fotografiert worden du wär(e)st fotografiert worden er wäre fotografiert worden wir wären fotografiert worden ihr wär(e)t fotografiert worden sie wären fotografiert worden
strong	ich würde eingeladen du würdest eingeladen er würde eingeladen wir würden eingeladen ihr würdet eingeladen sie würden eingeladen	ich wäre eingeladen worden du wär(e)st eingeladen worden er wäre eingeladen worden wir wären eingeladen worden ihr wär(e)t eingeladen worden sie wären eingeladen worden

Quotative Verb Forms (Subjunctive I)

Weak Verbs

referring to present/future	referring to past
ich (spiele; spielte) würde spielen du spielest er spiele wir (spielen; spielten) würden spielen ihr spielet sie (spielen; spielten) würden spielen	ich habe gespielt du habest gespielt er habe gespielt wir (haben) hätten gespielt ihr habet gespielt sie (haben) hätten gespielt

Strong Verbs

referring to present/future	referring to past	
ich (gehe) ginge* du gehest er gehe wir (gehen) gingen ihr gehet sie (gehen) gingen	ich sei gegangen du sei(e)st gegangen er sei gegangen wir seien gegangen ihr seiet gegangen sie seien gegangen	ich (habe) hätte gerufen du habest gerufen er habe gerufen wir (haben) hätten gerufen ihr habet gerufen sie (haben) hätten gerufen

* When in doubt about quotative forms of strong verbs, use **werden** + the infinitive, or **würde** + the infinitive.

haben, sein, werden, and the Modals

	referring to present/future	referring to past
haben	ich (habe) hätte du habest er habe wir (haben) hätten ihr habet sie (haben) hätten	ich (habe) hätte gehabt du habest gehabt er habe gehabt wir (haben) hätten gehabt ihr habet gehabt sie (haben) hätten gehabt

	referring to present/future	**referring to past**
sein	ich sei du sei(e)st er sei wir seien ihr seiet sie seien	ich sei gewesen du sei(e)st gewesen er sei gewesen wir seien gewesen ihr seiet gewesen sie seien gewesen
werden	ich (werde) würde du werdest er werde wir (werden) würden ihr (werdet) würdet sie (werden) würden	ich sei (ge)worden du sei(e)st (ge)worden er sei (ge)worden wir seien (ge)worden ihr seiet (ge)worden sie seien (ge)worden
dürfen	ich dürfe du dürfest er dürfe wir (dürfen) dürften ihr dürfet sie (dürfen) dürften	ich (habe) hätte gedurft (dürfen) du habest gedurft (dürfen) er habe gedurft (dürfen) wir (haben) hätten gedurft (dürfen) ihr habet gedurft (dürfen) sie (haben) hätten gedurft (dürfen)
können	ich könne du könnest er könne wir (können) könnten ihr könnet sie (können) könnten	ich (habe) hätte gekonnt (können) du habest gekonnt (können) er habe gekonnt (können) wir (haben) hätten gekonnt (können) ihr habet gekonnt (können) sie (haben) hätten gekonnt (können)
mögen	ich möge du mögest er möge wir (mögen) möchten ihr möget sie (mögen) möchten	ich (habe) hätte gemocht (mögen) du habest gemocht (mögen) er habe gemocht (mögen) wir (haben) hätten gemocht (mögen) ihr habet gemocht (mögen) sie (haben) hätten gemocht (mögen)
müssen	ich müsse du müssest er müsse wir (mögen) möchten ihr möget sie (mögen) möchten	ich (habe) hätte gemusst (müssen) du habest gemusst (müssen) er habe gemusst (müssen) wir (haben) hätten gemusst (müssen) ihr habet gemusst (müssen) sie (haben) hätten gemusst (müssen)
sollen	ich solle du sollest er solle wir (sollen) sollten ihr sollet sie (sollen) sollten	ich (habe) hätte gesollt (sollen) du habest gesollt (sollen) er habe gesollt (sollen) wir (haben) hätten gesollt (sollen) ihr habet gesollt (sollen) sie (haben) hätten gesollt (sollen)
wollen	ich wolle du wollest er wolle wir (wollen) wollten ihr wollet sie (wollen) wollten	ich (habe) hätte gewollt (wollen) du habest gewollt (wollen) er habe gewollt (wollen) wir (haben) hätten gewollt (wollen) ihr habet gewollt (wollen) sie (haben) hätten gewollt (wollen)

Weak and Strong Verbs — Passive Voice

	referring to present/future	referring to past
weak	ich (werde) würde fotografiert du werdest fotografiert er werde fotografiert wir (werden) würden fotografiert ihr (werdet) würdet fotografiert sie (werden) würden fotografiert	ich sei fotografiert worden du sei(e)st fotografiert worden er sei fotografiert worden wir seien fotografiert worden ihr seiet fotografiert worden sie seien fotografiert worden
strong	ich (werde) würde eingeladen du werdest eingeladen er werde eingeladen wir (werden) würden eingeladen ihr (werdet) würdet eingeladen sie (werden) würden eingeladen	ich sei eingeladen worden du sei(e)st eingeladen worden er sei eingeladen worden wir seien eingeladen worden ihr seiet eingeladen worden sie seien eingeladen worden

Principal Parts of Verbs

This list includes all strong verbs and weak verbs with a stem vowel change from the 24 units of **Unsere Freunde,** the 16 units of **Die Welt der Jugend,** and the 25 units of **Auf dem Wege!.** For the most part, only the basic verbs are listed. Verbs with separable and inseparable prefixes are listed only if the basic verb has not been taught, or if the prefixed verb uses **sein** to form the perfect tense. Usually, only one English meaning of the verb is given. Other meanings may be found in the German-English Vocabulary. The form in parentheses in the column marked Past is a commonly used subjunctive form.

Infinitive	Present (stem vowel change)	Past	Past Participle	Meaning
abbiegen		bog ab	ist abgebogen	to turn
anfangen	fängt an	fing an	angefangen	to begin
backen	bäckt	backte	gebacken	to bake
beginnen		begann	begonnen	to begin
beissen		biss	gebissen	to bite
bekommen		bekam (bekäme)	bekommen	to get, receive
biegen		bog	gebogen	to bend
bieten		bot	geboten	to offer
binden		band	gebunden	to tie
bitten		bat	gebeten	to ask
blasen	bläst	blies	geblasen	to blow (wind)
bleiben		blieb (bliebe)	ist geblieben	to stay
brechen	bricht	brach	gebrochen	to break
brennen		brannte	gebrannt	to burn
bringen		brachte	gebracht	to bring
denken		dachte	gedacht	to think
dürfen	darf	durfte	gedurft (dürfen)	to be allowed, may
eintreffen	trifft ein	traf ein	ist eingetroffen	to arrive, come in
empfehlen	empfiehlt	empfahl	empfohlen	to recommend
s. entscheiden		entschied	entschieden	to decide
entstehen		entstand	ist entstanden	to develop, come into being
erscheinen		erschien	ist erschienen	to appear
s. erschrecken	erschrickt	erschrak	ist erschrocken	to be frightened
essen	isst	ass	gegessen	to eat
fahren	fährt	fuhr (führe)	gefahren	to drive (a vehicle)
fahren	fährt	fuhr	ist gefahren	to travel
fallen	fällt	fiel	ist gefallen	to fall
finden		fand (fände)	gefunden	to find
fliegen		flog	ist geflogen	to fly
fliessen		floss	ist geflossen	to flow
fressen	frisst	frass	gefressen	to eat (of animals)
frieren		fror	gefroren	to freeze

Infinitive	Present (stem vowel change)	Past	Past Participle	Meaning
geben	gibt	gab	gegeben	to give
gefallen	gefällt	gefiel	gefallen	to please, be pleasing
gehen		ging (ginge)	ist gegangen	to go, walk
gelingen		gelang	ist gelungen	to succeed
gelten	gilt	galt	gegolten	to apply
geniessen		genoss	genossen	to enjoy
geschehen	geschieht	geschah	ist geschehen	to happen
gewinnen		gewann	gewonnen	to win
giessen		goss	gegossen	to water
griefen		griff	gegriffen	to grab, grasp
haben	hat	hatte (hätte)	gehabt	to have
halten	hält	hielt	gehalten	to hold
hängen		hing	gehangen	to hang, be hanging
heben		hob	gehoben	to lift, raise
heissen		hiess	geheissen	to be named
helfen	hilft	half	geholfen	to help
hinunterschiessen		schoss hinunter	ist hinuntergeschossen	to shoot down (a slope)
kennen		kannte	gekannt	to know, be familiar with
klingen		klang	geklungen	to sound
kommen		kam (käme)	ist gekommen	to come
können	kann	konnte (könnte)	gekonnt (können)	to be able, can
laden	lädt	lud	geladen	to load
lassen	lässt	liess (liesse)	gelassen	to leave
laufen	läuft	lief	ist gelaufen	to run, walk
leiden		litt	gelitten	to suffer
leihen		lieh	geliehen	to lend
lesen	liest	las	gelesen	to read
liegen		lag	gelegen	to lie, be located
liegenlassen	lässt liegen	liess liegen	liegenlassen	to forget
messen	misst	mass	gemessen	to measure
mögen	mag	mochte (möchte)	gemocht (mögen)	to like
müssen	muss	musste (müsste)	gemusst (müssen)	to have to, must
nehmen	nimmt	nahm (nähme)	genommen	to take
nennen		nannte	genannt	to name
raten	rät	riet	geraten	to guess; advise
reiben		rieb	gerieben	to rub
reissen		riss	gerissen	to tear
rennen		rannte	ist gerannt	to run
reiten		ritt	ist geritten	to ride horseback
riechen		roch	gerochen	to smell
rufen		rief	gerufen	to call
schaffen		schuf	geschaffen	to create
scheinen		schien	geschienen	to shine, appear
schieben		schob	geschoben	to push
schiessen		schoss	geschossen	to shoot
schlafen	schläft	schlief	geschlafen	to sleep
schlagen	schlägt	schlug	geschlagen	to beat
schliessen		schloss	geschlossen	to shut
schneiden		schnitt	geschnitten	to cut
schreiben		schrieb	geschrieben	to write
schreien		schrie	geschrien	to scream
schwimmen		schwamm	ist geschwommen	to swim
schwingen		schwang	geschwungen	to swing, wave
sehen	sieht	sah	gesehen	to see
sein	ist	war (wäre)	ist gewesen	to be
senden		sandte	gesandt	to send
singen		sang	gesungen	to sing
sitzen		sass	gesessen	to sit
sollen	soll	sollte (sollte)	gesollt (sollen)	to be supposed to, shall
sprechen	spricht	sprach	gesprochen	to speak
springen		sprang	ist gesprungen	to jump
stechen	sticht	stach	gestochen	to sting

Infinitive	Present (stem vowel change)	Past	Past Participle	Meaning
stehen		stand	gestanden	to stand
steigen		stieg	ist gestiegen	to climb, rise
sterben	stirbt	starb	ist gestorben	to die
stossen	stösst	stiess	gestossen	to knock, bump
streichen		strich	gestrichen	to brush
streiten		stritt	gestritten	to quarrel
tragen	trägt	trug	getragen	to carry, wear
treffen	trifft	traf	getroffen	to hit
treiben		trieb	getrieben	to drive, herd
treten		trat	ist getreten	to step, walk
trinken		trank	getrunken	to drink
tun		tat (täte)	getan	to do
überwinden		überwand	überwunden	to overcome
vergessen	vergisst	vergass	vergessen	to forget
vergleichen		verglich	verglichen	to compare
verlieren		verlor	verloren	to lose
vermeiden		vermied	vermieden	to avoid
verschwinden		verschwand	ist verschwunden	to disappear
wachsen	wächst	wuchs	ist gewachsen	to grow
waschen		wusch	gewaschen	to wash
weichen		wich	ist gewichen	to give way to
weisen		wies	gewiesen	to indicate
wenden		wandte	gewandt	to turn
werben	wirbt	warb	geworben	to apply
werden	wird	wurde (würde)	ist geworden (worden)	to become
werfen	wirft	warf	geworfen	to throw
wiegen		wog	gewogen	to weigh
wissen	weiss	wusste	gewusst	to know (facts)
wollen	will	wollte (wollte)	gewollt (wollen)	to want to
ziehen		zog	gezogen	to pull
ziehen		zog	ist gezogen	to go

Deutsch-Englisches Wörterverzeichnis

A

ab *from, starting at; departing (notation on train schedules);* **ab DM 6, 95** *from 6 marks 95;* **ab und zu** *now and then*

ab- (pref) *away, down*

abbauen *to fold up, put away; to break down, do away with*

abbiegen *to turn,* **beim Abbiegen** *when turning*

die **Abbildung, –en** *illustration*

abdrehen *to turn off*

abebben *to die down*

der **Abend, –e** *evening;* **am Abend** *in the evening;* **guten Abend** *good evening;* **heute abend** *this evening;* **zu Abend essen** *to eat supper*

das **Abendbrot** *supper*

das **Abendessen, –** *evening meal, supper*

das **Abenteuer, –** *adventure*

abenteuerlich *adventurous*

aber *but;* **das ist aber nett! why, that's awfully nice!**

abfahren *to depart, leave the station*

die **Abfahrt, –en** *departure, descent*

der **Abfahrtslauf, ̈e** *downhill race*

der **Abfall, ̈e** *waste, garbage*

der **Abfallbehälter, –** *garbage can; wastebasket*

der **Abfallbeutel, –** *garbage bag*

der **Abfalleimer, –** *garbage can*

die **Abfalltonne, –n** *garbage can*

abfressen *to eat (of animals)*

abgeändert *changed*

abgeben *to turn in*

abgedichtet *sealed*

abgehärtet *hardened, tough*

abhalten *to hinder, obstruct*

der **Abhang, ̈e** *slope*

abholen *to pick up*

abholzen: einen Wald abholzen *to cut down trees*

das **Abitur** *final examination for Gymnasium students*

der **Abiturient, –en** *one who has passed the Abitur*

abkühlen *to cool off*

die **Abkürzung, –en** *shortcut*

abladen *to unload*

ablassen *to let off, release*

abliefern *to deliver*

abmachen *to settle, arrange;* **abgemacht!** *agreed!*

abnehmen *to take off,* **den Hörer abnehmen** *to lift the receiver*

die **Abräumehilfe, –n** *busboy*

abräumen *to clear off*

abreisen *to depart*

der **Absatz, ̈e** *sales*

das **Abschalten** *turning off*

der **Abschied: zum Abschied** *as a farewell, when saying goodbye*

abschlaffen *to go limp with extreme mental fatigue (coll)*

abschliessen *to lock;* **einen Vertrag abschliessen** *to enter into a legal contract or agreement*

der **Abschluss** *type of diploma or school–leaving certificate*

abschreiben *to copy*

die **Abschrift, –en** *copy*

der **Absender, –** *sender*

abspülen *to rinse off*

absteigen *to climb down, descend*

abstellen *to turn off; to park, leave*

abschneiden *to cut off;* **gut/schlecht abschneiden** *to do well/badly*

Absenken: beim Absenken von . . . auf *by lowering from . . . to*

die **Absicht, –en** *intention*

die **Abstammung: deutscher Abstammung** *of German descent*

der **Abstand: Abstand halten** *to keep a distance*

die **Abstimmung, –en** *vote*

abstossen *to push off*

abstumpfen *to become dull, insensitive*

abtauen *to defrost*

das **Abteil, –e** *compartment*

die **Abteilung, –en** *department*

s. **abtrocknen** *to dry oneself off*

abwarten *to wait (and see)*

das **Abwasser, ̈** *sewage, waste water*

abwenden *to avert*

die **Abwesenheit** *absence*

abwiegen *to weigh*

abwischen *to wipe off*

der **Abzug, ̈e** *print, copy*

ach! *oh!*

acht *eight;* **achtgeben** *to watch out, pay attention to*

achten auf *to pay attention to; to see to*

die **Achterbahn, –en** *(carnival ride)*

der **Achterflug, ̈e** *prescribed flight figure in the form of the numeral 8*

Achtung! *careful! watch out!*

achtzehn *eighteen*

achtzig *eighty*

der **Ackerbau** *farming*

der **Adelsstand** *nobility;* **in den Adelsstand erheben** *to confer nobility upon*

adoptieren *to adopt*

der **Adoptivvater, ̈** *adoptive father*

die **Adjektivendung, –en** *adjective ending*

der **Adler, –** *eagle*

der **Advokat, –en** *lawyer*

die **Aerodynamik** *aerodynamics*

der **Affe, –n** *monkey*

das **Agrarland** *agricultural country; farm land*

das **Agrarprodukt, –e** *farm product*

Ägypten *Egypt*

ähnlich *similar*

die **Ahnung, –en** *idea, notion;* **keine Ahnung haben** *to have no idea*

der **Airport, –s** *airport*

der **Akademiker, –** *person with a university education*

die **Akkordarbeit, –en** *piece-work*

die **Aktion, –en** *campaign*

aktiv *active*

die **Aktivität, –en** *activity*

aktuell *current, up-to-date*

akzeptieren *to accept*

das **Album, Alben** *album*

der **Alkohol** *alcohol*

alkoholfrei *nonalcoholic*

alle *all;* **alle drei Jahre** *every three years;* **alle sein** *to be all gone, used up;* **vor allem** *above all*

allein *alone*
allerbest– *best of all*
alles *everything; all;* alles Gute *best wishes*
der Allesfresser, – *omnivore*
das Allgäu *(area in southern Germany)*
allgemein *general;* im allgemeinen *in general*
allmählich *gradually*
der Alltag *daily routine*
die Alm, –en *Alpine pasture*
die Alpen (pl) *Alps*
das Alpengebiet, –e *Alpine region*
der Alpenverein, –e *hiking club*
das Alpenvorland *Alpine foothills*
das Alphabet *the alphabet*
als *as, then, when;* als erstes *first of all, the first thing;* als Junge *as a boy*
also *well; therefore, so; okay, then*
alt *old*
das Alter, – *age;* im Alter *at the age of*
der Ältere, –n *older person;* ältere Leute *elderly people*
der Altersaufbau *age distribution (of the population)*
die Altersgruppe, –n *age group*
das Altpapier, –e *old newspaper*
die Altstadt, –̈e *old part of the city*
altertümlich *antique*
das Aluminium *aluminum*
die Aluminiumfolie *aluminum foil*
am (an dem) am Anfang *in the beginning;* am Hang *on the slope;* am Himmel *in the sky;* am Leben bleiben *to stay alive;* am liebsten *most, best of all;* am liebsten haben *to like best;* am Samstag *on Saturday;* am Zaun *by the fence;* am 22. Juli *on July 22nd*
der Amerikaner, – *American*
amerikanisch (adj) *American*
die Ampel, –n *traffic light*
das Amt, –̈er *office*
s. amüsieren *to have fun*
an *to, on, at, by, against; arriving (notation on train schedules);* an der Hand *by the hand*
an- (pref) *towards*
anbauen *to plant, grow*
anbieten *to offer, to present*
der Anblick, –e *view, sight*
anbrennen *to catch fire, burn*
das Andenken *souvenir*
andere *other, others;* die anderen *the others;* ihr andern *the rest of you*
s. ändern *to change*
anders: sie haben es sich anders überlegt *they changed their minds*
anderseits *on the other hand*

anderswo *elsewhere*
andichten *to claim, attribute*
andre: alles andre *everything else;* die andre *the other one;* manches andre *many other things*
andrehen *to turn on*
andres: (et)was andres *something else, something different*
die Anekdote, –n *anecdote*
anerkennen *to recognize, acknowledge*
s. aneignen *to acquire*
der Anfang, –̈e *beginning, start;* am Anfang *in the beginning;* Anfang März *at the beginning of March*
anfangen *to begin, start;* Sie können mit ihrer Freizeit nichts anfangen. *They don't know what to do in their leisure time.*
der Anfänger, – *beginner*
die Anfängergruppe, –n *group of beginners*
anfangs *in the beginning, at first*
die Anfangszeit, –en *beginning, early time*
anfassen *to touch, take hold of*
anfertigen *to make*
anfeuchten *to dampen*
die Anforderung, –en *requirement*
die Angaben: nach Angaben *according to information*
angeben *to brag; to list, give*
angeblich *supposedly*
das Angebot, –e *offer;* das Angebot an *selection of;* im Angebot *on sale*
angegurtet *wearing a seatbelt*
angehen: das geht dich nichts an! *That's none of your business!*
der Angehörige, –n *member*
angeln *to fish*
angerichtet *incurred*
der Angestellte, –n *white-collar worker*
angestrichen *painted*
angewiesen sein auf *to be dependent upon*
der Angler, – *fisherman*
die Angst, –̈e *fear;* Angst haben *to be afraid;* aus Angst vor *out of fear of*
anhalten *to stop, come to a stop;* anhalten zu *to require to, insist that*
der Anhänger, – *follower, enthusiast*
anhören *to listen to (s.th.); to belong to (an organization)*
ankommen *to arrive;* auf mich kommt es nicht an *what I do doesn't matter*
die Ankunft, –̈e *arrival*
die Anlage, –n *installation, facility*
anlassen *to start up*
der Anlauf, –̈e *(running) start*

anlegen *to build, put in*
das Anmeldeformular, –e *application form*
s. anmelden *to apply, register,* zur Prüfung anmelden *to sign up for a test*
annehmen *to assume, take on*
der Anorak, –s *parka*
anprobieren *to try on*
die Anrede, –n *greeting, salutation*
anregen *to stimulate*
die Anregung, –en *suggestion*
der Anruf, –e *telephone call*
anrufen *to call up*
anschauen *to watch, look at*
anschliessen an *to connect, hook up to*
anschliessend *after that*
anschnallen *to fasten;* s. anschnallen *to fasten one's seatbelt*
die Anschrift, –en *address*
s. ansehen *to look at;* ansehen als *to regard as*
die Ansichtskarte, –n *picture postcard*
ansprechen *to reach, address; to talk to*
anspritzen *to splash*
anspruchsvoll *demanding*
anstecken *to infect, pass along (an illness)*
ansteigen *to increase, rise*
anstellen *to hire;* s. anstellen *to stand in line*
der Anstieg, –e *rise, ascent*
anstimmen *to start up (a song)*
s. anstrengen *to exert o.s., to make an effort*
anstrengend *strenuous*
der Ansturm, –̈e *onslaught*
der Anteil, –e *share, portion*
antik *ancient*
die Antiquität, –en *antique*
die Antwort, –en *answer*
antworten *to answer*
die Anweisung, –en *instruction*
die Anzahl *number*
die Anzeige, –n *ad*
anziehen *to put on;* s. anziehen *to get dressed*
die Anziehungskraft *gravity*
der Anzug, –̈e *suit*
der Apfel, –̈ *apple*
der Apfelsaft, –̈e *apple juice*
die Apfelsine, –n *orange*
die Apotheke, –n *pharmacy*
der Apotheker, – *pharmacist*
der Apparat, –e *phone*
appellieren an *to appeal to*
der Appetit *appetite;* guten Appetit! *hearty appetite! (enjoy your meal!)*
der Applaus *applause*
das Aquarium, Aquarien *aquarium*
die Arbeit, –en *work*
arbeiten *to work*
der Arbeiter, – *blue-collar worker*

der **Arbeitgeber, –** *employer*
der **Arbeitnehmer, –** *employee*
das **Arbeitsamt, ⸚er** *employment bureau*
der **Arbeitsanfang** *starting time at work*
der **Arbeitskollege, –n** *colleague at work*
die **Arbeitskraft, ⸚e** *strength and productivity*
arbeitslos *unemployed*
der **Arbeitslose, –n** *unemployed (person)*
der **Arbeitsplatz, ⸚e** *place of work*
der **Arbeitsschluss** *quitting time*
die **Arbeitsstatistik, –en** *labor statistics*
die **Arbeitsvermittlung, –en** *employment office*
der **Arbeitsvertrag, ⸚e** *employment contract*
die **Arbeitszeit, –en** *working hours*
das **Arbeitszimmer, –** *workroom*
der **Architekt, –en** *architect*
der **Ärger** *trouble; es gibt Ärger there'll be trouble*
ärgern *to annoy*
arm *poor*
der **Arm, –e** *arm*
das **Armband, ⸚er** *bracelet*
die **Armbanduhr, –en** *wristwatch*
die **Armbrust, ⸚e** *crossbow*
der **Armbrustschütze, –n** *crossbowman*
die **Armee, –n** *army*
der **Ärmelkanal** *English Channel*
die **Art, –en** *kind, type; species; ähnlicher Art of a similar nature*
der **Artikel, –** *article*
die **Artischoke, –n** *artichoke*
der **Arzt, ⸚e** *doctor*
der **Ärztemangel** *shortage of doctors*
die **Arzthelferin, –nen** *doctor's assistant*
die **Ärztin, –nen** *doctor*
ärztlich *medical*
das **Arztrezept, –e** *doctor's prescription*
die **Asche** *ashes*
der **Aschenbecher, –** *ashtray*
der **Aschermittwoch** *Ash Wednesday*
der **Aspekt, –e** *aspect*
die **Aster, –n** *aster*
der **Atem** *breath*
atmen *to breathe; zum Atmen for breathing*
die **Atmosphäre** *atmosphere*
der **Atomreaktor, –en** *atomic reactor*
die **Attraktion, –en** *attraction*
attraktiv *attractive*
aua! *ouch!*
auch *also, too; ich auch! me, too*
auf *on; on top of; open; auf einer Party at a party; auf etwas zu toward, in the direction of s.th.;*

auf dem Land *in the country;* auf deutsch *in German;* auf die Plätze! *on your mark!* auf Platz eins *in first place;* auf tausend Kilometer *every thousand kilometers;* auf zum Schilager! *off we go to the ski lodge!;* aufs 1. Programm umschalten *to change to Channel 1*
der **Aufbau, –ten** *structure; building up*
aufbauen *to build up*
aufbewahren *to store, keep*
aufbrechen *to set out, break camp*
aufbleiben *to stay up*
der **Aufenthalt, –e** *sojourn, brief stay*
aufessen *to eat up*
auffallen *to be noticeable; to attract attention; es fällt einem auf it strikes one*
auffordern *to ask (to dance); to urge*
aufführen *to perform*
die **Aufführung, –en** *performance*
die **Aufgabe, –n** *assignment; task; job, goal; zur Aufgabe haben to have as a function*
aufgebaut *stacked, displayed*
aufgeben *to give up*
aufgehen *to go up, rise*
aufhaben *to be assigned; sie hat so viel auf! she has so much homework!*
aufhalten *to hold up, take up a person's time; s. aufhalten to spend one's time*
aufhängen *to hang up*
aufheben *to keep, save; to pick up*
aufhören *to stop*
die **Aufklärungsaktion, –en** *campaign to inform or educate people about something*
auflegen *to put on (a record); den Hörer auflegen to hang up the receiver*
auflösen *to dissolve*
aufmachen *to open*
aufmerksam *attentive(ly); aufmerksam machen auf to call attention to*
die **Aufnahme, –n** *photo, picture*
der **Aufnahmeplatz, ⸚e** *place to record*
das **Aufnahmestudio, –s** *recording studio*
aufpassen *to watch out, be careful*
aufpumpen *to pump up*
die **Aufräumearbeit, –en** *clean-up chores*
der **Aufräumedienst, –e** *clean-up crew*
aufräumen *to clean up, put in order*

der **Aufsatz, ⸚e** *composition*
das **Aufsatzthema, –themen** *composition theme*
aufschlagen *to open*
der **Aufschnitt** *cold cuts*
aufschreiben *to write down*
der **Aufschwung, ⸚e** *rise, boom*
s. **aufsetzen** *to put on*
aufstehen *to get up*
aufstellen: Rekorde aufstellen *to set records*
der **Aufstieg, –e** *ascent; promotion*
auftanken *to tank up, fill up with*
aufteilen *to divide up*
auftragen: auftragen auf *to put on, apply*
auftreten *to enter (the stage)*
der **Auftrieb** *cattle drive (to the Alpine pasture)*
aufwachen *to wake up*
aufwärts *up, upward*
aufwecken *to wake up*
aufzählen *to list, count up*
das **Auge, –n** *eye*
die **Augenbraue, –n** *eyebrow*
der **Augenbrauenstift, –e** *eyebrow pencil*
die **Augenhöhe** *eye level*
das **Augenlid, –er** *eyelid*
der **Augenoptiker, –** *optician*
die **Augenwimper, –n** *eyelash*
die **Aula, –s** *auditorium*
aus *from; out, out of; aus England from England; aus Metall (made) out of metal; kommen aus to come from; von hier aus from here, from this point*
ausbilden *to train*
der **Ausbilder, –** *teacher, instructor*
die **Ausbildung, –en** *education; professional and/or vocational training*
die **Ausbildungsabteilung, –en** *training department*
der **Ausbildungsberuf, –e** *occupation requiring formal training*
der **Ausbildungsplatz, ⸚e** *opportunity for job training, apprenticeship*
die **Ausbildungsvergütung** *compensation for work done during vocational training*
der **Ausbildungsvertrag, ⸚e** *apprenticeship contract*
ausbrechen *to break out; in ein Gelächter ausbrechen to break out in laughter*
ausbreiten *to spread out*
die **Ausdauer** *perseverance*
der **Ausdruck, ⸚e** *expression, phrase*
ausdrücken *to express*
der **Ausflug, ⸚e** *outing; einen Ausflug machen to go on an outing*

das **Ausflugziel, –e** *destination for an outing*
ausführen *to export*
ausführlich *detailed*
die **Ausführung: Bilder in allen Ausführungen** *pictures in all formats*
die **Ausgabe, –n** *expenditure*
die **Ausgangsposition, –en** *starting position*
ausgeben *to spend (money)*
ausgefüllt *filled-out (document)*
ausgeglichen sein *balanced*
ausgehen *to go out; to run out (of s.th.);* die Hähnchen sind aus gegangen *we ran out of chicken*
ausgerechnet: ausgerechnet hier *here of all places*
ausgerüstet *outfitted, equipped*
ausgeschlossen *out of the question*
ausgestorben sein *to be extinct*
ausgestreckt *stretched out*
ausgezeichnet *excellently, pefectly*
aushelfen *to help out, assist*
s. **auskennen** *to know one's way around; to be familiar with*
auskommen *to get along*
die **Auskunft, ⸚e** *information;* um Auskunft bitten *to ask for information*
auslachen *to laugh at, make fun of*
das **Ausland** *foreign country, countries;* ins Ausland *to a foreign country*
der **Ausländer, –** *foreigner*
ausländisch *foreign*
auslernen *to complete one's training*
ausmachen *to put out;* es macht ihr nichts aus *it doesn't matter to her*
die **Ausnahme, –n** *exception*
auspacken *to unpack, unwrap*
ausräumen *to empty, clear out*
die **Ausrede, –n** *excuse*
ausreichen *to be enough*
ausreichend *sufficient*
der **Ausrufer, –** *carnival barker*
ausruhen *to relax, rest*
die **Ausrüstung, –en** *outfit and equipment*
ausrutschen *to slip, slide*
aussagen: etwas aussagen über *to say, reveal s.th. about*
ausschalten *to turn off*
ausschliesslich *exclusively*
der **Ausschnitt, –e** *portion, excerpt, detail (from a work of art)*
aussehen *to look, appear;* es sah so aus, als ob *it looked as if;* er sieht gut aus! *he's good-looking!*

aussen: von aussen *from the outside*
äusser- *outer*
ausserdem *aside from that*
ausserordentlich *exceptional*
die **Aussicht, –en** *view*
die **Aussichtsterrasse, –n** *observation deck*
die **Aussprache, –n** *discussion, exchange of views*
ausspülen *to rinse out*
aussteigen *to get out*
ausstellen *to issue; to exhibit, show*
aussterben *to become extinct, die out*
aussuchen *to select*
austauschen *to exchange*
austragen: Briefe austragen *to carry out, deliver letters;* einen Freundschaftskampf austragen *to have a friendly game*
ausüben *to do, perform, carry out; to exert, to pursue*
ausverkauft *sold out*
die **Auswahl** *choice, selection*
auswählen *to choose*
der **Auswanderer, –** *emigrant*
auswandern *to emigrate*
das **Auswärtige Amt** *Foreign Office (State Department)*
der **Ausweis, –e** *identification*
auswendig: auswendig lernen *to memorize*
das **Auswendiglernen** *memorization*
s. **auszeichnen** *to distinguish o.s.*
ausziehen *to move out;* s. ausziehen *to get undressed*
der **Auszubildende, –n** *apprentice*
der **Auszug, ⸚e** *excerpt*
authentisch *authentic*
das **Auto, –s** *car*
die **Autobahn, –en** *superhighway*
der **Autofahrer, –** *driver (of a car)*
das **Autogramm, –e** *autograph*
der **Autoinsasse, –n** *occupant, passenger in a car*
das **Autokennzeichen, –** *auto identification on license plate*
die **Autokolonne, –n** *line of cars*
die **Automatik** *automatic transmission*
automatisch *automatic*
die **Autoschlange, –n** *long line of cars*
der **Autotyp, –en** *type of car*
auweh! *oh, no!*

B

der **Bach, ⸚e** *stream*
das **Bächlein, –** *little brook*
backen *to bake*
der **Backenzahn, ⸚e** *molar*
der **Bäcker, –** *baker;* beim Bäcker *at the bakery*

die **Bäckerei, –en** *bakery*
der **Bäckerladen, ⸚** *bakeshop*
das **Backpulver** *baking powder*
der **Backsteinturm, ⸚e** *brick tower*
das **Bad, ⸚er** *bath*
der **Badeanzug, ⸚e** *bathing suit*
die **Badehose, –n** *bathing trunks*
der **Bademuffel, –** *person who does not like to take a bath*
baden *to bathe, swim;* s. baden *to take a bath*
das **Baden: beim Baden** *swimming, at the beach*
der **Badeplatz, ⸚e** *swimming area*
das **Badezeug** *swimsuit, etc.*
das **Badezimmer, –** *bathroom (tub and sink only)*
der **Baggersee, –n** *artificial lake*
bähen *to bleat (sheep)*
die **Bahn, –en** *railway;* mit der Bahn *by rail*
der **Bahnhof, ⸚e** *train station*
das **Bahnpostamt, ⸚er** *post office located in a railroad station*
der **Bahnsteig, –e** *train platform*
bald *soon*
der **Balkon, –s** *balcony*
der **Ball, ⸚e** *dance, prom*
die **Banane, –n** *banana*
die **Band, –s** *band*
das **Band, ⸚er** *band, strip*
bange *worried, anxious*
die **Bank, ⸚e** *bench*
die **Bank, –en** *bank*
das **Bankkonto, –s** *bank account*
der **Bär, –en** *bear*
das **Barett, –e** *beret*
das **Bargeld** *cash*
das **Barometer, –** *barometer*
der **Baron, –e** *baron*
der **Bart, ⸚e** *beard*
basieren auf *to be based on*
die **Basis, Basen** *basis*
basteln *to build, do crafts*
das **Basteln** *crafts*
der **Basteltisch, –e** *worktable*
das **Bataillon, –e** *battalion*
der **Bau, –ten** *building;* auf dem Bau *in construction*
der **Bauch, ⸚e** *stomach*
die **Bauchschmerzen** (pl) *stomachache*
bauen *to build*
der **Bauer, –n** *farmer*
der **Bauernhof, ⸚e** *farm*
der **Bauernmarkt, ⸚e** *farmers' market*
die **Bauernregel, –n** *farmer's saying; weather maxim*
die **Baufirma, –firmen** *construction company*
das **Baugewerbe** *construction industry*
der **Baum, ⸚e** *tree*
die **Baumwolle** *cotton*
der **Bauplan, ⸚e** *construction plan*
die **Baustelle, –n** *construction site*
der **Bayer, –n** *Bavarian*

bayerisch *Bavarian (adj)*

das **Bayern** *Bavaria*

der **Bazar, –e** *bazaar*

beabsichtigen *to intend to*

beachten *to observe, heed*

beachtlich *considerable*

der **Beamte, –n** *official, officer*

die **Beamten–Jugend** *children of civil servants*

beantworten *to answer*

bearbeitet *prepared*

die **Beat–Band, –s** *rock band*

die **Beat–Gruppe, –n** *rock group*

der **Becher, –** *cup, container*

bedeckt *overcast*

bedeuten *to mean*

die **Bedeutung, –en** *significance*

bedienen *to serve;* eine Maschine bedienen *to operate a machine*

die **Bedienung: als Bedienung arbeiten** *to work as a waiter or waitress*

bedroht *threatened*

bedürfen *to need*

das **Bedürfnis, –se** *desire; need*

s. **beeilen** *to hurry*

beeinflussen *to influence*

beenden *to end, finish;* beendet sein *to be over*

die **Beere, –n** *berry*

s. **befassen mit** *to deal with, be concerned with*

befestigen *to fasten, secure*

s. **befinden** *to be (located)*

befördern *to carry, transport*

befreundet: befreundet sein mit *to be going with; to be friends with;* befreundete Familien *families who are friends*

der **Befürworter, –** *advocate, supporter*

begabt *talented*

begegnen *to meet*

begehren *to desire*

begeistern *to delight;* begeistert *enthusiastic(ally)*

der **Beginn** *beginning*

beginnen *to begin*

begleiten *to accompany*

die **Begleitung, –en** *accompaniment;* in Begleitung von *accompanied by*

begrenzt *limited*

der **Begriff, –e** *term*

begründen *to support, give reasons for*

begrüssen *to greet*

die **Begrüssung: zur Begrüssung** *as a greeting, when saying hello*

behalten *to keep*

das **Behalten** *retention*

behaupten *to maintain; to claim;* s. behaupten *to hold one's own, assert o.s.*

s. **behelfen mit** *to make do with*

beherrschen *to master*

behilflich *helpful*

die **Behörden (pl)** *(public) authorities*

bei: *by, next to; at;* bei den Müllers *at the Müllers';* bei der Arbeit *at work;* bei diesem Wetter *in this weather;* bei dir *with you;* bei uns *where we live;* sie bestellten bei Helga *they ordered from Helga*

beibringen *to teach*

beide: die beiden *the two (of them)*

beides *both*

der **Beifahrersitz, –e** *passenger seat*

das **Beil, –e** *hatchet*

beilegen *to enclose*

beim (bei dem) *at the;* beim Arzt *at the doctor's;* beim Zähneputzen *(while) brushing one's teeth*

das **Bein, –e** *leg;* auf den Beinen *on your feet*

das **Beispiel, –e** *example;* zum Beispiel *for example*

beispielsweise *for example*

beissen *to bite*

der **Beitrag, –e** *contribution;* einen Beitrag leisten *to make a contribution*

beitragen zu *to contribute to*

bekämpfen *to fight*

die **Bekämpfung, –en** *fight against;* Gesetze zur Bekämpfung des Lärms *laws intended to fight noise*

bekannt *well-known; familiar*

der **Bekannte, –n** *acquaintance*

die **Bekanntschaft, –en** *acquaintance*

die **Bekleidung** *clothing*

bekommen *to get, receive;* es bekommt dir gut *it agrees with you*

beladen *to load*

belastet *burdened*

belästigen *to bother, annoy, harrass*

belegt *filled;* belegte Brote *open-faced sandwiches*

beleuchtet *illuminated*

die **Beleuchtung** *lighting*

der **Belichtungsmesser, –** *light meter*

beliebig *at will*

beliebt *popular;* immer beliebter *more and more popular*

bellen *to bark*

belustigen *to amuse*

bemalen *to paint on, draw on*

s. **bemerkbar machen** *to become noticeable*

bemerken *to notice*

bemerkenswert *worth noting*

benachteiligt sein *to be at a disadvantage*

s. **benehmen** *to behave o.s.*

benötigen *to require*

benutzen *to use*

die **Benutzung, –en** *use*

das **Benzin** *gasoline*

der **Benzinpreis, –e** *price of gas*

beobachten *to watch, observe*

die **Beobachtung, –en** *observation*

bequem *comfortable*

beraten *to advise*

der **Bereich, –e** *area*

bereit *ready;* bereit sein zu *to be prepared to*

bereithaben *to have ready*

bereits *already*

bereitstellen *to make available*

bereuen *to regret*

der **Berg, –e** *mountain*

die **Berg– und Talbahn, –en** *roller coaster*

bergab *down the mountain*

der **Bergbach, –e** *mountain stream*

der **Bergbau** *mining*

der **Bergbauer, –n** *farmer (in a mountainous region)*

der **Berggasthof, –e** *mountain inn*

die **Berghütte, –n** *mountain hut, shelter*

bergig *mountainous*

der **Bergschuh, –e** *hiking boot*

der **Bergsteiger, –** *mountain climber*

der **Bergwanderer, –** *mountain hiker*

die **Bergwelt** *mountain world*

der **Bericht, –e** *report*

berichten *to report*

berücksichtigen *to bear in mind*

der **Beruf, –e** *profession;* von Beruf *by profession*

beruflich *occupational*

die **Berufsausbildung** *job training*

der **Berufsberater, –** *job adviser*

die **Berufsentscheidung, –en** *choice of occupation*

die **Berufskleidung** *work clothes*

die **Berufsschule, –n** *trade school*

der **Berufsschüler, –** *vocational school student*

berufsschulpflichtig *required (by contract) to go to a vocational school*

der **Berufsschultag, –e** *vocational school day*

berufstätig *working, employed*

der **Berufstätige, –n** *person who has a job*

der **Berufsverkehr** *rushhour traffic*

der **Berufswunsch, –e** *job preference, desired occupation*

beruhigen *to calm, soothe*

berühmt *famous*

beschäftigen *to employ;* s. beschäftigen *to be occupied, busy;* s. beschäftigen mit *to occupy o.s. with;* beschäftigt sein *to be employed*

die **Beschäftigung, –en** *activity; employment*

die **Beschäftigungsmöglichkeit, –en** job opportunity

die **Beschäftigungszeit, –en** duration of a job

die **Beschaulichkeit** contemplativeness

Bescheid: jemandem Bescheid sagen to inform somebody

bescheiden modest

beschneiden to cut

s. **beschränken auf** to be limited to; beschränkt limited; beschränkt sein auf to be restricted to

beschrankt: beschrankter Bahnübergang railroad crossing with gates

die **Beschränkung, –en** limitation, restriction

beschreiben to describe

die **Beschreibung, –en** description

beschriften to write on

s. **beschweren über** to complain about

beseitigen to do away with

der **Besen, –** broom

besichtigen to see, tour

die **Besichtigung, –en** tour

besiedeln to settle

besiegen to beat, defeat

besitzen to own, possess

besonder– special

besonders especially

besorgen to provide; s. besorgen to get; besorgt worried

besprechen to discuss

besser better

best– best

bestätigen to confirm

bestäuben to sprinkle

das **Besteck, –e** knife, fork, and spoon

bestehen to pass (a test); to exist; bestehen aus to consist of

bestellen to order

besten: am besten best; wie fahren wir am besten? what is the best way to go?

bestens: bestens empfehlen to highly recommend

bestimmen to determine

bestimmt surely; certainly; certain, specific; definite; bestimmt sein für to be meant for; ganz bestimmt– very specific, definite

die **Bestimmung, –en** stipulation; determination; Bestimmungen einhalten to meet stipulations

bestrafen to punish; to fine

die **Bestrafung, –en** punishment; prosecution

bestrichen spread

der **Besuch** company, visitor

besuchen to visit; am stärksten besuchte Studienfächer most heavily-enrolled subjects; die

Schule besuchen to go to school; gut besucht well-attended

der **Besucher, –** visitor

beteiligt: beteiligt sein an to have a share in; to be involved in

betragen to amount to

betreffen to concern; Betreff regarding; was . . . betrifft regarding

betreiben: einen Sport betreiben to go in for a sport

der **Betrieb, –e** business, company; landwirtschaftliche Betriebe farms

der **Betriebsrat, ⁓e** company board with representatives from management and labor

die **Betriebsschule, –n** company training school

das **Bett, –en** bed

der **Bettler, –** beggar

beurteilen to judge

der **Beutel, –** container; packet

bevölkern: die Schulen bevölkern to fill the schools

die **Bevölkerung, –en** population

bevor before

bewachen to watch over

bewässern to water

s. **bewegen** to move

die **Bewegung, –en** movement, motion; sich in Bewegung setzen to begin to move; in Bewegung sein to be in motion

beweisen to prove

s. **bewerben: sich bewerben auf** to apply for, to answer (an ad); sich bewerben um to apply for

der **Bewerber, –** applicant

das **Bewerbungsschreiben, –** letter of application

bewerfen: jemanden mit etwas bewerfen to throw something at someone

bewerten to rate, judge

bewirten to entertain, serve with food and drink

bewohnen to inhabit

der **Bewohner, –** inhabitant

bewölkt cloudy

bewundern to admire

die **Bewunderung** admiration

bezahlen to pay

die **Bezahlung, –en** pay; gegen Bezahlung for pay

bezeichnen als to call, label; to designate as

die **Beziehung, –en** relationship, connection; eine Beziehung herstellen to establish a connection

biegen to bend

die **Biene, –n** bee

das **Bier, –e** beer

der **Biergarten, ⁓** beer garden (informal outdoor garden restaurant)

der **Bierkrug, ⁓e** beer mug

das **Bierlokal, –e** pub

der **Bierwagen, –** beer wagon

bieten to offer; es bietet sich die Gelegenheit the opportunity presents itself

das **Bild, –er** picture; Bilder machen to take pictures

das **Bildnis, –se** portrait

der **Bildschirmkonsum** TV consumption

das **Bildsymbol, –e** pictorial sign

der **Bildungsnotstand** educational emergency

die **Bildungsstätte, –n** institution of learning

billig cheap

das **Billig–Restaurant, –s** fastfood restaurant

bimmeln to jingle

das **Bindewort, ⁓er** conjunction

der **Bindfaden, ⁓** string

die **Bindung, –en** binding

die **Binnenschiffahrt** inland navigation

die **Biologie** biology

der **Biotop, –e** biotope

die **Birne, –n** pear

bis to, up to; until; by; bis nach to, up to; bis vor up until; bis zu up until

bisher until now

bisschen: ein bisschen a little

bitte please; bitte! here you are! bitte nicht! please don't! bitte schön! you're welcome; so, bitte! well then, anything else? wie bitte? pardon?

die **Bitte, –n** request

bitten: bitten um to ask for; darf ich bitten? may I have this dance?

bitter bitter

bitteschön! may I help you? what will it be?

blasen to blow

die **Blasmusik** brass-band music

blass pale

das **Blatt, ⁓er** leaf; blade (of an oar); pamphlet

blau blue; ein blaues Auge a black eye

die **Blaubeere, –n** blueberry

die **Blechkiste, –n** tin crate

die **Blechkutsche** old heap

das **Blechspielzeug, –e** toy made of tin

bleiben to stay, remain

der **Bleistift, –e** pencil

der **Blick, –e** look, glance; auf den ersten blick at first glance

der **Blinddarm** appendix

die **Blinddarmentzündung** appendicitis

der **Blindgänger, –** stray article

der **Blitz, –e** lightning

blitzen to lightning

blitzesschnell *fast as lightening*

das **Blitzgerät, –e** *flash attachment*

der **Block, ⸚e** *sawhorse*

blockieren *to block*

blöd *silly; dumb;* du blöder Kerl! *you jerk!* so was Blödes! *how stupid!*

blond *blond*

blondgelockt *with blond curls*

bloss *just, only;* wo bleiben sie bloss? *where can they be?*

blühend *blossoming*

die **Blume, –n** *flower*

der **Blumenstrauss, ⸚e** *bouquet of flowers*

der **Blumenhändler, –** *florist*

die **Bluse, –n** *blouse*

der **Blutdruck: erhöhter Blutdruck** *increased blood pressure*

der **BMW, –s** *BMW (a German-made car)*

der **Boden, ⸚** *attic; ground; floor, soil*

die **Bodennutzung** *land use*

der **Bodensee** *Lake Constance*

der **Bogen, –** *turn;* einen Bogen fahren *to make a turn*

bohren *drill*

das **Bohren** *drilling*

die **Bohrmaschine, –n** *drill press*

die **Boje, –n** *buoy*

Bolivien *Bolivia*

das **Boot, –e** *boat;* Boot fahren *to go boating*

das **Bootshaus, ⸚er** *boathouse*

borgen *to borrow*

das **Borwasser** *boric acid*

böse *mad, angry;* er sieht uns böse an *he's giving us a dirty look*

der **Botschafter, –** *ambassador*

die **Boutique, –n** *boutique*

die **Branche, –n** *industry, business*

die **Brandsalbe, –n** *burn ointment*

das **Brathähnchen, –** *roast chicken*

das **Brathendl, –** *roast chicken*

die **Bratwurst, ⸚e** *fried sausage*

brauchen *to need; to take (time);* brauchen . . . zu *to need to*

brauen *to brew*

die **Brauerei, –n** *brewery*

braun *brown; tan (from the sun);* braun werden *to get a tan*

der **Bräutigam, –e** *bridegroom*

das **Brautpaar, –e** *bridal pair*

brav *good, well-behaved*

bravo! *bravo! hurray!*

brechen *to break;* s. (den Arm) brechen *to break one's (arm)*

breit *wide*

die **Bremsanlage, –n** *brake system*

bremsen *to brake*

brennen *to burn*

das **Brett, –er** *board;* ans Schwarze Brett *on the bulletin board*

die **Brezel, –n** *pretzel*

der **Brief, –e** *letter*

der **Briefkasten, ⸚** *mailbox*

die **Briefmarke, –n** *stamp*

der **Briefmarkenkatalog, –e** *stamp catalog*

das **Briefmarkensammeln** *stamp collecting*

der **Briefmarkensammler, –** *stamp collector*

die **Brieftasche, –n** *billfold*

der **Briefträger, –** *letter carrier*

die **Brille, –n** *glasses*

bringen *to bring*

britisch *British*

die **Bronchitis** *bronchitis*

die **Bronze, –n** *bronze; article made of bronze*

das **Brot, –e** *bread; sandwich*

das **Brötchen, –** *roll*

der **Brötchenteig** *dough for making rolls*

die **Brotmaschine, –n** *bread-slicing machine*

die **Brotzeit, –en** *(Bavarian) snack*

die **Brücke, –n** *bridge*

das **Brückengeländer, –** *railing on a bridge*

der **Bruder, ⸚** *brother*

brüllen *to yell*

brünett *brunet*

der **Brunnen, –** *fountain*

der **Brunnenrand, ⸚er** *edge of a fountain*

das **Bruttosozialprodukt, –e** *gross national product*

der **Bub, –en** *boy*

das **Buch, ⸚er** *book*

die **Buche, –n** *beech tree*

buchen für *to book, make reservations for*

das **Bücherregal, –e** *bookshelf*

die **Buchhandlung, –en** *bookstore*

die **Büchse, –n** *can*

der **Buchstabe, –n** *letter (of the alphabet)*

s. **bücken** *to bend over, down*

die **Bühne, –n** *stage*

das **Bühnenbild, –er** *stage set, scenery*

bummeln *to stroll, walk leisurely*

das **Bund** *bunch*

der **Bund, ⸚e** *organization*

die **Bundesanstalt, –en** *federal bureau*

die **Bundesbahn, –en** *Federal Railroad*

der **Bundesbürger, –** *citzen of the Federal Republic of Germany*

bundesdeutsch *West German*

das **Bundesgebiet** *area of West Germany*

der **Bundesjugendring** *National Youth Group*

der **Bundeskanzler, –** *Chancellor of the Federal Republic*

das **Bundesland, ⸚er** *state in the Federal Republic of Germany*

der **Bundesminister, –** *(government) minister (cabinet member)*

die **Bundespost** *Federal Post Office*

der **Bundespräsident, –en** *President of the Federal Republic*

die **Bundesregierung** *Federal Government*

die **Bundesrepublik** *Federal Republic of Germany*

der **Bundestag** *German equivalent of the US House of Representatives*

der **Bundestagsabgeordnete, –n** *German equivalent of an American congressman*

die **Bundeswehr** *German armed forces*

die **Bundweite, –n** *waist size*

bunt *colorful*

die **Burg, –en** *fortress, castle*

der **Bürger, –** *citizen*

die **Bürgeraktion, –en** *community campaign, drive*

bürgerlich: zu gut bürgerlichen Preisen *at reasonable prices*

der **Bürgersteig, –e** *sidewalk*

der **Burghof, ⸚e** *castle courtyard*

das **Büro, –s** *office*

der **Büroangestellte, –n** *office worker*

die **Bürofachkraft, ⸚e** *executive secretary*

der **Bürokaufmann, ⸚er** *person with a degree from a business school*

der **Bursche, –n** *young guy*

der **Bus, Busse** *bus*

die **Busfahrt, –en** *bus trip*

die **Buslinie, –n** *bus line*

das **Bussgeld, –er** *fine*

die **Büste, –n** *bust*

die **Butter** *butter*

der **Butter– und Eierwagen** *truck or wagon selling butter and eggs from the farm*

die **Buttermilch** *buttermilk*

C

ca. (circa) *around, approximately*

campen *to camp out;* campen fahren *to go out camping*

das **Campen** *camping;* zum Campen fahren *to go camping*

der **Camper, –** *camper*

die **Campingordnung, –en** *rules of the campground*

der **Campingplatz, ⸚e** *campground*

die **Campingsachen** (pl) *camping supplies, equipment*

der **Caravan, –s** *trailer, camper*

das **Caravancamping** *trailer camping*

der **Caravaner, –** *person camping in a trailer or camper*

die **Caravanreihe, –n** *row of campers*
die **Cassette, –n** *cassette*
der **Cassetten–Recorder, –** *cassette recorder*
die **CDU** (Christlich Demokratische Union) *one of the two major political parties in Germany*
Celsius *centigrade;* in Grad Celsius *in degrees centigrade*
die **Chance, –n** *opportunity;* Chancen auf *chances, opportunities for*
das **Chaos** *chaos*
der **Charakter, –e** *character*
charakterisieren *to characterize*
charmant *charming*
die **Check-Liste, –n** *checklist*
der **Cheeseburger, –** *cheeseburger*
der **Chef, –s** *boss*
die **Chemikalien** (pl) *chemicals*
der **Chemiker, –** *chemist*
der **Christbaum, ⁺e** *Christmas tree*
die **Chronik, –en** *chronical*
chronisch *chronic*
circa *approximately*
die **Cola, –s** *cola*
die **Compact–Kassette, –n** *compact*
der **Cup, –s** *cup, trophy*

D

da *here; there; then;* da sind there are
dabei *but, yet;* und dabei *and in so doing*
dabeibleiben *to stay with (it), continue*
dabeihaben *to have along*
dabeisein *to be present; to be included*
das **Dach, ⁺er** *roof*
der **Dachboden, ⁺** *attic*
der **Dachdecker, –** *roofer*
die **Dachorganisation, –en** *parent organization*
dafür: dafür sein *to be in favor of;* ich kann nichts dafür *I can't help it*
dagegen *on the other hand;* ich bin dagegen *I'm against it*
daher *therefore*
dahin: bis dahin *until then*
dahinter *behind it, that*
damals *in those days, at that time*
die **Dame, –n** *date, partner; lady;* meine Damen und Herren! *ladies and gentlemen!*
damit *with it, with that; so that*
der **Dampf, ⁺e** *steam*
die **Dampfmaschine, –n** *steam engine*
danach *after that*

danebengehen *to miss*
danebenwerfen *to throw and miss*
der **Dank:** vielen Dank! *thanks! many thanks!;* Gott sei Dank! *thank God!*
danke *thanks;* danke, gut *fine, thanks*
danken *to thank*
dann *then*
darauffolgend *subsequent*
daraufhin *thereupon*
darin *in it, in that*
darstellen *to present;* dargestellt *represented*
darum *therefore*
das *the; that;* wer ist das? *who is that?* das da *that one there*
dass *that;* dass du dich ja rasierst! *be sure you shave!*
dasselbe *the same thing*
die **Daten** (pl) *data, statistics*
die **Dativform, –en** *dative form*
das **Datum, Daten** *date;* ein Passbild neueren Datums *a recent passport photo*
die **Dauer** *length of time*
dauerlüften *to air out (a room) constantly*
dauern *to last;* bei mir dauert's nicht lange *it doesn't take me long;* es hat furchtbar lang gedauert *it took an awfully long time*
dauernd *constantly*
die **Dauerwelle, –n** *permanent wave*
davon: ich halte nicht viel davon *I don't think much of it*
davonlaufen *to run away*
dazu *in addition; for that;* sie sagen dazu *they call it*
dB (Dezibel) *decibel*
die **DDR** (Deutsche Demokratische Republik) *the German Democratic Republic*
die **Decke, –n** *blanket; ceiling*
decken *to cover;* den Tisch decken *to set the table*
die **Deckenleuchte, –n** *ceiling lighting fixture*
die **Dekoration, –en** *decoration*
dekorieren *to decorate*
die **Delagation, –en** *delegation*
demokratisch *democratic*
denken *to think;* bei sich denken *to think to oneself;* denken an *to think of;* s. denken *to imagine*
der **Denker, –** *thinker, philosopher*
das **Denkmal, ⁺er** *monument, statue*
der **Denksport** *game of concentration*
denn (particle) *because;* wer gewinnt denn? *say, who's winning?*

derselbe *the same*
derartig *of such a kind*
deshalb *therefore*
desinfizieren *to disinfect*
deutlich *clear, distinct*
deutsch *German;* die Deutsche Demokratische Republic *German Democratic Republic*
das **Deutsch** *German (language)*
der **Deutschamerikaner, –** *German–American*
das **Deutschland** *Germany*
die **Deutschstunde, –n** *German class period*
die **Devise, –n** *motto; slogan*
die **Dezentralisation** *decentralization*
das **Dia, –s** *color slide*
der **Dialog, –e** *dialog*
dicht *thick*
der **Dichter, –** *poet; writer*
dick *thick*
der **Diebstahl** *theft, robbery*
dienen *to serve;* womit kann ich dienen? *may I help you?*
der **Dienst, –e** *duty;* im Dienst *on duty*
der **Dienstag** *Tuesday*
dieser *this*
diesig *misty, hazy*
diesmal *this time*
das **Ding, –e** *thing;* all die Dinge *all these things*
die **Diplomingenieurin, –nen** *engineer with a university degree*
direkt *direct(ly)*
der **Direktor, –en** *director*
die **Direktwerbung, –en** *direct advertising*
der **Disco–Markt, ⁺e** *discount store*
diskutieren *to discuss*
divers *assorted*
die **Division, –en** *division*
die **D–Mark** (Deutsche Mark) *German mark*
doch (particle); *but, but yes*
der **Doktor, –en** *doctor*
der **Dokumentarfilm, –e** *documentary film*
der **Dollar, –** *dollar*
der **Dolmetscher, –** *translator*
der **Dom, –e** *cathedral*
die **Donau** *Danube River*
der **Donner, –** *thunder*
donnern *to thunder;* es donnert und blitzt *it's thundering and lightning*
der **Donnerstag** *Thursday*
doppelt *double;* doppelt so viel *twice as many*
das **Dorf, ⁺er** *village*
dort *there*
dorthin *(to) there*
der **Drachen, –** *dragon; hang glider*
das **Drachenfliegen** *hang gliding*
der **Drachenflieger, –** *hang glider pilot*

der **Drachenflug** hang gliding
der **Drachenfluglehrer, –** hang gliding instructor
die **Drachenflug–Schule, –n** hang gliding school
der **Drachenflugschüler, –** hang gliding student
der **Draht, ̈e** wire
dran:wer ist dran? whose turn is it? Mathe kommt dran math comes next
drängen to press, be in a hurry; s. drängen nach to pursue eagerly
drangvoll tremendous, urgent
drauf sein to be in (the picture)
draus out of it
draussen out, outside; da draussen out there
der **Dreck** dirt
drehen to turn
drei three; die drei the three (of them)
die **Drei, –en** grade of satisfactory
dreieckig triangular
dreimal three times
dreissig thirty; eine 30iger 30–Pfennig stamp
dreitägig three–day
dreizehn thirteen
drin in it
drinnen inside
dritt– third; ein dritter a third one
das **Drittel, –** third
drittklassig third-class
droben on top
die **Drogerie, –n** drugstore
drohen to threaten
drohend threatened
drüben over there; dort drüben over there
drüber over (s.th.)
drücken to press
drum therefore
die **Dult, –en** carnival, fair
dumm dumb
die **Dummheit, –en** silly prank, nonsense
dunkel dark
die **Dunkelheit** darkness
die **Dunkelkammer, –n** darkroom
dünn thin
durch through
durch– (pref) through
durchaus by all means
durchblättern to leaf through
der **Durchbruch, ̈e** breakthrough
durcheinander all together, mixed-up
durchfahren to pass through (without stopping)
durchfallen to fail
durchführen to carry out
durchmachen: alle Abteilungen durchmachen to work in all departments

der **Durchmesser, –** diameter
durchnehmen to cover (in class)
der **Durchschnitt, –e** average; im Durchschnitt on the average
durchschnittlich average
der **Durchschnittsbürger, –** average citizen
dürfen to be allowed to, may; was darf es sein? may I help you?; wenn ich dürfte, würde ich hierbleiben if I could, I'd stay here
der **Durst** thirst; Durst haben to be thirsty
durstig thirsty
die **Dusche, –n** shower; unter die Dusche gehen to take a shower
s. **duschen** to shower, take a shower
das **Düsenflugzeug, –e** jet plane
der **D-Zug, ̈e** express train
das **Dutzend** dozen
duzen to address with the ''du''–form
die **Dynamik** dynamism
dynamisch dynamic

E

die **Ebbe, –n** low tide; Ebbe und Flut low tide and high tide
eben just; gib mal eben her! let me have it for a minute, will you?
ebenso just as
echt real, true-to-life; genuine, authentic
die **Ecke, –n** corner
der **Eckzahn, ̈e** eyetooth
die **Edeldame, –n** noble lady
die **Edelfrau, –en** noble woman
die **Edelleute** (pl) nobles, nobility
egal: sie können einem egal sein they shouldn't bother anyone
ehemalig former
der **Ehemann, ̈er** husband
ehemündig legally permitted to marry without parental consent
eher rather; more readily
der **Ehering, –e** wedding ring
das **Ehepaar, –e** married couple
die **Ehre, –n** honor
ehren to honor
das **Ei, –er** egg
die **Eiche, –n** oak tree
das **Eichhörnchen, –** squirrel
die **Eidechse, –n** lizard
eigen own; eine eigene Familie a family of (her) own
die **Eigenschaft, –en** characteristic
eigentlich actually
s. **eignen für** to be suited for
eilen to hurry
der **Eilzug, ̈e** fast train

einander each other
einatmen to breath in, inhale
einbrechen in to break into
einbringen: ein Gesetz einbringen to introduce a bill
eindrehen to roll up (hair)
der **Eindruck, ̈e** impression
einer somebody; one (of them)
einfach one–way (ticket); simply; easy, simple; single; plain
die **Einfahrt: Einfahrt–Verbot** no entrance
s. **einfinden** to gather
der **Einfluss, ̈e** influence
einführen to import
der **Eingang, ̈e** entrance, entryway
eingebildet conceited
das **Eingreifen** interference
einhalten: Bestimmungen einhalten to meet stipulations
einheimisch local
die **Einheit, –en** unit
einige several, a few
s. **einigen auf** to agree on
einkaufen to shop; einkaufen gehen to go shopping
der **Einkäufer, –** shopper
die **Einkaufstasche, –n** shopping bag
der **Einkaufswagen, –** shopping cart
der **Einkaufszettel, –** shopping list
das **Einkommen, –** income
einladen to invite
die **Einladung, –en** invitation
einlegen to put in
einmal someday; auf einmal all at once; bitte einmal herhören! listen for a minute please!; einmal im Jahre once a year; nicht einmal not even; noch einmal once again
einmalig terrific, fantastic
einnehmen to take (medicine)
einpacken to wrap, to pack up
einräumen to put away, put in order; to furnish, arrange
eins one
die **Eins, –en** grade of excellent
einrichten to install, put in
die **Einrichtung, –en** installation
einsammeln to collect
einschalten to turn on, tune in
einschätzen to estimate, evaluate
einschlagen to strike (lightning)
einschliesslich including
einsehen to see, acknowledge
einsetzen to write in; to put in
einst once, at one time; von einst of old, of former times
einstampfen to pulp
einsteigen to board, get on
das **Einsteigen** climbing aboard
einstellen to adjust, focus; to employ; to halt, stop

einstudieren to learn, study (a part, music)

einstündig one–hour

eintreffen to come in

eintreten to step into; eintreten in to join

der **Eintritt** admission

das **Eintrittsgeld** admission money

die **Eintrittskarte, –n** admission ticket

der **Eintrittspreis, –e** cost of admission

einverstanden: einverstanden sein mit to be in agreement with, to agree to

einwandfrei completely accurate

der **Einwohner, –** resident; inhabitant

das **Einzelhandelsgeschäft, –e** small retail store

der **Einzelhandelskaufmann, –kaufleute** person trained to run a retail business

die **Einzelheit, –en** detail

einzeln individual; der einzelne the individual

einziehen to confiscate

einzig single, only; die einzigen the only ones; kein einziges Stück mehr not one single thing more

das **Eis** ice cream; ice

die **Eisenbahn, –en** railroad

eisern iron; jaja, eisern! oh yes, like mad!

das **Eishockey** ice hockey

der **Eishockeyschläger, –** ice hockey stick

eiskalt ice–cold

die **Eisschicht, –en** layer of ice

der **Elan** spirit, dash

der **Elch, –e** elk

der **Elefant, –en** elephant

elegant elegant

der **Elektriker, –** electrician

elektrisch electric

das **Elektrogerät, –e** electrical appliance

die **Elektroindustrie, –n** electrical industry

der **Elektroingenieur, –e** electrical eingineer

elektronisch electronic

elf eleven

die **Elitegruppe, –n** elite group

elterlich parental

die **Eltern** (pl) parents

das **Elternhaus** house of one's parents

der **Elternteil, –e** parent

empfehlen to recommend

das **Ende, –n** end; am Ende at the end; ein Ende bereiten to put an end to; Ende August at the end of August; letzten Endes in the final analysis; zu Ende over, finished; zu Ende gehen to be over

enden to end

endlich finally

die **Endung, –en** ending

die **Energie** energy

das **Energiesparen** saving energy

der **Energiespartip, –s** tip for saving energy

der **Energie–Streifzug** energy patrol

der **Energieverlust, –e** loss of energy

die **Energieverwendung** use of energy

das **Engagement, –s** engagement

eng narrow, tight; cramped

die **Enge, –n** bottleneck

das **England** England

das **Englisch** English (language)

englisch (adj) English

das **Englischdiktat, –e** English dictation

englischsprachig English–speaking

enorm enormous

das **Entchen, –** duckling

entdecken to discover

die **Ente, –n** duck

entfallen auf to be allotted to

entfernt distant, at a distance; weit entfernt far away; von Wettingen entfernt from Wettingen

entfliehen to flee

entgegen toward, against; dem Verkehr entgegen against the traffic

entgegenkommen to come toward

entgehen: s. etwas entgehen lassen to miss

entgegnen to respond, reply

entkommen to escape

entlang along; die Strasse entlang fahren to ride down the street; an der Küste entlang along the coast

entlaufen to run away

entnommen taken, removed

entrahmen to skim off the cream

s. **entscheiden für** to decide on

entscheidend decisive

die **Entscheidung, –en** decision

s. **entschliessen zu** to decide to

entschuldigen to excuse

die **Entschuldigung, –en** excuse; Entschuldigung! excuse me!

entspannen to relax

entsprechend: entsprechendes Informationsmaterial desired informative material

entspringen to rise, originate

entstehen to develop, come into being

enttäuscht disappointed

entweder: entweder . . . oder either . . . or

entwerfen to design

entwickeln to develop

das **Entwickeln** developing; zum Entwickeln bringen to bring for developing

die **Entwicklung, –en** development

die **Entzündung, –en** infection

erbauen to build

der **Erbe, –n** heir

erben to inherit

die **Erdbeere, –n** strawberry

die **Erde** earth; auf Erden on earth

das **Erdgeschoss, –e** ground floor

die **Erdkunde** geography

das **Ereignis, –se** event, occasion

erfahren to learn, find out

die **Erfahrung, –en** experience; aus Erfahrung from experience; Erfahrung machen to have the experience

erfassen to include

erfinden to invent

der **Erfinder, –** inventor

die **Erfindung, –en** invention

der **Erfolg, –e** success

erfolgreich successful

erfreulich encouragingly

erfrischen to refresh

erfrischend refreshingly

erfüllen to fill

die **Erfüllung: in Erfüllung gehen** to come true

ergänzen to supplement

ergeben to show, reveal, result in, indicate; s. ergeben aus to result from

das **Ergebnis, –se** result

ergreifen to take up; einen Sport ergreifen to take up a sport

erhalten to get, receive

die **Erhaltung, –en** preservation

erhärten to confirm

erheben to raise

erheblich considerable

erhitzen to heat

erhöhen to increase; to raise

s. **erholen** to recover

die **Erholung, –en** rest, relaxation

die **Erholungseinrichtung, –en** recreational facility

erinnern an to call to mind, remind of; s. erinnern an to remember

s. **erkälten** to catch cold

erkältet: wenn ich schwer erkältet bin when I have a bad cold

die **Erkältung, –en** cold

erkennen to recognize

die **Erkenntnis, –se** insight, realization

erklären to explain; erklären als to declare as

die **Erklärung, –en** explanation

s. **erkundigen bei** to ask s.o.

das **Erlaubnis, –se** permission

erlaubt permitted

erleben to experience
das **Erlebnis, –se** experience; als bleibendes Erlebnis as a memorable experience
erleichtern to make easier
erleiden to suffer; einen tödlichen Unfall erleiden to have a fatal accident
erlernen to learn
das **Erlernen** learning
ermahnen to warn, admonish
ermitteln to determine
ermöglichen to make possible
ernähren to nourish
ernennen to appoint
erneuern to renew
ernst serious
der **Ernst: im Ernst** seriously
ernsthaft serious(ly)
die **Erntezeit** harvest time
eröffnen to open
erreichen to reach
erscheinen to appear
erschiessen to shoot
s. **erschrecken** to be frightened
erschrocken alarmed, scared
ersetzen to replace
erst only; just; not until; erst einmal first of all; erst seit Januar only since January
erst– first; als erstes first of all, the first thing; die Erste Hilfe first-aid; im ersten Stock on the second floor (first story above ground floor)
erstaunt surprised, amazed
der **Erste–Hilfe–Kursus, Kurse** first-aid course
das **Erste–Hilfe–Päckchen, –** first-aid kit
erstenmal: zum erstenmal for the first time
erstklassig first-rate, first-class
ersuchen to request
ertönen to sound
erträglich bearable, tolerable
erwachsen grown-up, adult
die **Erwachsenenwelt** adult world
der **Erwachsene, –n** adult, grown-up
erwähnen to mention, state
das **Erwärmen** warming up
erwarten to expect, to wait for
die **Erwartung, –en** expectation
erwerben to acquire
erwidern to reply
erzählen to tell; erzählen von to tell about
erzeugen to produce
der **Erzeuger, –** producer
erzieherisch educational
die **Erziehung** education
der **Erziehungsberechtigte, –n** parent or guardian
der **Eskimo, –s** Eskimo
essen to eat
das **Essen** food; meal
der **Esskorb, ⸚e** picnic basket

der **Esslöffel, –** tablespoon
s. **etablieren** to establish o.s.
die **Etappe, –n** stage; in Etappen in stages
das **Etikett, –e** label
das **Etui, –s** pencil case; case (for glasses)
etwa about, approximately; such as
etwas something; somewhat; etwas andres something different; etwas Musik some music; etwas Warmes something warm
die **Eule, –n** owl
das **Europa** Europe
der **Europäer, –** European (person)
europäisch European
die **Europameisterschaft** European Championship
die **Europameisterschaften** (pl) European Championship Games
evangelisch Protestant
ewig forever
das **Exemplar, –e** copy, edition
existieren to exist
exklusiv exclusive
der **Experte, –n** expert
extra extra
extravagant extravagant
extrem extreme(ly)

F

das **Fach, ⸚er** (school) subject
der **Fachausdruck, ⸚e** technical expression, term
die **Fachleute** (pl) experts
das **Fachwerkhaus, ⸚er** half-timbered house
die **Fähigkeit, –en** ability
die **Fahne, –n** flag, banner
der **Fahnenschwinger, –** banner-waver
die **Fahrbahn, –en** traffic lane
der **Fahrbetrieb: 10 km Fahrbetrieb** 10 km of driving in traffic
fahren to ride; to drive (a vehicle); Boot fahren to go boating; eine Wende fahren to come about (in boating); fahr doch endlich zu! go ahead!; fahren nach to go to; rückwärts fahren to back up; Schi fahren to ski; Schlitten fahren to go sledding
das **Fahren** driving
fahrend moving
Fahrenheit Fahrenheit
der **Fahrer, –** driver
die **Fahrerlaubnis, –se** driving permission
die **Fahrkarte, –n** train ticket
der **Fahrkurs, –e** driving course
der **Fahrlehrer, –** driving instructor
der **Fahrplan, ⸚e** train schedule
die **Fahrprüfung, –en** driving test

das **Fahrrad, ⸚er** bicycle
das **Fahrradschloss, ⸚er** bike lock
die **Fahrradversteigerung, –en** bicycle auction
die **Fahrschule, –n** driving school
der **Fahrschüler, –** student driver
der **Fahrstil, –e** (skiing) style
die **Fahrstunde, –n** driving lesson
die **Fahrt, –en** trip, ride
der **Fahrunterricht** driving instruction
die **Fahrweise, –n** driving
das **Fahrzeug, –e** motor vehicle
der **Fall, ⸚e** case; auf jeden Fall in any case; auf keinen Fall under no circumstances; im Falle in case of
fallen to fall
falls in case
der **Fallschirm, –e** parachute
falsch wrong, false
falten to fold
die **Familie, –n** family
der **Fan, –s** fan
die **Fanfare, –n** fanfare
die **Fantasie** imagination; ganz nach deiñer Fantasie leave it up to your imagination
fantastisch fantastic(ally)
das **Farbbild, –er** color picture, color print
die **Farbe, –n** color
färben to tint, dye
das **Farbenspiel, –e** color game
der **Farbfernseher, –** color TV set
der **Farbfilm, –e** color film
farbig in color; farbig fotografieren to photograph in color
der **Farbstift, –e** colored pencil
der **Fasching** (southern German) carnival season before Lent
der **Faschingsdienstag** Shrove Tuesday
der **Faschingsumzug, ⸚e** Fasching parade
die **Faschingsveranstaltung, –en** Carnival event
die **Farm, –en** farm
das **Fass, ⸚er** keg; Bier vom Fass beer on tap
fast almost
die **Fastenzeit** Lent
der **Fasttag, –e** day of fasting
faul lazy
der **Faulpelz** lazybones
die **Faustregel, –n** rule of thumb
die **Feder, –n** feather
fehlen to be missing; to be lacking; to be absent; was fehlt dir? what's the matter with you?
fehlend– missing
der **Fehler, –** mistake, shortcoming
fehlerfrei without any mistakes
die **Feier, –n** celebration, party; die 500-Jahr-Feier 500th anniversary celebration

feierlich: etwas Feierliches *something festive*
feiern *to celebrate*
feilen *to file*
der **Feind, –e** *enemy*
feindlich *enemy*
das **Feld, –er** *field*
die **Feldblume, –n** *wild flower*
die **Fensterfuge, –n** *crack around a window*
die **Ferien** (pl) *vacation;* in den Ferien *during vacation*
der **Ferienjob, –s** *summer, vacation job*
der **Ferienort, –e** *vacation spot*
die **Ferienwohnung, –en** *vacation home or apartment*
die **Ferienzeit, –en** *vacation time*
das **Ferkel, –** *piglet*
die **Ferne: in der Ferne** *in the distance*
das **Fernglas, ̈er** *binoculars*
das **Fernrohr, –e** *telescope*
die **Fernschreiberin, –nen** *teletype operator*
die **Fernseh–Empfangsdichte** *concentration of TV sets*
fernsehen *to watch television*
das **Fernsehen** *television;* im Fernsehen *on television*
der **Fernseher, –** *TV set*
das **Fernsehgerät, –e** *TV set*
der **Fernsehkanal, –kanäle** *TV network*
der **Fernsehkonsum** *television watching*
das **Fernsehprogramm, –e** *TV broadcast*
der **Fernsehschirm, –e** *television screen*
die **Fernsehsendung, –en** *TV program*
das **Fernsehspiel, –e** *TV quiz or game show*
die **Fernsehsprache** *television terms*
die **Fernsehsucht** *TV addiction*
die **Fernseh–Überdosis, –dosen** *TV overdose*
fertig *ready; finished;* fertig werden *to cope*
s. **fertigmachen** *to get ready*
fesch *smart, dashing;* ein fescher Junge! *a sharp guy!*
fest *tight(ly); regular, permanent; hard, firm*
das **Fest, –e** *festival; celebration*
die **Festbeleuchtung** *festive lighting*
festbinden *to tie up*
(s) **festhalten** *to hold tight*
festlegen *to establish, set*
festlich *festive(ly)*
das **Festmahl, –e** *banquet*
der **Festsaal, –säle** *banquet hall*
feststehen *to be certain; to be a fact;* eines steht fest *one thing is certain*
feststellen *to determine*

die **Festung, –en** *fortress*
die **Festwiese, –n** *fairgrounds*
der **Festzug, ̈e** *procession*
der **Fettgehalt** *fat content*
fetthaltig *containing fats and oils*
feucht *damp, moist, humid*
das **Feuer, –** *fire*
die **Feuerwehr, –en** *fire department*
das **Feuerzeug, –e** *lighter*
das **Fieber** *fever*
das **Fieberthermometer, –** *fever thermometer*
die **Filiale, –n** *branch (store)*
die **Filialleiterin, –n** *branch manager*
der **Film, –e** *film, movie; roll of film*
filmen *to film*
das **Filmen** *taking (home) movies*
der **Filmstar, –s** *movie star*
die **Filmvorstellung, –en** *movie*
der **Filzschreiber, –** *felt–tipped pen*
finanziell *financial*
der **Finanzier, –s** *financier*
finanzieren *to finance*
die **Finanzierung, –en** *financing*
das **Finanzkomitee, –s** *committee in charge of finances*
die **Finanzmittel** (pl) *financial means, measures*
finden *to find*
der **Finder, –** *finder*
der **Finderlohn, ̈e** *reward*
der **Fingerhut, ̈e** *foxglove*
der **Fingernagel, ̈** *fingernail*
finster *dark*
die **Firma, Firmen** *firm, company*
das **Firmament** *heavens*
der **Fisch, –e** *fish;* Fische (pl) *Pisces*
das **Fischen** *fishing*
s. **fithalten** *to stay fit;* zum Fithalten *to keep fit*
s. **fitlaufen** *to run (get into shape)*
die **Fläche, –n** *plateau, plain; area*
die **Flagge, –n** *flag*
die **Flasche, –n** *bottle*
die **Flaschenannahme** *bottle return counter*
das **Flaschenbier, –e** *bottled beer*
der **Flaschenwein, –e** *bottled wine*
das **Fleisch** *meat*
die **Fleisch– und Wurstwarengeschäftskette, –n** *chain of butcher shops*
die **Fleischabteilung, –en** *meat department*
der **Fleischer, –** *butcher*
die **Fleischerei, –en** *butcher shop*
der **Fleischerladen, ̈** *butcher shop*
das **Fleischwerk, –e** *meatprocessing plant*
der **Fleiss** *industriousness*
fleissig *industrious, hardworking*
die **Fliege, –n** *fly*
fliegen *to fly*
fliehen *to flee*
die **Fliessbandarbeit, –en** *work on an assembly line*

fliessen *to flow*
die **Flimmerkiste, –n** *TV set (col)*
flimmern *to flicker*
flitzen *to whisk, flit*
der **Flitzer, –** *small, fast car*
der **Floh, ̈e** *flea*
die **Flossfahrt, –en** *ride on a raft*
die **Flöte, –n** *flute*
fluchen *to curse*
die **Flucht, –en** *flight, escape*
flüchten *to flee*
der **Flug, ̈e** *flight*
das **Flugabwehrbataillon, –e** *antiaircraft battalion*
das **Flugblatt, ̈er** *flyer, handbill*
der **Flügel, –** *wing*
der **Flughafen, ̈** *airport*
der **Flugplatz, ̈e** *airport*
die **Flugroute, –n** *flight route*
die **Flugschule, –n** *flight school*
der **Flugstil, –e** *flight style*
die **Flugstrecke, –n** *flight route*
der **Flugverkehr** *air traffic*
das **Flugzeug, –e** *airplane*
der **Flugzeugbauer, –** *airplane builder*
der **Flugzeugkonstrukteur, –e** *airplane designer*
der **Flugzeugträger, –** *aircraft carrier*
der **Flur, –e** *corridor, hallway; meadow*
der **Fluss, ̈e** *river*
das **Flusstal, ̈er** *river valley*
flüstern *to whisper*
die **Flut, –en** *high tide;* Ebbe und Flut *low tide and high tide*
das **Fohlen, –** *foal*
die **Folge, –n** *consequence;* zur Folge haben *to result in, to have as a consequence*
folgen *to follow*
folgend– *following;* folgendes *the following*
fördern *to encourage, promote*
die **Forderung, –en** *demand*
die **Forelle, –n** *trout*
die **Form, –en** *form, type, kind*
forsch *outspoken, energetic*
s. **fortbewegen** *to drive, move along*
fortschrittlich *progressive*
Fortschritts– *advanced*
fortsetzen *to continue*
das **Foto, –s** *photo*
der **Fotoamateur, –e** *amateur photographer*
der **Fotoapparat, –e** *camera*
die **Fotoarbeit, –en** *photography work, chores*
der **Fotograf, –en** *photographer*
fotografieren *to photograph*
das **Fotografieren** *photography*
das **Fotolabor, –s** *photo lab*
der **Fotoladen, ̈** *camera store*
das **Fotomodell, –e** *photographer's model, subject*

die **Frage, –n** *question;* in Frage
kommen *to come into question*
fragen *to ask;* fragen nach *to
inquire about*
der **Fragesatz, ⸚e** *question*
das **Fragewort, ⸚er** *question word*
das **Frankreich** *France*
der **Franzose, –n** *French (person)*
das **Französisch** *French (language)*
französisch (adj) *French*
die **Frau, –en** *Mrs.; wife; woman*
das **Fräulein, –** *Miss*
frech *fresh*
frei *free;* freier Nachmittag
afternoon off; in der freien Natur
in the open air; ist hier noch frei?
may I sit here?
freigeben *to open, make available;* freigegeben ab 6 Jahren
children under 6 not admitted
freihalten *to save, keep open*
die **Freiheit** *freedom*
der **Freiheitskampf, ⸚e** *struggle for
freedom*
freilich *sure, of course*
freinehmen *to take off from work*
der **Freitag** *Friday*
die **Freizeit** *leisure time*
der **Freizeitartikel, –** *items needed
for leisure-time activities*
die **Freizeitbeschäftigung, –en**
leisure–time activity
die **Freizeitgestaltung** *manner in
which leisure–time is spent*
die **Freizeitindustrie** *leisure–time
industry*
der **Freizeit–Konsum** *recreational
consumption*
das **Freizeitzentrum, –ren** *recreation center*
fremd *foreign; strange, unknown;* ich bin hier fremd *I'm a
stranger here*
der **Fremde, –n** *stranger*
das **Fremdenverkehrsbüro, –s**
tourist office
die **Fremdsprache, –n** *foreign language*
fressen *to eat (of animals);
to eat away*
die **Freude, –n** *joy, pleasure;* die
Freude auf *the anticipation of;*
jemandem eine Freude machen
to please s.o.; mit Freuden *with
pleasure*
freuen: s. freuen auf *to look
forward to;* s. freuen über *to be
happy about*
der **Freund, –e** *friend; boyfriend*
freundlich *friendly; fair;* mit
freundlichen Grüssen *sincerely,
very truly yours*
die **Freundschaft, –en** *friendship*
der **Freundschaftskampf, ⸚e**
friendship bout, competition
die **Friedensverhandlung, –en**
peace negotiation

frieren *to freeze*
der **Friese, –n** *person from Friesland*
das **Friesland** *(area in northern
Germany)*
frisch *fresh;* das frische Nass
beer
das **Frischfleisch** *fresh meat*
die **Frischluft** *fresh air*
der **Friseur, –e** *hairdresser, barber*
die **Friseuse, –n** *hairdresser*
s. **frisieren** *to do, fix one's hair;*
auf Hochglanz frisieren *to
polish up*
der **Frisierstab, ⸚e** *curling iron*
die **Frisur, –en** *hairstyle*
frites: Pommes frites (pl)
French fries
das **Frl. (Fräulein)** *Miss*
froh *glad*
fröhlich *happy, cheerful*
der **Frosch, ⸚e** *frog*
die **Fruchtlimo, –s** *fruit drink*
früh *early;* in der Früh *early
in the morning*
das **Frühjahr** *spring*
der **Frühling** *spring*
das **Frühstück, –e** *breakfast*
frühstücken *to have breakfast*
frühzeitig *early*
s. **fühlen:** s. (wohl) fühlen *to
feel (well)*
führen *to lead; to run, manage*
der **Führer, –** *guide*
der **Führerschein, –e** *driver's
license;* den Führerschein
machen *to get a driver's license*
die **Führung, –en** *guided tour*
das **Führungszeugnis, –se** *conduct
record (a police document)*
füllen *to fill*
das **Fundbüro, –s** *lost-and-found
department*
die **Fundsache, –n** *lost article*
fünf *five*
die **Fünf, –en** *grade of incomplete,
unsatisfactory*
fünfzehn *fifteen*
fünfzig *fifty*
der **Funk** *radio*
der **Funk– u. Fernsehmechaniker, –**
radio and TV repairman
die **Funktion, –en** *function;* eine
Funktion ausüben *to have a
function*
für *for;* Jahr für Jahr *year
after year;* was für (ein) *what
kind of (a)*
furchtbar *terrible, awful*
fürs (für das) *for the*
der **Fürst, –en** *prince*
das **Fürstentum, ⸚er** *principality*
das **Fürstenzelt, –e** *royal tent*
der **Fuss, ⸚e** *foot;* zu Fuss *on foot;*
zu Fuss gehen *to walk*
der **Fussball, ⸚e** *soccer, soccerball*
der **Fussboden, ⸚** *floor*
der **Fussgänger, –** *pedestrian*

die **Fussgängerzone, –n** *pedestrian
mall*
die **Fusspumpe, –n** *foot pump*
der **Fussweg, –e** *path (only for
pedestrians)*
das **Futter** *feed, snimal food*
füttern *to feed (animals)*
das **Füttern** *feeding (of animals)*
das **Fütterungsverbot, –e** *rule
against feeding the animals*

G

die **Gabel, –n** *fork*
galoppieren *to gallop*
der **Gang, ⸚e** *aisle*
die **Gangschaltung** *manual transmission*
die **Gans, ⸚e** *goose*
das **Gänschen, –** *gosling*
der **Gänsemarsch:** im Gänsemarsch
single file
ganz *very, completely;* aus
ganz Deutschland *from all over
Germany;* die ganze Familie *the
whole family;* ganz gleich *it
doesn't matter;* ganz hinten *all
the way in the back;* ganz rot
all red; ganz schön heiss *quite
hot;* seine ganzen Spiele *all of
his games*
gar: gar kein *none at all;* gar
nicht *not at all;* gar nichts
nothing at all
die **Garage, –n** *garage*
garniert *garnished*
der **Garten, ⸚** *garden*
die **Gartenarbeit, –en** *garden work*
der **Gartenbaubetrieb, –e** *nursery*
die **Gartentür, –en** *garden gate*
das **Gas, –e** *gas;* Gas geben *to
give gas*
die **Gasflasche, –n** *bottled gas*
das **Gasgemisch, –e** *gas mixture*
das **Gaspedal, –e** *gas pedal*
die **Gasse, –n** *path, alley, narrow
street*
der **Gast, ⸚e** *guest*
der **Gastgeber, –** *host*
der **Gasthof, ⸚e** *hotel, inn*
die **Gaststätte, –n** *restaurant;
tavern*
das **Gaststättengewerbe** *restaurant
business*
die **Gaststube, –n** *main room (of a
restaurant of lodge)*
der **Gastwirt, –e** *innkeeper*
die **Gattin, –nen** *wife*
der **Gaukler, –** *juggler*
geäussert *stated*
geb. (geborene) *maiden name*
das **Gebäude, –** *building*
geben *to give;* es gibt *there
is;* was gibt's Neues? *what's
new?*
das **Gebiet, –e** *area;* auf vielen

Gebieten *in many areas*
das **Gebirge, –** *mountains*
das **Gebiss, –e** *denture*
das **Gebläse, –** *blower (for hay)*
geboren: geboren werden *to be born*
die **Geborgenheit** *security*
der **Gebrauch** *use*
gebrauchen (zu) *to use (for)*
die **Gebrüder** (pl) *brothers*
die **Gebühr, –en** *fee*
die **Geburt, –en** *birth*
geburtenstark *having a high birth rate*
der **Geburtsort, –e** *place of birth*
der **Geburtstag, –e** *birthday; alles Gute zum Geburtstag! happy birthday!*
das **Geburtstagsgeschenk, –e** *birthday present*
die **Geburtstagskarte, –n** *birthday card*
das **Gedicht, –e** *poem*
das **Gedränge** *crowd, crush*
gedruckt *printed*
die **Geduld** *patience*
geehrt: Sehr geehrte Herren! *Dear Sirs:*
geeignet *suited; geeignet sein für to be suited for*
die **Gefahr, –en** *danger; in Gefahr bringen to endanger*
gefährden *to endanger*
gefährlich *dangerous*
die **Gefahrenstelle, –n** *danger area*
gefallen *to please; es gefällt mir I like it; s. gefallen lassen to put up with*
die **Gefangenschaft** *confinement*
die **Gefechtsübung, –en** *combat practice*
gefrieren *to freeze*
das **Gefühl, –e** *feeling*
gefüttert *padded*
gegen *about, toward, approximately; against; etwas (Gutes) gegen something (good) for*
die **Gegend, –en** *region, area*
der **Gegenstand, –̈e** *object*
das **Gegenstück, –e** *counterpart*
das **Gegenteil, –e** *opposite*
gegenüber *toward, in regard to; gegenüber von across from*
gegenüberstehen *to face*
der **Gegenverkehr** *oncoming traffic*
die **Gegenwart** *present time*
der **Gegner, –** *adversary, opponent*
gehässig *nasty*
geheizt *heated*
gehen *to go; auf geht's let's go; das geht nicht that's not possible; geht in Ordnung! that's fine!; wie geht's? how are you?; zu Ende gehen to be over*
gehorchen *to obey*
gehören *to belong*

der **Geier, –** *hawk*
die **Geige, –n** *violin*
gelangen in *to get into, reach*
das **Galächter** *laughter*
das **Gelände** *grounds*
geläufig *current*
gelb *yellow*
das **Geld** *money*
die **Geldausgabe, –n** *expenditure*
der **Geldbeutel, –** *wallet*
die **Geldbörse, –n** *wallet*
die **Geldstrafe, –n** *fine*
die **Geldverschwendung** *waste of money*
die **Gelegenheit, –en** *opportunity*
gelernt *skilled*
das **Gelernte** *learned material*
der **Gelernte, –n** *skilled worker*
gelingen *to succeed*
gell? *right?*
gelten *to apply, be intended for; to be effective; to hold true; gelten als to be considered as*
die **Gemahlin, –nen** *wife*
das **Gemälde, –** *painting*
gemein *mean*
die **Gemeinde, –n** *community*
gemeinsam *together; in groups; joint; common*
das **Gemüse** *vegetables*
der **Gemüsehändler, –** *greengrocer*
die **Gemüsehandlung, –en** *vegetable store*
der **Gemüseladen, –̈** *vegetable store*
der **Gemüsestand, –̈e** *vegetable stand*
gemütlich *cozy, comfortable, warm; es geht hier gemütlich zu the atmosphere is very comfortable and relaxed around here*
die **Gemütlichkeit** *hospitality, friendliness, homelike atmosphere*
genau *close(ly), exactly; genauer angesehen looked at more closely*
genauso *just as*
genehmigt *approved*
der **Generalmajor, –e** *major-general*
die **Generalprobe, –n** *dress rehearsal*
die **Generation, –en** *generation*
geniessen *to enjoy*
genug *enough*
genügend *enough*
genussvoll *pleasurable*
geöffnet *open; geöffnet haben to be open*
das **Gepäcknetz, –e** *luggage rack*
geplündert *looted, emptied*
gerade *just; at the moment, right now; er ist gerade dabei he is just now (doing . . .)*
geradeaus *straight ahead*
geradezu *actually, downright*

das **Gerät, –̈e** *tool, utensil; gadget; appliance*
die **Gerätekunde** *knowledge of the equipment*
die **Geräteschau, –en** *showing of (military) equipment*
geräuchert *smoked*
das **Gericht, –e** *course, dish; court of law; vor Gericht in court*
gerichtlich *by order of the court*
gering *limited, small*
gern *gladly; gern spielen to like to play; gern haben to like; ich möchte gern I would like*
der **Gerstensaft, –̈e** *beer*
gesamt *whole, entire, total*
die **Gesamtstruktur, –en** *total structure*
der **Gesandte, –n** *ambassador*
das **Geschäft, –e** *store; business, work; Geschäfte machen mit to do business with; im Geschäft at work*
geschäftsfähig *having legal capacity, responsibility*
die **Geschäftsform, –en** *form, type of business*
der **Geschäftsführer, –** *(business) manager*
der **Geschäftsmann, –̈er** *business man*
die **Geschäftsleute** (pl) *business people*
die **Geschäftspapiere** (pl) *business papers*
die **Geschäftsreklame, –n** *business ad*
die **Geschäftsstrasse, –n** *street of stores and businesses*
das **Geschäftszentrum, –zentren** *business center*
das **Geschenk, –e** *present*
geschehen *to happen; das geschieht dir recht! it serves you right!*
das **Geschehen** *events*
die **Geschichte** *history; story*
geschickt *skillful, handy*
das **Geschirr** *dishes*
der **Geschirrspüler, –** *dishwasher*
die **Geschirrspülmaschine, –n** *dishwasher*
das **Geschlecht, –er** *sex*
der **Geschmack, –̈e** *flavor*
geschmäht *belittled*
geschmiedet *forged*
geschult *trained, skilled*
die **Geschwindigkeitsbegrenzung, –en** *speed limit*
die **Geschwindigkeitsbeschränkung, –en** *speed restriction*
die **Geschwister** (pl) *brothers and sisters, siblings*
geschwollen *swollen*
das **Gesellenjahr, –e** *journeyman year*

die **Gesellenprüfung, –en** *exam to qualify as a journeyman*
gesellig *social*
die **Geselligkeit** *social life*
die **Gesellschaft, –en** *society; company*
gesellschaftlich *social*
das **Gesellschaftsspiel, –e** *party game*
das **Gesetz, –e** *law;* Gesetze zur Bekämpfung des Lärms *laws intended to fight noise;* laut Gesetz *according to law*
gesetzlich *by law;* gesetzlich festgelegt *determined, bound by law*
gesichert *assured, guaranteed*
das **Gesicht, –er** *face*
das **Gespräch, –e** *conversation*
die **Gestalt, –en** *figure*
gestalten *to form, shape*
gestatten: gestattet sein *to be allowed*
die **Geste, –n** *gesture*
gestehen *to admit*
gestern *yesterday*
gestohlen *stolen*
gestrichen: frisch gestrichen *wet paint; freshly–painted*
gesund *healthy*
die **Gesunderhaltung** *keeping healthy*
die **Gesundheit** *health*
das **Getränk, –e** *drink, beverage*
die **Getränkekarte, –n** *beverage list*
das **Getreide** *grain*
der **Getreideanbau** *grain production*
gewachsen: gewachsen sein (dat.) *to be able to cope (with s.th.)*
gewähren *to grant*
die **Gewalt** *power, authority*
das **Gewässer, –** *body of water*
das **Gewehr, –e** *rifle*
das **Gewicht, –e** *weight;* ins Gewicht fallen *to be important*
gewinnen *to win*
der **Gewinner, –** *winner*
gewiss *certain; surely;* gewiss *specific*
das **Gewitter, –** *thunderstorm*
gewittern: es gewittert *there's a thunderstorm*
s. **gewöhnen an** *to get used to*
die **Gewohnheit, –en** *habit*
gewöhnlich *usually; ordinary*
gezielt *pointed*
giessen *to pour*
das **Gift, –e** *poison*
giftig *poisonous*
der **Gipfel, –** *peak, summit*
das **Gipfelhaus, ⁼er** *lodge located on a mountain peak*
das **Gipfelkreuz, –e** *cross on top of a mountain*
der **Gips** *plaster (cast)*
das **Gipsbein, –e** *leg cast*
die **Giraffe, –n** *giraffe*

die **Gitarre, –n** *guitar*
glänzen *to sparkle, shine*
das **Glas, ⁼er** *glass*
glatt *straight; smooth*
glätten *to smooth*
glauben *to believe, think;* glauben an *to believe in*
gleich *right away; same;* auf gleicher Höhe *at the same level;* das gleiche *the same thing;* es ist mir gleich *it's all the same to me;* ganz gleich *it doesn't matter*
gleichfalls *the same to you; likewise*
gleichgestellt *equal*
das **Gleichgewicht** *balance*
der **Gleichklang** *consonance (repetition of consonants)*
gleichzeitig *at the same time*
das **Gleis, –e** *train track*
der **Gletscher, –** *glacier*
das **Glied, –er** *member, link*
der **Globus, –se** *globe*
die **Glocke, –n** *bell*
die **Glotze, –n** *TV set (coll)*
das **Glück** *luck; happiness; good luck;* Glück haben *to be lucky:* zum Glück *luckily*
gluckern *to gurgle*
glücklich *happy, happily*
der **Glückspilz, –e** *lucky duck*
das **Gold** *gold*
der **Gong, –s** *gong*
gotisch *Gothic*
der **Gott:** Gott sei Dank! *thank God!*
grad: es ist grad erst drei *it's just 3 now;* weil ich grad hier bin *as long as I'm here*
der **Grad** *degree;* in Grad Celsius *in degrees centigrade*
die **Grafik, –en** *chart*
grafisch *graphic*
das **Gramm, –** *gram*
die **Grammatikübung, –en** *grammar exercise*
grantig *grouchy (Bavarian, Austrian)*
die **Graphik** *woodcuts, etchings, drawings, etc.*
das **Gras, ⁼er** *grass*
die **Grasfläche, –n** *patch of grass*
das **Grasmähen** *mowing*
der **Grasschi** *grass–ski*
grässlich *dreadful, horrible*
gratulieren *to congratulate*
grau *gray*
die **Grenze, –n** *border, boundary*
der **Grenzpolizist, –en** *border guard*
griechisch *Greek*
Griechenland *Greece*
die **Griffhöhe** *easy reach*
grillen *to grill*
grimm *grim*
grinsen *to grin*
grinsend *grinning*
die **Grippe** *flu*

gross *big; tall;* gross werden mit *to grow up with*
grossartig *terrific*
das **Grossbritannien** *Great Britain*
der **Grossbuchstabe, –n** *capital letter*
die **Grösse, –n** *size; height*
die **Grosseltern** (pl) *grandparents*
der **Grossflughafen, ⁼** *large airport*
die **Grossmutter, ⁼** *grandmother*
die **Grossstadt, ⁼e** *large city*
grösst– *largest*
der **Grossteil, –e** *largest part, majority*
der **Grossvater, ⁼** *grandfather*
grosszügig *generous*
grotesk *grotesque*
grün *green;* ins Grüne *out into the country;* öffentliches Grün *public parks, green*
die **Grünanlage, –n** *park, landscaped area*
der **Grund, ⁼e** *reason;* Grund– (noun pref) *basic*
gründen *to found, establish*
die **Grundlage, –n** *foundation, groundwork*
gründlich *thorough(ly)*
grundsätzlich *basically*
der **Grundschritt, –e** *basic step*
der **Grundwasserspiegel, –** *water table*
das **Grünland** *green areas*
die **Grünpflanze, –n** *green plant*
grunzen *to grunt*
die **Gruppe, –n** *group*
die **Gruppenstunde, –n** *group activity*
der **Gruss, ⁼e** *greeting;* mit freundlichen Grüssen *sincerely, very truly yours*
grüssen *to greet;* grüss dich! *hi!;* grüss Gott! *hello!*
der **Guckkasten, –** *TV set (coll)*
gültig *valid*
der **Gummi** *rubber*
günstig *favorable*
gurgeln *to gargle*
die **Gurke, –n** *cucumber; pickle*
der **Gurt, –e** *seatbelt;* den Gurt anlegen *to fasten one's seatbelt*
das **Gurtanlegen** *fastening of a seatbelt*
der **Gürtel, –** *belt*
der **Gurtmuffel, –** *person who doesn't like to fasten his or her seatbelt*
die **Gurtmuffelei** *resistance to wearing a seatbelt*
gut *good; well; OK;* mir ist nicht gut *I don't feel well*
das **Gut, ⁼er** *asset, commodity*
die **Güte:** ach, du mein Güte! *oh, my goodness!*
gutgehen *to go well*
der **Gymnasiast, –en** *student (at a Gymnasium)*

das **Gymnasium, –ien** *academic secondary school*
die **Gymnastik** *gymastics, exercises;* Gymnastik machen *to exercise, do exercises or gymnastics*

H

das **Haar, –e** *hair*
die **Haarbürste, –n** *hairbrush*
die **Haarfarbe, –n** *hair color*
haargenau *exactly*
der **Haarschnitt, –e** *haircut*
das **Haarspray, –s** *hair spray*
der **Haartrockner, –** *hair dryer*
das **Haarwasser** *hair tonic*
haben *to have;* gern haben *to like;* Hunger haben *to be hungry;* Verspätung haben *to be late*
das **Hackfleisch** *chopped meat*
der **Hafen, ¨** *harbor*
die **Hafenrundfahrt, –en** *harbor tour*
haftbar *legally responsible*
haften für *to be liable for*
die **Haftpflicht** *liability*
der **Hahn, ¨e** *rooster*
das **Hähnchen, –** *chicken*
halb *half;* halb sechs *five-thirty*
halbbedeckt *partly cloudy*
halbgefüllt *half-filled*
halbtags *part-time*
die **Hälfte** *half*
hallo! *hi!;* hallo, Fräulein! *excuse me, waitress!*
der **Hals, ¨e** *neck*
die **Halsentzündung, –en** *throat infection*
die **Halsschmerzen** (pl) *sore throat*
die **Halstablette, –n** *throat lozenge*
das **Halstuch, ¨er** *(neck) scarf*
halt: (particle) das war halt deutsch *it was only German*
halten *to stop; to hold;* halten von *to think of, have an opinion about;* (Schweine) halten *to keep, raise (pigs);* s. zu etwas halten *to hold to, profess to*
die **Haltestelle, –n** *(bus, streetcar) stop*
das **Halteverbot** *no stopping*
die **Haltung** *position, posture*
der **Hamburger, –** *hamburger*
der **Hammer, ¨** *hammer*
der **Hamster, –** *hamster*
die **Hand, ¨e** *hand;* aus der Hand legen *to put aside;* mit der Hand *by hand*
die **Handarbeit, –en** *needlework, handicrafts*
der **Handarbeitsunterricht** *needlework instruction*
die **Handcreme, –s** *hand cream*
der **Handel** *trade*
handeln *to bargain*

das **Handeln** *action, behavior*
der **Handschuh, –e** *glove*
das **Handtuch, ¨er** *towel*
die **Handvoll** *handfull*
das **Handwerk, –e** *trade, craft*
der **Handwerker, –** *skilled worker, craftsman, artisan*
die **Handwerksmeisterin, –nen** *master in a trade*
der **Hang, ¨e** *slope; tendency*
der **Hängegleiter, –** *hang glider*
hängen *to hang, be hanging (strong); to hang up (weak)*
hängenbleiben *to get caught, get stuck*
hänseln *to tease*
hart *hard*
der **Hartgummi** *hard rubber*
das **Häschen, –** *bunny*
der **Hase, –n** *rabbit*
hassen *to hate*
hässlich *ugly*
häufig *frequent*
Haupt – (noun pref) *main*
die **Hauptflugroute, –n** *main flight route*
der **Hauptgedanke, –n** *main idea*
das **Hauptgericht, –e** *main course*
die **Hauptrolle, –n** *main role*
die **Hauptsache: in der Hauptsache** *on the whole*
hauptsächlich *mainly*
der **Hauptschul–Absolvent, –en** *graduate of a Hauptschule*
die **Hauptschule, –n** *type of elementary school*
die **Hauptschulklasse, –n** *elementary school class*
die **Hauptstadt, ¨e** *capital city*
die **Hauptstrasse, –n** *main street*
das **Hauptwort, ¨er** *noun*
das **Haus, ¨er** *house;* von zu Hause *from home;* zu Hause *at home*
die **Hausapotheke, –n** *portable medicine chest*
die **Hausaufgabe, –n** *homework*
der **Hausbesitzer, –** *home owner; landlord*
der **Hausbesuch, –e** *housecall*
das **Häuschen, –** *little house*
die **Hausfrau, –en** *housewife*
der **Haushalt, –e** *household;* Haushalten im Haushalt *economizing in the home;* im Haushalt helfen *to help in the house, with household chores*
die **Haushaltsauflösung** *closing of a household (in the event of death, divorce, etc.)*
die **Haushaltsausgabe, –n** *household expense*
häuslich *domestic*
der **Hausmeister, –** *custodian*
die **Hausnummer, –n** *house number*
die **Haustür, –en** *front door*
die **Haut, ¨e** *skin*
die **Hautcreme, –s** *skin creme*

heben *raise, lift*
die **Hecke, –n** *hedge*
die **Heckenschere, –n** *hedge clippers*
das **Heer, –e** *army*
das **Heft, –e** *notebook*
heften *to fasten, attach*
heftig *severe, bad*
die **Heftmaschine, –n** *stapler*
das **Heftpflaster, –** *band–aid*
hei! *hi!*
das **Heil: ihr Heil suchen** *to try their luck*
die **Heimat** *native land; home*
der **Heimatabend, –e** *evening of folk entertainment from a specific region*
das **Heimatdorf, ¨er** *hometown*
das **Heimkino, –s** *movie theater in the home*
heimlich *secret*
heimschwanken *to sway, stagger home*
der **Heimweg, –e** *way home;* den Heimweg antreten *to start home*
das **Heimwerken** *crafts, do–it–your–self projects*
d.h. (das heisst) *that is to say*
heiraten *to marry*
heiss *hot*
heissen *to be named, called; to mean*
heiter *mostly sunny; cheerful*
die **Heizenergie** *energy needed to heat*
der **Heizkörper, –** *radiator*
die **Heizkosten** (pl) *heating costs*
die **Heizung** *heat, heating*
die **Heizungskosten** (pl) *heating costs*
der **Hektar** *2.471 acres of land*
der **Held, –en** *hero*
helfen *to help*
hell *light; bright(ly);* ein Helles *a light beer*
hellblau *light blue*
der **Helm, –e** *helmet*
das **Hemd, –en** *shirt*
die **Hemdbluse, –n** *woman's shirt, man–tailored blouse*
her *here (motion toward speaker);* das ist jetzt 6 Jahre her *that was 6 years ago*
herabsetzen *to lower, reduce;* stark herabgesetzt *greatly reduced*
heranwachsen *to grow up*
der **Heranwachsende, –n** *adolescent*
herauf– (pref) *up (to)*
heraufkommen *to come up*
heraus– (pref) *out (of)*
herausgeben *to issue;* eine Marke herausgeben *to issue a stamp*
herausgefordert *challenged*
herausreissen *to tear out*

die **Herberge, –n** *hostel*
der **Herd, –e** *stove, range*
herein– (pref) *in (motion toward the speaker)*
hereinspaziert! *step right up!*
hergeben *to give (away), hand over;* gib mal eben her! *give it to me; let me see it*
herhören *to listen, pay attention*
herkommen *to come from, to come here*
die **Herkunft, ⸚e** *origin*
der **Herr, –en** *Mr.; gentleman;* meine Herren *gentlemen;* Sehr geehrte Herren! *Dear Sirs:*
herrlich *beautiful*
die **Herrschaften!** (pl): Grüss Gott, die Herrschaften! *hello, ladies and gentlemen!*
herrschen *to prevail, rule; to reign*
herschauen *to look here*
herschieben: vor sich her-schieben *to push along in front*
herstellen *to build, produce; to manufacture*
das **Herstellen** *producing, production*
der **Hersteller, –** *producer*
herum *around;* um etwas herum *around, surrounding*
herum– (pref) *around*
herumdrehen *to turn around;* das Herumdrehen der Ohren *twisting ears*
herunter– (pref) *down*
herunternehmen *to take down*
hervorgehen *to emerge*
hervorrufen *to evoke, give rise to*
das **Herz, –en** *heart*
herzlich *warm, hearty;* herzliche Grüsse *warmest greetings*
der **Herzog, ⸚e** *duke*
das **Herzogtum, ⸚er** *dukedom*
Hessen *state in the BRD*
das **Heu** *hay*
der **Heuboden, ⸚** *hayloft*
das **Heuen** *haymaking, haying*
heuer *this year*
der **Heurechen, –** *hay rake*
der **Heustadel, –** *hay barn; hay shed*
heute *today;* heute abend *this evening*
heutig *today's*
heutzutage *nowadays, today, in this day and age*
der **Heuwender, –** *machine for turning hay (tedder)*
hier *here*
hier– (pref) *here*
hierher– (pref) *(to) here*
hierherkommen *to come here*
die **Hilfe** *help;* Hilfe! *help!*

die **Hilfstätigkeit, –en** *temporary work*
die **Himbeere, –n** *raspberry*
der **Himmel, –** *heaven; sky*
hin *there (motion away from speaker);* hin und zurück *back and forth, round trip*
hinauf– (pref) *up*
hinaufführen *to lead upward, upstairs*
hindurchschauen *to look through*
hindurchschlängeln *to wind one's way through*
hinein– (pref) *in (motion away from the speaker)*
hineinpassen *to fit into*
hineinsaugen: in sich hinein-saugen *to suck in, consume*
die **Hinfahrt, –en** *trip (to)*
hinkommen: dort kommen die Artikel hin *there is where the articles go*
s. **hinlegen** *to lie down*
s. **hinsetzen** *to sit down*
s. **hinstellen** *to go and stand, to place o.s.*
hinten *behind*
hinter *behind*
hinter– *rear*
hintereinander *one behind the other*
hinunter– (pref) *down*
hinunterlaufen *to run down*
hinunterrutschen *to slip, slide down*
hinunterschiessen *to shoot down (a slope)*
der **Hintergrund** *background*
das **Hintergrundswissen** *background knowledge*
hinterher *afterward*
der **Hinweis, –e** *notice*
hinweisen auf *to indicate, point to; to point out*
hinzulernen: etwas hinzulernen *to learn s.th. in addition to what you already know*
der **Hirsch, –e** *stag, deer*
historisch *historical(ly)*
die **Hitze** *heat*
hitzefrei *time off because of hot weather*
das **Hobby, –s** *hobby*
hoch *high; tall*
hochachtungsvoll *respectfully; very truly yours*
die **Hochkunjunktur** *(economic) boom*
die **Hochschule, –n** *college or university*
hochschulreif *eligible for admission to a university*
die **Hochspringerin, –nen** *high jumper*
der **Hochsprung, ⸚e** *high jump*
höchst– (pref) *highest*
höchstens *at the most*

die **Höchstgeschwindigkeit** *maximum speed*
die **Höchstschichtzeit** *longest time allowed for working one shift*
die **Hochzeit, –en** *wedding*
der **Hochzeitszug, ⸚e** *wedding procession*
der **Hof, ⸚e** *schoolyard; courtyard; small farm; court*
hoffen *to hope*
hoffentlich *hopefully, I hope*
höflich *polite*
hoh– *(a form of hoch)*
die **Höhe** *height, level;* auf gleicher Höhe *at the same level*
der **Höhenunterschied, –e** *difference in altitude*
der **Höhepunkt, –e** *high point; peak*
höher *higher*
die **Höhle, –n** *cavern*
holen *to get, fetch*
der **Holländer, –** *Dutchman*
das **Holz** *wood*
hölzern *wooden*
die **Holzfigur, –en** *wooden figure*
der **Honig** *honey*
hören *to hear, listen*
der **Hörer, –** *receiver*
horizontal *horizontal*
das **Horoskop, –e** *horoscope*
Hörschäden (pl) *hearing damage*
die **Hörübung, –en** *listening exercise*
die **Hose, –n** *pants*
der **Hosenanzug, ⸚e** *pantsuit*
das **Hotel, –s** *hotel*
hübsch *pretty; cute*
der **Hubschrauberfreiflug, ⸚e** *free helicopter ride*
huckepack: huckepack tragen *to carry piggyback*
das **Huhn, ⸚er** *hen*
das **Hühnchen, –** *chicken*
der **Hühnerstall, ⸚e** *henhouse*
der **Humor** *humor*
humorvoll *humorous*
der **Hund, –e** *dog*
hundemüde *dead-tired*
hundert *hundred*
die **Hundert: Hunderte von** *hundreds of*
der **Hunger** *hunger;* Hunger haben *to be hungry*
hungrig *hungry*
die **Hupe, –n** *horn*
die **Hürdenläuferin, –nen** *hurdler*
der **Husten** *cough*
der **Hustensaft, ⸚e** *cough syrup*
der **Hut, ⸚e** *hat*
die **Hütte, –n** *cabin, lodge*
der **Hüttenabend, –e** *evening of activities at a lodge*
das **Hüttenfest, –e** *party at a ski lodge*
der **Hüttenwirt, –e** *innkeeper, lodge proprieter*

I

ideal *ideal*
der **Idealismus** *idealism*
die **Idee, –n** *idea*
die **Identifikationsbereitschaft**
*tendency, eagerness to identify
with s.th.*
identifizieren *to identify; s.
identifizieren mit to identify with*
die **Identität, –en** *identity*
ideologisch *idealogical*
der **Iglu, –s** *igloo*
ignorieren *to ignore*
die **Illustration, –en** *illustration*
im: im März *in March;* im
letzten Jahr *last year*
der **Imbiss, –e** *snack*
der **Imitator, –en** *imitator*
immer *always;* immer höher
higher and higher; immer noch
still; immer wieder *again and
again;* noch immer *still;* schon
immer *all along, always*
das **Imperfekt** *imperfect*
importieren *to import*
in *in;* in (die Schweiz) *to
(Switzerland)*
indem *in that*
indessen *meanwhile*
das **Indien** *India*
individuell *individual(ly)*
die **Industrie, –n** *industry*
der **Industriebetrieb, –e** *factory*
das **Industriegebiet, –e** *industrial
area*
das **Industrieland** *industrial land*
der **Industrielärm** *industrial noise*
industriell *industrial*
das **Industrieprodukt, –e** *industrial product*
der **Industriestaat, –en** *industrial
state*
das **Industriezeitalter** *industrial age*
der **Infinitivsatz, ⁼e** *sentence with
an infinitive construction*
die **Information, –en** *information*
die **Infrarotkamera, –s** *infrared
camera*
der **Ingenieur, –e** *engineer*
der **Ingenieurberuf, –e** *occupation
as an engineer*
der **Inhaber, –** *proprietor*
der **Inhalt, –e** *subject matter*
inhaltreich *meaty, having an
interesting, stimulating content*
innehaben *to hold (an office)*
innen: von innen *from the
inside*
die **Innenpolitik** *domestic policy*
inner *inner; heartfelt, profound;*
im Inneren des Busses *inside
the bus*
innerhalb *within, during*
inoffiziell *unofficial*
der **Insasse, –n** *occupant, passenger*
das **Insekt, –en** *insect*

das **Insektenschutzmittel, –** *insect
repellent*
das **Inserat, –e** *ad*
inserieren *to advertise*
installieren *to install*
das **Installieren** *installation*
insgesamt *altogether, in all*
das **Instrument, –e** *instrument*
die **Integration** *integration*
intensiv *intensive*
interessant *interesting*
das **Interesse, –n** *interest*
die **Interessengruppe, –n** *interest
group*
s. **interessiern für** *to be interested
in;* interessiert sein an *to be
interested in*
international *international*
das **Interview, –s** *interview*
der **Interviewer, –** *interviewer*
investieren *to invest*
die **Investition, –en** *investment*
inzwischen *in the meantime*
irgendein *any*
irgendetwas *anything*
irgendjemand *anyone*
irgendwo *anywhere*
s. **irren** *to be mistaken*
die **Isar** *Isar River*
isoliert *insulated*
das **Italien** *Italy*
der **Italiener, –** *Italian (person)*
italienisch *Italian*

J

ja *yes;* dass du dich ja rasierst!
be sure you shave! ja? *OK?
right?;* ja, gut *okay;* ja, so
was! *well, can you beat that!*
die **Jacke, –n** *jacket*
das **Jägerbataillon, –e** *ranger
battalion*
das **Jahr, –e** *year;* auf Jahre hinaus
for years to come; in den 60er
Jahren *in the 60's;* Jahr für
Jahr *year after year;* in den 60er
und 70er Jahren *in the 60's and
70's*
der **Jahresbudget, –s** *yearly budget*
das **Jahreseinkommen, –** *annual
income*
die **Jahreszahl, –en** *date (by year)*
die **Jahreszeit, –en** *season*
der **Jahrgang, ⁼e** *age group*
das **Jahrhundert, –e** *century*
jahrhundertelang *for hundreds
of years*
die **Jahrhundertwende** *turn of the
century*
jährlich *yearly*
der **Jahrmarkt, ⁼e** *fair*
jahrtausendelang *for thousands
of years*
das **Jahrzehnt, –e** *decade*
jäten *to weed*

die **Jause, –n** *snack (Austrian)*
je *every; per;* je eine *for
each;* je (weiter) . . . je (länger)
the farther . . . the longer
die **Jeans** (pl) *jeans*
der **Jeans–Shop, –s** *jeans shop*
jedenfalls *in any case*
jeder *each, every; each one,
everyone*
jedoch *however, nevertheless*
jemand *somebody*
jetzt *now*
der **Job, –s** *job*
jobben *to work at a temporary
job*
die **Jobsuche** *search for a job*
das **Jobsuchen** *job hunting*
die **Jodtinktur** *iodine*
der **Joghurt, –s** *yoghurt*
die **Jugend** *youth, young people;*
die heutige Jugend *youth of
today*
die **Jugendabteilung, –en** *junior
membership*
der **Jugendarbeitsschutz** *child labor
laws*
das **Jugendarbeitsschutzgesetz, –e**
child labor law
die **Jugendbewegung, –en** *youth
movement*
der **Jugendliche, –n** *young person*
die **Jugendmarke, –n** *stamp for the
benefit of youth organizations*
das **Jugendschutzgesetz, –e** *child
labor law*
der **Jugendstil** *art nouveau*
das **Jugendstrafrecht** *criminal law
pertaining to minors*
das **Jugendtreffen, –** *meeting,
conference of young people*
der **Jugendverband, ⁼e** *youth group,
young people's association*
die **Jugendvertretung, –en** *youth
representative group*
das **Jugoslawien** *Yugoslavia*
jung *young*
das **Junge, –n** *young (animal)*
der **Junge, –n** *boy*
der **Jüngere, –n** *younger person*
die **Jungfrau** *Virgo*
der **Jüngling, –e** *youth*
der **Jung–Spiessbürger, –** *junior
"Spiessbürger" (smug, conventional, often small-minded person)*
der **Jungwähler, –** *young voter*
die **Jury, –s** *jury*

K

der **Kachelofen, ⁼** *tiled stove*
der **Kaffee, –s** *coffee*
der **Kaffeelöffel, –** *coffee spoon*
der **Käfig, –e** *cage*
kahl *bare*
der **Kaiser, –** *emperor*
der **Kaiseradler, –** *imperial eagle*

der **Kajak, –s** *kayak*
das **Kakaogetränk, –e** *cocoa*
das **Kalb, ̈er** *calf*
das **Kalbsschnitzel, –** *veal cutlet*
der **Kalender, –** *calendar*
der **Kalendertag, –e** *calendar day*
das **Kalifornien** *California*
  kalt *cold; etwas Kaltes*
  something cold
die **Kälte** *cold*
die **Kaltschale, –n** *cold drink*
die **Kamera, –s** *camera*
der **Kamm, ̈e** *comb*
s. **kämmen** *to comb one's hair*
der **Kämmerer, –** *chamberlain*
  (former title of a high official at
  the royal court)
der **Kampf, ̈e** *struggle*
  kämpfen *to fight, struggle;*
  kämpfen um to fight for
das **Kanada** *Canada*
der **Kanal, Kanäle** *canal*
der **Kandidat, –en** *candidate*
die **Kanone, –n** *cannon*
  kapieren *to understand (coll);*
  kapiert? got it?
die **Kapelle, –n** *band*
der **Kapitän, –e** *(ship's) captain*
  kapitulieren *to surrender*
  kaputt *worn-out; broken,*
  broken-down
s. **kaputtlachen** *to laugh o.s. sick*
  kaputtmachen *to break*
die **Kapuze, –n** *hood*
  karg: kargere Ausstattung
  sparse selection
die **Karnevalsgruppe, –n** *carnival*
  group (group which participates
  in the Karneval festivities in
  Germany)
die **Karriere, –n** *career*
die **Karte, –n** *map; card, note; ticket*
die **Kartoffel, –n** *potato*
die **Kartoffelchips** *(pl) potato chips*
der **Kartoffelsalat, –e** *potato salad*
der **Karton, –s** *carton*
das **Karussell, –s** *carousel*
der **Käse, –** *cheese*
die **Kasse, –n** *ticket window;*
  checkout counter
der **Kassenzettel, –** *receipt*
die **Kastanie, –n** *chestnut; chestnut*
  tree
der **Kastanienbaum, ̈e** *chestnut tree*
der **Katalog, –e** *catalog*
  katastrophal *catastrophic*
die **Katastrophe, –n** *catastrophe*
  katholisch *Catholic*
die **Katze, –n** *cat*
die **Katzenwäsche** *washing quickly*
  at the sink
der **Kauf, ̈e** *purchase*
  kaufen *to buy*
das **Kaufen** *buying*
der **Käufer, –** *buyer*
die **Kaufgewohnheit, –en** *buying*
  habit

das **Kaufhaus, ̈er** *department store*
der **Kaugummi** *chewing gum*
  kaum *hardly*
  kehren *to sweep*
die **Kehrseite, –n** *other side*
  kein *no, not any*
  keiner *nobody*
der **Keks, –e** *cookie*
der **Keller, –** *cellar, basement*
der **Kellner, –** *waiter*
der **Kelte, –n** *Celt*
  kennen *to know, be acquainted*
  with, familiar with; kennst du
  dich aus? do you know your
  way around?
  kennenlernen *to get to know,*
  make the acquaintance of
das **Kennzeichen, –** *identifying*
  numbers, letters, or symbols
der **Kerl, –e** *guy; du blöder Kerl!*
  you jerk!
die **Kerze, –n** *candle*
die **Kette, –n** *chain*
der **Keuchhusten** *whooping cough*
der **Ketchup** *ketchup*
der **Kfz–Mechaniker, –** *car*
  mechanic
die **Kiefer, –n** *pine*
das **Kilogramm, –** *kilogram*
der **Kilometer, –** *kilometer*
  kilometerlang *kilometer-long*
das **Kind, –er** *child*
die **Kinderarbeit, –en** *child labor*
die **Kinderkrankheit, –en** *childhood*
  disease
  kinderlos *childless*
das **Kinderprogramm, –e** *children's*
  program
das **Kinn, –e** *chin*
das **Kino, –s** *movies, movie theater;*
  ins Kino gehen to go to the
  movies
die **Kirche, –n** *church*
der **Kirchturm, ̈e** *church steeple*
die **Kirmes** *carnival, fair*
die **Kirsche, –n** *cherry*
der **Kirschbaum, ̈e** *cherry tree*
das **Kissen, –** *pillow*
der **Kittel, –** *workjacket*
die **Kitze, –n** *kid (young goat)*
  klagen über *to complain about*
die **Klammer: in Klammern** *in*
  parentheses
die **Klapperkiste, –n** *rattletrap*
  klar *clear; klar! sure!, of*
  course!
der **Klasse, –n** *class; erste Klasse*
  first class (on the train); klasse
  great, terrific
die **Klassenarbeit, –n** *test*
der **Klassenkamerad, –en** *classmate*
die **Klassenlehrerin, –nen** *home-*
  room teacher
das **Klassenzimmer, –** *classroom*
  klatschen *to clap, applaud*
das **Klavier, –e** *piano*
der **Klavierspieler, –** *piano player*

  kleben *to glue, stick*
der **Klebstoff, –e** *glue, paste*
das **Kleid, –er** *dress; (pl) clothing*
die **Kleidung** *clothing, clothes*
  klein *small; short*
der **Kleinbus, –se** *minibus*
das **Kleine, –n** *baby, little one*
das **Kleingeld, –er** *small change*
die **Kleinigkeit, –en** *little thing(s)*
das **Kleinmotorrad, ̈er** *small*
  motorcycle
die **Kleinstadt, ̈e** *small city*
das **Kleintier, –e** *little animal*
die **Kletterausrüstung** *outfit and*
  equipment for mountain climbing
  klettern *to climb*
das **Klicken** *snapping (of the seat-*
  belt into place)
das **Klima** *climate*
der **Klimmzug, ̈e** *chin-up*
  klingeln *to ring*
das **Klingeln** *ringing (of bells)*
  klingen *to sound*
das **Klischee, –s** *stereotype*
  klug *smart*
  km² (Quadratkilometer)
  square kilometer; Einwohner pro
  km² inhabitants per square
  kilometer
  km/Std. (Stundenkilometer): *der*
  Bus fährt mit 90 km/Std. the
  bus is going 90 km an hour
das **Knäckebrot, –e** *type of large*
  cracker; crisp bread
  knapp *scarce; eine knappe*
  Stunde barely an hour
das **Knie, –** *knee*
die **Kniebundhose, –n** *knickers*
der **Kniehänger, –** *device for knee*
  support
die **Kniewunde, –n** *knee injury*
  knipsen *to snap (a picture)*
der **Knöchel, –** *ankle*
der **Knochen, –** *bone*
der **Knopf, ̈e** *button*
der **Knoten, –** *knot*
  kochen *to boil; to cook*
das **Kochgeschirr** *cooking utensils,*
  mess kit
die **Köchin, –nen** *cook*
die **Kochplatte, –n** *burner (on a*
  stove)
die **Kochstelle, –n** *burner (on a*
  stove)
der **Koffer, –** *suitcase*
das **Kofferradio, –s** *portable*
  radio
der **Kofferraum, ̈e** *car trunk*
die **Kohle, –n** *coal; (pl) money*
  (coll)
der **Kohleofen, ̈** *coal stove*
  kohlrabenschwarz *jet black*
der **Kollege, –n** *colleague*
das **Kolumbien** *Columbia*
  komfortabel *comfortable*
  komisch *funny, strange*
  kommandieren *to command*

kommen *to come;* kommen an *to come to;* kommen auf *to come to, come upon;* kommen aus *to come from;* kommen nach *to get to;* im Fernsehen kommen *to be on TV;* Mathe kommt dran *math is next*
kommerzialisiert *commercialized*
kommerziell *commercial*
das **Kommittee, –s** *committee*
die **Kommode, –n** *chest of drawers*
das **Kommunikationszentrum, –zentren** *communication center*
die **Komödie, –n** *comedy*
die **Komparativform, –en** *comparative form*
der **Kompass, –e** *compass*
komplett *complete*
das **Kompliment, –e** *compliment*
kompliziert *complicated*
die **Kondition, –en** *condition*
der **Konditor, –en** *pastry baker*
die **Konditorei, –en** *pastry shop with café*
das **Konfekt** *candy*
das **Konfetti** *confetti*
der **Kongress, –e** *congress*
der **König, –e** *king*
die **Königin, –nen** *queen*
königlich *royal*
das **Königreich, –e** *kingdom*
die **Konjunktivform, –en** *subjunctive form*
der **Konkurrent, –en** *competitor*
die **Konkurrenz** *competition*
konkurrenzfähig *competitive*
der **Konkurrenzkampf, ⸚e** *competitive struggle*
konkurrieren *to compete*
können *to be able to, can;* ich kann etwas *I know something;* ich kann nichts dafür *I can't help it;* kann sein *could be, may be*
das **Können** *ability*
konservativ *conservative*
der **Konstruktionsversuch, –e** *construction attempt, experiment*
der **Konsum** *consumption*
der **Konsumartikel, –** *consumer good(s)*
der **Konsument, –en** *consumer*
die **Konsumforschung, –en** *consumer research*
der **Konsumzwang** *pressure to consume*
der **Kontakt, –e** *contact;* Kontakt finden *to make friends*
der **Kontrast, –e** *contrast*
die **Konversationsübung, –en** *conversation exercise*
s. **konzentrieren** *to concentrate;* konzentrieren auf *to concentrate on*
die **Konzentration** *concentration*
das **Konzert, –e** *concert*
die **Konzerthalle, –n** *concert hall*

das **Konzipieren** *conceiving, conceptualization*
der **Kopf, ⸚e** *head*
die **Kopfschmerzen** (pl) *headache*
die **Kopfschmerztablette, –n** *headache pill*
das **Kopftuch, ⸚er** *(head) scarf*
der **Korbball, ⸚e** *basketball*
der **Korb, ⸚e** *basket*
der **Kord** *corduroy*
der **Körpergeruch, ⸚e** *body odor*
körperlich *physical(ly)*
der **Kosename, –n** *nickname*
der **Kosmetikartikel, –** *cosmetic article*
kostbar *valuable*
kosten *to cost; to taste*
die **Kosten: auf Kosten** *at the expense of;* laufende Kosten *running expenses*
kostenlos *without charge*
das **Kostüm, –e** *woman's suit; costume*
der **Krach, –s** *noise*
krachen: es kracht *there's a crash*
die **Kraft, ⸚e** *strength*
der **Kraftfahrer, –** *driver*
das **Kraftfahrt-Bundesamt** *Federal Motor Vehicle Record Bureau*
der **Kraftfahrzeug-Mechaniker, –** *auto mechanic*
das **Kraftfutter** *enriched feed*
kräftig *strong; forceful*
der **Kraftmensch, –en** *muscleman*
das **Kraftwerk, –e** *power plant*
der **Kram** *junk*
krank *sick*
das **Krankenhaus, ⸚er** *hospital*
die **Krankenschwester, –** *nurse*
der **Krankenschein, –e** *medical slip*
die **Krankheit, –en** *sickness*
kränklich *sickly*
kratzen *to scratch*
die **Krawatte, –n** *necktie*
der **Krawattenmuffel, –** *person who doesn't like to wear a tie*
die **Kraxe, –n** *backpack with frame*
der **Kredit, –e** *credit;* einen Kredit aufnehmen *to take out a loan*
der **Kreditgeber, –** *credtor*
die **Kredit-Institution, –en** *credit bank, lending institution*
die **Kreide** *chalk*
der **Kreis, –e** *circle;* im Kreis der Familie *in the bosom of (his) family*
der **Kreislauf, ⸚e** *cycle; circulation*
der **Kreisverkehr** *traffic circle*
das **Kreta** *Crete*
das **Kreuz: ein Kreuz machen** *to make an X;* kreuz und quer *every which way*
kreuzen *to tack*
die **Kreuzung, –en** *intersection*
der **Krieg, –e** *war*
kriegen *to get*

der **Krimi, –s** *mystery, detective show*
kritisch *critical*
der **Kubikmillimeter, –** *cubic millimeter*
die **Küche, –n** *kitchen*
der **Kuchen, –** *cake*
der **Küchenabfall, ⸚e** *kitchen garbage*
die **Küchenhilfe, –n** *kitchen help*
der **Kugelschreiber, –** *ballpoint pen*
die **Kuh, ⸚e** *cow*
kühl *cool*
kühlen *to cool*
der **Kühlschrank, ⸚e** *refrigerator*
das **Küken, –** *chick*
der **Kuli, –s** *ballpoint pen*
die **Kulisse, –n** *set, scenery*
kulturell *cultural*
s. **kümmern um** *to be concerned with, take care of*
der **Kunde, –n** *customer*
die **Kundin, –nen** *customer*
künftig *future, in the future*
die **Kunst, ⸚e** *art*
der **Kunststoff, –e** *synthetic material*
kunstvoll *artistic(ally)*
der **Kurs, –e** *course*
die **Kurve, –n** *curve*
kurz *short(ly);* in kurzer Zeit *in a short time;* vor kurzem *recently;* zu kurz kommen *to get the shorter end of the stick; to be cheated*
kürzen *to reduce*
kürzlich *recently*
kurzsichtig *near-sighted*
die **Kusine, –n** *girl cousin*
die **Küste, –n** *coast*
die **Kutsche, –n** *carriage*

L

das **Labor, –s** *lab*
lächeln *to smile*
lachen *to laugh*
das **Lachen** *laughter*
die **Lachtränen** (pl) *tears of laughter*
der **Lack** *lacquer finish*
lackieren *to polish, paint*
laden *to load*
der **Laden, ⸚** *store*
der **Ladentisch, –e** *counter*
der **Ladewagen, –** *hayloader*
die **Lage, –n** *location; position*
das **Lager: auf Lager haben** *to have a supply*
der **Lagerarbeiter, –** *worker in a warehouse*
die **Lagerhalle, –n** *warehouse*
lagern *to store*
lahm *lame*
das **Lamm, ⸚er** *lamb*
die **Lampe, –n** *lamp*

das **Lancieren** *launching*
das **Land, ⸚er** *state; nation;* auf
dem Land(e) *in the country;
on the farm;* vom Lande *from
the country*
der **Landekreis, –e** *landing circle*
landen *to land*
die **Landeshauptstadt, ⸚e** *state
capitol*
die **Landesregierung, –en** *state
government*
die **Landkarte, –n** *map*
ländlich *country, rural*
die **Landschaft, –en** *scenery; land-
scape; geographic area*
der **Landschaftswitz, –e** *joke about
a geographic area, often
originating in that area*
der **Landtag** *German State Senate*
die **Landung, –en** *landing*
der **Landwirt, –e** *farmer*
die **Landwirtschaft** *agriculture*
landwirtschaftlich *agricultural
(ly)*
lang *long*
lange *for a long time*
die **Langeweile** *boredom*
der **Langlauf** *cross–country skiing*
die **Langlaufloipe, –n** *cross–
country ski trail*
langsam *slow(ly)*
langweilig *boring*
s. **langweilen** *to be bored*
der **Lanzenträger, –** *lancer*
der **Lärm** *noise;* starker Lärm *loud
noise*
der **Lärmschutz** *noise protection*
lassen *to leave, leave behind;
to let;* etwas (machen) lassen
to have s.th. (done)
lästig *annoying, unpleasant*
der **Lastwagen, –** *truck*
das **Latein** *Latin*
die **Latte, –n** *slat*
der **Lattenzaun, ⸚e** *fence made of
slats*
der **Lauf: der 75–m–Lauf** *75–
meter dash*
die **Laufbahn, –en** *career*
laufen *to run; to walk, go on
foot;* er kam gelaufen *he came
running;* Schlittschuh laufen
to ice skate
der **Läufer, –** *runner*
die **Lauferei** *running*
der **Lausbub, –en** *rascal*
laut *loud*
läuten: es läutet *the bell rings*
der **Lautsprecher, –** *loudspeaker*
leben *to live*
das **Leben, –** *life;* am Leben bleiben
to stay alive; ins Leben rufen
to establish, start
lebendig *lively*
das **Lebensalter, –** *age*
die **Lebensbedingung, –en** *necessity
of life*

lebensgefährlich *life-threatening*
das **Lebensjahr, –e** *year (of life);*
vor Vollendung des 14. Lebensjahr *before (their) 15th birthday*
der **Lebenslauf, ⸚e** *resumé*
die **Lebensmittel** (pl) *groceries*
lebensmüde *tired of living*
der **Lebensraum** *living space,
environment*
der **Lebensstandard** *standard of
living*
Lebenzeit: auf Lebenzeit *for
life*
die **Lebzeit: zu ihren Lebzeiten** *in
their lifetime*
der **Leberkäs** *type of Bavarian
sausage*
die **Leberwurst, ⸚e** *liverwurst*
das **Lebewesen, –** *living thing*
lecker *delicious, yummy*
das **Leder** *leather*
der **Lederhandschuh, –e** *leather
glove, gauntlet*
leer *empty*
leeren *to empty;* beim Leeren
while emptying
der **Leerlauf** *idling*
legen *to lay, put;* legen auf
to lay (s.th.) on top of; s. legen
auf *to lie down on;* in Gips
legen *to put in a cast*
die **Legende, –n** *legend*
die **Legion, –en** *legion*
lehnen *to lean*
der **Lehrberuf, –e** *occupation
requiring an apprenticeship*
die **Lehre, –n** *apprenticeship*
der **Lehrer, –** *teacher*
das **Lehrjahr, –e** *year of apprenticeship*
die **Lehrkräfte** (pl) *teaching staff*
der **Lehrling, –e** *apprentice*
der **Lehrlingslohn,⸚ e** *apprentice
pay*
der **Lehrmeister, –** *master (person
qualified to train apprentices
in their fields)*
der **Lehrplan, ⸚e** *curriculum*
lehrreich *educational*
die **Lehrstelle, –n** *apprentice
position*
die **Lehrzeit** *period of apprenticeship*
das **Leibgericht, –e** *favorite meal*
leicht *easy, easily; slightly*
leichtfertig *irresponsible*
das **Leichtmetall, –e** *lightweight
metal*
leid: das tut mir leid! *I'm sorry*
leiden *to suffer;* leiden an *to
suffer from;* leiden unter *to
suffer from*
leider *unfortunately*
leihen *to lend;* wenn sie den
Wagen von ihrem Vater geliehen
bekommt *if her father lends her
the car*

leise *soft, quiet*
s. **leisten** *to afford*
die **Leistung, –en** *achievement
score; performance*
der **Leistungsdruck** *pressure to
perform*
die **Leistungsfähigkeit** *efficiency*
der **Leistungssport** *competitive
sport*
der **Leistungssportler, –** *competitive athlete*
leiten *to lead*
der **Leiter, –** *leader; manager, head*
die **Leiter, –n** *ladder*
der **Leopard, –en** *leopard*
der **Lernausweis, –e** *learner's
permit*
lernen *to learn, study;* Friseuse
lernen *to train to become a
hairdresser*
die **Lernfähigkeit, –en** *learning
ability*
der **Lernprozess, –e** *learning
process*
das **Lesefutter** *reading material*
lesen *to read*
das **Lesen** *reading*
das **Lesestück, –e** *reading selection*
die **Leseübung, –en** *reading exercise*
letzt– *last*
leuchten *to shine*
die **Leute** (pl) *people*
das **Lexikon, Lexika** *dictionary,
word list*
das **Licht, –er** *light*
die **Lichtanlage, –n** *lights*
der **Lidschatten, –** *eye–shadow*
lieb *nice, good;* es wäre lieb
von dir *it would be nice of
you;* lieber Herbert! *dear
Herbert*
die **Liebe** *love*
lieben *to love*
lieber (als) *rather (than);* mir
waren meine alten Schier lieber
I preferred my old skis
das **Liebespaar, –e** *pair of lovers*
Lieblings– (noun pref) *favorite*
das **Lieblingsgeschäft, –e** *favorite
store*
der **Lieblingssänger, –** *favorite
singer*
liebsten: am liebsten *most,
best of all;* am liebsten haben
to like most of all
das **Lied, –er** *song*
der **Lieferant, –en** *supplier*
liefern *to provide*
der **Lieferschein, –e** *invoice*
der **Liegegurt, –e** *harness (to lie in)*
liegen *to lie, be located;*
liegen an *to depend on, be
caused by;* woran liegt das?
what's the reason for that?
liegenlassen *to leave behind,
forget*

der **Liegestuhl, ⁻e** *reclining garden chair*
der **Liegestütz, ⁻e** *push-up*
der **Lift, –e** *ski lift*
die **Liftkarte, –n** *lift ticket*
die **Liftstation, –en** *lift station*
der **Limo, –s (Limonade)** *lemon soda*
die **Limonade** *lemon soda*
das **Lineal, –e** *ruler*
die **Linie, –n** *line; in erster Linie above all*
link– *left*
links *left; on the left; nach links to the left*
die **Lippe, –n** *lip*
der **Lippenstift, –e** *lipstick*
die **List** *cunning*
die **Liste, –n** *list*
der **Liter, –** *liter*
das **Loch, ⁻er** *hole; cavity*
der **Lockenwickler, –** *curler*
locker *loose, lax*
lockig *curly*
der **Lohn, ⁻e** *wages, pay*
s. **lohnen** *to be worth (the trouble, the money)*
lokal *local*
das **Lokal, –e** *restaurant*
die **Lokomotive, –n** *locomotive, engine*
los:was ist los? *what's the matter?; was ist denn hier los? what's going on here?*
das **Los, –e** *(lottery) chance*
löschen *to quench*
losfahren *to start driving*
losgehen *to start, get started; es ging los it started, we started*
der **Löwe, –n** *lion*
der **Löwenzahn, ⁻e** *dandelion*
die **LP (Langspielplatte), –s** *LP*
Ltr (Liter) *liter*
die **Lücke, –n** *gap*
die **Luft, ⁻e** *air*
der **Luftangriff, –e** *air attack*
das **Lüftchen, –** *breeze*
das **Lüften** *airing out (a room, clothes, etc.)*
der **Luftführerschein, –e** *air pilot's license*
die **Luftmatratze, –n** *air mattress*
das **Luftrecht** *air traffic rules*
der **Luftzug, ⁻e** *draft*
die **Lupe, –n** *magnifying glass*
die **Lust** *delight, pleasure; Lust haben auf to want, to feel like having; Lust haben zu to feel like, have the desire to do s.th.*
lustig *funny*
das **Lustspiel, –e** *comedy*

M

machen *to make; to do; das macht nichts it doesn't matter; den Führerschein machen to get a driver's license; ein Picknick machen to have a picnic; eine Aufnahme machen to take a picture; eine Busfahrt machen to take a bus trip; mach schnell! hurry up!; machen lassen to have done; s. Sorgen machen to worry; Urlaub machen to take a vacation*
das **Mädchen, –** *girl*
das **Mädchengymnasium, –gymnasien** *secondary school for girls*
der **Mädchensport** *girl's sport*
die **Made, –n** *maggot*
das **Mädel, –** *girl*
mähen *to mow*
der **Mäher, –** *mower*
die **Mahlzeit, –en** *mealtime; Mahlzeit! enjoy the meal!*
die **Mähmaschine, –n** *mower*
die **Mahnung, –en** *warning*
das **Maiglöckchen, –** *lily of the valley*
der **Maikäfer, –** *Japanese beetle*
der **Maitanz, ⁻e** *May Day dance*
das **Make–up** *make–up*
mal *(particle); erst mal first of all; ich frag' mal I'll just ask; mal ausschalten turn (it) off for a change; mal . . . mal sometimes . . . sometimes*
das **Mal, –e** *time, instance; das achte Mal the eighth time*
malen *to draw; to paint*
das **Malen** *drawing, painting*
malerisch *picturesque*
man *one; they; you; people*
managen *to manage*
der **Manager, –** *manager*
mancher, –e, –es *many a; manch ein many a; manche some, many*
manchmal *sometimes*
die **Mandeln (pl)** *tonsils*
mangeln *to iron, press*
(s) **maniküren** *to manicure*
das **Manikür–Etui, –s** *manicure set*
der **Mann, ⁻er** *man; husband*
das **Männchen, –** *little man*
der **Männerberuf, –e** *male occupation*
männlich *masculine; male*
die **Mannschaft, –en** *team, crew*
der **Mannschaftswechsel** *crew change*
der **Mantel, ⁻** *coat*
manuell *manual*
die **Margerite, –n** *daisy*
der **Marienkäfer, –** *ladybug*
die **Mark, –** *mark (German monetary unit)*
die **Marke, –n** *brand; stamp; die 50-Pfennig-Marke 50-Pfennig stamp*
markiert *marked*
das **Markstück, –e** *1–mark piece*
der **Markt, ⁻e** *market*
marschieren *to march*
die **Marschkapelle, –n** *marching band*
die **Maschine, –n** *machine*
maschineschreiben *to type*
die **Masern (pl)** *measles*
die **Mass** *liter of beer*
die **Massenherstellung** *mass production*
der **Mast, –en** *mast*
das **Material, –ien** *material; gedrucktes Material printed matter*
die **Mathe** *math*
die **Mauer, –n** *wall*
der **Maurer, –** *mason*
die **Maus, ⁻e** *mouse*
der **Mechaniker, –** *mechanic*
meckern *to bleat (goats)*
die **Medikament, –e** *medication*
die **Medizin** *medicine*
medizinisch *medical*
das **Meer, –e** *sea*
das **Mehl** *flour*
mehr *more*
mehrere *several*
mehrfach *multiple, many times*
mehrschichtig *having several shifts*
mehrspurig *multiple–lane*
die **Mehrzahl** *plural; majority*
die **Meile, –n** *mile*
meinen *to think, be of the opinion; to mean*
die **Meinung, –en** *opinion; der Meinung sein to be of the opinion; meiner Meinung nach in my opinion*
das **Meinungsforschungs–Institut, –e** *institute that takes and evaluates public opinion polls*
die **Meinungsumfrage, –n** *opinion poll*
meist *most of the time; mostly; am meisten most of all; die meisten most*
meistens *mostly, most of the time*
der **Meister, –** *master; champion*
die **Meisterprüfung, –en** *exam to qualify as a master in a trade*
die **Meisterschaft, –en** *championship*
melden *to report; to tell*
melken *to milk*
der **Melker, –** *milker*
die **Melkmaschine, –n** *milking machine*
die **Melodie, –n** *melody*
die **Menge: eine Menge (Geld)** *a lot of money*
der **Mensch, –en** *person; Mensch! boy! man!; for heaven's sake!*
die **Menschheit** *man, humanity*
menschlich *human*

der **Mercedes, –** Mercedes–Benz

merken to notice; s. merken to remember

das **Merkspiel, –e** memory game

merkwürdig strange

die **Messe, –n** fair

messen to measure; das Fieber messen to take one's temperature; s. messen mit to compare o.s. with; to compete with

das **Messer, –** knife

das **Metall, –e** metal

die **Metallindustrie, –n** metal industry

der **Meteorologe, –n** meteorologist

der **Meter, –** meter

die **Methode, –n** method

der **Metzger, –** butcher

mies bad, lousy

die **Miete, –n** rent

mieten to rent

der **Mieter, –** tenant

das **Mikrofon, –e** microphone

das **Milchauto, –s** milk truck

der **Milchbauer, –n** dairy farmer

das **Milcherzeugnis, –se** dairy product

das **Milchhaus, ̈er** milk (storage) house

die **Milchkanne, –n** milk can

die **Milchleitung, –en** milk pipeline

die **Milchmenge, –n** quantity of milk

die **Milchwirtschaft** dairy business

mild mild

der **Militärarzt, ̈e** military doctor

die **Militärkapelle, –n** military band

die **Milliarde, –n** billion

die **Million, –en** million

der **Millionär, –e** millionaire

Min. (Minuten) minutes

die **Minderheit, –en** minority

das **Mindestalter, –** minimum age

mindestens at least

die **Mindestgeschwindigkeit** minimum speed

der **Mindesthöhenunterschied** minimum difference in altitude

die **Miniatur, –en** miniature

der **Ministerrat der Westeuropäischen Union** Council of Ministers of the West European Union

minus minus

die **Minute, –n** minute

das **Mineralwasser** mineral water

die **Mischfaser, –n** blend of fibers

das **Mischgewebe** blend of fabrics

die **Mischung, –en** mixture

missbilligen to condemn

missmutig grouchy

der **Mist** manure

der **Misthaufen, –** manure pile

m. (mit) with

mit with; mit der Bahn by rail

mit– (pref) with, along

der **Mitarbeiter, –** co-worker

der **Mitbürger, –** fellow citizen

miteinander together, with each other

mitfahren to come along, get a ride

mitgeben to give, send along with

das **Mitglied, –er** member

die **Mitgliederzahl, –en** number of members

mithaben to have along, bring along

mithelfen to help out

mitkaufen to buy (along with s.th.)

mitkommen to come along

mitmachen to participate

der **Mitmensch, –en** fellow human being

mitnehmen to take along

der **Mitschüler, –** classmate

der **Mitspieler, –** participant

der **Mittag: zu Mittag essen** to eat lunch

das **Mittagessen, –** lunch

mittags lunchtime

die **Mittagspause, –n** lunch-break

die **Mitte, –n** middle; Mitte November in the middle of November

das **Mittelalter** Middle Ages

der **Mittelklassewagen, –** middle-of-the-line car

der **Mittelrhein** middle Rhine

die **Mittelstreckenläuferin, –nen** middle-distance runner

der **Mittelweg, –e** middle way; compromise

mitten (in) in the middle of

mittler– middle; bei mittlerer Hitze by moderate heat, in a moderate oven; die Mittlere Reife type of secondary-school-leaving diploma; mit mittlerem Einkommen middle-income

der **Mittwoch** Wednesday

mitwählen to vote

die **Möbel** (pl) furniture

mobil mobile

die **Mode, –n** fashion, style; aus der Mode kommen to go out of style; Mode sein to be in style

das **Modell, –e** model

modern modern

modernisieren to modernize

modisch fashionable, pertaining to fashion, style; in style

das **Mofa, –s (Motorfahrrad)** mofa

mogeln to cheat

mögen to like, to care (to have)

möglich possible

die **Möglichkeit, –en** possibility

der **Molch, –e** salamander

die **Molkerei, –en** dairy

der **Moment, –e** moment; einen Moment just a moment

der **Monat, –e** month

monatlich monthly

der **Mond, –e** moon

der **Montag** Monday

das **Moos, –e** marsh; money (coll)

das **Moped, –s** moped

morgen tomorrow

der **Morgen, –** morning; guten Morgen! good morning!

morgens in the morning

das **Mosaik** mosaic

Moskau Moscow

das **Motiv, –e** subject

der **Motor, –en** motor

das **Motorfahrzeug, –e** motor vehicle

das **Motorrad, ̈er** motorcycle

die **Mücke, –n** mosquito

müde tired

die **Müdigkeit** tiredness, exhaustion

m.ü.d.M. (Meter über dem Meer) meters above sea level

muffeln: es wird viel, "gemuffelt" lots of people don't like to do certain things

der **Müller, –** miller

der **Müllplatz, ̈e** garbage dump

der **Mumps** mumps

der **Mund, ̈er** mouth; halt den Mund! shut up! be quiet!

das **Mundwasser** mouthwash

mündlich oral

das **Münster, –** cathedral

die **Münze, –n** coin

die **Murmel, –n** marble

das **Museum, Museen** museum

die **Musik** music

musikalisch–technisch musical and technical

der **Musikant, –en** musician

der **Musiker, –** musician

das **Musikgerät, –e** sound equipment (radio, stereo, etc.)

die **Musikkapelle, –n** band

die **Musikstunde, –n** music lesson

das **Musizieren** making music (playing an instrument)

der **Muskelkater, –** sore muscles

müssen to have to, must

der **Mut** courage

die **Mutter, ̈** mother

der **Muttertag, –e** Mother's Day

die **Mütze, –n** cap

N

na well; na gut! well then, OK; na und? so what?

nach to; after; according to; es sieht nach Regen aus it looks like rain; nach Hause (towards) home

der **Nachbar, –n** neighbor

die **Nachbarschaft, –en** neighborhood

nachdenken über to think about, consider

der **Nachfolger, –** *successor*
die **Nachfrage, –n** *demand*
  nachgehen *to follow; einem Beruf nachgehen to pursue a career, occupation*
  nachhelfen *to help along*
  nachher *later, afterwards*
die **Nachhilfestunde, –n** *extra help after school*
  nachholen *to make up*
der **Nachlass** *estate (of a deceased person)*
  nachlassen *to slacken, fall off*
  nachlaufen *to run after, chase*
der **Nachmittag, –e** *afternoon; am Nachmittag in the afternoon; Donnerstag nachmittags on Thursday afternoon(s)*
der **Nachname, –n** *last name*
die **Nachrichten** (pl) *news*
  nachrufen *to call after s.o.*
  nachschauen *to check*
das **Nachschlagen: zum Nachschlagen** *for reference*
  nachsehen *to look up, check*
die **Nachspeise, –n** *dessert*
  nächst– *next; die nächsten the next ones; im nächsten Jahr next year; nächsten April next April*
die **Nacht, –̈e** *night; gute Nacht! good night! in der Nacht during the night*
die **Nachtarbeit** *working at night*
der **Nachteil, –e** *disadvantage*
der **Nachtportier, –s** *nightwatchman; janitor*
der **Nachttisch, –e** *nighttable, bedside table*
die **Nachtzeit, –en** *time of night*
der **Nachweis, –e** *proof*
der **Nachwuchs** *new employees*
der **Nachwuchsmangel, –̈** *shortage of (young) talent*
  nachziehen *to trace*
der **Nagel, –̈** *nail*
die **Nagelbürste, –n** *nailbrush*
die **Nagelfeile, –n** *nail file*
der **Nagellack** *nail polish*
die **Nagelschere, –n** *nail scissors*
das **Nagetier, –e** *rodent*
  nah *near; zu nahe kommen to get too close*
die **Nähe** *vicinity; in der Nähe near, in the vicinity of*
  nähen *to sew*
  s. **nähern** *to approach*
  nahezu *close to*
die **Nähmaschine, –n** *sewing machine*
die **Nahrung** *nourishment*
die **Nahrungskette, –n** *food chain*
das **Nähzeug** *sewing kit*
der **Name, –n** *name*
  nämlich *namely; that is to say*
die **Narbe, –n** *scar*
  naschen *to nibble*

die **Nase, –n** *nose; die Nase voll haben to be fed up with*
  nass *wet; das frische Nass beer (coll.)*
das **Nationalitätszeichen, –** *emblem identifying nationality*
die **Natur** *nature; in der freien Natur in the open air; von Natur aus naturally, by nature*
der **Naturfreund, –e** *friend of nature*
das **Naturgebiet, –e** *nature preserve*
  naturgemäss *natural*
  natürlich *natural(ly)*
der **Naturschützer, –** *conversationist*
das **Naturschutzgebiet, –e** *wildlife preserve*
die **Naturtanne, –n** *fir tree*
der **Nebel** *fog*
das **Nebelloch, –̈er** *foggy place*
die **Nebelstrecke, –n** *stretch of highway that is often very foggy*
  neben *next to, beside; along with, in addition to*
  nebenan *next to*
  nebeneinander *next to each other*
der **Nebenfluss, –̈e** *tributary*
das **Nebengebäude, –** *neighboring building*
die **Nebensache, –n** *secondary item*
  nee! *no (coll)*
  negativ *negative(ly)*
  nehmen *to take*
  nein *no*
die **Nelke, –n** *carnation*
  nennen *to name, call*
der **Nerv, –en** *nerve*
der **Nervenkitzel, –** *thrill*
das **Nervensystem, –e** *nervous system*
  nervös *nervous*
das **Nest, –er** *nest*
  nett *nice*
  neuangekommen *newly–arrived*
  neu *new; newly; ein Passbild neueren Datums a recent passport photo; neu schreiben to write over; was gibt's Neues? what's new?*
  neugierig *curious*
die **Neuigkeit, –en** *something new*
  neulich *recently*
  neumodisch: neumodischer Kram! *new-fangled nonsense!*
  neun *nine*
  neunzehn *nineteen*
  neunzig *ninety*
  nicht *not; noch nicht not yet*
  nichts *nothing*
das **Nichtstun** *doing nothing*
  nicken *to nod*
  nie *never; noch nie never yet*
das **Niederbayern** *Lower Bavaria*
die **Niederlande** (pl) *the Netherlands*
  niederschlagen *to defeat, put down*

  niedrig *low*
  niemals *never*
  niemand *nobody*
das **Nikotin** *nicotine*
  nobel *noble*
der **Nobelmann, –̈er** *nobleman*
  noch *in addition, besides, still, yet; gestern noch just yesterday; immer noch still; noch ein (Cola) another (glass of cola); noch einmal (noch mal) once again; noch etwas something else; noch jemand anyone else; noch nicht not yet; noch nie never yet; nur noch only; wer mag noch (Kartoffelsalat)? who wants more (potato salad)?*
der **Nomade, –n** *nomad*
das **Nordamerika** *North America*
  nordamerikanisch *North American*
der **Norden** *north*
  nördlich *north(erly)*
  Nordost *northeast*
  nordöstlich *northeast*
  Nordwest *northwest*
  normal *normal*
das **Normal (benzin)** *regular gas*
  normalerweise *normally*
die **Note, –n** *grade, mark*
der **Notendurchschnitt, –e** *grade average*
  notieren *to note*
  nötig *necessary*
der **Notizblock, –̈e** *notepad*
der **Notruf** *emergency number*
  notwendig *necessary*
die **Notwendigkeit, –n** *necessity*
die **Null, –en** *zero; null Uhr dreissig thirty minutes past midnight*
die **Nummer, –n** *number*
das **Nummernschild, –er** *license plate*
  nun *now*
  nur *only; nur keine Angst! don't be afraid! nur noch only*
die **Nuss, –̈e** *nut*
  nützen *to be of use; es würde nichts nützen it would be of no use*
der **Nutzen** *profit*
das **Nylon** *nylon*

O

  ob *if, whether; ob es vielleicht wieder meine Mandeln sind? I wonder if it's my tonsils again?*
  oben *upstairs, above; hier oben up here; dort oben up there*
  obendrauf *on top*
der **Ober, –** *waiter; Herr Ober! Waiter!*
das **Oberbayern** *Upper Bavaria*
das **Oberland** *highland, upland*

der **Oberrhein** *upper Rhine*
der **Oberschüler, –** *secondary school student*
der **Oberstudienrat, ⸚e** *(rank of teacher in a Gymnasium)*
der **Obertertianer, –** *ninth-grader (in a Gymnasium)*
das **Obst** *fruit*
der **Obstgarten, ⸚** *orchard*
der **Obststand, ⸚e** *fruit stand*
obwohl *although*
der **Ochse, –n** *ox*
oder *or;* entweder . . . oder . . . *either . . . or . . .*
das **Ödland** *wasteland*
der **Ofen, ⸚** *oven; heater*
offen *open*
offenbar *apparently*
öffentlich *public*
die **Öffentlichkeit: in der Öffent-lichkeit** *in public*
offiziell *official*
der **Offizier, –e** *officer*
öffnen *to open*
oft *often*
ohne *without*
das **Ohr, –en** *ear*
die **Ohrfeige, –n** *slap (in the face)*
ohrenbetäubend *deafening*
die **Ohrenschmerzen** (pl) *earache*
ökologisch *ecological*
das **Oktoberfest** *(a yearly festival in Munich)*
das **Öl** *oil*
das **Ölgemälde, –** *oil painting*
die **Öljacke, –n** *slicker*
der **Ölofen, ⸚** *oil stove*
der **Ölstand** *oil level*
Olympia *Olympics*
die **Olympiade** *Olympics*
der **Olympiapark** *Olympic grounds*
die **Olympiateilnehmerin, –nen** *participant in the Olympics*
die **Olympischen Spiele** *Olympic Games*
die **Oma, –s** *grandmother*
der **Onkel, –** *uncle*
der **Opa, –s** *grandfather*
die **Oper, –n** *opera*
die **Operation, –en** *operation*
das **Opfer, –** *sacrifice*
opfern *to sacrifice*
das **Orangengetränk, –e** *orange drink*
der **Orangensaft** *orange juice*
das **Orchester, –** *orchestra*
der **Orden, –** *decoration, medal*
ordentlich *neat, orderly*
die **Ordnung, –en** *order, neatness;* geht in Ordnung! *that's fine*
ordnungsgemäss *as required*
der **Ordnungssinn** *sense of order*
die **Organisation, –en** *organization*
das **Organisationskomitee, –s** *organizing committee*
organisationslos *unorganized*
der **Organisator, –en** *organizer*

organisieren *to organize*
die **Orgel, –n** *organ*
der **Orgelspieler, –** *organist*
orientalisch *oriental*
originell *original*
der **Ort, –e** *place, town*
die **Ortschaft, –en** *village*
der **Ossi, –s** *nickname for a person from Ostfriesland*
der **Osten** *east*
das **Österreich** *Austria*
österreichisch *Austrian*
osteuropäisch *East European*
der **Ostfriese, –n** *person from Ostfriesland*
das **Ostfriesland** *East Frisia*
östlich *east(erly)*
die **Ostsee** *Baltic Sea*

P

das **Paar, –e** *pair;* ein paar *a few, some*
paarmal: ein paarmal *a few times*
das **Päckchen, –** *package*
packen *to grab*
die **Packung, –en** *wrapper; package*
das **Paddel, –** *paddle*
das **Paddelboot, –e** *paddle boat*
die **Panne, –n** *car breakdown*
das **Panorama, –s** *panorama, view*
das **Panzergrenadierbataillon, –e** *armored infantry battalion*
das **Papier, –e** *paper*
der **Papierfabrik, –en** *paper factory*
der **Papierkorb, ⸚e** *wastebasket*
die **Papierschlange, –n** *(crepe) paper streamer*
der **Pappbecher, –** *paper cup*
die **Pappe** *cardboard, posterboard*
der **Papst, ⸚e** *Pope*
das **Paradebeispiel, –e** *prime example*
das **Parfüm, –s** *perfume*
der **Park, –s** *park*
parken *to park*
die **Parklücke, –n** *parking space*
der **Parkplatz, ⸚e** *parking place*
der **Parkwächter, –** *parking attendant*
der **Parkwärter, –** *parking attendant*
das **Parlament, –e** *parliament*
die **Partei, –en** *(political) party*
das **Partizip, –ien** *participle*
der **Partner, –** *partner*
die **Partnerstadt, ⸚e** *sister-city*
die **Party, –s** *party*
der **Pass, ⸚e** *passport*
der **Passant, –en** *passer-by*
das **Passbild, –er** *passport photo*
passen *to fit;* es passt nicht zu deinem Gesicht *it doesn't go with your face*
passend *suitable, appropriate*

passieren *to happen;* was ist dir passiert? *what happened to you?*
die **Passkontrolle, –n** *passport check*
die **Passstrasse, –n** *road over a mountain pass*
der **Patient, –en** *patient*
der **Patriot, –en** *patriot*
pauken *to cram, study (coll)*
die **Pause, –n** *break, recess; pause;* Pause machen *to take a break*
das **Pech** *bad luck;* Pech haben *to have bad luck;* so ein Pech! *what bad luck!*
der **Pechvogel, ⸚** *unlucky person*
der **Pedalritter, –** *pedaling knight*
der **Pelz, –e** *fur*
der **Pelzhändler, –** *fur trader*
die **Pension, –en** *pension*
die **Person, –en** *person;* pro Person *per person*
das **Personal** *employees*
der **Personalausweis, –e** *identification (card)*
der **Personalmangel, ⸚** *shortage of personnel*
der **Personenkraftwagen, –** *(passenger) car*
persönlich *personal*
die **Persönlichkeit, –n** *personality, celebrity*
die **Perücke, –n** *wig*
der **Petersplatz** *St. Peter's Square*
der **Pfad, –e** *path*
der **Pfadfinder, –** *boy scout*
das **Pfand, ⸚er** *deposit*
der **Pfennig, –e** *German coin, hundredth part of a mark*
das **Pferd, –e** *horse*
der **Pferdewagen, –** *horse-drawn wagon*
der **Pfifferling, –e** *type of mushroom*
der **Pfirsich, –e** *peach*
die **Pflanze, –n** *plant*
pflanzen *to plant*
die **Pflanzenwelt** *plant world*
die **Pflaume, –n** *plum*
die **Pflege** *care, cultivation*
pflegen *to take care of; to cultivate, encourage*
die **Pflicht, –en** *duty, responsibility*
pflücken *to pick, pluck*
das **Pfund, –e** *pound*
die **Pfütze, –n** *puddle*
die **Phantasie** *imagination*
der **Philosoph, –en** *philosopher*
das **Picknick, –s** *picnic*
picknicken *to picnic*
der **Picknickplatz, ⸚e** *picnic area*
das **Piktogramm, –e** *pictorial sign*
der **Pilger, –** *pilgrim*
das **Pillerseetal** *Pillersee Valley*
der **Pilot, –en** *pilot*
der **Pilotenschein, –e** *pilot's certification*

der **Pilz, –e** *mushroom*
die **Pinne, –n** *tiller*
der **Pinsel, –** *paintbrush; (small) brush*
die **Pinzette, –n** *tweezers*
der **Pionier, –e** *pioneer*
der **Pirat, –en** *pirate*
der **PKW, –** (Personenkraftwagen) *car;* PKW–Fahrstunde von 45 Min. *45–minute driving lesson*
das **Plakat, –e** *poster*
die **Plakatwand, ⸚e** *billboard*
der **Plan, ⸚e** *plan*
planen *to plan*
das **Planen** *planning*
das **Plastik** *plastic*
die **Plastikrose, –n** *plastic rose*
der **Plastiksack, ⸚e** *plastic bag*
die **Platte, –n** *record; platter*
die **Plattenfirma, –firmen** *record company*
der **Plattenladen, ⸚** *record shop*
der **Platten-Manager, –** *record manager*
das **Plattenprodukt, –e** *record product*
der **Plattenspieler, –** *record player*
der **Platz, ⸚e** *plaza, public square; space; place; seat;* auf dem Platz *in place;* Platz haben *to have room;* Platz nehmen *to take a seat, sit down*
die **Platzruhe:** ab 22⁰⁰ Platzruhe *quiet is requested after 10 PM*
plaudern *to chat*
pleite: pleite sein *to be broke*
plombieren *to fill (a cavity)*
plötzlich *suddenly*
plus *plus*
das **Polen** *Poland*
die **Politik** *politics*
der **Politiker, –** *politician*
die **Polizei** *police*
das **Polizeiauto, –s** *police car*
der **Polizeibeamte, –n** *police officer*
polizeilich *police; by the police*
das **Polizeirevier, –e** *police precinct*
der **Polizist, –en** *police officer*
Pommes: Pommes frites (pl) *French fries*
der **Pop** *music, dance, theater, etc., performed by amateurs*
die **Popmusik** *popular music*
der **Popsänger, –** *pop singer*
populär *popular*
der **Porsche, –** *Porsche (German sports car)*
das **Porträt, –s** *portrait*
das **Porzellan** *porcelain, china*
die **Post** *post office; per Post by mail; über die Post through the mail*
der **Postbeamte, –n** *postal worker*
der **Postbetrieb** *post office, postal service*
das **Poster, –s** *poster*
die **Postkarte, –n** *postcard*

die **Postleitzahl, –en** *zip code*
die **Postwurfsendung, –en** *mail circular*
positiv *positive*
das **Potential, –e** *potential*
das **Prädikat:** mit Prädikat *distinguished (wine)*
prägen *to imprint, engrave;* Rollen prägen *to establish roles*
praktisch *practical; in practice*
praktizieren *to practice*
prämieren *to offer a prize*
präparieren *to prepare*
die **Präposition, –en** *preposition*
das **Präsens** *present tense*
die **Praxis** *doctor's office; in die Praxis kommen to come to the doctor's office*
der **Preis, –e** *price; prize*
die **Preiselbeere, –n** *currant*
die **Preisermässigung, –en** *price reduction*
preisgünstig *reasonable*
preiswert *worth the price, economical*
die **Presse** *press*
der **Presseoffizier, –e** *press secretary*
preussisch *Prussian*
prima *great*
die **Primel, –n** *primrose*
der **Prinz, –en** *prince*
die **Prinzessin, –nen** *princess*
privat *private*
das **Privatleben, –** *private life*
pro *per*
die **Probe, –n** *rehearsal*
proben *to rehearse*
probieren *to try*
das **Problem, –e** *problem;* zum Problem werden *to become a problem*
das **Produkt, –e** *product*
der **Produktionsfaktor, –en** *production factor*
der **Produktionsvorgang, ⸚e** *production process*
der **Produzent, –en** *producer*
produzieren *to produce*
der **Professor, –en** *professor*
die **Profilsohle, –n** *contour sole*
der **Profit, –e** *profit*
das **Program, –e** *program;* 1. Programm *Channel 1*
proklamieren *to proclaim*
die **Promotion, –en** *promotion*
die **Promotions-Aktion, –en** *advertising campaign*
der **Prospekt, –e** *pamphlet, (travel) folder*
Prost! *cheers!*
der **Protest, –e** *protest*
protestantisch *Protestant*
protestieren gegen *to protest against*
das **Protokoll:** Protokoll aufnehmen *to fill out reports (on an accident)*
der **Proviant** *provisions*

das **Prozent:** 50% (fünfzig Prozent) *fifty percent*
prüfen *to test, check*
der **Prüfer, –** *examiner*
der **Prüfling, –e** *examinee*
der **Prüfschein, –e** *test certificate*
die **Prüfung, –en** *test*
der **Psychologe, –n** *psychologist*
das **Publikum** *audience*
der **Puck, –s** *puck*
der **Pudding, –s** *pudding*
der **Puderzucker** *powdered sugar*
s. **pudern** *to put on powder*
der **Pulli, –s** *pullover*
der **Pullover, –** *pullover*
der **Punkt, –e** *point; provision (of a law);* punkt halb eins *at 12:30 on the dot*
pünktlich *punctual(ly), on time*
die **Puppe, –n** *doll; puppet*
das **Puppenspiel, –e** *puppet show*
putzen *to clean;* die Zähne putzen *to brush one's teeth*
puzzeln *to do a jigsaw puzzle*
die **Puzzlespiel, –e** *jigsaw puzzle*

Q

der **Quadratkilometer, –** *square kilometer .*
der **Quadratmeter, –** *square meter*
quaken *to quack*
die **Qualität** *quality*
quasi *quasi, more or less*
der **Quatsch** *nonsense*
der **Querverkehr** *cross traffic*
die **Quinta** *sixth grade (at a Gymnasium)*
der **Quitaner, –** *sixth-grader (at a gymnasium)*
qkm (Quadratkilometer) *square kilometer*
qm (Quadratmeter) *square meter*

R

die **Radarfalle, –n** *radar trap*
radeln *to bicycle*
der **Radfahrer, –** *bicycle rider*
der **Radi, –** *radish (dialect)*
der **Radiergummi, –s** *eraser*
die **Radieschen, –** *radish*
das **Radio, –s** *radio*
das **Radiogerät, –e** *radio*
der **Radius, –ien** *radius*
der **Radler, –** *bicycle rider*
die **Radtour, –en** *bicycle trip*
der **Radweg, –e** *bicycle path*
das **Radwegnetz, –e** *network of bicycle paths*
raffiniert *clever, sly, skillful*
der **Rahmen, –** *frame;* im Rahmen *in the framework*
die **Rakete, –n** *rocket*

der **Raketeningenieur, –e** *aeronautic engineer*
rammen *to ram*
ran: geh doch mal ran! *answer the phone, will you?*
ranfahren *to drive close to, against*
s. **ranhalten** *to get busy, to work hard*
rapide *rapidly*
rasch *quick(ly)*
der **Rasen, –** *lawn*
der **Rasensprenger, –** *lawn sprinkler*
der **Rasierapparat, –e** *shaver*
(s) **rasieren** *to shave (o.s.)*
das **Rasieren** *shaving*
die **Rasierklinge, –n** *razor blade*
das **Rasierwasser** *shaving lotion*
das **Rasierzeug** *shaving gear*
rasten *to rest*
raten *to guess;* raten (zu) *to advise (s.o. to do s.th.)*
das **Raten** *guessing*
das **Ratespiel, –e** *guessing game*
das **Rathaus, ̈er** *town hall*
der **Ratschlag, ̈e** *tip*
der **Rattenfänger von Hameln** *The Pied Piper of Hameln*
der **Raubvogel, ̈** *bird of prey*
das **Rauchen** *smoking*
der **Raum, ̈e** *room;* im Raum *in the vicinity of*
räumen *to clear*
raus *out (of)*
reagieren *to react*
der **Realschüler, –** *student at a Realschule, a type of secondary school*
das **Rebhuhn, ̈er** *partridge*
rechen *to rake*
der **Rechen, –** *rake*
rechnen *to figure;* rechnen mit *to reckon with, count on*
die **Rechnung, –en** *bill, check*
recht: recht haben *to be right;* dem Peter ist das recht *that's OK with Peter*
recht– *right*
das **Recht, –e** *right;* ein Recht haben auf *to have a right to;* vor Recht und Gesetz *in the eyes of the law*
rechts *right; on the right*
die **Rechtsfähigkeit, –en** *legal capacity*
s. **recken** *to stretch*
die **Rede, –n** *speech;* eine Rede halten *to give a speech*
reden *to talk;* reden über *to talk about*
die **Redewendung, –en** *expression, idiom*
der **Referent, –en** *advisor, consultant*
reformieren *to reform*
das **Regal, –e** *shelf*
rege *lively, active*

die **Regel, –n** *rule;* in der Regel *as a rule*
regelmässig *regular(ly)*
regeln *to regulate*
der **Regen, –** *rain*
regenabstossend *rain repellent*
der **Regenmantel, ̈** *raincoat*
der **Regenschirm, –e** *umbrella*
der **Regenschutz** *protection against rain*
die **Regenwolke, –n** *rain cloud*
der **Regenwurm, ̈er** *earthworm*
das **Regenzeug** *raingear*
regieren *to reign, rule; to govern*
die **Regierung, –en** *government*
das **Regionalprogramm, –e** *community TV programming*
regnen *to rain*
regnerisch *rainy*
regulär *regular*
das **Reh, –e** *deer, doe*
(s) **reiben** *to rub (o.s.)*
reibungslos *smoothly*
reich *rich*
reichen *to reach, hand*
reichhaltig *rich, abundant; ample*
der **Reifen, –** *tire*
der **Reifendruck** *tire pressure*
die **Reihe: eine Reihe von** *a number of*
die **Reihenfolge, –n** *order, sequence*
rein *pure, clean; purely, exclusively*
reinfahren *to drive in(to)*
reingehen *to go in, fit in*
die **Reinhaltung** *keeping clean, free of pollution*
(s) **reinigen** *to clean (o.s.)*
reinst– *real, perfect*
die **Reise, –n** *trip;* auf Reisen sein *to be on a trip*
der **Reiseatlas, –se** *atlas*
der **Reisebroschüre, –n** *travel brochure*
das **Reisebüro, –s** *travel bureau*
der **Reiseleiter, –** *tour guide*
reisen *to travel*
der **Reisende, –n** *traveler*
das **Reisenecessaire, –s** *small travel bag for necessary items such as toiletries, etc.*
der **Reisepass, ̈e** *passport*
der **Reiseprospekt, –e** *travel folder*
der **Reisewecker, –** *travel alarm clock*
das **Reiseziel, –e** *destination*
die **Reisszwecke, –n** *thumbtack*
reiten *to ride horseback*
das **Reiten** *riding horseback*
der **Reitstall, ̈e** *riding stable*
der **Reiz, –e** *fascination, appeal;* einen Reiz ausüben auf *to hold a fascination for*
der **Reizker, –** *type of mushroom*

die **Reklame, –n** *advertising, advertisement, publicity;* gute Reklame *good publicity;* Reklame machen *to advertise*
die **Reklameseite, –n** *page of advertising*
der **Rekord, –e** *record;* Rekorde aufstellen *to set records*
der **Rekordumsatz, ̈e** *record, all-time high sales*
der **Rektor, –en** *principal, director*
das **Religionsbekenntnis, –se** *religious denomination*
das **Rennauto, –s** *racing car*
rennen *to run*
das **Rennen, –** *race*
das **Rennpferd, –e** *racehorse*
rentabel *profitable*
der **Rentner, –** *pensioner*
reparieren *to repair*
die **Reportage, –n** *news reporting*
der **Repräsentant, –en** *representative*
die **Repräsentationsverpflichtungen** (pl) *(state) duties and responsibilities*
das **Reptil, –ien** *reptile*
der **Rest, –e** *rest, remainder; remnant*
retten *to save, rescue*
der **Rettich, –e** *radish*
die **Rettungsorganisation, –en** *lifesaving organization*
die **Revolution, –en** *revolution*
die **Revolutionsarmee, –n** *revolutionary army*
der **Revolver, –** *revolver*
das **Rezept, –e** *prescription*
die **Rezession, –en** *recession*
der **Rhein** *Rhine River*
das **Rheinland** *Rhineland*
der **Rheinländer, –** *person from the Rhineland*
richten *to fix, adjust;* s. richten nach *to conform to; to act according to*
richtig *right, correct; real, proper; really*
die **Richtlinie, –n** *guideline*
die **Richtung, –en** *direction*
riechen *to smell*
das **Riesengeschäft, –e** *huge business*
das **Riesenportion, –en** *giant portion*
riesig *gigantic, huge*
das **Rindfleisch** *beef*
das **Ripple, –** *smoked pork chop*
der **Ritter, –** *knight*
der **Rivale, –n** *rival*
der **Rock, ̈e** *skirt*
die **Rockmusik** *rock music*
der **Rockmusiker, –** *rock musician*
rodeln *to go sledding*
roden *to clear (forest)*
die **Röhre, –n** *tube*
die **Rolle, –n** *role, part*
rollen *to roll*

das **Rollenspiel, –e** *role-playing*
der **Rollenwechsel** *role reversal*
das **Rollschuhlaufen** *rollerskating*
der **Rollsitz, –e** *sliding seat*
der **Römer, –** *Roman (citizen)*
   römisch *Roman*
   rosa *pink*
die **Rose, –n** *rose*
der **Rosenkranz, ⁻e** *rosary*
   rosig *rosy*
   rot *red*
das **Rote Kreuz** *the Red Cross*
der **Rotholzwald, ⁻er** *redwood forest*
die **Rotholztanne, –n** *redwood tree*
der **Rotor** *(carnival ride)*
das **Rouge** *rouge*
die **Route, –n** *route*
die **Rübe, –n** *beet*
der **Rücken, –** *back*
die **Rückkehr** *return*
das **Rücklicht, –er** *taillight*
der **Rucksack, ⁻e** *knapsack*
die **Rückseite, –n** *back(side)*
die **Rücksicht** *consideration;*
   Rücksicht nehmen auf *to show consideration for*
der **Rücksitz, –e** *backseat*
der **Rückspiegel, –** *rearview mirror*
   rückwärts *backwards;*
   rückwärts fahren *to back up*
das **Ruder, –** *rudder; oar*
der **Ruderklub, –s** *rowing club*
   rudern *to row*
das **Rudern** *rowing*
der **Ruf, –e** *reputation; call, cry, slogan*
   rufen *to call, shout;* rufen nach *to call for*
die **Ruhe** *quiet, rest; peace and quiet;* lass mich in Ruh'! *leave me alone!*
die **Ruhepause, –n** *pause, break (from work)*
   ruhig *quiet*
  s. **rühren** *to move, budge*
das **Ruhrgebiet** *(industrial area in West Germany)*
der **Rummelplatz, ⁻e** *amusement park*
   rund *around, about, approximately*
die **Runde, –n** *loop, circle; round*
der **Rundfunk** *radio*
der **Rundgang, ⁻e** *tour*
die **Rüstung, –en** *armor, suit of armor*
das **Rüstzeug** *material*
die **Rutschbahn, –en** *(carnival ride)*

S

der **Saal, Säle** *big room, hall*
das **Saargebiet** *(industrial area in West Germany*
die **Sache, –n** *thing*

   sachlich *factual*
   saftig *lush, juicy*
die **Sage, –n** *legend*
   sagen *to say;* kannst du uns bitte sagen . . .? *can you please tell us . . .?;* sag mal! *say!*
   sagenhaft *fabulous, terrific*
der **Sahnelöffel, –** *spoon for cream*
die **Saisonarbeit, –en** *seasonal work*
der **Salat, –e** *salad, lettuce*
das **Salatblatt, ⁻er** *lettuce leaf*
das **Salz, –e** *salt*
das **Salzwasser** *saltwater*
   sammeln *to collect*
das **Sammeln** *collecting*
das **Sammelsurium, –ien** *hodge-podge*
der **Sammler, –** *collector*
die **Sammlung, –en** *collection*
der **Samstag** *Saturday*
der **Sand, –e** *sand*
die **Sandale, –n** *sandal*
   sandig *sandy*
der **Sänger, –** *singer*
   sanieren *to restore, reconstruct*
das **Sanitätsbataillon, –e** *medical battalion*
   satt *full, to have had enough to eat*
der **Sattel, ⁻** *saddle (ridge between two peaks)*
der **Satz, ⁻e** *sentence*
das **Satzende, –n** *end of the sentence*
   sauber *clean*
   sauberhalten *to keep clean*
   säubern *to clean*
   sauer *sour*
der **Sauerstoff** *oxygen*
der **Sauerstofferzeuger, –** *producer of oxygen*
die **S–Bahn, –en** **(Schnell-Bahn)** *commuter rail line*
der **SB-Laden, ⁻** *self-service store*
das **SB-Warenhaus, ⁻er (Selbstbedie-nungs-)** *self-service department store*
das **Schach** *chess*
die **Schachtel, –n** *box*
   schaden *to hurt, damage;* es schadet nichts *it doesn't hurt (to . . .);* schade! *too bad!*
der **Schaden, ⁻** *damage*
das **Schaf, –e** *sheep*
   schaffen *to manage, do; to create;* eine Prüfung schaffen *to pass a test;* wir haben's geschafft! *we did it!*
der **Schäfflertanz** *dance of the barrel-makers*
der **Schaffner, –** *train conductor*
der **Schall** *sound*
   schallen *to sound, ring*
   schallgedämpft *sound-insulated*
die **Schallgeschwindigkeit** *speed of sound*

die **Schallplatte, –n** *record*
die **Schallplattenindustrie** *record industry*
   schalten *to shift*
  s. **schämen** *to be ashamed*
der **Schalter, –** *booth, window*
die **Schar: in Scharen** *in droves*
   scharf *sharp, clear*
   schärfen *to sharpen*
der **Schatten** *shadow; shade;* im Schatten *in the shade*
   schattig *shady*
der **Schatz, ⁻e** *sweetheart*
die **Schätzung, –en** *estimate*
die **Schau, –en** *show*
   schauen *to look;* schauen auf *to look at*
der **Schauer, –** *shower, brief rain*
das **Schaufenster, –** *show window*
   schaukeln *to swing, sway*
   schaumig *fluffy*
der **Schaumstoffstreifen, –** *foam rubber strip*
der **Schauspieler, –** *actor*
die **Schauspielerin, –nen** *actress*
die **Scheibe, –n** *puck; slice; disk*
der **Schein, –e** *bill, paper money; certificate*
   scheinen *to shine; to seem, appear*
   scheitern *to fail, go down*
der **Scheinwerfer, –** *headlight*
der **Schellfisch, –e** *shellfish*
   schenken *to give as a gift*
die **Schere, –n** *scissors*
die **Scheune, –n** *barn*
   scheusslich *dreadful, horrible*
der **Schi, –er** *ski;* Schi fahren *to ski*
die **Schiabfahrt, –en** *ski run*
der **Schianzug, ⁻e** *ski suit*
das **Schi-Ass** *ski ace*
die **Schiausrüstung, –en** *ski outfit and equipment*
die **Schibrille, –n** *ski goggles*
   schick *stylish*
   schicken *to send;* schicken an *to send to*
   schieben *to push*
   schiefgehen *to go wrong; turn out badly*
die **Schiessbude, –n** *shooting gallery*
   schiessen *to shoot*
der **Schifahrer, –** *skier*
das **Schifahrerparadies** *skier's paradise*
das **Schiff, –e** *ship*
die **Schiffsschaukel, –n** *(carnival ride)*
das **Schigelände, –** *ski area*
der **Schihang, ⁻e** *ski slope*
der **Schikurs, –e** *skiing lessons;* einen Schikurs machen *to take skiing lessons*
das **Schilager, –** *ski lodge*
   Schi laufen *to ski*

der **Schiläufer, –**   *skier*
das **Schild, –er**   *sign*
   schildern   *to picture, describe*
die **Schildkröte, –n**   *turtle*
der **Schilling, –**   *shilling (Austrian monetary unit)*
   schimpfen   *to grumble*
das **Schimpfwort, ¨er**   *swearword*
die **Schimütze, –n**   *ski hat, cap*
der **Schinken, –**   *ham*
der **Schipass, ¨e**   *lift ticket*
der **Schipullover, –**   *ski sweater*
der **Schistiefel, –**   *ski boot*
die **Schlacht, –en**   *battle*
   schlachten   *to slaughter*
der **Schlaf**   *sleep;* im Schlaf   *in my sleep*
der **Schlafanzug, ¨e**   *pajamas*
   schlafen   *to sleep*
der **Schlafsack, ¨e**   *sleeping bag*
das **Schlafzimmer, –**   *bedroom*
   schlagen   *to beat, defeat; to beat, pound; to hit*
der **Schlager, –**   *hit tune; hit, popular item*
die **Schlagzeile, –n**   *headline*
das **Schlagzeug**   *drums*
   schlampig   *sloppy*
die **Schlange, –n**   *snake*
der **Schlauch, ¨e**   *garden hose*
das **Schlauchboot, –e**   *rubber boat*
   schlecht   *bad;* der Marita ist schlecht   *Marita feels sick;* mir ist schlecht   *I feel sick*
das **Schleckermaul, ¨er**   *person with a sweettooth*
   schlendern   *to stroll*
   schleppen   *to drag*
das **Schleswig–Holstein**   *(a state in northern Germany)*
das **Schliessfach, ¨er**   *locker*
   schliessen   *to shut, close*
   schliesslich   *finally*
   schlimm   *bad*
der **Schlitten, –**   *sled;* Schlitten fahren   *to go sledding*
der **Schlittschuh, –e**   *ice skate;* Schlittschuh laufen   *to ice-skate*
das **Schloss, ¨er**   *castle*
der **Schlosser, –**   *locksmith; pipe fitter; mechanic*
die **Schlossruine, –n**   *castle ruin*
der **Schluck, –e**   *sip*
   schlucken   *to swallow*
   schlummern   *to slumber*
   schlüpfen in   *to slip into*
der **Schluss: zum Schluss**   *finally, last of all*
der **Schlüssel, –**   *key*
der **Schlüsselbund, –e**   *bunch of keys*
der **Schlüsselmacher, –**   *locksmith*
   schmackhaft   *palatable, appealing*
das **Schmalz**   *lard*
das **Schmankerl**   *tidbit (Bavarian)*

   schmecken   *to taste*
der **Schmerz, –en**   *pain*
   schmerzhaft   *painful*
die **Schmerztablette, –n**   *analgesic*
der **Schmetterling, –e**   *butterfly*
s. **schminken**   *to put on makeup*
das **Schminken**   *making up*
der **Schmuck**   *jewelry*
   schmücken   *to decorate*
der **Schmutz**   *dirt*
   schmutzig   *dirty*
das **Schnackerl: Schnackerl haben**   *to have the hiccups (Austrian)*
die **Schnalle, –n**   *buckle*
der **Schnappschuss, ¨e**   *snapshot*
   schnattern   *to cackle (geese)*
die **Schnecke, –n**   *snail*
der **Schnee**   *snow*
   schneebedeckt   *snow–covered*
die **Schneemasse, –n**   *mass of snow*
der **Schneepflug, ¨e**   *snowplow*
der **Schneeurlaub, –e**   *winter vacation*
der **Schneewalze, –n**   *machine for packing snow on ski slopes*
   schneiden   *to cut*
der **Schneidezahn, ¨e**   *incisor*
   schneien   *to snow*
   schnell   *fast*
die **Schnellstrasse, –n**   *highway*
das **Schnitzel, –**   *cutlet*
   schnitzen   *to carve*
das **Schnitzobjekt, –e**   *object to carve on*
der **Schnupfen**   *headcold*
   schnuppern   *to sniff*
die **Schnur, ¨e**   *string*
die **Schokalade, –n**   *chocolate*
   schon   *already;* die kommen schon nach   *don't worry, they'll come;* ich glaub' schon   *I think so;* schon gut   *that's fine;* schon immer   *all along, always;* schon wieder   *so soon again;* wie lange machen Sie schon mit?   *how long have you been taking part?*
   schön   *nice, pretty, beautiful; good (weather); okay, good, fine;* bitte schön!   *you're welcome;* ganz schön heiss   *quite hot, really pretty hot*
   schonen   *to protect*
das **Schottland**   *Scotland*
   schräg   *diagonal(ly)*
der **Schrank, ¨e**   *wardrobe*
der **Schrebergärtner, –**   *amateur gardener in garden leased from city*
   schrecklich   *frightening, horrible*
   schreiben   *to write;* schreiben an   *to write to*
das **Schreiben**   *writing*
die **Schreibkraft, ¨e**   *secretary*
der **Schreibstil, –e**   *writing style*
der **Schreibtisch, –e**   *desk*

   schreien   *to scream; to call*
der **Schreiner, –**   *carpenter*
die **Schrift, –en**   *writing*
   schriftlich   *written, in writing*
der **Schritt, –e**   *step, pace*
die **Schubkarre, –n**   *wheelbarrow*
   schüchtern   *shy*
   schuften   *to work hard*
der **Schuh, –e**   *shoe*
der **Schuhkauf: beim Schuhkauf**   *when buying shoes*
die **Schuhputzgarnitur, –en**   *shoeshine kit*
der **Schulabgänger, –**   *student leaving school*
der **Schulausflug, ¨**   *school excursion*
der **Schulbeginn**   *beginning of school*
die **Schulbildung**   *education, schooling*
   schulden   *to owe*
die **Schulden** (pl)   *debts*
der **Schuldirektor, –en**   *school director (principal)*
die **Schule, –n**   *school;* zur Schule gehen   *to go to school*
die **Schulentlassung, –en**   *completion of school*
der **Schüler, –**   *pupil, student*
der **Schüleraustausch**   *student exchange program*
das **Schülerdeutsch**   *student slang*
die **Schülergruppe, –n**   *group of pupils (schoolchildren)*
der **Schülerreporter, –**   *student reporter*
das **Schülertheater, –**   *student theater*
das **Schüler–Vokabular, –e**   *student vocabulary*
die **Schülerzeitung, –en**   *school newspaper*
der **Schulfreund, –e**   *school friend*
   schulisch   *scholastically*
das **Schuljahr, –e**   *schoolyear*
der **Schulkamerad, –en**   *schoolmate*
das **Schulorchester, –**   *school orchestra*
die **Schulpartnerschaft**   *partnership between schools*
die **Schulpflicht**   *compulsory education*
   schulpflichtig   *of school age*
der **Schulraum, ¨e**   *schoolroom*
die **Schulsachen** (pl)   *school supplies*
der **Schulsport**   *school sports*
der **Schulsportfest, –e**   *school field day*
der **Schultag, –e**   *school day*
die **Schultasche, –n**   *schoolbag*
der **Schulwagen, –**   *training car*
das **Schulzeugnis, –se**   *report card*
   schunkeln   *to link arms and sway to music*
der **Schuss, ¨e**   *shot*
die **Schüssel, –n**   *bowl*

schütten *to pour*

der **Schütze, –n** *marksman*

schützen *to protect*

die **Schutzhülle, –n** *dustcover, jacket*

der **Schwabe, –n** *person from Swabia (Württemberg) in the state of Baden-Württemberg*

schwach *weak*

der **Schwächste, –n** *weakest (person)*

die **Schwalbe, –n** *swallow*

der **Schwamm, ⸚e** *sponge*

schwänzen: die Schule schwänzen *to cut school, play hooky*

schwarz *black*

schwarzgefleckt *having black spots*

die **Schwarzweissaufnahme, –n** *black-and-white photo*

der **Schwarzseher** *person watching TV without paying required fee*

der **Schwarzweissfernseher, –** *black-and-white TV set*

der **Schwarzweissfilm, –e** *black-and-white film*

schwätzen *to chat; Zeit zum Schwätzen time for chatting*

schweben *to float (in the air)*

das **Schweigen** *silence*

schweigend *silently*

das **Schwein, –e** *pig*

das **Schweinefleisch** *pork*

das **Schweineschnitzel, –** *pork cutlet*

das **Schweinskotelett, –s** *porkchop*

das **Schweinswürstl, –** *pork sausage*

der **Schweizer, –** *Swiss (person)*

schwer *difficult; heavy; bad, severe*

schwerfallen *to be difficult*

das **Schwergewicht** *heavy emphasis*

die **Schwerhörigkeit** *hearing loss*

das **Schwert, –er** *centerboard; sword*

schwerwiegend *grave*

die **Schwester, –n** *sister*

der **Schwiegersohn, ⸚e** *son-in-law*

schwierig *difficult*

die **Schwierigkeit, –en** *difficulty*

schwimmen *to swim; schwimmen gehen to go swimming*

die **Schwimmflosse, –n** *fin*

der **Schwimmsteg, –e** *floating pier*

die **Schwimmweste, –n** *lifejacket*

schwindlig *dizzy*

schwingen *to swing, wave*

schwitzen *to sweat*

die **Schwitzkur, –en** *sweat cure*

der **Schwung: in Schwung halten** *to keep going*

schwören *to swear*

sechs *six*

das **Sechs-Minuten-Duschbad, ⸚er** *6-minute shower*

sechswöchig *six-week*

sechzehn *sixteen*

sechzig *sixty*

der **See, –n** *lake*

die **Seefahrt, –en** *going to sea*

der **Seelöwe, –n** *sea lion*

das **Segel, –** *sail*

das **Segelboot, –e** *sailboat*

die **Segelfläche** *surface area of the wings (on a hang glider)*

der **Segelklub, –s** *sailing club*

der **Segelkurs, –e** *sailing course*

der **Segellehrer, –** *sailing instructor*

segeln *to sail*

der **Segelunterricht** *sailing instruction, lesson*

sehen *to see; sehen auf to look at; ein gern gesehener Gast a welcome guest*

die **Sehenswürdigkeit, –en** *place of interest, sight*

s. **sehnen nach** *to long for*

sehr *very*

die **Seife, –n** *soap*

die **Seilbahn, –en** *cable car*

sein *to be*

seit *since; die Jury war seit einigen Wochen unterwegs the jury had been traveling around for a few weeks*

seitdem *since then*

die **Seite, –n** *page; side*

die **Seitenstrasse, –n** *side street*

der **Seitenwind** *side wind*

seitwärts *sideways*

der **Sekt** *German champagne*

die **Sekretärin, –nen** *secretary*

die **Sektion, –en** *section*

die **Sekunde, –n** *second*

selbst *myself, yourself, himself, herself, ourselves, yourselves, themselves*

der **Selbstbedienungsladen, ⸚** *self-service store*

selbstbewusst *self-confident*

die **Selbsterziehung** *self-education*

selbstklebend *self-adhesive*

selbstsicher *self-confident*

selbstständig *independent(ly)*

die **Selbstversorgung** *helping yourself (to s.th.)*

selbstverständlich *naturally, of course*

das **Selbstvertrauen** *self-confidence*

die **Selbstverwaltung** *self-government*

selten *seldom*

die **Semesterferien** (pl) *vacation between semesters at a university*

die **Semmel, –n** *roll*

der **Senat, –e** *senate*

der **Sendeschluss** *end of broadcasting for the day*

die **Sendung, –en** *broadcast*

der **Senf, –e** *mustard*

der **Senior, –en** *senior citizen*

senken *to sink; to lower; um 1°C senken to lower by one centigrade*

die **Sensation, –en** *sensation*

die **Sense, –n** *scythe*

servieren *to serve*

die **Serviererin, –nen** *waitress*

die **Serviette, –n** *napkin*

der **Sessel, –** *armchair; seat (of chair lift)*

die **Sesselbahn, –en** *chair lift*

setzen *to put; to set, place; s. setzen to sit down*

seufzen *to sigh*

das **Shampoo, –s** *shampoo*

sicher *sure; s. sicher sein to be sure*

die **Sicherheit** *safety*

der **Sicherheitsgurt, –e** *safety belt*

die **Sicherheitsnadel, –n** *safety pin*

sicherlich *surely*

die **Sicherung** *securing*

die **Sicht** *view*

sichtbar *visible*

sieben *seven*

der **Siebenjährige Krieg** *Seven Years' War*

siebzehn *seventeen*

siebzig *seventy; die siebziger Jahre the 70's*

der **Sieg, –e** *victory*

siegen *to win*

der **Sieger, –** *winner, victor*

die **Siegerehrung, –en** *honoring the winner*

das **Silber** *silver*

die **Silvesterparty, –s** *New Year's Eve party*

singen *to sing*

das **Singen** *singing*

sinken *to sink*

sinkend *sinking*

der **Sinn** *meaning*

sinnvoller *more meaningful, making more sense*

die **Sirene, –n** *siren*

die **Situation, –en** *situation*

sitzen *to sit*

der **Sitzplatz, ⸚e** *seat*

die **Sitzung, –en** *meeting*

das **Sizilien** *Sicily*

die **S-Kurve, –n** *s-curve*

die **Skulptur, –en** *sculpture*

der **Slalom, –s** *slalom race, course*

der **Slalomlauf, ⸚e** *slalom (race)*

der **Smog** *smog*

so *so; about, approximately; ja, so was! well, can you beat that!; so? really? is that so?; so ein such a; so etwas something like that; so la la so-so; so schnell wie as fast as; so was Blödes! how stupid!*

sobald *as soon as*

die **Socke, –n** *sock*

das **Sofa, –s** *sofa, couch*

sofort *right away*

sogar *even*

sogenannt *so-called*

der **Sohn, ⸚e** *son*

solch–: eine solch– such a
der **Soldat, –en** soldier
der **Soldatenstatus** soldier status
sollen to be supposed to, ought, should
der **Sommer, –** summer
der **Sommerball, ¨e** summer dance
die **Sommerferien** (pl) summer vacation
sommerlich summery
der **Sommermonat, –e** summer month
die **Sommerreise, –n** summer trip
der **Sommer–Schluss–Verkauf, ¨e** end–of–the–summer sale
Sonder– (noun pref) special
das **Sonderangebot, –e** special offer
der **Sonderbus, –se** charter bus
die **Sondermarke, –n** special–issue stamp
sondern but, on the contrary; nicht nur . . . sondern auch . . . not only . . . but also . . .
der **Sonnabend** Saturday
die **Sonne, –n** sun
s. **sonnen** to sunbathe
das **Sonnen** sunbathing
der **Sonnenaufgang** sunrise
der **Sonnenbrand, ¨e** sunburn
die **Sonnenbrille, –n** sunglasses
die **Sonnencreme, –s** suntan lotion
das **Sonnenlicht** sunlight
die **Sonnenmilch** suntan lotion
das **Sonnenöl, –e** suntan oil
der **Sonnenschirm, –e** beach umbrella
das **Sonnenschutzmittel, –** suntan lotion
der **Sonnenuntergang** sunset
sonnig sunny
der **Sonntag** Sunday
der **Sonntagnachmittag, –e** Sunday afternoon
sonst otherwise
Sonstiges miscellaneous
die **Sorge, –n** worry, care; sich Sorgen machen to worry
sorgen für to take care of, to provide for
das **Sortiment, –e** assortment, selection
soso so–so; soso! well, what do you know!
soviel: soviel wie as much as
sowieso anyway
sowohl: sowohl . . . als auch as well as . . . as, not only . . . but also
sozial social
die **Sozialarbeiterin, –nen** social worker
sozialistisch Socialist
die **Sozialleistungen** (pl) employee benefits
die **Sozialpädagogin, –nen** teacher of special education, social work, and related fields

der **Spähpanzer, –** reconnaissance tank
das **Spanien** Spain
spannend exciting, interesting
die **Spannweite** wingspan
die **Sparbüchse, –n** piggy bank
sparen für to save for
das **Sparen** saving (money)
sparsam sparing(ly); thrifty
der **Spass** fun; es macht mir Spass I enjoy it; ich hab' nur Spass gemacht I was only kidding; Spass haben an to enjoy; Spass machen to be fun; viel Spass! have fun!; zum Spass for fun
spät late; wie spät ist es? what time is it? how late is it?
der **Spaten, –** spade
später later
spätestens at the latest
die **Spätlese** wine made from grapes harvested late in the season
spazierengehen to go for a walk
der **Spaziergang, ¨e** stroll, walk
der **Spaziergänger, –** walker
die **SPD (Sozialdemokratische Partei Deutschlands)** one of the major political parties in the BRD
die **Speisekarte, –n** menu
das **Spektakel, –** spectacle
spenden to donate
spendieren to give, donate
der **Spezi, –s (Spezialfreund)** best friend
speziell special, specific
der **Spiegel, –** mirror
das **Spiel, –e** game; play
spielen to play; to act; spielst du mit? do you want to play?; Theater spielen to put on a play
die **Spielgruppe, –n** play group
der **Spielplatz, ¨e** playground
die **Spielsache, –n** toy
die **Spieluhr, –en** music box
der **Spielverderber, –** spoilsport
das **Spielzeug, –e** toy
der **Spielzeugladen, ¨** toy store
spiessen to spear
die **Spinne, –n** spider; (carnival ride)
die **Spitze: die Fete war Spitze** the party was terrific; an der Spitze at the head, in front
der **Spitzenverdiener, –** top wage-earner
der **Spitzer, –** pencil sharpener
der **Spitzname, –n** nickname
der **Sport** sport(s); zum Sport as a sport, for the sport of s.th.
die **Sportart, –en** type of sport
das **Sportgerät, –e** sports equipment
das **Sportgeschäft, –e** sporting-goods store
das **Sporthemd, –en** sports shirt
die **Sporthochschule, –n** college for training gym teachers
der **Sportlehrer, –** gym teacher

der **Sportler, –** athlete
sportlich sporty; sportliches Talent talent for sports
der **Sportplatz, ¨e** athletic field
die **Sportschau, –en** sports show
das **Sportstadion, –stadien** stadium
der **Sportverein, –e** sports club
die **Sprache, –n** language
das **Sprachgebiet: das deutsche Sprachgebiet** the German-speaking area
das **Sprachrohr, –e** megaphone
die **Sprachschule, –n** language school
sprechen to speak; sprechen über to talk about
der **Sprecher, –** spokesperson
die **Sprechstimme, –n** speaking voice
die **Sprechstundenhilfe, –n** receptionist in a doctor's office
das **Sprichwort, ¨er** proverb
springen to jump
die **Sprinterin, –nen** sprinter
spritzen to squirt
spröde coarse, brittle
der **Sprung, ¨e** jump
spucken to spit
spülen to wash (dishes)
die **Spülmaschine, –n** dishwasher
spüren to sense, feel
der **Staat** Government
der **Staatsbürger, –** citizen
der **Staatsmann, ¨er** statesman
die **Staatsministerin, –nen** (government) minister
die **Staats–Universität, –en** state university
die **Stadt, ¨e** city
der **Stadtbewohner, –** city dweller
die **Stadtbücherei, –en** public library
die **Städtemarke, –n** stamp commemorating cities
der **Städtename, –n** name of a city
das **Stadtinnere** middle of the city, midtown
städtisch: das Städtische Theater City Theater
der **Stadtknecht, –e** city guard
der **Stadtpark, –s** city park
der **Stadtplan, ¨e** city map
der **Stadtteil, –e** section of a city
der **Stadtverkehr** city traffic
die **Stadtverwaltung, –en** municipality, city government
der **Stahl** steel
das **Stahlross, –e** "steel horse" (bicycle)
der **Stahlrossbesitzer, –** bicycle owner
der **Stall, ¨e** stable
stammen aus to come from
der **Stammplatz, ¨e** regular spot
der **Standardtanz, ¨e** standard dance
das **Standbild, –er** statue

das **Standesamt, ⁼er** *Bureau of Vital Statistics*
ständig *constantly*
die **Standmiete, –n** *campsite fee*
der **Standplatz, ⁼e** *trailer site at a campground*
die **Standuhr, –en** *grandfather clock*
stark *strong; heavy;* stark herabgesetzt *greatly reduced;* starker Lärm *loud noise*
die **Stärke, –n** *strength*
stärken *to strengthen*
der **Start, –s** *start*
starten *to start; to take off*
die **Station, –en** *station*
stationiert *stationed*
die **Statistik** *statistic(s)*
statistisch *statistical(ly)*
das **Statistische Bundesamt** *Federal Bureau of Statistics*
statt *instead of*
stattfinden *to take place*
der **Stau, –s** *traffic jam*
der **Staub** *dust*
die **Staubkonzentration** *dust concentration*
Std. (Stunden) *hours*
der **Stearinkocher, –** *sterno cooker*
stechen *to,scorch (sun)*
stecken *to put; to stick;* Blumen stecken *to arrange flowers;* wo steckst du denn? *where have you been keeping yourself?*
steckenbleiben *to get stuck*
das **Steckenpferd, –e** *hobbyhorse; hobby*
der **Steg, –e** *pier*
stehen *to stand;* an erster Stelle stehen *to be in first place;* da steht kein Preis dran *there's no price on it;* es steht Ihnen gut *it looks good on you;* in der Zeitung stehen *to be in the newspaper;* wie es auf dem Etikett steht *as it says on the label*
stehenbleiben *to stop, stand still; to stall*
stehend *standing*
stehenlassen *to leave standing, leave behind*
die **Stehlampe, –n** *standing lamp*
der **Stehplatz, ⁼e** *standing room*
steigen *to rise; to climb;* steigen (auf) *to rise, climb (to)*
steigend *increasing; rising*
die **Steigung, –en** *upgrade*
steil *steep*
der **Steilhang, ⁼e** *steep slope*
der **Stein, –e** *stone*
steinig *stony*
der **Steinpilz, –e** *type of mushroom*
die **Stelle, –n** *place, spot; position;* an erster Stelle stehen *to be in first place*
stellen *to place, put;* eine Frage stellen *to ask a question*

das **Stellenangebot, –e** *want ad*
die **Stellengesuche** (pl) *situations wanted*
die **Stellung, –en** *position*
die **Stenotypistin, –nen** *typist and stenographer*
sterben *to die*
die **Stereoanlage, –n** *stereo set*
der **Stern, –e** *star*
die **Sternfahrt, –en** *rally*
die **Sternkunde** *astrology*
das **Sternzeichen, –** *astrological sign*
stets *constantly*
die **Steubenparade** *parade held annually in New York City in honor of General von Steuben*
das **Steuer, –** *steering wheel;* hinter dem Steuer *behind the wheel*
die **Steuerermässigung, –en** *tax deduction*
steuern *to steer;* ein Flugzeug steuern *to fly a plane*
der **Stich, –e** *woodcut; engraving*
das **Stichwort, ⁼er** *cue word*
der **Stickstoff** *nitrogen*
der **Stiefel, –** *boot*
das **Stiefmütterchen, –** *pansy*
der **Stil, –e** *style*
still *still, quiet*
die **Stimme, –n** *voice*
stimmen: das stimmt *that's right*
der **Stimmenzuwachs** *increase in votes*
die **Stimmung** *atmosphere, mood*
stinken *to smell, stink*
die **Stirn, –en** *forehead*
der **Stock, ⁼e** *stick; (ski) pole*
der **Stock, Stockwerke** *floor, story*
stöhnen *to groan, sigh*
stolz *proud;* stolz sein auf *to be proud of*
der **Stolz** *pride*
die **Stoppeln** (pl) *stubble*
stoppen *to stop*
die **Stoppuhr, –en** *stopwatch*
das **Stop–Zeichen, –** *stop sign*
stören *to disturb*
die **Stosszeit, –en** *rush hour*
stottern *to stutter*
die **Strafe:** zur Strafe *as a punishment*
strafunmündig *not old enough to be punished by law*
der **Strafzettel, –** *traffic ticket*
strahlen *to shine*
die **Strahlungswärme** *emission of heat*
der **Strand, ⁼e** *shore, beach*
strapazieren *to strain*
strapazierfähig *durable, rugged*
die **Strasse, –n** *street*
der **Strassenarbeiter, –** *street worker*
die **Strassenbahn, –en** *streetcar*
die **Strassenecke, –n** *street corner*
der **Strassenkreuzer, –** *very big car*
der **Strassenlärm** *street noise*

der **Strassenrand, ⁼er** *roadside*
das **Strassenschild, –er** *street sign*
die **Strassenseite, –n** *side of the street*
der **Strassenverkehr** *traffic*
der **Strauch, ⁼er** *shrub, bush*
das **Streichelgehege, –** *petting zoo*
streicheln *to stroke, pet*
die **Streichholzschachtel, –n** *matchbox*
streiten *to fight, quarrel*
die **Streiterei, –en** *fight, argument*
streng *strict*
der **Stress** *stress*
stricken *to knit*
der **Strom, ⁼e** *big river; stream; electricity*
strömen *to stream*
die **Stromrechnung, –en** *electric bill*
die **Stromversorgung** *power supply*
die **Strophe, –n** *verse, stanza*
der **Strumpf, ⁼e** *sock, stocking*
die **Strumpfhosen** (pl) *tights*
das **Stück, –e** *piece; coin, piece (of money); play;* ein kurzes Stück *a short way*
der **Student, –en** *student*
die **Studentengruppe, –n** *student group*
der **Studienassessor, –en** *(rank of teacher in a Gymnasium)*
die **Studienbeihilfe** *financial aid for students*
das **Studienfach, ⁼er** *subject of study*
der **Studienplatz, ⁼e** *permission to study at the university*
studieren *to study;* studieren an *to study at*
das **Studio, –s** *studio*
das **Stündchen, –** *(little) hour*
die **Stunde, –n** *hour*
der **Stundenlohn, ⁼e** *hourly wage*
der **Stundenplan, ⁼e** *school schedule*
die **Studentin, –nen** *student*
der **Stuhl, ⁼e** *chair*
stürmen *to storm*
stürzen *to plunge;* stürzen auf *to rush to, fall on*
sturzfrei *without falling*
der **Sturzhelm, –e** *helmet*
suchen *to look for; to try to*
das **Südamerika** *South America*
das **Süddeutschland** *Southern Germany*
der **Süden** *south*
südlich *south(erly)*
der **Südost** *southeast*
der **Südwest** *southwest*
der **Südwestfunk Stuttgart** *southwestern TV network, broadcasting from Stuttgart*
die **Summe, –n** *sum*
die **Superlativform, –en** *superlative form*

der **Supermarkt, ⁔e** *supermarket*
der **Supermarktkunde, –n** *supermarket customer*
superschnell *very fast*
die **Suppe, –n** *soup*
der **Suppenlöffel, –n** *soupspoon*
surfen *to go surfing*
süss *sweet*
die **Süssigkeit, –en** *candy, sweets*
das **Süsswasser** *fresh water*
die **Sympathie, –n** *liking*
der **Synthetikstoff, –e** *synthetic material*
systematisch *systematically*
die **Szene, –n** *scene*

T

der **Tabak** *tobacco*
die **Tabelle, –n** *table, chart*
das **Tablett, –e** *tray*
die **Tablette, –n** *tablet, pill*
die **Tafel, –n** *blackboard*
der **Tag, –e** *day; guten Tag! hello! good day!; Tag! hi! hello!*
das **Tagebuch, ⁔er** *journal*
die **Tagesschau, –en** *news show*
die **Tagessuppe, –n** *soup of the day*
die **Tageszeit, –en** *time of day*
die **Tageszeitung, –en** *daily newspaper*
täglich *daily*
tagsüber *during the day*
das **Tal, ⁔er** *valley*
das **Talent, –e** *talent*
die **Talwiese, –n** *meadow in a valley*
der **Tank, –s** *tank*
tanken *to fill up, buy gas*
die **Tankstelle, –n** *gas station*
der **Tankwart, –e** *gas station attendant*
die **Tanne, –n** *fir tree*
die **Tante, –n** *aunt; der Tante–Emma–Laden, ⁔ mom-and-pop store, small neighborhood store*
der **Tanz, ⁔e** *dance*
tanzen *to dance*
das **Tanzen: beim Tanzen** *while dancing*
der **Tänzer, –** *dancer*
die **Tanzfläche, –n** *dance floor*
der **Tanzkreis, –e** *dancing club*
der **Tanzkurs, –e** *dance course*
die **Tanzschiffahrt, –en** *boat trip with dancing*
die **Tanzschule, –n** *dancing school*
die **Tanzstunde, –n** *(ballroom) dancing class*
das **Taschengeld** *allowance*
der **Taschenkalender, –** *pocket calendar*
die **Taschenlampe, –n** *flashlight*

das **Taschenmesser, –** *pocketknife*
das **Taschentuch, ⁔er** *handkerchief*
die **Tasse, –n** *cup*
die **Taste, –n** *bar, key*
die **Tätigkeit, –en** *activity; job*
tätowieren *to tattoo*
die **Tatsache, –n** *fact*
tatsächlich *in fact*
tauchen *to dive; to dip*
tauschen *to exchange*
das **Tauschen** *exchanging, trading*
tausend *thousand*
das **Taxi, –s** *taxi*
das **Team, –s** *team*
die **Technik** *engineering; technology*
der **Techniker, –** *technician*
technisch *technological(ly)*
die **Technische Universität, –en** *technical college*
die **technische Zeichnerin, –nen** *draftsperson*
der **Teddybär, –en** *teddy bear*
der **Tee, –s** *tea*
der **Teig, –e** *dough*
der **Teil, –e** *part; zu einem Teil partially, in part*
das **Teilchen, –** *particle*
(s) **teilen** *to share; to part; die Wege teilen sich there is a parting of ways*
die **Teilnahme** *participation*
teilnehmen an *to participate in*
der **Teilnehmer, –** *participant*
das **Telefon, –e** *telephone*
das **Telefonbuch, ⁔er** *telephone book*
telefonieren *to telephone*
der **Telefonmast, –en** *telephone pole*
die **Telefonnummer, –n** *telephone number*
der **Telefonüberwachungs–Ingenieur, –e** *telephone maintenance engineer*
die **Telefonzelle, –n** *telephone booth*
das **Teleobjektiv, –e** *telephoto lens*
der **Teller, –** *plate*
die **Temperatur, –en** *temperature*
die **Tendenz, –en** *tendency, trend*
das **Tennis** *tennis*
der **Teppich, –e** *carpet, rug*
der **Teppichklopfer, –** *carpet beater*
die **Terrasse, –n** *terrace*
der **Tesafilm** *transparent tape*
der **Test, –s** *test*
testen *to test*
teuer *expensive*
der **Teutone, –n** *Teuton*
der **Text, –e** *script*
das **Texten** *script-writing*
das **Textilgeschäft, –e** *dry-goods store*
die **Textilien** (pl) *textiles*
die **Textilindustrie, –n** *textile industry*

das **Theater, –** *theater; Theater spielen to put on and/or act in a play*
das **Theaterstück, –e** *play*
das **Thema, Themen** *subject, topic*
der **Theologe, –n** *theologian*
theoretisch *theoretically*
therapeutisch *therapeutic*
die **Thermik** *warm up-current of air*
das **Thermobil, –e** *mobile unit that measures heat loss in buildings*
das **Thermometer, –** *thermometer*
die **Theorie, –n** *theory*
der **Thron, –e** *throne*
tief *deep*
tiefgreifend *far-reaching*
das **Tier, –e** *animal*
die **Tierart, –en** *species of animal*
das **Tierfoto, –s** *animal picture*
die **Tierhandlung, –en** *pet store*
der **Tierpark, –s** *zoo*
die **Tiersendung, –en** *animal program*
die **Tierwelt** *animal world*
der **Tiger, –** *tiger*
der **Tip, –s** *tip*
das **Tirol** *Tyrol*
der **Tisch, –e** *table*
die **Tischdecke, –n** *tablecloth*
die **Tischdekoration, –en** *table decoration*
der **Tischgebrauch, ⁔e** *table manners*
der **Tischnachbar, –n** *person sitting next to you at the table*
der **Titel, –** *title*
die **Tochter, ⁔** *daughter*
die **Tochterfirma, –firmen** *subsidiary (company)*
das **Töchterlein, –** *little daughter*
der **Tod** *death*
tödlich *fatal*
toi: toi toi toi! *knock on wood!*
die **Toilette, –n** *toilet, bathroom*
das **Toilettenpapier** *toilet paper*
die **Toilettensachen** (pl) *toilet articles*
toll *terrific, great*
die **Tomate, –n** *tomato*
die **Tombola, –s** *raffle, lottery*
der **Ton, ⁔e** *tone, sound*
das **Tonbandgerät, –e** *tape recorder*
der **Toningenieur, –e** *sound engineer*
die **Tonne, –n** *ton*
der **Topf, ⁔e** *pot*
das **Tor, –e** *gate; slalom gate*
die **Torte, –n** *cake*
tot *dead*
total *total, complete*
töten *to kill*
totgeschossen *shot dead*
der **Totozettel, –** *coupon for soccer pool (weekly betting on outcome of soccer game)*
die **Tour, –en** *trip*
die **Tournee, –n** *concert tour*

die **Trachtengruppe, –n** *group dressed in traditional costumes*
traditionell *traditional*
das **Tragband, ⸚er** *(carrying) strap*
tragen *to wear; to carry; to bear; es trägt sich leicht it's light to carry*
das **Tragen** *wearing; zum Tragen for carrying, to carry*
das **Traggestell, –e** *(carrying) frame*
die **Tragödie, –n** *tragedy*
der **Trainer, –** *trainer, coach*
trainieren *to train*
das **Training** *practice, training*
der **Trainingsanzug, ⸚e** *sweatsuit*
der **Trainingsberg, –e** *training mountain*
die **Trainingsmethode, –n** *training method*
der **Trainingsplan, ⸚e** *training plan*
der **Traktor, –en** *tractor*
die **Tram, –s** *streetcar*
die **Trambahnlinie, –n** *streetcar line*
das **Transparent, –e** *billboard*
der **Transportarbeiter, –** *transport worker*
transportieren *to transport*
der **Transportwagen, –** *electric cart*
das **Transportwesen** *transportation (system)*
die **Traube, –n** *grape*
trauen *to trust; s. trauen to dare, have confidence*
der **Traum, ⸚e** *dream*
träumen *to dream*
traurig *sad; etwas Trauriges something sad*
treffen *to hit; eine Entscheidung treffen to make a decision; s. treffen to meet; treffen auf to face*
der **Treffer, –** *hit, bull's-eye*
der **Treffpunkt, –e** *meeting place*
treiben *to drive, herd; Sport treiben to go in for sports; Viehwirtschaft treiben to raise livestock*
der **Trend, –s** *trend*
die **Treppe, –n** *stairs, staircase*
das **Tretboot, –e** *pedalo*
treten *to step*
treu *true, faithful*
die **Tribüne, –n** *grandstand, bleacher*
der **Trimm–Trab** *casual attempts to keep fit*
die **Trinkcreme, –s** *milk drink*
trinken *to drink*
das **Trinken** *drinking; drinks*
die **Trinkflasche, –n** *canteen*
das **Trinkgeld, –er** *tip*
trocken *dry*
trockenlegen *to drain*
das **Trockenobst** *dried fruit*
(s) **trocknen** *to dry (o.s.)*
die **Trollblume, –n** *globe flower*
die **Trompete, –n** *trumpet*

das **Tröpfchen, –** *little drop*
trösten *to comfort*
trotzdem *in spite of, anyway*
die **Truppe, –n** *troop*
tschau! *so long!*
das **Tuch, ⸚er** *rag*
tüchtig *capable, efficient*
tun *to do; zu tun haben mit to have to do with*
der **Tunnel, –** *tunnel*
die **Tür, –en** *door; Tag der offenen Tür open house*
der **Turm, ⸚e** *tower*
turnen *to do gymnastics*
der **Turner, –** *gymnast*
die **Turnhalle, –n** *gymnasium*
das **Turnier, –e** *jousting tournament*
der **Turnierplatz, ⸚e** *tournament grounds*
der **Turnschuh, –e** *tennis shoe, sneaker*
die **Tusche, –n** *India ink*
die **Tüte, –n** *plastic container (for milk); bag*
die **TV–Dichte** *concentration of TV sets*
der **Typ, –en** *type*
typisch *typical(ly)*

U

u. (und) *and*
u.ä. (und ähnliche[s]) *and similar things*
die **U–Bahn (Untergrundbahn), –en** *subway*
das **Übel** *malady, problem*
üben *to practice*
über *through, by way of; above, over; about*
überall *everywhere; überall dort wherever*
überbevölkern *to overpopulate*
überdenken *to think over*
übereinstimmen *to agree*
die **Übereinstimmung** *conformity*
überfüllt *overcrowded*
überhaupt *really, in any case; in general; überhaupt nicht not even, not at all; überhaupt nichts nothing at all*
überholen *to pass*
das **Überholen: beim Überholen** *when passing*
das **Überholverbot** *no passing*
überhören *to overhear*
überlassen: es bleibt den Verbrauchern überlassen *it is left up to the consumer*
überleben *to survive*
s. **überlegen** *to think over; sie haben es sich anders überlegt they changed their minds*
übermorgen *the day after tomorrow*
übernachten *to stay overnight*

übernehmen *to take over; to take on*
überqueren *to cross (over)*
überraschen *to surprise*
die **Überraschung, –en** *surprise*
überreden *to persuade*
übersteigen *to exceed*
die **Überstunden (pl)** *overtime*
überwinden *to overcome*
die **Überzahl** *excessive number*
überzeugen *to convince*
üblich *customary, usual*
übrigens *by the way; im übrigen in addition, moreover*
die **Übung, –en** *exercise*
das **Übungsgelände** *training ground*
das **Übungsmodell, –e** *practice model*
der **Übungsplatz, ⸚e** *training ground*
die **Uhr, –en** *clock; watch; um 9 Uhr 35 at 9:35; wieviel Uhr ist es? what time is it?*
die **Uhrzeit, –en** *time by the clock*
um *around; um eine halbe Stunde verschieben to postpone for half an hour; um Mitternacht at midnight; um 9 Uhr 35 at 9:35; um so mehr all the more; um . . . zu in order to*
umarmen *to embrace, put your arm around*
umbauen *to renovate*
s. **umdrehen** *to turn around*
umfassen *to contain, include*
die **Umfrage, –n** *opinion poll; inquiry*
die **Umgebung, –en** *area, surroundings*
umgehen mit *to handle; to deal with*
umherlaufen *to run around*
die **Umkehr** *reversal*
umkehren *to turn around*
der **Umkreis, –e** *surrounding area*
umrennen *to knock down*
umrühren *to stir*
die **Umsatzsteigerung, –en** *sales increase*
der **Umschlag, ⸚e** *envelope*
umschalten *to change (channels)*
s. **umsehen** *to look around*
der **Umstand, ⸚e** *condition, circumstance*
umsteigen *to change trains*
umtauschen *to exchange*
der **Umweg, –e** *detour*
die **Umwelt** *environment*
umweltfreundlich *showing consideration for the environment*
die **Umwelt–Ingenieurin, –nen** *environmental engineer*
der **Umweltverbesserer** *improver of the environment*

der **Umzug, ⸚e** *parade*
unabhängig (von) *independent (of)*
die **Unabhängigkeit** *independence*
der **Unabhängigkeitskrieg, –e** *War of Independence*
unbedacht *thoughtless*
unbedingt *absolutely; no matter what*
unbekannt *unknown; unfamiliar*
unbequem *uncomfortable*
unberührt *untouched*
unbeschränkt *unlimited*
unbeschriftet *unaddressed*
unbeschwert *lightly*
und *and*
unentbehrlich *indispensable*
unersetzbar *irreplaceable*
der **Unfall, ⸚e** *accident*
ungefähr *about, approximately*
ungelernt *unskilled*
der **Ungelernte, –n** *unskilled worker*
ungeschickt *clumsy; not as skillful*
ungesund *unhealthy*
unheimlich *terribly, very*
die **Uni, –s (Universität)** *university*
die **Uniform, –en** *uniform*
die **Universität, –en** *university*
das **Unkraut, ⸚er** *weed*
unmodisch *unfashionable*
unmöglich *impossible*
unnatürlich *unnatural*
unnötig *unnecessar(il)y*
unpersönlich *impersonal*
unsicher *unsure*
unten *downstairs, below*
unter *under, below; among;* die untersten Klassen *the lowest grades, classes*
unterbrechen *to interrupt*
unterhalb *below*
unterhalten *to entertain; to support;* s. unterhalten (mit) *to converse (with)*
unterhaltsam *entertaining*
die **Unterhaltung, –en** *conversation; entertainment*
die **Unterhaltungselektronik** *electronic products for entertainment*
die **Unterhaltungssendung, –en** *TV variety show*
das **Unterkunftshaus, ⸚er** *shelter*
die **Unterlage, –n** *pad*
unternehmen *to do, undertake;* eine Fahrt unternehmen *to take a ride*
der **Unternehmer, –** *operator*
der **Unteroffizier, –e** *non-commissioned officer*
der **Unterricht** *class, instruction*
unterrichten *to teach, instruct*
untersagt sein *to be prohibited*
der **Unterschied, –e** *difference*
unterschiedlich *varied*

unterschreiben *to sign*
das **Unterseeboot, –e** *submarine*
unterstützen *to support*
untersuchen *to examine*
die **Untersuchung, –en** *(medical) examination*
die **Untertertia** *8th grade (at a Gymnasium)*
die **Unterwäsche** *underwear*
unterwegs *on the way, en route; on the road, traveling*
ununterbrochen *uninterrupted*
unverkäuflich *not saleable*
die **Unwissenheit** *ignorance*
unzufrieden *dissatisfied*
der **Urlaub, –e** *vacation;* im Urlaub *on vacation;* in den Urlaub *(going) on vacation;* in Urlaub fahren *to go on vacation*
der **Urlauber, –** *vacationer*
der **Urlaubstag, –e** *vacation day*
die **Ursache, –n** *cause;* keine Ursache! *don't mention it you're welcome!*
usw. (und so weiter) *etc., and so forth*

V

die **Vase, –n** *vase*
der **Vater, ⸚** *father*
der **Vati, –s** *dad*
v. Chr. (vor Christus) *before Christ*
das **Veilchen, –** *violet*
s. **verabschieden** *to say goodbye*
s. **verabreden mit** *to make a date with;* ich bin schon verabredet *I already have a date*
s. **verändern** *to change, be changed*
die **Veränderung, –en** *change*
veranlassen *to cause;* jemand zu etwas veranlassen *to get somebody to do s.th.*
veranstalten *to organize, give, carry out*
der **Veranstalter, –** *promoter*
die **Veranstaltung, –en** *event*
verantwortlich sein für *to be responsible for*
die **Verantwortung, –en** *responsibility*
verantwortungsbewusst *responsible*
verarbeiten *to process*
das **Verb, –en** *verb*
der **Verband, ⸚e** *association*
verbessern *to correct; to improve*
die **Verbesserung, –en** *improvement*
die **Verbform, –en** *verb form*
verbieten *to forbid*
verbilligt *reduced in price*

verbinden *to connect; to combine*
die **Verbindung, –en** *connection*
verboten *forbidden*
das **Verbotsschild, –er** *"no"-sign*
die **Verbotstafel, –n** *sign listing things that are not permitted*
der **Verbrauch** *use, consumption*
verbrauchen *to use, consume*
der **Verbraucher, –** *user; consumer*
s. **verbrennen** *to burn o.s.*
verbringen *to spend time*
verdanken *to thank, owe thanks to; to be due to*
verderblich *perishable*
verdienen *to earn*
der **Verdienst** *pay, earnings*
s. **verdoppeln** *to double*
verdrehen *to turn*
s. **verdreifachen** *to triple*
der **Verein, –e** *club, organization*
s. **vereinbaren lassen mit** *to be compatible with*
s. **vereinigen zu** *to merge into*
verfolgen *to follow; to watch; to pursue*
verfügen über *to have at one's disposal*
die **Verfügung: zur Verfügung stehen** *to be at one's disposal*
vergangen: im vergangenen Jahr *in the past year;* vergangene Woche *last week*
die **Vergangenheit, –en** *past; past-time*
vergeben *to give out; to forgive*
vergehen *to pass, go by (time)*
vergessen *to forget*
vergeudet *wasted*
vergiften *to poison*
das **Vergissmeinnicht, –e** *forget-me-not*
der **Vergleich, –e** *comparison;* im Vergleich zu *in comparison with*
vergleichen *to compare*
s. **vergnügen** *to enjoy o.s.*
das **Vergnügen** *pleasure, enjoyment*
die **Vergrösserung, –en** *enlargement*
der **Vergrösserungsapparat, –e** *enlarger*
s. **verhalten** *to behave, conduct o.s.*
das **Verhalten** *behavior, conduct; attitude*
verhältnismässig *relative(ly)*
verhasst *hated*
verheiratet *married*
verherend *terrible*
verhindern *to hinder, prevent*
der **Verkauf** *sale(s)*
verkaufen *to sell*
der **Verkehr** *traffic*
der **Verkehrsfluss** *flow of traffic*

das **Verkehrsmittel, –** *means of transportation*
die **Verkehrsregel, –n** *traffic rules*
verkehrsreich *heavily traveled*
der **Verkehrsunfall, ⁼e** *traffic accident*
das **Verkehrszeichen, –** *traffic sign*
verknipsen *to use up film*
verlangen *to demand, require*
verlangen nach *to ask for*
verlängern *to lengthen*
verlassen *to leave (s.th.)*
verlaufen *to proceed (an event)*
verlegen *to misplace; lose*
verlesen *to read off*
s. **verletzen** *to injure o.s.*
die **Verletzung, –en** *injury*
verlieren *to lose*
der **Verlierer, –** *loser*
der **Verlobte, –n** *fiancé*
verlockend *tempting*
verlorengehen *to get lost, vanish*
die **Verlosung, –en** *drawing (in a lottery)*
das **Vermarkten** *marketing*
vermehren *to increase*
vermeiden *to avoid*
vermieten *to rent (out)*
vermindert *reduced, lowered*
vermischen *to mix*
vermitteln *to arrange, provide; to give, convey*
vernichten *to destroy*
vernünftig *reasonable, sensible; reasonably, sensibly*
verpacken *to pack, wrap*
das **Verpacken** *packaging*
verraten *to reveal*
verreisen *to travel*
verrichten *to do, perform*
s. **verringern** *to lessen, decrease*
verrückt *crazy, insane*
s. **versammeln** *to gather*
s. **verschaffen** *to get, acquire*
verschicken *to send*
verschieben *to postpone; verschieben auf to postpone until*
verschieden *various, different*
verschlucken *to swallow (by mistake)*
verschmutzen *to dirty, pollute*
die **Verschmutzung** *pollution*
verschneit *snow-covered*
verschönern *to make more beautiful*
verschreiben *to prescribe*
s. **verschulden bei** *to go into debt, to borrow from*
verschwenden *to waste*
verschwinden *to disappear*
verschwommen *blurry, out-of-focus*
versehen: mit etwas versehen sein *to be furnished, supplied with, to have*

das **Versehen: aus Versehen** *by mistake*
verseucht *polluted, contaminated*
die **Versicherung, –en** *insurance company*
versorgen mit *to provide with; versorgt sein mit to be supplied with*
die **Verspätung, –en** *lateness*
verspeisen *to eat*
versprechen *to promise*
verständlich *understandable*
verständlicherweise *understandably*
das **Verständnis** *understanding*
verstaubt *old-hat*
verstauchen *to sprain*
s. **verstecken** *to hide*
verstehen *to understand; verstehen von to understand, know about*
verstossen gegen *to violate*
verstreut *spread-out, scattered*
verstummen: verstummen lassen *to silence*
versuchen *to try*
der **Versuch, –e** *attempt*
verteilen *to distribute*
das **Verteidigungsministerium** *Defense Ministry*
vertiefen *to deepen*
vertieft *absorbed, engrossed*
der **Vertrag, ⁼e** *contract; einen Vertrag abschliessen to sign a contract*
das **Vertrauen** *confidence*
s. **vertraut machen mit** *to familiarize o.s. with*
vertreten sein *to be represented*
der **Vertreter, –** *salesperson*
verursachen *to cause*
verurteilen *to sentence*
verwalten *to run, administer*
verwandeln *to change; to transform*
der **Verwandte, –n** *relative*
verwaschen *faded*
verwenden *to use*
verwerten *to use, utilize; es wird wieder verwertet it is recycled*
verzehren *to devour*
verzeichnet *to be recorded*
verzichten auf *to do without*
der **Vetter, –n** *boy cousin*
das **Vieh** *livestock*
die **Viehwirtschaft** *raising of livestock*
die **Viehzucht** *breeding of livestock*
viel *much*
viele *many*
vieles *many things, a lot; vieles mehr much more*
vielleicht *maybe; ich sah vielleicht lustig aus! boy, did I ever look funny!*

vier *four*
der **Vierer, –** *four-seater (boat)*
vierköpfig *with four people*
viertel *quarter; drei viertel Pfund three-quarters of a pound*
das **Viertel, –** *quarter; Viertel nach eins 1:15; Viertel vor zwei 1:45; drei Viertel sieben 6:45; Viertel neun 8:15*
vierteljährlich *quarterly*
der **Viervierteltakt** *4/4 time*
vierzehn *fourteen*
vierzig *forty*
der **Vierzigjährige, –n** *forty-year-old*
der **Viktualienmarkt** *large outdoor food market in Munich*
der **Vizebürgermeister, –** *deputy mayor*
der **Vogel, ⁼** *bird; einen Vogel haben to be nuts, cuckoo*
die **Vokabel, –n** *vocabulary word*
das **Volk, ⁼er** *people, folk*
das **Volksfest, –e** *folk festival*
der **Volksheld, –en** *folk hero*
der **Volkskomiker, –** *humorist, comedian*
das **Volkslied, –er** *folk song*
der **Volkstanz, ⁼e** *folk dance*
der **Volks– u. Betriebswirt, –e** *person with a degree in economics and business*
volkswirtschaftlich *economic*
voll *full*
vollladen *to load up*
die **Vollendung, –en** *completion*
voller *full of*
der **Volleyball** *volley ball*
völlig *completely*
volljährig *of age*
die **Volljährigkeit** *legal majority, being of age*
vollklimatisiert *fully air-conditioned*
vollziehen *to come about*
vom (von dem) *from the, of the; vom letzten Jahr from last year; vom Rad fallen to fall off a bike*
von *from; of; by*
vor *in front of; before; forward; vor allem above all; vor der Stadt outside the city limits, on the outskirts of the city; vor einer Woche a week ago; vor kurzem recently*
vorangegangen– *preceding*
vorankommen *to get ahead*
voraus *ahead*
die **Voraussetzung, –en** *requirement; prerequisite; die Voraussetzungen erfüllen to meet the requirements*
vorbei– *(pref) by, past*
vorbei: an . . . vorbei *alongside; vorbei sein to be over*
vorbeibringen *to bring by, drop off*

vorbeifahren: an etwas vorbeifahren to drive by s.th.
vorbeiführen an to go past
vorbeikommen to pass; komm doch mal vorbei! come over sometime!
vorbereiten to prepare; s. vorbereiten auf to prepare for
die **Vorbereitung, –en** preparation
das **Vordruckalbum, –alben** preprinted stamp album
der **Vordergrund, –̈e** foreground; im Vordergrund stehen to be in the foreground
die **Vorfahrt** right-of-way
das **Vorfahrt–Zeichen, –** sign indicating right-of-way
die **Vorführung, –en** show, demonstration
der **Vorgarten, –̈** front yard
vorgeschrieben prescribed
vorgesehen planned
vorgestern day before yesterday
vorhaben to plan to do
vorhanden sein to be in existence
der **Vorhang, –̈e** curtain
vorher before
die **Vorhersage, –n** forecast
vorhin before
vorig: im vorigen Jahr last year
vorlesen to read aloud
vorletzt– next-to-last
vormittag: gestern vormittag yesterday morning
das **Vormittagsprogramm, –e** morning program
der **Vormund, –e** legal guardian
die **Vormundschaft** guardianship
vorn up front; nach vorn ahead, toward the front; von vorn from the beginning
der **Vorname, –n** first name
vornherein: von vornherein from the start
der **Vorschlag, –̈e** suggestion
vorschlagen to suggest
vorschreiben to prescribe
die **Vorschrift, –en** regulation
Vorsicht! careful!
vorsichtig careful(ly)
der **Vorsitzende, –n** chairman
die **Vorspeise, –n** appetizer
der **Vorsprung, –̈e** lead
vorstellen to introduce; to present; s. vorstellen to introduce o.s.; to picture, imagine; ich stelle mich vor I introduce myself; ich kann mir vorstellen I can imagine
die **Vorstellung, –en** performance, show
das **Vorstellungsgespräch, –e** interview
vortanzen: etwas vortanzen to perform a dance

der **Vorteil, –e** advantage
das **Vorurteil, –e** prejudice
vorwärts forward
das **Vorwort, –e** introduction
vorwurfsvoll reproachful(ly)
der **VW, –** Volkswagen
vorziehen to prefer

W

die **Waage, –n** scale
wach awake
das **Wachs** wax
wachsen to grow; to wax
wacklig shaky, wobbly
die **Waffe, –n** weapon
die **Waffengewalt** force of arms
der **Waffensaal, –säle** armor hall
der **Wagen, –** car
das **Wagenwaschen** carwash
die **Wahl, –en** choice; election
wählen to dial; to elect; to choose
der **Wähler, –** voter
das **Wahlrecht, –e** right to vote
wahnsinning: wahnsinnig gut awfully well
wahr true
während while; during
die **Wahrhaftigkeit** truthfulness
der **Wald, –̈er** woods, forest
das **Waldgebiet, –e** wooded area
die **Waldkunde: Waldkunde machen** to study nature
der **Walzer, –** waltz
die **Wand, –̈e** wall
der **Wanderabschnitt, –e** stretch of a hike
der **Wanderer, –** hiker
die **Wanderkarte, –n** map of hiking trails
wandern to hike, wander
das **Wandern** hiking
die **Wanderung, –en** hike
der **Wanderverband, –̈e** hiking association
der **Wanderverein, –e** hiking club
der **Wandervogel, –̈** person who likes to go hiking; member of a hiking club
der **Wanderweg, –e** hiking trail
die **Wange, –n** cheek
wann when
die **Wanne, –n** bathtub
das **Wappen, –** coat of arms
die **Ware, –n** article of merchandise
das **Warenhaus, –̈er** department store
das **Warenlager, –** warehouse
die **Warenprobe, –n** sample
warm warm; etwas Warmes something warm
die **Wärme** warmth
warmlaufen to warm up (a motor)
warnen to warn

das **Warnschild, –er** warning sign
warten to wait; warten auf to wait for
der **Wärter, –** keeper
das **Wartezimmer, –** waiting room
warum why
was what; was andres something else; was für Noten what kind of marks; was für (ein) which, what kind of (a)
die **Waschanlage, –n** bath and laundry facilities
der **Waschbär, –en** raccoon
die **Wäsche** wash; underwear
waschecht colorfast
s. **waschen** to wash oneself
der **Wäschetrockner, –** clothes dryer
der **Waschlappen, –** washcloth
die **Waschmaschine, –n** washing machine
der **Waschraum, –̈e** washroom
das **Wasser** water
wasserabstossend water-repellent
wasserdicht waterproof
die **Wassermenge, –n** amount of water
wässern: das Boot wässern to put the boat in the water
die **Wasserschlacht, –en** waterfight
der **Wassersport** water sport
der **Wassersportler, –** water sportsman
der **Wasserstoff** hydrogen
die **Wasserstrasse, –n** waterway
der **Wasserverbrauch** water consumption
die **Wasserverschmutzung** water pollution
der **Wasservorrat, –̈e** water supply
der **Wasserweg, –e** waterway
das **WC** toilet
weben to weave
wechseln to change; Geld wechseln to exchange money (from one currency to another)
wecken to wake up
der **Wecker, –** alarm clock
wedeln to fan; to dust; to wag
weg gone; das Cola war weg the cola was all gone; er kann nicht weg he can't get away; ich muss weg I have to go out
weg– (pref) away
der **Weg, –e** path, way; im Wege in the way
wegen because of
weglaufen to run away
wegnehmen to take away
der **Wegweiser, –** signpost
wegwerfen to throw away
weh: weh tun to hurt; es tut mir weh it hurts me
wehen to blow; to fly, wave
s. **wehren** to defend oneself; s. wehren gegen to resist, put up a fight

wehrpflichtig *liable for military service*
weiblich *feminine; female*
weich *soft*
weichen *to give way to*
die **Weide, –n** *pasture*
das **Weihnachten** *Christmas*
das **Weihnachtsgeld** *Christmas bonus*
die **Weihnachtszeit** *Christmastime*
weil *because*
die **Weile** *while*
der **Wein, –e** *wine*
der **Weinbau** *wine-growing*
der **Weinberg, –e** *vineyard*
weinen *to cry*
das **Weinfest, –e** *wine festival*
der **Weinkeller, –** *wine-cellar*
die **Weise: auf lustige Weise** *in a humorous manner*
der **Weisheitszahn, ⁻e** *wisdom tooth*
weiss *white*
der **Weisswein, –e** *white wine*
die **Weisswurst, ⁻e** *a Munich sausage specialty*
weit *far; full, wide; bei weitem* *by far; ein weiter Weg* *a long way; sie haben es nicht weit* *they don't have far to go; so weit sein* *to be ready; von weitem* *from far away*
weitaus *by far*
weiter– (pref) *further*
weiterfahren *to travel further, continue on*
weiterführen *to continue, carry on*
weitergehen *to go on, go further*
weiterhin *further; weiterhin steigen* *to continue to climb*
weitermarschieren *to march on*
weitertragen *to carry further, keep carrying*
welcher *which*
die **Welle, –n** *wave*
wellig *wavy*
die **Welt, –en** *world; auf der ganzen Welt* *in the whole world*
der **Weltkrieg, –e** *world war*
der **Weltmarkt, ⁻e** *world market*
das **Weltmeer, –e** *ocean*
die **Weltmeisterschaft, –en** *world championship*
das **Weltniveau** *world stature*
die **Weltraumfahrt** *space travel*
die **Wende, –n** *turn; eine Wende fahren* *to come about (in boating)*
wenden *to turn, to come about; s. wenden an* *to turn to*
wenig *few, little; ein wenig* *a little*
weniger *less*
wenigstens *at least*
wenn *when, whenever; if*
wer *who; whoever*

die **Werbeagentur, –en** *advertising agency*
die **Werbefachleute** (pl) *advertising experts*
die **Werbefirma, –firmen** *advertising agency*
das **Werbematerial, –ien** *advertising material*
das **Werbemedium, –ien** *advertising media*
das **Werbemittel, –** *advertising technique*
werben *to advertise; werben für* *to advertise for; werben über* *to advertise through, by means of*
das **Werben** *advertising*
das **Werbeplakat, –e** *advertising poster*
das **Werbeschild, –er** *advertising sign*
die **Werbeschrift, –en** *advertising brochure*
die **Werbesendung, –en** *TV or radio commercial*
der **Werbeslogan, –s** *advertising slogan*
der **Werbesong, –s** *advertising song*
der **Werbespot, –s** *commercial*
der **Werbespruch, ⁻e** *advertising slogan*
das **Werbetransparent, –e** *advertising banner*
die **Werbung, –en** *advertising, advertisement*
werden *will; to become; es wird Zeit* *it's time; gut werden* *to turn out well; mir wird schlecht* *I'm getting sick; sie wird 17* *she's turning 17*
werfen *to throw*
werkeln: im Garten werkeln *to garden*
der **Werktag, –e** *working day*
der **Werkunterricht** *shop*
das **Werkzeug, –e** *tool, equipment*
der **Werkzeugmacher, –** *toolmaker*
der **Wert** *worth, value; im Wert von* *at a value of; ohne Wert* *worthless*
wertvoll *valuable*
das **Wesen, –** *nature, character*
wesentlich *substantially*
weshalb *why*
die **Wespe, –n** *wasp*
die **Weste, –n** *vest, jacket*
der **Westen** *west*
der **Western, –** *western (movie)*
Westfalen *(area in western Germany)*
westlich *west(erly), western*
der **Wettbewerb, –e** *contest, competition*
wetten *to bet*
das **Wetter** *weather*
das **Wetteramt, ⁻er** *weather bureau*
der **Wetterbericht, –e** *weather report*
der **Wetterdienst** *weather service*

der **Wettkampf, ⁻e** *match, contest, competition*
wichtig *important; etwas Wichtiges* *something important*
widersprechen *to contradict*
s. **widmen** *to devote o.s. to*
wie *how; as; like; wie bitte?* *pardon?; wie geht's?* *how are you?; wie heisst sie?* *what's her name?*
wieder *again; wieder einmal* *once again*
die **Wiedererweckung, –en** *revival*
wiederholen *to repeat*
die **Wiederholung, –en** *review, repetition*
das **Wiederhören: auf Wiederhören!** *good-bye! (on phone); Wiederhören!* *bye! (on phone)*
wiederkriegen *to get back*
das **Wiedersehen: auf Wiedersehen!** *good-bye!; Wiedersehen!* *bye!*
wiederum *in return*
wiegen *to weigh*
wiehern *to neigh*
die **Wiese, –n** *lawn; meadow*
wieso? *why? how come?*
wieviel *how many; how much*
wievielmal? *how many times?*
das **Wild** *venison; game; deer*
der **Wildbestand, ⁻e** *wildlife population*
die **Wildnis, –se** *wilderness*
der **Wildwechsel** *animal crossing*
wimmeln von *to be crawling with*
die **Wimperntusche, –n** *mascara*
der **Wind, –e** *wind*
winddicht *wind resistant*
windig *windy*
das **Windsurfing** *wind-surfing*
winken *to wave*
der **Winter, –** *winter*
der **Wintercamper, –** *person camping in the winter*
der **Wintercamper–Veteran, –en** *veteran of winter camping*
das **Wintercamping** *winter camping*
winterlich *winter, wintery*
der **Wintersport** *winter sport*
der **Winterurlaub** *winter vacation*
wirklich *really*
die **Wirtin, –nen** *innkeeper*
die **Wirtschaft** *business, economy*
wirtschaftlich *economic*
das **Wirtshaus, ⁻er** *bar, pub; restaurant*
wischen *to wipe*
wissen *to know (facts); weiss i net (Bavarian dialect)* *I don't know*
das **Wissen** *knowledge*
wissenschaftlich *scientific(ally)*
der **Witz, –e** *joke*
witzig *witty, funny*
wo *where*
woanders *somewhere else*

die **Woche, –n** *week*
die **Wochenarbeitszeit** *time worked in one week*
das **Wochenende, –n** *weekend*
wöchentlich *weekly*
woher *from where;* woher kommen sie? *where are they from?*
wohin *(to) where;* wohin fahren sie? *where are they going?*
wohl *probably; well*
das **Wohl** *well–being;* zum Wohl! *to your health!*
die **Wohlfahrtsmarke, –n** *stamp for the benefit of a worthy cause*
wohlhabend *wealthy*
der **Wohlstand** *affluence, prosperity*
wohnen *to live*
das **Wohngebiet, –e** *residential district*
das **Wohnhaus, ¨er** *apartment house*
die **Wohnräume** (pl) *living quarters*
die **Wohnraumnot** *shortage of apartments*
der **Wohnsitz, –e** *residence*
die **Wohnung, –en** *apartment, living quarters*
der **Wohnwagen, –** *trailer, camper*
das **Wohnzimmer, –** *living room*
die **Wolke, –n** *cloud*
wolkenlos *cloudless*
wolkig *cloudy*
die **Wolle** *wool*
wollen *to want to*
womit *with what;* womit kann ich dienen? *may I help you?*
das **Wort, ¨er** *word*
die **Worte** (pl) *words (in context);* mit anderen Worten *in other words*
wörtlich *literal(ly)*
der **Wortschatz, ¨e** *vocabulary*
der **Wühltisch, –e** *rummage table*
wund *sore*
die **Wunde, –n** *wound*
das **Wunder: es ist kein Wunder** *it's no wonder*
wunderbar *wonderful*
s. **wundern** *to wonder*
wunderschön *beautiful(ly)*
der **Wunsch, ¨e** *wish;* haben Sie noch einen Wunsch? *would you like anything else?*
s. **wünschen** *to wish for*
der **Wurf, ¨e** *throw*
die **Wurst, ¨e** *sausage*
der **Württemberger, –** *person from the state of Baden-Württemberg*

Z

die **Zahl, –en** *number*
zahlen *to pay;* zahlen, bitte! *the check, please!*
zählen *to count*

zahlreich *numerous*
zahm *tame, gentle*
der **Zahn, ¨e** *tooth*
der **Zahnarzt, ¨e** *dentist*
die **Zahnbürste, –n** *toothbrush*
das **Zähneputzen** *tooth brushing*
die **Zahnpasta, –pasten** *toothpaste*
das **Zahnputzglas, ¨er** *bathroom cup, water glass*
die **Zahnschmerzen** (pl) *toothache*
der **Zahntechniker, –** *dental technician*
die **Zange, –n** *wirecutters*
der **Zauberer, –** *magician*
der **Zaubertrunk, ¨e** *magic potion*
der **Zaun, ¨e** *fence*
z.B. (zum Beispiel) *for example*
das **ZDF (das Zweite Deutsche Fernsehen)** *Channel Two (on German TV)*
das **Zebra, –s** *zebra*
zehn *ten*
der **Zehner, –** *10–Mark bill*
der **Zehnjährige, –n** *10-year-old (child)*
das **Zeichen, –** *sign*
zeichnen *to draw*
zeigen *to show;* zeigen auf *to point to;* s. zeigen *to appear, become apparent; to prove o.s. to be*
die **Zeile, –n** *line (of a text); window*
das **Zeilenende** *end of a line*
die **Zeit, –en** *time;* es wird Zeit *it's time;* in letzter Zeit *recently;* lange Zeit *for a long time;* zu dieser Zeit *at this time;* zu meiner Zeit *in my time;* zur Zeit *at the present time*
die **Zeitlang: eine Zeitlang** *for a while*
der **Zeitraum** *time span*
die **Zeitschrift, –en** *magazine*
die **Zeitung, –en** *newspaper*
der **Zeitungsausträger, –** *newspaper deliverer*
der **Zeitvertreib** *pasttime*
das **Zelt, –e** *tent*
zelten fahren *to go camping*
der **Zentimeter, –** *centimeter*
die **Zentrale, –n** *central office*
der **Zentralheizungs– und Lüftungsbau** *heating and ventilation installation*
der **Zentralismus** *centralization*
zerreissen *to tear up*
zerstören *to destroy*
zerstreut *absent-minded*
der **Zettel, –** *small piece of paper*
Zeug: s. ins Zeug legen *to make a tremendous effort*
die **Ziege, –n** *goat*
ziehen *to move, go; to pull;* hier zieht's! *there's a draft here!;* nach sich ziehen *to have as a consequence*

das **Ziehen: das Ziehen an den Haaren** *pulling a person's hair*
das **Ziel, –e** *goal*
zielen *to aim*
die **Zielgruppe, –n** *target group*
der **Zielkreis, –e** *target area*
ziemlich *fairly*
die **Zigarette, –n** *cigarette*
die **Zigarre, –n** *cigar*
das **Zimmer, –** *room*
die **Zimmerpflanze, –n** *house plant*
die **Zimmertemperatur, –en** *room temperature*
das **Zinn** *pewter*
Zivil: in Zivil *in civilian clothes*
der **Zivilangestellte, –n** *civilian employee*
der **Zollbeamte, –n** *customs official*
der **Zoo, –s** *zoo; pet store*
der **Zoowärter, –** *zoo keeper*
zu *too; to; closed;* um . . . zu *in order to;* von zu Hause *from home;* zu Ende gehen *to be over;* zu dieser Zeit *at this time;* zu Fuss *on foot;* zu Fuss gehen *to walk;* zu Hause *at home;* zu Mittag essen *to eat lunch;* zu Pferd *on horseback*
das **Zubehör** *accessories; attachments*
zubereiten *to prepare*
die **Zubringerstrasse, –n** *access road*
züchten *to breed; to grow, raise*
züchtigen *to discipline, punish*
der **Zucker, –** *sugar*
die **Zuckerwatte** *cotton candy*
zudem *in addition*
zuerst *first*
zufrieden *satisfied*
die **Zufriedenheit** *satisfaction*
der **Zug, ¨e** *train*
der **Zugang: Zugang verboten!** *no admittance!*
die **Zugbrücke, –n** *drawbridge*
die **Zugnummer, –n** *train number*
zugreifen *to grab, reach for*
die **Zugspitze** *(highest mountain in Germany)*
zuhören *to listen*
der **Zuhörer, –** *listener*
die **Zukunft** *future*
die **Zulassungsbeschränkung, –en** *admission restriction*
zuletzt *finally, last of all*
zuliebe: jemandem zuliebe *for a person's sake*
zum (zu dem) *to the;* zum Abschied *when saying goodbye;* zum Beispiel *for example;* zum Frühstück *for breakfast*
zumachen *to close*
s. **zumuten** *to expect, demand of o.s.;* s. zuviel zumuten *to attempt too much*
die **Zunahme** *increase*
das **Zündholz, ¨er** *match*

zunehmen *to increase*
die **Zunft, ̈e** *trade*
die **Zunge, –n** *tongue*
zunichte machen *to destroy*
zur (zu der) *to the; zur Zeit at the present time*
zurück– (pref) *back*
zurückbekommen *to get back*
zurückfahren *to go back*
zurückführen *to attribute to*
zurückgeben *to give back*
zurückgehen *to decrease, decline; zurückgehen auf to go back to*
zurückkehren *to go back; to return*
zurücklaufen *to walk back*
zurücklegen *to cover (distance)*
zurücksausen *to speed back*
zurückstellen *to put back in place*
zurückwünschen *to wish for a return of s.th.*
s. **zurückziehen** *to retire; to retreat*
zurufen *to call to*
zusammen *together; das Geld zusammen haben to have (the necessary) money*
zusammen– (pref) *together*
das **Zusammenbauen** *putting together*

zusammenbinden *to tie together*
zusammenfassen *to summarize*
die **Zusammenfassung, –en** *summary*
zusammenkommen *to meet, get together*
zusammenlegen *to fold*
zusammenpacken *to pack together*
zusammenrechen *to rake up*
der **Zusammenschluss, ̈e** *federation*
zusammenschrumpfen *to shrink*
zusammensitzen *to sit together*
zusammenstossen *to collide*
zusammentragen *to gather*
zuschauen *to look on, watch*
der **Zuschauer, –** *spectator, audience*
der **Zuschlag** *additional price*
der **Zuschuss, ̈e** *financial aid, support*
zusätzlich *additional(ly)*
zusehen *to see to s.th.*
zusteuern auf *to head in the direction of*
die **Zustimmung, –en** *consent*
die **Zutaten** (pl) *ingredients*
zuviel *too much*
zuvor *before*
zuweisen *to direct to*

zuwinken *to wave to*
zwanglos *casual, free and easy*
zwanzig *twenty*
zwar *indeed, no doubt*
der **Zweck, –e** *purpose; es hat keinen Zweck it's no use*
zweckgebunden *structured*
zwei *two; 42jährig 42–year–old*
zweimal *twice; zweimal in der Woche twice a week; zweimal nach München two tickets to Munich*
zweit– *second; den zweiten the second (of the month); im zweiten Stock on the third floor (the second story above ground floor)*
die **Zweit–Wohnung, –en** *second home or apartment*
der **Zwerg, –e** *dwarf*
die **Zwiebel, –n** *onion*
die **Zwillinge** (pl) *Gemini*
zwingen *to force*
zwischen *between*
der **Zwischenraum** *space in between*
die **Zwischenzeit: in der Zwischenzeit** *in the meantime*
zwölf *twelve*
zwölft– *twelfth*
der **Zwölftklässler, –** *twelfth–grader*

Sachregister

For grammar forms see Grammar Summary, beginning with page 283.

aber: coor conj, 262

accusative case: as dir obj, 15; two acc forms after cert verbs, 16; with cert adjs, 16; with cert verbs, 16; with **es gibt,** 15; with impers verbs, 15; with preps, 15; with refl verbs, 15; with time expr, 16

adjectives: derived from names of cities, 92; foll def art, 90 ff; foll det of quantity, 91; foll **ein**–words, 90 ff; not preceded by det, 90 ff; past part as adj, 92; pres part as adj, 92; used as nouns, 92; with gen case, 41

alle: foll by adj, 90; uses of 69

als: as subor conj, 263; in cond sent, 230; in equal comparisons, 101; used with nom case, 9; with imperfect, 149; with past perf, 136

als ob: as subor conj, 263; in cond sent, 230

am: with superlatives, 103

an: prep foll by dat and acc, 32 ff

andere: foll by adj, 91

anstatt: prep foll by gen, 41

anstatt zu: 193

auf: prep foll by dat and acc, 32 ff

aus: prep foll by dat, 23

ausser: prep foll by dat, 23

ausserhalb: prep foll by gen, 41

bei: prep foll by dat, 23

beide: foll by adj, 90

bekommen: used to express requests, 168

bevor: as subor conj, 263; with past perf, 136

bis: as subor conj, 263

bitten: with two acc forms, 16

bleiben: plus inf, 192

bloss: use in cond sent, 229

brauchen: plus inf, 191

case: def, 9

command forms: 167 ff

comparison of adjectives and adverbs: 101 ff

contrary to fact conditions: uses of, 229

coordinating conjunctions: use of, 262 ff

da: as subor conj, 263

da–compounds: use of, 209 ff

damit: as subor conj, 263

dass: as subor conj, 263

dass–clause: used in requests, 168

dates: with acc case, 16

dative case: most comm verbs with, 22 ff; to signal for-contr, 32: with cert adjs, 23; with preps, 23 ff

definite article: uses of, 55 ff; 68

demonstrative adjectives: see determiners, 68 ff

demonstrative pronouns: see determiners, 68 ff

denn: coor conj, 262

dependent clauses: conj in, 263

der, die, das: as article and demonstrative, 68; used in rel clause, 272 ff

derjenige: uses of, 69

derselbe: uses of, 69

determiners: uses of, 68 ff

determiners of quantity: prec adj, 91

direct object: see acc case, 15

dieser: uses of, 68

diesseits: prep foll by gen, 41

doch: used in commands, 167

double infinitive construction: 179 ff; 191 ff

durch: as agent in pass constr, 216; prep foll by acc, 15

dürfen: to express permission, 169; uses of, 178 ff

eben: use with pres tense, 115

ehe: as subor conj, 263

ein, eine: uses of, 72

einander: 160

ein bisschen: uses of, 72

einige: foll by adj, 91; uses of, 70

ein paar: uses of, 70

ein solch–: uses of, 70

ein wenig: uses of, 72

entlang: with acc case, 16

entweder . . . oder: use of, 263

es: as gramm subj, 9; as subj used with impers verbs, 112 ff; with cert verbs, 22

es gibt: 113; with acc case, 15

es ist: 113

es sind: 113

etliche: uses of, 71

falls: as subor conj, 263

fragen: with two acc forms, 16

für: prep foll by acc, 15

future perfect: 128

future tense: 128

gegen: prep foll by acc, 15

gegenüber: prep foll by dat, 24

gender: def, 3

genitive case: to indicate indef time, 41; to indicate possession, 41; to indicate relationship between two nouns, 41; with cert verbs, 41; with, preps, 41

gerade: use with pres tense, 115

gewohnt: with acc case, 16

heissen: with two acc forms, 16

helfen: plus inf, 190

hinter: prep foll by dat and acc, 32 ff

hören: plus inf, 180

in: prep foll by dat and acc, 32 ff

indefinite article: uses of, 72

indem: as subor conj, 263

independent clauses: conj in, 262 ff

indirect commands: quotative forms used in, 245, 250 ff

indirect object: see dat and acc case forms, 32

indirect questions: quotative forms used in, 245, 248 ff

indirect statements: quotative forms used in, 244 ff

infinitives: forms of, 191; pass inf with modals, 180; uses of, 191 ff; with other verbs, 180; with modals, 178 ff

infinitive constructions: 191 ff

innerhalb: prep foll by gen, 41

inseparable prefixes: past part of verbs with, 135

interrogatives: uses of, 82 ff

imperfect: 149

impersonal verbs: with acc case, 15; with subject **es,** 112 ff

ja: used in commands, 167

jeder: uses of, 69

jener: uses of, 69

Landkarte von Deutschland

SCHWEDEN

DÄNEMARK

NORDSEE

OSTSEE

POLEN

Oder

Neisse

Oder

Stettin

Rostock

Puttgarden

Schwerin

DEUTSCHE DEMOKRATISCHE

REPUBLIK

Berlin (Ost)

Berlin (West)

Potsdam

Magdeburg

Cottbus

Halle

Leipzig

Elbe

Lübeck

Eutin

Kiel

Schilksee

Schleswig

SCHLESWIG-HOLSTEIN

Flensburg

Niebüll

Sylt

Helgoland

Brunsbüttel

Hamburg

Elbe

Lüneburg

Wolfsburg

Celle

Hannover

Braunschweig

Helmstedt

Hameln

Cuxhaven

Bremen

NIEDERSACHSEN

Weser

Weser

Weser

Bielefeld

Gütersloh

Paderborn

Kassel

BUNDESREPUBLIK

Neuharlingersiel

Wilhelmshaven

Westgrossefehn

Wiesmoor

Aurich

Emden

Oldenburg

Osnabrück

NORDRHEIN-WESTFALEN

Dortmund

Münster

Rheine

Ems

Essen

Bochum

Düsseldorf

Duisburg

Rhein

Rhein

NIEDERLANDE

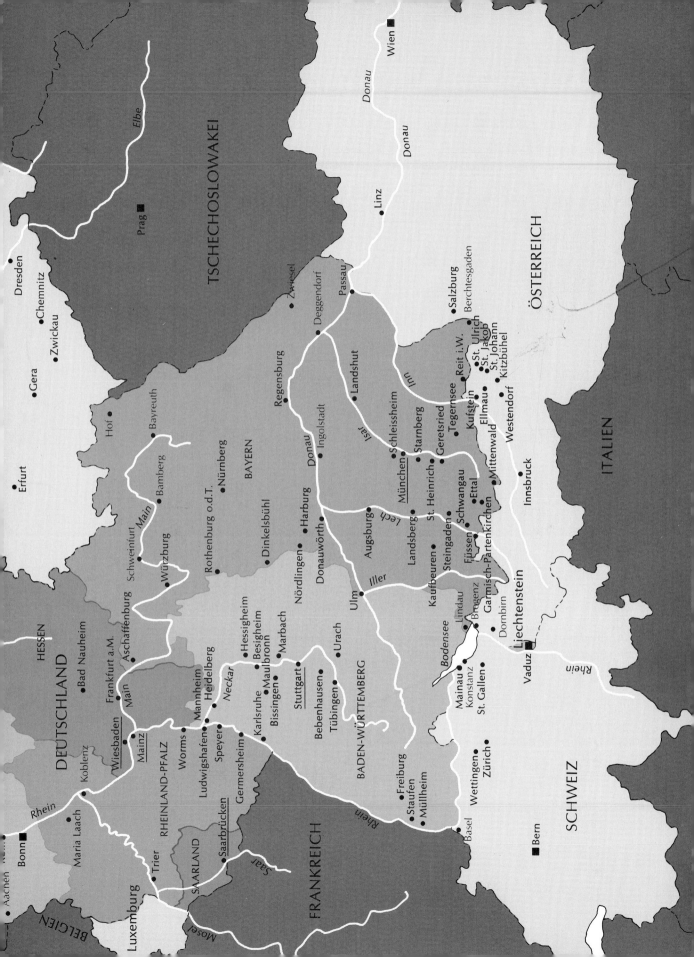